Teoría de la Educación

Teoría de la Educación

David Luque Mengibar y
Silvia Sánchez-Serrano (eds.)

EDICIONES
COMPLUTENSE

Primera edición: marzo 2025

© 2025, los autores
© 2025, Ediciones Complutense
Pabellón de Gobierno
Isaac Peral s/n
28015 Madrid
913 941127
info.ediciones@ucm.es
http://www.ucm.es/ediciones-complutense

ISBN: 978-84-669-3901-0
Depósito Legal: M-2742-2025
DOI: https://dx.doi.org/10.5209/docm.002

Impresión
Solana e Hijos Artes Gráficas
San Alfonso, 26. B° La Fortuna
28917 Leganés (Madrid)

Ediciones Complutense garantiza un riguroso proceso de selección y evaluación de los trabajos que publica.

Printed in Spain

Índice

Resumen y palabras clave

Resumen. La Teoría de la Educación es una asignatura de carácter básico que se imparte en el primer curso de todos los grados de la Facultad de Educación-Centro de Formación del Profesorado (a excepción de musicología): los grados de educación social, maestro de educación infantil, maestro en educación primaria (también en la modalidad bilingüe), pedagogía, y los dobles grados de maestro en educación infantil y educación primaria, maestro en educación infantil y pedagogía, y maestro en educación primaria y pedagogía. Es decir, la teoría de la educación se considera una disciplina fundante del conocimiento pedagógico necesario para el ejercicio de cualquier profesión relacionada con el ámbito de la educación en contextos escolares, laborales y sociales. El tipo de saber que proporciona se considera tan importante debido a que provee a los estudiantes de un bagaje académico que les ayuda a fundamentar las diversas decisiones que deberán adoptar en los diversos entornos de enseñanza y aprendizaje en que se moverán así como a afrontar los nuevos desafíos educativos. Los contenidos específicos recogidos en el manual comprenden:

1. La configuración epistemológica de la disciplina, sus principales temáticas y enfoques así como los elementos específicos de la investigación, donde se facilita a los estudiantes: el conocimiento del nacimiento y el desarrollo de la disciplina desde una perspectiva nacional e internacional, los principales modelos teóricos de la educación que se han desarrollado desde una perspectiva histórica y los conceptos básicos de su lenguaje pedagógico así como los pormenores de los modelos de investigación a que ha dado lugar.

2. El desarrollo de modelos de pensamiento pedagógico en diversos contextos, como el social, el político, el laboral, el tecnológico y el de género, donde los estudiantes pueden adquirir la manera en que la teoría de la educación ha afrontado el problema de lo educativo en los principales contextos de discusión con incidencia en el fenómeno educativo (como es lo social, entendido como el ámbito en que las personas se relacionan entre sí y especialmente con los más vulnerables, lo laboral como el ámbito de desarrollo de la identidad profesional y la gestión de formación de recursos humanos, lo político como la orga-

nización con vistas a la consecución del bien común, lo tecnológico desde su influencia en el fenómeno educativo como desafío para las sociedades contemporáneas, y las cuestiones de género como una urgencia educativa de primer orden).

3. El estudio de la manera en que la educación contribuye al desarrollo de distintas dimensiones humanas, donde se forma a los estudiantes en los principales modelos para comprender la manera en que se educan y maduran las principales estructuras antropológicas del ser humano susceptibles de desarrollo, entre las que se contemplan el pensamiento crítico como una educación de la razón, lo moral como una capacidad de discernir el bien y el mal en el propio obrar, lo cívico como los rudimentos básicos para la convivencia humana, lo estético como la capacidad para contemplar lo artístico, lo religioso como la dimensión humana que estudia el desarrollo del espíritu, y el bienestar integral como una dimensión que aglutina todas las dimensiones anteriores en una maduración equilibrada.

Como se puede deducir de la información anterior, la Teoría de la Educación es un campo de conocimiento con una reconocida trayectoria histórica, que, además, cuenta con foros de discusión académica asentados tanto en una perspectiva nacional como internacional, con revistas científicas que recogen los resultados de las investigaciones periódicamente y con cátedras de enseñanza en las universidades más importantes de nuestro país y de otros países de referencia. Esto significa que la disciplina es una parte viva del conocimiento pedagógico que se encuentra en una dinámica de constante evolución. En ese contexto, la asignatura no sólo se revela fundamental debido a su presencia en un amplio número de grados y con una exposición a un gran número de estudiantes anuales, sino porque ejerce una función canalizadora que conjuga los hitos y las discusiones más esenciales sin renunciar a la incorporación de los nuevos hallazgos.

Para ello, el manual cuenta con las siguientes características:

1. Su estructura ha sido pensada a partir de las competencias (generales, específicas y transversales) y la estructura proporcionada por las guías docentes aprobadas por los organismos pertinentes. Como se puede corroborar en la argumentación anterior: un bloque dedicado a los conceptos y ámbitos propios de la educación, un segundo bloque dedicado a las condiciones, contextos y agentes de la educación, y un tercer bloque dedicado a los fines y valores de la educación en el mundo actual.

2. El enfoque del manual tiene una naturaleza estrictamente pedagógica, como corresponde a un manual universitario, donde se pone en manos

de los estudiantes una síntesis que aglutina los autores y las discusiones más relevantes de la asignatura de manera que les sea útil tanto para el estudio de la asignatura como para su formación crítica, así como se acompaña de actividades de reflexión que les ayude a profundizar en los aspectos considerados como más importantes por los autores a la vez que desarrollan una *forma mentis* personal sobre su propia identidad profesional.

3. Los autores han ejercido o ejercen la docencia en la asignatura y han desarrollado sus tesis doctorales y sus principales aportaciones académicas en el mismo ámbito epistemológico, lo que demuestra un conocimiento compartido profundo de la asignatura, así como una pluralidad de formas de comprender los fenómenos educativos contemplados que enriquecen cada una de las temáticas estudiadas. De la misma manera, su formación académica es en áreas relacionadas con otros ámbitos epistemológicos que nutren el conocimiento teórico de la educación lo que proporciona una perspectiva pluridisciplinar todavía más enriquecedora (como decimos, todos los autores tienen estudios de grado o de posgrado en diversas áreas educativas que complementan con estudios de doctorado en el área de la teoría educativa y formación de base o complementaria en otras áreas afines como la historia, la filosofía, la filología, las bellas artes).

4. Hay un elevado número de autores tanto en el conjunto del libro como en la redacción de los capítulos, de manera que se refuerza la idea de la pluralidad de perspectivas y se evita que el manual pueda incurrir en una visión excesivamente personal de los contenidos recogidos a la vez que aumenta el número de estudiantes que tendrán acceso al texto, por lo que se puede deducir que su uso será extendido en un alto número de los grados impartidos en la Facultad de Educación- Centro de Formación del Profesorado. En datos numéricos, hay un total de 30 autores, de los cuales: 22 de ellos son PDI en diversas adscripciones de la UCM vinculados al área de conocimiento del manual; y se cuenta con 23 autoras y 7 autores.

Palabras clave: teoría de la educación; pedagogía; educación infantil; educación primaria; educación social; educación laboral formación inicial del profesorado; antropología de la educación; conocimiento reflexivo; práctica educativa.

Índice de autores

Cristina Alina Albu Cazacu (Doctoranda en Facultad de Educación, Universidad Complutense de Madrid)

Marta Ambite Pérez (Personal Investigador predoctoral en Facultad de Educación, Universidad Complutense de Madrid)

María Belando Montoro (Profesora titular en Facultad de Educación, Universidad Complutense de Madrid)

Laura Camas (Profesora ayudante doctora en Facultad de Educación, Universidad Complutense de Madrid)

Arantxa Carrasco-Temiño (Profesora asociada en Facultad de Educación, Universidad Complutense de Madrid)

Paloma Castillo (Personal investigador predoctoral en la Facultad de Educación, Universidad Complutense de Madrid)

Macarena Donoso (Profesora ayudante doctora en Facultad de Educación, Universidad Nacional de Educación a Distancia)

Carolina Fernández-Salinero (Profesora titular en Facultad de Educación, Universidad Complutense de Madrid)

Tatiane de Freitas (Profesora ayudante doctora en Universidad de Valladolid)

Juan Luis Fuentes (Profesor Titular en Facultad de Educación, Universidad Complutense de Madrid)

Beatriz Gálvez (Personal investigador posdoctoral en Facultad de Educación, Universidad Complutense de Madrid)

Rosario González (Profesora titular en Facultad de Educación, Universidad Complutense de Madrid)

José Luis González-Geraldo (Profesor titular en Facultad de Educación, Universidad de Castilla La Mancha)

Vannessa Hortal (Personal investigador predoctoral en Facultad de Educación, Universidad Complutense de Madrid)

Jon Igelmo (Profesor permanente laboral en Facultad de Educación, Universidad Complutense de Madrid)

Gonzalo Jover (Catedrático en Facultad de Educación, Universidad Complutense de Madrid)

David Luque (Profesor ayudante doctor en Facultad de Educación, Universidad Complutense de Madrid)

Prado Martín-Ondarza (Profesora ayudante doctora en Facultad de Educación, Universidad Complutense de Madrid)

Silvia Martínez Cano (Profesora ayudante doctora en Facultad de Educación, Universidad Complutense de Madrid)

María Naranjo Crespo (Profesora en Centro de Estudios Superiores Don Bosco y Universidad Internacional de la Empresa)

Patricia Quiroga (Profesora ayudante doctora en Facultad de Educación, Universidad Complutense de Madrid)

Paloma Redondo (Personal investigador predoctoral en Facultad de Educación, Universidad Complutense de Madrid)

Beatriz de la Riva (Profesora asociada en Facultad de Educación, Universidad Complutense de Madrid)

Silvia Sánchez-Serrano (Profesora ayudante doctora en Facultad de Educación, Universidad Complutense de Madrid)

Lydia Serrano (Personal investigador predoctoral en Facultad de Educación, Universidad Complutense de Madrid)

María de la Torre (Personal investigador predoctoral en Facultad de Educación, Universidad Complutense de Madrid)

Alba Torrego (Profesora permanente laboral en Facultad de Educación, Universidad Complutense de Madrid)

Santiago Ortigosa (Profesor titular en Facultad de Educación, Universidad Complutense de Madrid)

Aída Valero (Coordinadora Académica en UNIE)

BLOQUE I
CONCEPTOS Y ÁMBITOS
DE LA EDUCACIÓN

La teoría de la educación y su configuración académica

Jon Igelmo Zaldívar, Patricia Quiroga Uceda y Tatiane de Freitas Ermel

1. Introducción

Vamos a iniciar este primer tema tomando como referencia que el proyecto de crear un cuerpo de conocimiento cuyo marco fuera la teoría de la educación es en realidad reciente, especialmente si se compara con otros ámbitos de conocimiento. Haciendo alusión a los conceptos y metáforas insertas en la modernidad, dentro del contexto académico, se va a ir preparando el terreno para un ámbito particular que se propuso generar un saber específico en clave teórica sobre la educación. El hecho de que sea en Reino Unido donde inició su andadura la teoría de la educación es significativo. Autores como Robert Herbart Quick y John Adams, posiblemente de forma más que intencional, en el siglo XIX se desentienden del concepto de pedagogía que entonces está vertebrando la reflexión en torno a la educación principalmente en Alemania y que alcanza una notable influencia en el continente europeo. En sus trabajos reivindican la posibilidad de generar un conocimiento teórico de la educación.

En el caso concreto de España, la primera cátedra de Pedagogía inicia su andadura en 1904, con Manuel Bartolomé Cossío como primer figura

Cómo citar: Igelmo Zaldívar, Jon *et al.* (2025). La teoría de la educación y su configuración académica. En David Luque Mengibar y Silvia Sánchez-Serrano (Eds.) *Teoría de la Educación* (pp. 17-38). Ediciones Complutense. https://dx.doi.org/10.5209/docm.002.01

académia de referencia. Esta cátedra se sitúa dentro de la Universidad Central de Madrid y significa, como veremos, el reconocimiento de la Pedagogía como una rama del conocimiento universitario. Con el paso del tiempo otros espacios, como la secciones de Pedagogía en Madrid y Barcelona y el Instituto San José de Calasanz, serán de gran importancia para el despliege del conjunto de ámbitos del conocimiento pedagógico en perspectiva académica en España. Entre estos ámbitos, especialmente a partir de los años setenta, ocupará un espacio propio la teoría de la educación.

En las últimas décadas la teoría de la educación es un espacio reconocible que presenta una trayectoria propia a nivel académico en España y también a nivel internacional. A pesar de haber estado expuesta a corrientes filosóficas y pedagógicas que han llegado a cuestionar su sentido y viabilidad, lo cierto es que existen en la actualidad departamentos universitarios, congresos y revistas que reúnen a los teóricos de la educación. En estos espacios se discuten no solo los fundamentos espistemológicos de este ámbito de conocimiento, además se desarrollan temáticas que permiten mantener viva la discusión en torno a los fundamentos teóricos para la reflexión en torno a la práctica educativa.

2. La emergencia de un ámbito de conocimiento

A lo largo de la historia autores como Confucio, Quintiliano, Platón, Juan Amos Comenio o Jean-Jacques Rousseau escribieron tratados en los que discutieron elementos sobre los que se justificaba una determinada práctica educativa. Es evidente que ninguno de estos autores clásicos se ganó la vida dando clases de teoría de la educación, ni prosperó en su carrera académica publicando en revistas indexadas de impacto, ni tuvo que ser evaluado tras cursar la asignatura de Teoría de la Educación en su proceso formativo. Y es que la teoría de la educación no existía en el tiempo en que sus ideas fueron articuladas y transferidas. Ahora bien, sí que es cierto que de los textos clásicos que estos autores escribieron emergen muchos de los conceptos que históricamente han servido de referencia para los teóricos de la educación.

Corresponde a Robert Herbart Quick ser el primero en mencionar la necesidad que tienen quienes trabajan en educación de una teoría con fundamento académico que guíe y dé sentido a su práctica. En su libro titulado *Essay on Educational Reformers* de 1868 este autor desarrolla la idea de la existencia de una teoría que se ha ido construyendo con el paso del tiempo como un cuerpo de conocimiento autónomo y que ha servido para justificar la práctica educativa y, en consecuencia, también para guiarla y mejorarla (Quick, 1868). Lo llamativo es que su trabajo, en realidad, es de fundamento histórico. De hecho, en 1879, Quick llega a ocupar una plaza como profesor de Historia de la Educación en la Universidad de Cambridge.

Debemos tener muy presente que, en las primeras décadas de despliegue en Reino Unido, el fundamento de la teoría de la educación es más filosófico que educativo. En los seminarios que organizan quienes configuran esta primera comunidad de teóricos de la educación, el debate gira en torno a dos temáticas principalmente: la base epistemológica de la teoría de la educación y la relación entre la teoría y la práctica educativa. Estas son las dos cuestiones que John Adams intenta responder en su libro *The Evolution of Educational Theory* publicado en 1912. Un libro que tiene un fuerte impacto en el contexto académico británico y norteamericano. Adams consigue fijar un marco posible para la teoría de la educación que tendrá un recorrido estable por lo menos en las tres décadas que siguieron a la publicación del mencionado trabajo (Adams, 1912). A nivel epistemológico, para este intelectual británico, la teoría de la educación se desarrolla en relación con las distintas escuelas de pensamiento filosófico. Para Adams una teoría sensata que parte de una lógica bien articulada debe justificar por sí misma una buena y exitosa práctica, al tiempo que una práctica exitosa siempre está basada es una teoría sensata.

Con todo, dos cuestiones se nos muestran como clave en los orígenes y primeros años de desarrollo de la teoría de la educación: primero, que nace como iniciativa de un historiador de la educación y, segundo, que lo hace en Reino Unido. Que sea una iniciativa de un historiador de la educación no es casual. La historia de la educación durante la segunda mitad del siglo xx presenta cierto nivel de consolidación en el contexto académico que contrasta con el precario despliegue de la teoría de la educación. Baste mencionar que el primer libro conocido que aborda cuestiones educativas en perspectiva histórica es *Geschichte der Pädagogik* (Historia de la pedagogía) publicado en 1813 por Fiedrich Heinrich Christian Schwarz (1766-1837). Claramente el objetivo de Schwartz con la publicación de este estudio es práctico. Este autor propone que los maestros comparen sus propias actitudes y desempeño en el aula con ejemplos históricos. Se trata de fomentar en los maestros el sentido de la emulación profesional a partir de referentes históricos.

A lo largo del siglo xix, en el contexto de organización de la formación de maestros y de estructuración de los sistemas educativos nacionales, se publican un número destacado de trabajos que indagaban en la historia de la educación. Autores como los alemanes Friedrich Dittes y Lorens Kellner, en 1871 y 1872 respectivamente, publican dos importantes manuales. Estos autores buscan dar prioridad a una educación con intención moral respecto a enfoques científicos, ofrecer una historia dividida en épocas, poner énfasis en figuras individuales de la educación (principalmente hombres) y promover la superioridad de la educación alemana. Finalizada la guerra franco-prusiana, la historia de la educación da su salto a Francia, siendo uno de los primeros en adentrarse en este temática el profesor de la Universidad de Toulouse Gabriel Compayre (1843-1913) quien publicó en 1883 *Histoire de la Pédagogie.*

Es, por tanto, en esta primera ola de expansión de la historia de la educación o de la pedagogía donde hay que situar el intento pionero de Quick por delimitar un ámbito específico para la teoría de la educación. Lo que plantea este autor, no hay que olvidar que ocupó una plaza de profesor Historia de la Educación en la prestigiosa Universidad de Cambridge, es que la dimensión moral de la educación no ha de permanecer sujeta a una visión histórica, sino que debe de disponer de un reconocimiento específico dentro del ordenamiento académico del campo de la educación. Y es que la moral, desde su perspectiva, no puede deslindarse de la práctica quedando reducida a una aproximación historicista. Al tiempo, la historia de la educación debe centrar su desempeño en el estudio y estructuración de los periodos históricos de la educación y en los personajes eminentes que han aportado ideas sustanciales dignas de ser emuladas por los maestros en formación. De ahí que nos resulte posible afirmar que la teoría de la educación tiene su origen en una concepción pragmática del fenómeno educativo.

En el marco de una concepción empírica y racional del hecho educativo, el concepto de pedagogía, lejos de aportar claridad y precisión en la legitimación cientificista del campo de estudio de la educación, emborrona todo intento por articular un saber autónomo. De ahí que la teoría de la educación, con la concepción que emergió en Reino Unido, se propone no alejarse de los parámetros académicos que rigen en otros campos de conocimiento en donde los hechos observables de forma sistemática, en la medida que confirman hipótesis, devienen en teorías científicas. Y es que, al lo menos en el contexto académico anglosajón, marcar distancias con respecto al método científico no es el mejor camino para demandar un espacio propio y novedoso en el universo académico de la segunda mitad del siglo xix. Se puede decir que la sombra del filósofo y economista John Stuart Mill (1806-1873) es alargada y su lógica inductiva prevalece en las configuraciones de los campos académicos y del saber en Reino Unido donde la influencia del utilitarismo era destacada.

Por el contrario, en el caso de Alemania y otros países especialmente de tradición católica, es el caso de Francia, España, Italia, Bélgica y también países de América Latina, la situación difiere en las últimas décadas del siglo XIX. En estos contextos, la posibilidad de consolidar un espacio académico propio no implica tener que supeditar su fundamento epistemológico al método científico o, lo que es lo mismo, a la observación empírica sistemática de los hechos. En estos países la separación entre ciencias naturales, que se regían por el método científico, y las ciencias del espíritu está mucho más acentuada; lo que explica, en buena medida, que la teoría de la educación en el contexto continental europeo haya tenido un despliegue irregular y contingente siendo el paraguas de la pedagogía, de clara ascendencia idealista y con vocación normativa, cuyo primer referente es sin duda Johann F. Herbart (1776-1841), el que termina dando cobijo al estudio del fenómeno educativo durante el siglo XIX y buena parte del XX.

De tal manera, la pedagogía en su articulación académica no renuncia a su metafísica tradicional, tampoco a su trascendencia potencial, y queda ligada a una conceptualización del fenómeno educativo como un movimiento espiritual que no puede ser objetivado y que, al tiempo, no renuncia a su estatus científico. Un estatus que para Herbart queda fuertemente enraizado en la filosofía práctica, que debe dilucidar las metas que ha de alcanzar la educación, y en la psicología, cuya tarea es despejar el camino, identificando los obstáculos y descubriendo nuevos medios para el desarrollo de la tarea educativa. Y es que en el continente europeo, a diferencia de lo que sucedía en Reino Unido, la que es alargada es la sombra de Friedrich Hegel (1770-1831).

Aunque con demasiada frecuencia se pone énfasis en los elementos que separan la tradición académica del campo de la educación en el contexto anglosajón y el continental, es fundamental que identifiquemos lo que ambos enfoques comparten desde su génesis. Así, tanto el surgimiento primero de la pedagogía y después de la teoría de la educación, en lo general, no puede analizarse al margen de las ideas centrales de la Ilustración, en concreto de las conocidas como ideas fundacionales. El impacto del funcionalismo en el debate epistemológico sobre los diferentes campos de conocimiento a finales del siglo XIX y principios del siglo XX es sobresaliente. El emergente campo de la pedagogía, que en distintos países de Europa comienza a consolidar su espacio dentro de las estructuras universitarias, no es una excepción. Lo que los fundacionalistas se propusieron fue demostrar que las instituciones educativas, y también las instituciones sociales con propósitos pedagógicos, desarrollan una labor práctica específica que es gobernada por un conocimiento teórico, el cual respondía a elementos racionales. Una racionalidad que para unos tiene un fundamento más empírico, mientras que para otros es de base más idealista desde la perspectiva de las ciencias del espíritu.

Se considera entonces que estos elementos racionales sobre los que se asienta la reflexión teórica no están expuestos a influencias ideológicas o políticas, lo que legitima su capacidad para catalogar las distintas prácticas educativas. En última instancia, el proyecto fundacionista aplicado al campo de conocimiento de la educación se propone eliminar disertaciones en base a elementos contextuales o subjetivos que intercedan potencialmente en la reflexión teórica, con el fin de erigir un andamiaje de fundamento universal y racional que pudiera aplicarse con independencia de creencias locales específicas. Más concretamente, lo que los primeros teóricos de la educación y pedagogos se propusieron fue eliminar todo rastro de costumbres, usos culturales, dogmas o tradiciones del funcionamiento de las instituciones con fines educativos. Toda una empresa colonial en cuyo despliegue epistemológico queda incrustado un proyecto de limpieza y barrido de aquellos elementos que implican desajustes o contradicciones de las nuevas verdades que era necesario instaurar con el fin de legitimar el progreso social y la misma idea de modernidad. Un proceso basado en la sustitución de lo accidental por lo racional. Lo que implica que los individuos han de reprimir sus convicciones de fundamento espontáneo, las cuales quedan enmarcadas en el campo de la opinión (*doxa*) para seguir los pensamientos que son productos de la razón, conceptualizados como saber verdadero (*episteme*).

3. Primeros pasos en España

Estas dos visiones que emergen en el mundo anglosajón y en el continente europeo, y que en su fundamento responden a la búsqueda de legitimación del saber en materia educativa por medio de un encaje más o menos forzado en estructuras académicas, saltan por los aires en la segunda mitad del siglo XX. Los primeros síntomas de crisis de estas dos formas de concebir la dimensión más especulativa del estudio del fenómeno educativo se observan en el seno de ambas visiones. En el mundo anglosajón crece el número de teóricos de la educación que reivindicaban una mayor proximidad con respecto a la práctica educativa, desde la perspectiva de impulsar una reconstrucción de su desempeño como una ciencia aplicada (O'Connoer, 1957). Esta posición es articulada desde la perspectiva del positivismo lógico con una gran influencia en el mundo anglosajón en los años cincuenta.

A modo de reacción ante estos planteamientos, autores como Paul Hirst defiende que la teoría de la educación no puede desligarse del campo de la filosofía y que es momento de emprender la tarea de desarrollar una teoría de la educación a la luz de la filosofía analítica moderna (Hirst, 1963). De forma paralela, la pedagogía inicia un proceso de deriva experimental que conlleva una creciente incursión de epistemologías de campos afines como la sociología, la psicología, la biología, la filosofía, la medicina o la historia, lo que de forma paulatina erosiona la viabilidad de construir una epistemología propia y genuina de la pedagogía. Todo lo cual deriva en un profundo debilitamiento de la pedagogía dentro del contexto académico que da como resultado un cambio de nomenclatura propiciando la aparición de las Ciencias de la Educación.

Lo que acabamos de señalar es clave para aproximarse a los primeros pasos de la teoría de la educación en España. Y es que la teoría de la educación va a consolidarse en el contexto español precisamente en los años ochenta, habiendo transcurrido más de 100 años desde que Quick publicara sus ideas en defensa de la teoría de la educación en Reino Unido. Su presencia a partir de entonces en asignaturas de planes formativos de futuros maestros, pedagogos o educadores sociales es significativa. También lo es el reconocimiento oficial que ostenta, especialmente tras la constitución a nivel legal del área Teoría e Historia de la Educación reconocida por la Ley de Reforma Universitaria de 1983. Es evidente que esta eclosión no hubiera sido posible sin los pequeños espacios que configuran la genealogía propia de la teoría de la educación y que bien pueden remontarse, como veremos más adelante, hasta las últimas décadas del siglo XIX.

Resulta paradójico, y posiblemente explica muchas cuestiones tan propias del ámbito de la teoría de la educación en el contexto español, que la consolidación de la comunidad académica de los teóricos de la educación en España se produzca precisamente en los años ochenta. Siendo estos unos años convulsos a nivel epistemológico para la teoría y la filosofía de la educación, y de forma más extensa para el conjunto de ámbitos que integraban entonces la Pedagogía o las Ciencias de la Educación. Entonces hace acto de presencia con notable fuerza en el campo de las humanidades y las ciencias sociales la filosofía posestructuralista, el giro lingüístico y el paradigma de la posmodernidad. El impacto de estos planteamientos en la teoría de la educación provoca una crisis sin precedentes que se ha extendido a lo largo de prácticamente las últimas cuatro décadas. Es cierto que no pocos de quienes reivindican su labor como teóricos de la educación hicieron oídos sordos al cambio de escenario que desde entonces se está produciendo y pretenden seguir como si nada de relevancia estuviera sucediendo. Su empeño consiste en seguir rescatando los temas clásicos de la teoría de la educación con el fin de defender su aportación en la construcción de una dimensión moral, su fundamento epistemológico y la relación entre teoría y práctica. Otros, lo que intentan es analizar el campo de acción posible para la teoría de la educación en un contexto de pensamiento donde el propio sentido de la reflexión teórica parece resquebrajarse y los debates epistemológicos han dado un vuelco significativo.

Ante esta situación el ámbito de la teoría de la educación queda expuesto a una evidente dispersión de enfoques y temáticas. La propia frontera establecida entre la teoría y la filosofía de la educación queda erosionada casi en su totalidad. Asimismo, elementos de ámbitos como la política de la educación, la pedagogía social o la educación comparada, quedan integrados en el campo de la teoría, lo que dibujaba un mapa cada vez más complejo y emborronado. En este escenario un tercer grupo de teóricos de la educación, liderados por autores como Wilfred Carr, directamente cuestionan el sentido de seguir construyendo y defendiendo la teoría de la educación y plantean como alternativa la búsqueda de un final digno para este ámbito académico. Para estos últimos el contexto del inicio del siglo XXI era el propicio para dar carpetazo a una empresa intelectual que se había prolongado durante más de cien años y que mostraba todos los síntomas de agotamiento y decadencia.

Con todo, es momento de adentrarnos en la realización de un sintético recorrido genealógico por los orígenes de la reflexión teórica sobre la educación centrando la cuestión en España. Así, en clave histórica, un primer espacio de referencia para el estudio de la pedagogía en el contexto español es el Museo Pedagógico Nacional, fundado en 1882 en Madrid. Al frente de este proyecto está Manuel Bartolomé Cossío (1857-1935). Cossío, que es entonces el principal discípulo dentro de la Institución Libre de Enseñanza (ILE) de Francisco Giner de los Ríos (1839-1915), pone todo su empeño en hacer de este espacio una referencia para la introducción de nuevas perspectivas pedagógicas en la vida cultural y académica española. El Museo Pedagógico Nacional sirve como lugar de encuentro para maestros interesados en novedades educativas, tanto materiales como didácticas. Dentro del museo se organiza el Seminario Pedagógico, que bien puede ser presentado como el primer espacio de reflexión teórica sobre la educación que se consolida en España cuando ni siquiera la pedagogía ocupaba un lugar específico en la estructura académica universitaria.

En 1904 se crea en Madrid, dentro de la Universidad Central (actual Universidad Complutense de Madrid), la primera cátedra de pedagogía dentro de la Facultad de Filosofía. Puesto que ocupará el propio Cossío. Esta cátedra significa el reconocimiento de la pedagogía como una rama de conocimiento universitario. A pesar de que no son muchos los estudiantes que asisten a las clases de esta cátedra, la primera piedra queda colocada en su sitio. Cinco años después, en 1909, se inaugura la Escuela de Estudios Superiores de Magisterio que se mantiene abierta y activa hasta 1932. Durante este tiempo este centro es una referencia obligada para la investigación en el campo de la pedagogía. Un importante elenco de profesores forma parte del claustro docente y dan lustre a la institución, tal fue el caso de Luis de Zulueta, José Ortega y Gasset, María de Maeztu o Domingo Barnés.

El 29 de enero de 1932, bajo el régimen de la Segunda República, por Real Decreto se sentaban las bases de lo que sería la primera Sección de Pedagogía que inicia en la Universidad de Madrid (actual Universidad Complutense de Madrid). El objetivo es abrir un espacio universitario para la formación superior de los profesores de las Escuelas Normales, los inspectores y los maestros que quieren ampliar su cultura pedagógica o ejercer cargos de mayor responsabilidad en el escalafón del sistema educativo. La principal referencia para la creación de esta Sección de Pedagogía es el Instituto Jean Jacques Rousseau de Ginebra. A esta institución se había desplazado un número destacado de pensionados por la Junta para la Ampliación de Estudios (JAE) en las décadas anteriores. Con la consolidación de este espacio académico, que desarrolla su desempeño dentro de la Facultad de Filosofía, queda suprimida la Escuela de Estudios Superiores de Magisterio y también la cátedra que ocupaba Cossío.

Además de Madrid, el otro espacio geográfico de referencia para la pedagogía en España es Barcelona. Un hecho a destacar es que desde 1929 está en funcionamiento un Seminario de Pedagogía en la Universidad de Barcelona. Este seminario resulta clave para la posterior apertura, en 1933, de una Sección de Pedagogía en la Facultad de Filosofía y Letras de la Universidad de Barcelona que es una iniciativa liderada por Joaquín Xirau. Si bien, el reconocimiento oficial de esta Sección de Pedagogía no se materializa hasta mayo de 1936, apenas unos meses antes de que iniciara la Guerra Civil.

La creación de las dos secciones de pedagogía en las universidades de Madrid y Barcelona, en los años treinta, supone el asentamiento de la Pedagogía como campo de conocimiento dentro de la estructura universitaria española. Es cierto que en el tiempo de estas primeras experiencias no son desarrollados todavía los ámbitos de conocimiento específicos dentro del amplio campo que representa la pedagogía. Lo que sí que hay es un profesorado más o menos especializado en perspectivas históricas, filosóficas, biológicas, paidológicas o didácticas vinculadas al estudio del fenómeno educativo y a los procesos de enseñanza y aprendizaje. Y dentro de esta primera estructura no constan ni en el espacio madrileño ni en el barcelonés la asignatura específica de teoría de la educación. Las cátedras que entonces se proyectan con el fin de estructurar académicamente la recién creada Sección de Pedagogía son las de Filosofía, Paidología, Pedagogía, Historia de la Cultura, Historia de la Pedagogía, Biología Aplicada a la Educación, Fisiología Humana e Higiene Escolar, Metodología de Ciencias Sociales y Económicas.

En los planes de estudio de 1932 la teoría de la educación no hace acto de presencia. Se trata de un modelo formativo de clara inspiración germánica que pone énfasis en los fundamentos generales del fenómeno educativo. Se marca una clara distancia con la práctica en su concepción empírica y pragmática. La intención última es elevar el conocimiento pedagógico con el fin de que alcance cierto acomodo académico. La pedagogía es conceptualizada como una ciencia del espíritu. De ahí que la preocupación por la práctica educativa debe recaer en las Escuelas Normales cuya finalidad es formar maestros que deben lidiar con el día a día de los niños y las escuelas, sin que entre sus aspiraciones esté un conocimiento más general de los conceptos pedagógicos, los cuales son reservados para la élite intelectual que imparte docencia en las dos secciones universitarias mencionadas.

El inicio de la Guerra Civil en 1936 significa la cancelación temporal de la vida académica y conlleva que por un tiempo queden suspendidas cátedras, programas académicos y secciones propias de muchas facultades. En el campo de la educación la depuración que se opera ya desde el inicio de la guerra y que se extiende durante la posguerra es sistemática y dramática. Si bien, tras el fin del conflicto en 1939, paulatinamente se abren espacios de referencia para la investigación y el estudio de la pedagogía en España. En este proceso resulta clave la creación en 1941 del Instituto San José de Calasanz de Pedagogía como organismo del Consejo Superior de Investigaciones Científicas (CSIC). La principal novedad de este centro es el impulso que da a la investigación pedagógica de corte experimental. Quienes desarrollan sus investigaciones dentro de este espacio comienzan a utilizar la estadística en la investigación desde una perspectiva descriptiva sobre la base de la utilización de técnicas analíticas y diseños empíricos. Además, en los años sucesivos, en las universidades de Madrid, Barcelona y Valencia se abren Secciones de Pedagogía dentro de la Facultad de Filosofía y Letras, siguiendo el modelo establecido ya en 1932.

4. Despliegue universitario en el contexto español

Si centramos la mirada en lo referente al despliegue como ámbito de conocimiento universitario de la teoría de la educación, lo cierto es que no es hasta 1969 que en España se realiza una primera referencia a la teoría de la educación dentro de la estructura académica. En este año, dentro del Plan Malaquer de la Universidad de Barcelona se introduce la asignatura que lleva por nombre Teoría de la Educación y que habría de depender del Departamento de Ciencias Teoréticas e Historia de la Educación. Este plan supone una reestructuración de los estudios de la licenciatura de Pedagogía que se imparten en la Facultad de Filosofía y Letras. Aparecen entonces dos ciclos, uno de Estudios Generales, que duraba dos años y que integra asignaturas como Introducción a la Pedagogía, Pedagogía Contemporánea y Métodos de Estudio, y otro de tres años, que consta de 16 asignaturas. Siendo este segundo ciclo donde la Teoría de la Educación se configura como una asignatura.

En los planes sucesivos, como es el caso del Plan Suárez, que reestructura el plan de estudios de la licenciatura de Pedagogía en 1973 y el plan de 1977, se mantiene la asignatura de Teoría de la Educación. Lo que cambia es que la materia pasa a ser impartida por el Departamento de Pedagogía Sistemática que se separa del Departamento de Educación Comparada e Historia de la Educación. En los años setenta la asignatura de Teoría de la Educación en la Universidad de Barcelona tiene unas tasas muy elevadas de matriculación de estudiantes. Parece evidente que, a diferencia de lo que ocurría en Madrid, donde los catedráticos que controlan el campo de la pedagogía centran sus esfuerzos en su dimensión experimental tanto en la Sección de Pedagogía de la Universidad Central como en el Instituto San José de Calasanz del CSIC, en el caso de Barcelona, el interés que suscita la especulación teórica es un elemento diferenciador.

En este primer estadio de consolidación de la teoría de la educación como un ámbito posible dentro del campo de la pedagogía académica es clave Alejandro Sanvisens, profesor de la Universidad de Barcelona. Los primeros intentos llevados a cabo en España por generar una reflexión epistemológica sobre la educación son fruto de sus trabajos. Su empeño entonces se centra en el desarrollo de la pedagogía sistémica. Lo que estaba proponiendo Sanvisens queda recogido en un artículo que publicó en 1972 en la *Revista Española de Pedagogía* titulado «Métodos educativos». Este trabajo muestra el punto de partida conceptual de la teoría de la educación que comienza entonces a trabajarse en España en el contexto académico: «Educar –y educarse– es una función, además de una forma o perfección y de una relación, y resulta perfectamente lógico enfocar científicamente y emplear con técnicas precisas los métodos de valor operativo cuya eficacia puede ser garantizada con todo rigor» (Sanvisens, 1972, p. 143).

La teoría de la educación de Sanvisens no marca una diferencia clara con la filosofía de la educación. Su proyecto conlleva una reflexión sistemática sobre la educación en su dimensión de proceso, relación, actividad y sistema. Partiendo de la base de que el propio hecho educativo es a la vez humano, social y cultural. Siendo la tarea correspondiente a la teoría de la educación la de precisar y delimitar las bases que correspondía a toda actividad educativa. Estas ideas tienen un fundamento conductista, al tiempo poseen una clara influencia del personalismo y del neotomismo, que se manifiesta en el ideal ascético que impregna su obra. Ya en 1977 Sanvisens impulsa la creación del Seminario de Pedagogía Cibernética y Teoría General de Sistemas. Este seminario cuenta con el apoyo del Departamento de Pedagogía Sistemática de la Universidad de Barcelona y del Departamento de Pedagogía de la Universidad de Palma (actual Universidad de las Islas Baleares). Siendo especialmente relevante la participación en este seminario de Atoni Colom Cañellas, que entonces es director del Departamento ubicado en Palma de Mallorca. Ejercen su labor como secretarios del seminario dos estudiantes de la Universidad de Barcelona, José L. Rodríguez Illera y Miquel Martínez.

Este seminario funciona como espacio capaz de reunir a quienes muestran interés por la discusión en clave teórica de la educación en Cataluña y desarrollan estudios en torno a la teoría sistémico-cibernética desde la perspectiva de la sociología de la ciencia. Al tiempo, el seminario tiene una repercusión importante en el resto de departamentos universitarios del campo de la pedagogía de España en los que desarrollaban su trabajo profesores desde la perspectiva de la pedagogía general o la filosofía de la educación. Uno de los problemas de este seminario representa en exceso un espacio liderado por una persona, Alejando Sanvisens, que estudia temáticas y enfoques que han sido trabajados con anterioridad por el propio Sanvisens. Es un seminario de teoría de la educación, pero todo gira en torno a la teoría sistémico-cibernética. Con la particularidad de que precisamente entonces, a finales de la década de los años setenta, se están desarrollando giros de gran calado en las ciencias sociales y en la educación.

El giro postestructuralista está asentándose en el campo de la filosofía y nuevos paradigmas desde el campo de la sociología de la ciencia estaban dejando desfasado a los planteamientos de la cibernética. Al tiempo, la pedagogía crítica comienza a configurarse como un marco teórico de referencia. Los propios Movimientos de Renovación Pedagógica alcanzan una notable popularidad entre los maestros en Cataluña, baste mencionar el impacto de la Asociación de Maestros Rosa Sensat y sus exitosos cursos de verano que a finales de los años setenta reúnen a miles de entusiastas de la educación. En este contexto de cambio de paradigmas educativos, el Seminario de Pedagogía Cibernética y Teoría General de Sistemas es una isla descontextualizada que aglutina a teóricos de la educación en torno a ideas cuyos fundamentos apenas encuentran cobijo en un escenario filosófico, político, religioso y social que en pocos años ha cambiado sustancialmente.

Si el propósito es seguir desplegando el espacio propio de la teoría de la educación, se hace necesario reorganizar el precario capital académico atesorado hasta el momento. El seminario de Sanvisens en cinco años agota sus fuerzas y una nueva generación de profesores con una situación acomodada dentro del sistema universitario analiza con cierta lucidez la coyuntura, en parte favorable, para dar un nuevo y definitivo impulso a la teoría de la educación esta vez a nivel nacional. Era el momento de levantar una estructura más sólida y el contexto de transición de la pedagogía hacia las ciencias de la educación era el propicio, por lo menos en el caso Español de principios de los años ochenta.

Para comprender el modo en que la teoría de la educación alcanza un notable nivel de consolidación y reconocimiento en España, es preciso prestar atención a elementos contextuales que van dando forma a la estructura universitaria del país a finales de los años setenta y durante toda la década de los ochenta. Estos son años de importantes transformaciones sociales que obviamente no se pueden entender sin los cambios políticos que marcan el tránsito de la dictadura de Franco al régimen democrático que inicia formalmente en 1978. La universidad española busca no perder el tren de estas transformaciones e inicia una serie de reformas con el fin de ajustar su oferta formativa a una sociedad que cada vez demandaba una formación más especializada y competente. En este marco histórico es donde hay que situar el crecimiento exponencial que experimenta la oferta de estudios de la licenciatura de Pedagogía. Hasta 1973 se puede estudiar la carrera de Pedagogía en la Universidad Complutense de Madrid, en la Universidad de Barcelona, la Universidad Pontificia de Salamanca y la Universidad de Valencia. Antes de que inicie 1980 un estudiante interesado en matricularse en la licenciatura de Pedagogía lo puede hacer en ciudades como Pamplona, Salamanca, Santiago de Compostela, La Laguna, Bilbao, Granada, Murcia, Sevilla, San Sebastián, Mallorca, Oviedo y Málaga.

Es importante subrayar que en la mayoría de los planes de estudio de Pedagogía que se están implementado por la geografía española está presente la asignatura de Teoría de la Educación (Jover y Gil, 2006, p. 202). Es decir, por lo general, los estudios siguen la pauta del Plan Malaquer que se había puesto en funcionamiento en la Universidad de Barcelona en los años sesenta. Lo interesante es que el marco legal vigente es propicio en este sentido. Baste recordar que en 1970 se había aprobado la Ley General de Educación (LGE) que concede una importante autonomía a las universidades, lo cual permite adaptar de diferentes formas los planes de estudio. También el espíritu de modernización que transpiraba la LGE demanda de una relación más estrecha entre las estructuras académicas universitarias y el sistema educativo. La licenciatura en Pedagogía es, desde esta perspectiva, un puente posible que permite acceder a estudios académicos en materia educativa a nivel de licenciatura, y es también un complemento fundamental para quienes quieren continuar estudiando incluso hasta la obtención del título de doctor una vez finalizada su formación como maestro en la escuela de formación del profesorado.

Atendiendo a lo que significa la paulatina consolidación de la asignatura de Teoría de la Educación en los planes de estudio de la carrera de Pedagogía, lo primero que hay que observar es que su inclusión supone el inicio de una colisión con otras materias afines. Así, en algunos planes la Teoría de la Educación se presentaba como una actualización de la antigua asignatura de Pedagogía General. Al mismo tiempo, otros planes de estudio no ven problemas en introducir la Teoría de la Educación y mantener las asignaturas de Pedagogía General o incluso de Pedagogía Sistémica. También hay casos en los que la Teoría de la Educación termina opacando a la propia Filosofía de la Educación. Esta diversidad de opciones responde sobre todo a elementos de disputas y acuerdos entre departamentos universitarios, que a su vez son el resultado de correlaciones de fuerzas coyunturales entre profesores. Lo cierto es que no hay entonces un debate epistemológico o un interés decidido por responder a necesidades del estudiantado o del propio sistema educativo.

5. Consolidación como ámbito de conocimiento

Debemos tener presente que el inicio de los años ochenta va a resultar clave para el devenir de la teoría de la educación en las décadas posteriores. En este tiempo van a converger tres hechos cuyo impacto tienen continuidad hasta la actualidad.

En primer lugar, el campo de la pedagogía inicia un giro de autorepresentación dentro del contexto académico, de forma que pasa a definirse como ciencias de la educación. En segundo término, en 1982, por iniciativa de Juan Escámez, por entonces profesor de la Universidad de Murcia, se organiza el I Seminario Interuniversitario de Teoría de la Educación (SITE). El tercer hecho se sitúa en 1983 con la aprobación de la Ley de Reforma Universitaria (LRU), cuya reforma de la organización departamental de las universidades va a resultar decisiva para la futura consolidación del ámbito propio de la teoría de la educación.

El primero de los hechos señalados está relacionado con el giro de la pedagogía hacia las ciencias de la educación. Es de gran importancia en este sentido el cambio en la nomenclatura de la Sección de Pedagogía de la Universidad Complutense de Madrid, sobre todo en la medida que supone un giro hacia la conceptualización empírica del estudio de la práctica educativa. En la reestructuración de los estudios de la Facultad de Filosofía y Letras que se opera en 1975, queda renombrada como Facultad de Filosofía y Ciencias de la Educación. El precedente de este giro de la pedagogía a las ciencias de la educación está en Francia, más concretamente en la regulación aprobada en 1967 para los estudios universitarios enfocados a la educación. Lo que se pretende con este cambio es desplazar del centro de interés la dimensión prescriptiva sobre el acto educativo para situar en un primer plano el estudio científico de los procesos de enseñanza y aprendizaje a partir de situaciones y variables controladas. Francia marca una distancia evidente con el sustrato idealista cuyo epicentro para los estudios en Pedagogía había sido Alemania prácticamente desde la guerra francoprusiana de hacía más de un siglo. En España, esta modificación contiene la reivindicación del componente experimental del estudio de la educación frente a la pedagogía cuyo fundamento es principalmente especulativo. Se apuesta por una línea de estudios del fenómeno educativo «más a ras de tierra, menos metafísica» (Jover y Thoilliez 2010, p. 51). Aunque lo cierto es que en España las ciencias de la educación arrastran en las décadas posteriores una deriva prescriptiva en la que prima la regulación técnica sobre y para la práctica educativa.

El análisis del segundo de los hechos nos lleva al otoño de 1982, cuando se reúne por primera vez, en una de las dependencias del rectorado del edificio histórico de la Universidad de Murcia, el SITE. A esta primera reunión asisten profesores, la mayoría de ellos ya entonces catedráticos, que imparten en sus respectivas universidades las asignaturas de Pedagogía General —es el caso de Ricardo Marín, Alejandro Sanvisens, Gonzalo Vázquez, Antonio Colom, Joaquín García Carrasco, Juan Escámez y Jaime Sarramona—, Filosofía de la Educación –se trataba de José Antonio Ibáñez-Martín–, Pedagogía Social –José María Quintana– e Introducción Empírica a las Ciencias de la Educación –área que representaba José Luis Castillejo. Entre las preocupaciones de este grupo de profesores está «la denominación de las cátedras» (Escámez, 2007, p. 219). Sobre esta cuestión se llega a un acuerdo por mayoría —parece ser que no se escatimó en vivos debates que llegaron a generar insatisfacciones importantes entre algunos de los asistentes—, lo que resulta fundamental, pues se adopta por consenso la denominación de Teoría de la Educación, al tiempo que se descarta la Pedagogía General.

Se trataba de un movimiento estratégico audaz y decisivo en un momento en que se estaban organizando otros ámbitos de la educación. Baste mencionar que los historiadores de la educación, ya en 1979, dentro de la Sociedad Española de Pedagogía, han constituido una sección propia. Es la primera vez que un grupo de profesores, organizados por el hecho de impartir docencia e investigar dentro de un mismo ámbito de conocimiento, marcan cierta distancia respecto de la SEP. En el caso de los historiadores de la educación la coherencia entre la denominación de las cátedras y el nombre en concordancia de las asignaturas que estos impartían es sin duda un elemento que unifica y da una identidad propia a su comunidad académica. Además, muestra un nivel de organización importante, y es que en el mismo año de 1982 se celebra el I Coloquio Nacional de Historia de la Educación. Ante este panorama, a quienes trabajan en líneas especulativas, solo les queda la opción de reorganizar sus fuerzas.

No debe extrañar que otro de los acuerdos que se toma en ese primer encuentro otoñal en Murcia es el de repetir anualmente ese formato de encuentro. La denominación oficial sería la de SITE. A nivel organizativo el SITE funciona como una conferencia permanente, una modalidad de organización muy común y ágil en el ámbito académico, que evita constituirse como sociedad, con los quebraderos de cabeza, sinsabores y los eternos conflictos que este tipo de organizaciones, por lo general, producen. Además, en el caso del SITE otro de los acuerdos tomados desde el inicio es que la asistencia a estas reuniones se hace por invitación. Es decir, las universidades reciben una serie de invitaciones en función del peso que históricamente los departamentos han tenido en el ámbito de la teoría de la educación. Un formato que ha variado escasamente en lo sustancial y cuyo éxito queda en parte reflejado en las cuarenta ediciones del SITE celebradas anualmente hasta el año 2022.

Otro de los elementos que se ha mencionado como de gran peso en la consolidación de la teoría de la educación es la LRU de 1983. Esta ley implica una nueva organización departamental que buscaba limitar el poder de las cátedras y romper con la estructura vertical que regía la vida universitaria y especialmente las oposiciones a las diferentes plazas docentes. En el capítulo octavo, punto segundo, la LRU especifica que: «Los departamentos se constituirán por áreas de conocimiento científico, técnico o artístico, y agruparán a todos, los docentes e investigadores cuyas especialidades se corresponden con tales áreas» (BOE 1983, 24035). Entonces se acuerda crear el área de conocimiento de Teoría de Historia de la Educación. Es decir, los dos ámbitos que más habían avanzado en su organización y definición interna son los que tuvieron presencia explícita nominal en el título de la nueva área. Aquellos que permanecían rezagados, pues no estaban apenas asentados en el contexto español o se había dormido en los laureles, es el caso de la Política de la Educación, la Educación Comparada, la Pedagogía Social o la Pedagogía Laboral, arrastrarán durante décadas el estigma de pertenecer a un área que no les representa en su enunciación, pero que lo podría haber hecho si las circunstancias se hubieran dado de otra manera.

Todavía dentro de la década de los años ochenta, concretamente en 1986, se produce un nuevo salto cualitativo en la consolidación del ámbito de la teoría de la educación. Con el apoyo del Departamento de Teoría e Historia de la Educación de la Universidad de Málaga se publica el primer número de la revista *Teoría de la Educación. Revista Interuniversitaria* (TE). El primer número, como no podía ser de otra forma, fue coordinado por Alejandro Sanvisens. El texto que Sanvisens publica para introducir este primer volumen es, en perspectiva histórica, toda una declaración de intenciones y también un alegato en favor de la dimensión teórica de la educación tras unas décadas de clara expansión de modelos experimentales en el campo de la investigación educativa. Así, según deja escrito en este primer número el profesor de la Universidad de Barcelona, «En una era informatizada no puede faltar la reflexión humanística. Los modelos teóricos importan junto con las experiencias prácticas, los logros educativos, sirviendo unos de contrastación respecto de los otros» (Sanvisens, 1986, p. 10).

Para el inicio de los años noventa queda bien acotado, desde la perspectiva de la territorialidad académica, el espacio propio de la teoría de la educación. A partir de entonces, por lo menos quienes observaban desde la distancia este ámbito de conocimiento pueden identificar sin problema tanto las temáticas y los enfoques propios, como los nombres de quienes lideraban las teorías de la educación en España. Al mismo tiempo, para quienes quieren hacer su carrera académica en la teoría de la educación estaba claro quiénes son los académicos que conformarán sus tribunales, los espacios académicos donde deben publicar sus trabajos, los lugares comunes por los que han de transitar y los espacios que definitivamente es mejor evitar.

En el año 2000, algunos autores implicados en la teoría de la educación en España realizan una mirada retrospectiva del camino andado hasta el momento. En esta línea, Jaume Sarramona, publicó el libro *Teoría de la educación. Reflexión y normativa pedagógica*. En este trabajo aparece una reflexión interesante a modo de balance del trabajo desarrollado en las últimas décadas del siglo XX. Más allá de los logros, Sarramona pone énfasis en las dificultades que historiadores y teóricos de la educación tienen para salir del campo especulativo, al que habían sido desplazados tanto por los colegas de campos más afines a la didáctica o la pedagogía experimental, como por las dificultades propias para vincular la reflexión histórica y teórica con la práctica. Sus palabras eran claras al respecto:

> El cambio de denominación de «Pedagogía» por «Teoría de la educación» no ha resuelto las expectativas de quienes la promovieron, porque el deseo de buscar una fundamentación más empírica y no exclusivamente filosófica a la actuación educativa, que se reservaría para la Filosofía de la Educación, se ha visto condicionada por la dinámica corporativista de los docentes universitarios, que ha llevado a calificar a todas las materias abarcadas en el Área de Teoría e Historia de la Educación como meramente especulativas, sin favorecer con ello la vinculación de la teoría con la práctica (Sarramona, 2000, p. 9).

Como resultado de la crisis financiera que inició a nivel internacional en 2008, pero cuyo impacto comienza a sentirse con fuerza a partir de 2010, el ámbito de la teoría de la educación encara un tiempo de cambios significativos y reveses considerables. La financiación pública se reduce extraordinariamente, lo que afectó a los proyectos de investigación y a los propios contratos de formación de profesores universitarios. La tasa de reposición se rebaja hasta lo impensable y los procesos de acreditación externos promovidos por la LOU frenan la hasta entonces rápida promoción de quienes realizaban tesis doctorales. Todos estos elementos, claro está, no afectan exclusivamente al ámbito de la teoría de la educación, pues eran cuestiones estructurales cuyo impacto es transversal en lo fundamental. En medio de este proceso de acomodo a un contexto que estaba cambiando significativamente, la buena noticia para quienes desarrollaban su trabajo académico en la teoría de la educación es que con la reforma de los planes de estudios, que era resultado de la aplicación del Espacio Europeo de Educación Superior, la asignatura de Teoría de la Educación consolida su presencia en las principales universidades españolas para la formación no solo en el grado de Pedagogía, sino también en los grados de Maestro de Educación Primaria e Infantil, e incluso en el grado de Educación Social.

La coyuntura que afronta el ámbito de conocimiento de la teoría de la educación no es especialmente halagüeña. La situación actual se asemeja a una encrucijada que solo el paso del tiempo será capaz de resolver. La constante evaluación a la que es sometida la carrera académica, el poco interés que despiertan algunas temáticas que hasta no hace mucho eran centrales para la teoría de la educación, el giro de la formación de maestros y pedagogos hacia paradigmas más vinculados a la práctica y la aplicación de técnicas educativas específicas, no dibujan un panorama en principio esperanzador. Si bien, otros elementos permiten visibilizar zonas de desplazamiento e incluso de cambio de dinámicas que advierten de cierta posibilidad de reconfigurar aspectos centrales del ámbito de la teoría de la educación que con el tiempo puedan resultar claves para su supervivencia académica. Entre estos elementos pueden destacarse el nuevo escenario epistemológico que se abre desde el pensamiento decolonial y la sociología de la ciencia, donde la propia noción de teoría está siendo resignificada. A todo lo cual se añade que la teoría en el campo de la educación ha iniciado un proceso de acercamiento a la práctica desde una vertiente sanadora y liberadora, que incluye elementos de búsqueda de consuelo para docentes y educadores en general.

Resumen

La aparición de la teoría de la educación en España no es fruto de una inquietud epistemológica, de un debate académico sosegado o de la publicación de un trabajo de investigación de referencia que marcó a una generación. Más bien, como ámbito de conocimiento reconocido en la estructura universitaria española, y también como asignatura para la formación de maestros de primaria e infantil, pedagogos y educadores sociales, la teoría de la educación es resultado de una coyuntura histórica específica que se presentó en los años ochenta del siglo XX. Entonces convergieron aspectos sociales y políticos específicos que impactaron en la reestructuración del funcionamiento de las universidades y su estructura departamental en base a cambios en el marco legal vigente. Todo lo cual, como suele suceder, fue sazonado por disputas por espacios de poder entre quienes habitaban el campo de la pedagogía.

Más allá del caso concreto de España, es importante observar que los orígenes de la teoría de la educación están en el Reino Unido. Como hemos podido ver, fue Robert Herbart Quick, quien realizó la primera reivindicación dentro del campo académico de la necesidad de articular una teoría que fuera capaz de proyectar una mirada racional de la práctica educativa. Esto sucedía en las últimas décadas del siglo XIX. Años después, ya en el inicio del siglo XX, John Adams, abriría el melón epistemológico y volcaría buena parte de sus esfuerzos en indagar sobre la siempre compleja relación entre teoría y práctica en el campo de la educación. Por su parte, en el contexto continental europeo la discusión en clave especulativa sobre los fenómenos educativos se hacía desde la pedagogía. Reivindicada como una ciencia del espíritu dentro de la estructura académica especialmente en Alemania, la pedagogía justificaba su presencia en el contexto académico como una disciplina que dirimía y estudiaba los fundamentos que regían los procesos de enseñanza y aprendizaje.

Si centramos la atención en el caso concreto de España, es posible constatar que la teoría de la educación ha ido cavando un lugar reconocible en el campo de las ciencias de la educación desde los años ochenta del siglo pasado. Actualmente posee espacios como el Seminario Interuniversitario de Teoría de la Educación (SITE) y el Congreso Internacional de Teoría de la Educación (CITE) con una notable visibilidad. Además, publicaciones como la revista *Teoría de la Educación. Revista Interuniversitaria* (TE) o la *Revista Internacional de Teoría e Investigación Educativa* (RITIE), editadas por la Universidad de Salamanca y la Universidad Complutense de Madrid respectivamente, se han consolidado en las últimas décadas como un canal de divulgación de referencia. Si bien, hay elementos que indican que los años de esplendor que vivió el ámbito propio de la teoría de la educación, que abarcó los últimos años del siglo XX y los primeros del XXI, posiblemente hasta el año 2011, ya no regresarán. La propia sinergia que en algún momento experimentaron quienes desarrollaban perspectivas teóricas en el campo de la educación, que iba acompañado por cierto compromiso por construir marcos teóricos de referencia para quienes desarrollaban un trabajo educativo en la práctica y no solo en el contexto académico, en la actualidad muestra síntomas de debilidad.

Actividades

Actividad 1.–Identifica al menos cuatro revistas académicas que a nivel nacional e internacional publican trabajos propios del ámbito de la teoría de la educación. ¿En qué países son editadas? ¿En qué editoriales? ¿Qué articulo destacarías del último número publicado por estas revistas?

*Actividad 2.–*El Seminario Interuniversitario de Teoría de la Educación (SITE) es el principal espacio en España que reune anualmente a la comunidad académica de la teoría de la educación. Busca en internet las temáticas de los últimos diez SITE celebrados hasta la fecha y selecciona la temática que consideres más relevante actualmente para la educación. Busca también las ponencias que se presentaron sobre esa temática y haz una pequeña semblanza de las mismas.

*Actividad 3.–*Piensa en tu experiencia como estudiante de educación secundaria y bachillerato. ¿Cuáles consideras que son los supuestos teóricos sobre los que se sostiene el desempeño pedagógico del centro en el que estudiaste la secundaria y el bachillerato?

Documentación adicional

- Colom Cañellas.1992. El saber de la Teoría de la Educación. Su ubicación conceptual. *Teoría de la Educación*, n.º 7:11-19. Disponible en: https://gredos.usal.es/bitstream/handle/10366/71706/El_Saber_de_la_ Teoria_de_la_Educacion_Su.pdf?sequence=1.
- Escámez, Juan. 2007. Las aportaciones de la teoría de la educación. *Revista Española de Pedagogía*, n.º 237:217-236. Disponible en: https://reunir.unir.net/bitstream/handle/123456789/4031/LasAportacionesDeLaTeoriaALaEducacion.pdf?sequence=1.
- Hansen, David. 2023. Democratic Imagination in the University. *Revista Internacional de Teoría e Investigación Educativa*, n.º 1:1-9. https://doi.org/10.5209/ritie.91615-. Disponible en: https://revistas.ucm.es/index.php/RTIE/article/view/91615/4564456567281.

Referencias bibliográficas

Adams, John. 1912. *The Evolution of Educational Theory.* Londres: Macmillan.

Escámez, Juan. 2007. Las aportaciones de la teoría de la educación. *Revista Española de Pedagogía*, n.º 237: 217-236.

Hirst, P. H. 1963. Philosophy and educational theory. *British Journal of Educational Studies*, n.º 12 (1): 51-64.

Jover, Gonzalo y Gil, Fernando 2006. Memoria de perspectiva de la Teoría de la Educación. *Revista Portuguesa de Pedagogía*, n.º 40 (2): 201-223.

Jover, G. y Thoilliez, B. 2010. Cuatro décadas de Teoría de la Educación ¿Una educación imposible?. *Teoría de la Educación. Revista Interuniversitaria,* n.º 22 (1): 43-64.

Boletín Oficial del Estado. 1983 *Ley de Reforma Universitaria*, BOE n.º 209: 24034-24042, publicado el 1 se septiembre de 1983.

O`Connoer, D. J. 1957. *An Introduction to the Philosophy of Education*. Routledge and Kegan Paul.

Quick, Robert Herbert. 1868. *Essay on Educational Reformers.* Longmans, Green and Co.

Sanvisens Marfull, Alejandro. 1972. Métodos educativos. *Revista Española de Pedagogía*, n.º 118: 137-168 y 143.

Sanvisens Marfull, Alejandro (1986) Presentación. *Teoría de la Educación. Revista Interuniversitaria,* n.º 1 (1): 9-10.

Sarramona, J. 2000. *Teoría de la educación. Reflexión y normativa pedagógica.* Ariel.

Preguntas para la reflexión

¿Qué implicaciones posee el hecho de que el inicio de la teoría de la educación se sitúe geográficamente en el Reino Unido?

¿Qué papel ha jugado la teoría de la educación en el proceso de eliminar todo rastro de costumbres, usos culturales, dogmas o tradiciones del funcionamiento de las instituciones con fines educativos?

¿Cuáles son los orígenes de la pedagogía como área de conocimiento reconocida dentro del mundo académico universiario en España?

¿Qué es el SITE (Seminario Interuniversitario de Teoría de la Educación) y cuál es su origen?

¿En qué situación se encuentra la teoría de la educación como ámbito de conocimiento en España en las dos última décadas?

Temáticas y enfoques de la teoría de la educación

Jon Igelmo Zaldívar, María de la Torre y Cristina Alina Albu

1. Introducción

Como hemos podido ya analizar en el capítulo anterior, los teóricos de la educación, prácticamente desde el origen de la teoría de la educación como ámbito de conocimiento reconocido en España, emprenden la tarea de armar su propia justificación académica. Durante las dos últimas décadas del siglo XX un número importante de profesores universitarios se ponen manos a la obra con el fin de aprovechar la inercia de las fortalezas y también para superar las debilidades o, llegado el caso, para que estas no se notaran. Y es que en el mundo académico, sobre todo de cara a la potencial audiencia y al resto de compañeros de otros ámbitos, tan importante es saber barrer y quitar todo rastro de suciedad, como esconder debajo de la alfombra el polvo acumulado para que nadie lo note.

El ámbito de la Teoría de la Educación posee unas fronteras epistemológicas porosas, que especialmente en las últimas décadas han desnortado incluso a los defensores más acérrimos de la reflexión teórica pura sobre la educación. Teniendo en cuenta esta particular característica en este capítulo vamos a indagar en primer lugar en la justificación del espacio académico, para posteriormente situar las temáticas de referencia de la Teoría de la Educación. Se considera también un punto relevante explorar las fronteras que los teóricos

Cómo citar: Igelmo Zaldívar, Jon *et al.* (2025). Temáticas y enfoques de la teoría de la educación. En David Luque Mengibar y Silvia Sánchez-Serrano (Eds.) *Teoría de la Educación* (pp. 39-59). Ediciones Complutense. https://dx.doi.org/10.5209/docm.002.02

de la educación establecen con otros ámbitos como la historia y la filosofía de la educación. Finalmente, se analizan cuestiones que actualmente están siendo debatidas en este ámbito de conocimiento, que incluyen aspectos teóricos en perspectiva decolonial.

2. Justificación del espacio académico

Un primer aspecto a tener en cuenta es que quienes acordaron comenzar a trabajar bajo el paraguas académico de la teoría de la educación no poseían una formación específica en este ámbito de conocimiento, ni contaban con un bagaje amplio de publicaciones sobre esta temática específica. El grupo de profesores, todos hombres, reunidos en 1982 en la Universidad de Murcia, representan en realidad al ámbito de la pedagogía general, con algunas excepciones de académicos que sitúan su desempeño en la Filosofía de la Educación y la Pedagogía Social. Es cierto que el seminario que Alejandro Sanvisens lidera en la Universidad Barcelona justo en los cinco años anteriores a la reunión de Murcia supone un primer intento por centrar el debate sobre la teoría de la educación.

En este contexto se va a producir una fusión de algunos elementos propios de la pedagogía general en el nuevo campo de la teoría de la educación. En primer lugar se asienta el conocimiento que genera la teoría de la educación dentro de un marco general que se presenta a sí mismo como una disciplina académica. En las publicaciones que se generan especialmente en los años ochenta y principios de los noventa, la teoría de la educación es presentada como un disciplina en la que coexisten metodologías diversas, algunas de corte cualitativo (hermenéutica-interpretativa, socio-crítica,...), otras de corte empírico-analítico (cuantitativas) e incluso algunas más cercanas a métodos reflexivos o discursivos. Este era un marco en exceso amplio, que debe entenderse en continuidad con el tipo de investigación que se realizaba dentro de la pedagogía general de ascendencia herbartiana.

Tenemos que prestar atención al hecho de que en este movimiento de desplazamiento de la pedagogía general y de transición hacia la teoría de la educación, presentada y pensada como una disciplina en el contexto español, resulta complicado seguir las líneas generales del debate que se está generando en la teoría de la educación en Reino Unido. Para entonces, además, los enfoques analíticos que tanto debate han suscitado entre los filósofos de la educación especialmente en EE.UU. están iniciando una clara decadencia. Figuras como Richar Peters, cuyos trabajos tuvieron una gran repercusión, apenas mantienen unos pocos seguidores repartidos por distintos rincones de la geografía americana y otros pocos más de la europea (Snook, 2014). En el Reino Unido, por su parte, se está produciendo una importante discusión sobre el rol de la teoría filosófica en la práctica educativa. Un debate en el que se enfrentan los postulados de Paul Hirst y Wilfred Carr, entre otros (Long, 2008). Paul Hirst (1927-2020) es una figura destacada dentro de la Philosophy of Education Society, de la que había sido co-fundador junto con Richard Peter, en 1964. Además, desde los años setenta Hirst es profesor en la Universidad de Cambridge, donde llega a dirigir el Departamento de Educación. Wilfred Carr, por su parte, es una figura más periférica, ocupa entonces el puesto de profesor de filosofía de la educación en la University of Sheffield.

Una cuestión compartida por Hirst y Carr es que la teoría se está convirtiendo cada vez más en un término ciertamente confuso y problemático. De hecho, esto no es una novedad ni siquiera en este tiempo, ya que una figura de primer nivel como Richard Stanley Peters ha llegado a denominar con anterioridad a la teoría de la educación como una *undifferentiated mush* (papilla indiferenciada). Si bien, lo que desata la discusión es el libro que Carr publica junto con Stephen Kemmis en 1986 titulado *Becoming Critical: Education, Knowledge and Action Research* (Carr y Kemmis, 1986). En este trabajo, claramente influenciado por la obra de Paul Feyerabend (1924-1994), se argumenta en favor de prescindir de la idea de teoría como herramienta que unifica el conocimiento científico. En consecuencia, es el momento de emprender un giro que parta de considerar a la teoría de la educación desde una posición más flexible, en clara sintonía con la práctica de la reflexión sobre la acción e inserta en la propia experiencia educativa. Hirst, como contestación a las ideas de Carr, defiende la necesidad de disponer de un área de estudio dedicado a la teoría de la educación adscrita principalmente al campo de la filosofía. Para Hirst es una área de estudio discreta que bien puede ser estructurada partiendo de axiomas propios de la lógica analítica.

Este importante debate, de gran recorrido en Reino Unido, no llega a España. No es la mejor idea comenzar a construir un ámbito de conocimiento planteando un debate en el que uno de los elementos sobre la mesa era el propio sentido (o mejor, dicho sin sentido) del ámbito en cuestión. Aunque sería más preciso decir que la comunidad de académicos de la teoría de la educación españoles, dentro de este debate, solo podía posicionarse en el lado de Hirst. Y esto es lo hicieron. Si bien, su posicionamiento es más bien el resultado, como sucede en no pocas ocasiones, de una carambola intelectual a varias bandas. Las ideas de Hirst llegan a la geografía española de la mano de un autor ciertamente secundario en el debate académico internacional de la teoría de la educación como es Terence Moore.

En 1980 es traducido al español un libro escrito por Moore en 1974 que publica Alianza Editorial con el título *Introducción a la teoría de la educación*. El libro es una traducción realizada por Miguel Ángel Quintanilla Fisac, profesor de lógica y filosofía de la ciencias de la Universidad de Salamanca. En poco tiempo este manual se convierte en el libro de cabecera de quienes en España están operando el ya mencionado desplazamiento de la pedagogía general y su sustitución por la teoría de la educación. Lo que posiblemente no saben quienes hicieron del libro de Moore su bandera epistemológica es que el texto es poco más que un manual para estudiantado británico que cursa la asignatura de Filosofía de la Educación, y que el propio Moore es simplemente un buen docente cuyas ideas carecen de trancendencia en el debate sobre la teoría de la educación en Reino Unido (Jover y Thoilliez, 2010, p. 57).

En el libro de Moore está, aunque desarrollada de un forma muy esquemática, la caja de herramientas epistemológicas básicas que necesita la teoría de la educación en España. Moore defiende una teoría de la educación capaz de explicar, comprender y normativizar la acción educativa. No pone en cuestión el andamiaje epistemológico del conocimiento científico que emana de la Ilustración. Diferencia entre las teorías científicas y las teorías prácticas, quedando la teoría de la educación enclavada en su totalidad en las segundas. Reivindica como una tarea propia de los teóricos de la educación la de desarrollar presupuestos valorativos, siendo el deber del teórico de la educación enjuiciar desde su privilegiada e ilustrada posición los patrones que guían la práctica educativa. Es tarea del teórico señalar a dónde se quiere ir, qué es lo que se ha de conseguir y por qué se han de alcanzar unos determinados logros y no otros. En palabras de Moore queda claro que la teoría de la educación «es una empresa de orden superior» cuya tarea última consiste en proporcionar «un cuerpo de principios y recomendaciones dirigidas a quienes se dedican a la práctica educativa» (Moore, 1980, p. 20). Vista en perspectiva la posición de Moore es casi una caricatura de los postulados de Hirst, a quien citaba en diferentes momentos en su manual. Si algo demuestra Hirst en sus trabajo es una postura mucho más aperturista en lo referente al papel que correspondía a quienes reflexionaban en clave teórica sobre la educación.

Lo que podemos constatar, por lo tanto, es que en España se intenta hacer converger los postulados de Moore con el desarrollo hasta entonces realizado por la teoría de la educación de corte cibernética y sistémica. Es una forma de aproximar el trabajo realizado hasta el momento con algunas ideas que venían del Reino Unido. Esta fórmula por momentos parece que puede funcionar. Si bien, con el paso del tiempo, la erosión que sufre este precario andamiaje es definitiva y no hay otro remedio que abordar la encrucijada epistemológica específica de la teoría de la educación, aunque sea por lo general de forma dispersa y sin debates de gran enjundia.

Un paso acertado con el fin de salir de este disyuntiva que impedía en buen medida el desarrollo del ámbito de conocimiento en España al inicio de los años noventa consiste en incorporar a una generación de entonces jóvenes profesores cuyas trayectorias de investigación inicia ya oficialmente dentro del área de la Teoría y la Historia de la Educación, y cuya identidad académica se sitúa sin ambages en el ámbito concreto de la teoría de la educación. Los trabajos de esta nueva generación de teóricos de la educación en España irrumpe con fuerza en los números publicados por la revista *Teoría de la Educación* (TE). Aquí destacan los nombres de Gonzalo Jover (UCM), Fernando Gil (UCM), Fernando Bárcena (UCM), Miquel Martínez (UB), Joan Carles Melich (UAB), María Rosa Buxarrais (UB) y Concepción Naval (UNAV).

Lo que diferencia en parte el trabajo de esta generación de teóricos de la educación es su intento por situar el debate teórico de la educación que se está produciendo en España con lo que era objeto de discusión en los entornos académicos internacionales donde la teoría de la educación tiene un desarrollo más consolidado. En este ejercicio de renovación de la teoría de la educación la mirada a lo que se estaba discutiendo en el contexto de Reino Unido es obligada. Algunos de quienes conforman esta generación de profesores viajan a formarse a universidades anglosajonas y comienzan a leer bibliografía especializada. Es cierto que en aquellos años, viajar y renunciar al calor del Departamento donde un investigador ha realizado su tesis doctoral implica asumir el riesgo de que la aspirada consolidación de la plaza académica se vea postergada. Un contexto extremadamente endogámico que es característico de las estructuras universitarias españolas en los años noventa, y que todavía sigue siendo, aunque en menor grado, no favorece la movilidad y el intercambio académico con otras universidades extranjeras. De ahí que otros profesores de esta misma generación más bien repiten patrones ya conocidos, y parapetados en el desconocimiento especialmente del inglés se atrincheran a nivel epistemológico en debates que fuera del reducido territorio académico de la teoría de la educación española no van a tener ningún recorrido.

3. Temáticas de referencia

En no pocos textos académicos, o incluso en pruebas orales para el concurso de plazas universitarias, es posible encontrar defensas acérrimas de una forma de teorizar la educación que responde más a una ensoñación epistemológica que a una constatación acorde con debates que responda a conceptos e ideas mínimamente contemporáneas. Muy posiblemente este fenómeno está influenciado por recientes publicaciones de autores como Gert Biesta, que defiende en su escritos que la pedagogía es una disciplina autónoma con capacidad para reivindicar un espacio propio entre las disciplinas académicas consolidadas (Biesta y Säfström, 2011).

Teniendo muy presente esta cuestión mencionada, vamos a visualizar un mapa, en realidad sintético, de las temáticas que a los largo de las cuatro últimas décadas han alcanzado un mayor protagonismo para la teoría de la educación. Este mapa parte de la identificación de cinco grandes líneas temáticas que se han ido constituyendo con el paso del tiempo y que potencialmente agrupan al conjunto de publicaciones y líneas de investigación activas: a) La concepción del fenómeno educativo y de los elementos que lo constituyen; b) La educación política y social; c) La educación en su dimensión intersubjetiva; d) La educación y su relación con el medio tecnológico; e) La reflexión sobre educación como forma de mejorar la práctica educativa f) educación y postmodernidad.

Comenzando por lo referente a la concepción del fenómeno educativo y de sus elementos constitutivos, conviene señalar que se trata de una temática medular para el ámbito de la teoría de la educación. Aunque no pocos han llegado incluso a decir que se trata en realidad de la temática que corresponde desarrollar casi en exclusividad a los teóricos de la educación, lo cierto es que se trata de una línea que para su desarrollo demanda del análisis y estudio de conceptos o, lo que es lo mismo, de una reflexión claramente de corte filosófico y antropológico. En este sentido quienes han enfocado sus trabajos dentro de esta línea temática han buscado profundizar en el concepto y sentido del aprendizaje, los modos de ser y de comportarse del sujeto que actúan en un contexto educativo, el criterio de valor de un determinado aprendizaje o el sentido del crecimiento moral, estético o espiritual que implica una determinada práctica educativa.

Autores como Sanvisens y posteriormente otros como Colom, Sarramona, Vázquez o García Carrasco, especialmente en los años ochenta y noventa, dieron continuidad a estudios cuyo fin era generar marcos de comprensión teóricos del fenómeno educativo. En su visión, más o menos sistemática, se adentraron en la materia desde una perspectiva filosófica y antropológica. Su trabajo partía de un compromiso con la necesidad de fundamentar el ámbito propio de la teoría de la educación y demostrar que sus raíces eran, aunque no muy firmes, al menos más robustas de lo que todo parecía indicar. El libro *La (de)construcción del conocimiento pedagógico*, escrito por Colom y publicado en 2002 (Colom Cañellas, 2002), es posiblemente uno de los últimos intentos realizados en este sentido. Lo interesante del trabajo de Colom es que su referencia disciplinar era la sociología de la ciencia y filosofía, lo que le llevó a combinar elementos centrales de la teoría del caos con conceptos filosóficos de Derrida en su aproximación a la posibilidad de articular una teoría sobre el fenómeno educativo. Por su parte, las recientes publicaciones de García Carrasco arrojan luz sobre elementos constitutivos fundamentales de hecho educativo tomando como referencia tanto nociones filosóficas centrales como descubrimientos e interpretaciones del campo de la paleoantropología. Baste como ejemplo el libro *Leer en la casa y en el mundo*, publicado en 2007, donde García Carrasco ya anuncia los temas que le tendrán ocupado en las siguiente décadas (García Carrasco, 2007).

Una segunda vertiente temática para la teoría de la educación es la que analiza la educación como fenómeno político y social. Aquí la referencia no se sitúa en un plano filosófico o antropológico, sino que gira hacia una comprensión del acto educativo en perspectiva política y social. Las publicaciones realizadas dentro de esta temática han abordado cuestiones referentes a la promoción de los derechos humanos, la educación para la paz o la promoción de la ciudadanía intercultural. Cierto compromiso con el fomento del bien público y común por medio de la educación recorre estos trabajos. Para la teoría de la educación este es un planteamiento que alcanza una presencia notable especialmente en los años ochenta y noventa. Es entonces cuando en el campo académico español de la pedagogía los estudios de corte social emergen con fuerza. Y es que la teoría de la educación no fue una excepción en este sentido. De hecho, ya en 1985, el SITE tuvo por temática «Cuestiones sociopolíticas de la educación». También los SITE de 1996 y 2001 se organizaron sobre esta temática muy similares, sus títulos fueron «Política y planificación educativa» y «Evaluación de políticas educativas». Un tema de gran recorrido dentro de esta temática fue la educación para la ciudadanía, donde han destacado tres espacios académicos de referencia: la Universidad Complutense de Madrid donde desarrollaron destacadas publicaciones José Antonio Ibáñez Martín, Fernando Bárcena, Gonzalo Jover y Fernando Gil; la

Universidad de Barcelona, específicamente el Grupo de Reçerca de Educacio Moral (GREM), grupo liderado por profesores como José M. Puig Rovira, Miquel Martínez y María Rosa Buxarrais; y la Universidad de Navarra con Concepción Naval como figura académica más destacada.

La siguiente proyección temática de la teoría de la educación sobre la que merece la pena prestar atención es la se aproxima a la educación en su dimensión intersubjetiva. Se trata de una temática fuertemente vinculada de nuevo a los primeros trabajos de Sanvisens, en los que ponía atención a los procesos informativos y comunicativos que se integran en el acto educativo. Con el tiempo, esta temática se fue actualizando gracias a las publicaciones especialmente en los años noventa de autores como Touriñan y Vázquez, que centraron su interés en las actitudes para el uso de las novedosas herramientas informáticas que se introducían en los procesos de enseñanza y aprendizaje. Las referencias para el desarrollo de esta temática estaban en la filosofía moral y la psicología de la educación. Años después, Fernándo Bárcena y Joan-Carles Mélich aportaron un enfoque renovado. Su trabajo situaba a la acción educativa en un plano contextual y narrativo, donde lo simbólico quedaba atravesado por la ficción de los relatos y era conceptualizado como elemento clave en la configuración de la identidad del educador y del educando. El libro *La educación como acontecimiento ético. Natalidad, narración y hospitalidad*, publicado en 2001, es una referencia de primer orden (Bárcena y Mélich, 2001).

La cuarta línea temática que es posible delimitar es la referente a la relación de la acción educativa con el medio tecnológico. Es importante recalcar en este sentido que un elemento conocido es que las herramientas tecnológicas han jugado un papel crucial en el desarrollo cultural de los homínidos y en particular de los homo sapiens. Los descubrimientos de los paleoantropólogos al respecto, aún partiendo de diferentes interpretaciones, no ponen en duda el rol que corresponde a los diferentes artefactos tecnológicos en el proceso de complejización de la vida de las comunidades humanas y en el mismo proceso de civilización. De ahí que los teóricos de la educación hayan considerado que tanto las tecnologías de la información y la comunicación, junto con el contexto digital cuyo avance es significativo en las últimas décadas, son un tema sobre el que es posible especular en perspectiva teórica. En esta línea, a nivel del contexto español, son actualmente una referencia los trabajos liderados desde la Universidad de Salamanca por Ángel García del Dujo, José Manuel Muñoz-Rodríguez y Judith Martín-Lucas.

La siguiente línea temática guarda relación con la conceptualización de la teoría de la educación como una herramienta, entre otras, para analizar y mejorar la práctica educativa. Esta línea abarca aquellos trabajos que sitúan a la teoría en una posición de retaguardia con respecto a la práctica. Para quienes investigan a partir de este posicionamiento, la acción educativa pasa a un primer plano y la teoría se limita, en parte, a aporta herramientas analíticas y hermenéuticas que llevan a un análisis racional de los hechos acontecidos en el plano educativo con el objetivo de generar una reflexión cuyo fin último es la transformación de los procesos de enseñanza y aprendizaje. En buena medida, esta posibilidad temática se inspira en la obra de Wilfred Carr, que tuvo un impacto notable en España, pues varios de sus libros fueron traducidos y publicados en la editorial Morata. Tal es el caso del libro *Una teoría para la educación. Hacia una investigación educativa crítica*. En este trabajo Carr señala que:

> La teoría de la educación no es una «teoría aplicada» que «se base en» teorías de la filosofía, las ciencias sociales o cualquier otra «forma de saber», sino que se refiere a la tarea de evaluar críticamente la adecuación de los conceptos, creencias, supuestos básicos y valores que forman parte de las teorías más destacadas de la práctica educativa. Esto no significa que la relación entre teoría y práctica suponga que la teoría «implica» la práctica, se «derive» de ella o «refleje» la práctica, sino que, sometiendo las creencias y justificaciones de las tradicionales prácticas existentes y vigentes a la crítica racional, la teoría transforma la práctica, modificando las formas de experimentar y comprenderla. En consecuencia, no se trata de una transición de la teoría a la práctica, en cuanto tales, sino de la irracionalidad a la racionalidad, de la ignorancia y la costumbre al saber y la reflexión (Carr, 1996, pp. 58-59).

Una última línea temática aborda lo referente a la educación en el contexto de la postmodernidad. A nivel internacional existe un debate importante sobre el modo en que dentro de la postmodernidad se generan nuevos discursos posibles sobre la educación, o incluso nuevas narrativas de lo que significa la acción educativa. En España, los teóricos de la educación han entrado a este debate a partir del estudio de las ideas de autores como Alvin Toffer, Zygmunt Bauman o Gilles Lipovetsky. Lo que se atisba en estos trabajos es la configuración de un discurso educativo donde el sujeto educado es un individuo capaz de adaptarse y controlar los cambios que le demanda el medio tecnológico, social, económico, político y cultural donde habita, que a su vez está en permanente mutación. El devenir constante de las estructuras que envuelven la existencia incide y profundiza en modos de educación ligeros o líquidos que apuntalan la individualización de los procesos de enseñanza y aprendizaje. Los modelos fruto de la tradición dejan de tener valor en un escenario donde la educación ya no busca, de forma prioritaria, la transmisión de la cultura del pasado. El nuevo contexto resignifica la idea misma del individuo formado que pasa a ser ya no el poseedor de conocimientos bien fijados, sino aquel con capacidad de buscar con eficacia lo que precisa cada momento. En esta línea son una referencia los textos publicados en los últimos veinte años por Octavi Fullat, Antonio Colom, Xavier Laudo, Jaume Trilla.

4. La frontera con la filosofía y la historia de la educación

Si hay dos ámbitos con los que la teoría de la educación ha mantenido una relación fronteriza más intensa estos son la filosofía de la educación y la historia de la educación. De hecho, se podría decir que el espacio que ha ido ganando la teoría ha sido el resultado del desplazamiento que ha propiciado sobre temáticas y enfoques que bien podían ser reivindicados por historiadores y filósofos de la educación. En el caso de España, el desplazamiento ha sido más significativo hacia el lado de la filosofía de la educación, un ámbito que presenta en las primeras décadas del siglo XXI un desarrollo ciertamente precario en el contexto español. Situación muy diferente es la que mantiene la historia de la educación, ya que este ámbito ha poseído una cohesión asociativa y una audiencia potencial más cohesionada que la de los teóricos. Merece la pena entrar en detalle y analizar cada caso por separado.

Un hecho relevante es que la filosofía de la educación en perspectiva histórica antecede al despliegue y consolidación de la teoría de la educación en España, que como ya hemos visto se produce en los años ochenta. En un notable trabajo publicado en la revista *Studies in Philosophy and Education* en 2001, Gonzalo Jover sitúa el inicio de la filosofía de la educación en España en la creación de la Sección de Pedagogía de la Universidad Central de Madrid en los años treinta del siglo XX, y más concretamente en los trabajos de Manuel García Morente, que fue decano de la Facultad de Filosofía y Letras. Su visión de la formación de los inspectores de las escuelas primarias y de los formadores de maestros es que debe partir de fundamentos filosóficos (Jover, 2011). Para Morente la educación necesita tanto del conocimiento de métodos y técnicas que han de aplicarse en el aula como de pensamiento. De ahí que algunos de los cursos que se ofrecen entonces en la Sección de Pedagogía incluyen materias específicas de Filosofía de la Educación. Y lo mismo ocurre en la Sección de Pedagogía de Barcelona.

Los profesores que imparten en los años treinta del siglo xx estas materias son Juan Zaragüeta y María de Maeztu en Madrid, y Joaquín Xirau en Barcelona. El libro que Zaragüeta publica con el título *Pedagogía fundamental*, en 1943, es el primer trabajo íntegro de filosofía de la educación publicado en España. Ya en los años cincuenta y sesenta, la filosofía de la educación continúa teniendo una presencia destacada en los programas formativos de la carrera de Pedagogía. Es cierto, que en estos años, el marco de referencia de los filósofos de la educación es de fundamento neotomista. En España, en el contexto del régimen franquista, no se tienen apenas noticias de los apasionados debates que en perspectiva analítica mantienen más que ocupados a los filósofos de la educación en los Estados Unidos. Los trabajos de autores como Israel Scheffler, Daniel J. O'Connor, B. Othanel Smith o Robert H Ennis, no entran entonces en los programas de las asignaturas de filosofía de la educación en las universidades españolas.

No fue hasta los años setenta que autores como Jose Antonio Ibáñez-Martín y Jose Manuel Esteve comienzan a seguir los principales debates sobre filosofía de la educación a nivel internacional. Fue su empeño introducir elementos de la filosofía analítica americana en España. Y lo hacen precisamente en el momento en que los estudios de pedagogía inician un giro hacia el modelo de organización de las Ciencias de la Educación. Un nuevo modelo que es apuntalado por la Ley General de Universidades de 1983, que precisamente encumbra a la teoría de la educación y relega a la filosofía de la educación. Este súbito giro legal impacta directamente sobre la filosofía de la educación y sobre los potenciales debates que justo entonces comienzan a asentarse en el debate filosófico educativo. Además, el contexto político de la transición democrática no es el propicio para una filosofía de la educación de corte analítico, pues otros problemas como la educación ética o la educación para la ciudadanía estaban emergiendo con notable fuerza.

En este contexto de importantes transformaciones estructurales en lo académico y lo político, el ámbito de la teoría de la educación termina absorbiendo buena parte de los debates propios de la filosofía de la educación. Esto se puede observar en las temáticas propias que desarrollan los teóricos de la educación, muchas de las cuales, en realidad, tienen un trasfondo filosófico notable. Al mismo tiempo, espacios como el SITE, el CITE o revistas como

TE, poseen un reconocimiento evidente dentro del campo de las Ciencias de la Educación y una audiencia propia. No ocurre lo mismo con los CIFE (Congreso Internacional de Filosofía de la Educación), que habiendo celebrado hasta 10 ediciones, ha quedado relegado a un lugar marginal sin que exista una asociación propia de filósofos de la educación que sirva como referencia académica. A lo que hay que añadir que en España no existen revistas especializadas de filosofía de la educación, ni departamentos que reivindiquen en su denominación este concreto ámbito de conocimiento.

Por su parte, el espacio fronterizo entre los teóricos y los historiadores de la educación no puede analizarse desde la perspectiva de la absorción de un ámbito por parte del otro. Más bien, la relación de estos dos ámbitos es la de dos primos hermanos que saben que van a coincidir en fechas puntuales a lo largo del año (navidades y vacaciones en el pueblo) o en acontecimiento periódicos (comuniones de los niños, bodas y funerales), pero que aún viviendo en la misma ciudad y a escasa distancia no hacen nada por quedar, tomar un café y pasar un rato juntos disfrutando de la compañía. De tal forma, tanto a nivel internacional como en el caso concreto del contexto español, no es sencillo encontrar espacios académicos en el que teóricos, filósofos e historiadores de la educación convergen y se comprometan en desarrollar líneas de trabajo conjuntas. Y todo a pesar de que, por lo general, como sucede en la mayoría de las universidades españolas, comparten estructuras como son los Departamentos académicos. Es posible que todas estas facilidades estructurales lejos de allanar el camino lo haya llenado de baches, pues como es sabido el roce hace el cariño y también las rozaduras.

Con todo, existe un línea temática de gran calado en la historia de la formación de maestros que requiere de un trabajo que combina la perspectiva teórica e historia, que es la historia de la ideas o historia intelectual. Resulta clave mencionar, al abordar esta cuestión, que ya los primeros intentos por historizar el pasado educativo que se llevan a cabo en el siglo XIX tenían entre sus objetivos prioritarios el estudio de las ideas de los más destacados pedagogos. Se trataba de manuales de historia de la pedagogía destinados a la formación de maestros que articulaban secuencias de ideas educativas desde una perspectiva lineal de progreso y en base a un proyecto de corte idealista y emocional. Es decir, las ideas pedagógicas fueron objeto de estudio en primer lugar de los historiadores, aunque al estar supeditada a la formación de maestros, renunció a consolidarse como un ámbito de investigación propio (Igelmo, Delgado y Quiroga, 2021).

Lo cierto es que en la actualidad la historia intelectual de la educación ocupa un espacio reducido entre las líneas temáticas que hoy toman como referencia historiadores y teóricos de la educación. Al analizar las principales publicaciones y espacios de divulgación se puede comprobar que el interés por el estudio del pasado de las ideas educativas ha sido marginal sobre todo en los últimos cincuenta años. No obstante, al menos en las últimas dos décadas, se han llevado a cabo algunos proyectos académicos y publicaciones puntuales que merecen ser mencionadas por su contribución en la renovación del estudio de las ideas. En el plano internacional, dos iniciativas son claves al respecto en los últimos veinte años: la *Research Community: Philosophy and History of the discipline of education* que inicia con su primera reunión en octubre del año 2000 en Lovaina (Bélgica) y el *Theory and History of Education Research Group* que fue fundado en 2006 con la cobertura institucional de la Queen's University (Canadá). Ambos espacios son una referencia obligada para la convergencia entre la filosofía, la teoría y la historia de la educación. La parte de contradicción de esta separación tan marcada que han experimentando la Filosofía y la Historia de la Educación y que se consolida a partir de los años sesenta del siglo XX, se observa al constatar que una de las corrientes centrales del pensamiento y el humanismo de los últimos cincuenta años llega a la conclusión de la imposibilidad de llevar a cabo una reflexión de calado filosófico sin un fundamento histórico. En esta dirección apunta la obra de Michel Foucault, uno de los autores más citados y reconocidos en las Ciencias Sociales a nivel internacional. Aunque Foucault fue filósofo de formación, su laboriosa indagación en archivos de todo tipo para sus investigaciones hace que sus trabajos parten principalmente de un evidente fundamento histórico.

Un espacio académico que en España está explorando con decisión las posibilidades de desarrollar una historia intelectual de la educación sin perder de vista el debate historiográfico en el plano internacional es el grupo de investigación «Cultura Cívica y Políticas Educativas» de la Facultad de Educación de la Universidad Complutense de Madrid. En este grupo se encuentra la línea de investigación que lleva por título «Teoría, filosofía e historia intelectual de la educación». Tres de los investigadores que desarrollan sus trabajos dentro de esta línea –es el caso de Gonzalo Jover Olmeda, Jon Igelmo Zaldívar y Patricia Quiroga Uceda–, han participado activamente del grupo internacional *Theory and History of Education International Research Group* ubicado en la Queen's University de Canadá. Siendo importante mencionar que los tres han realizado largas estancias de investigación y formación en este centro académico bajo la dirección de la profesora Rosa Bruno-Jofré.

En este grupo de la UCM se apuesta por investigaciones históricas en base a la identificación de espacios educativos transnacionales que hacen la función de planos transversales de construcción y recepción de ideas. Los cuales se estructuran tomando como referencia el conjunto de relaciones, interacciones, canales de transmisión intelectual y constelaciones de percepciones que no son consecuencias en exclusiva del orden de lo regional o nacional. De tal forma, los espacios educativos responden a un marco global, en la medida que ostentan un alto grado de autonomía epistemológica sin que esto conlleve desatender las nociones nacionales y regionales, sino que las atraviesan y reubican en un plano propio de análisis. En función de esta perspectiva, los historiadores del grupo «Cultura Cívica y Políticas Educativas» han analizado en sus más recientes trabajos tanto las ideas de autores como John Dewey, John Newman, Jane Addams, Ivan Illich, Rudolf Steiner, Emmi Pikler o Paulo Freire, como movimientos educativos transnacionales como el homeschooling, la nueva pedagogía ignaciana o la educación lenta.

5. Entre el mantenimiento y el rebasamiento

Hemos podido repasar el recorrido de la teoría de la educación como ámbito de conocimiento en lo que llevamos de capítulo a grandes rasgos. Lo que se ha generado es una imagen fija que sirve para situar las tendencias temáticas y los enfoques que han predominado en las últimas décadas tanto en España como a nivel internacional. Las características tan propias del contexto español, cuya razón de ser es la emergencia tardía del ámbito de la teoría de la educación, han quedado expuestas. A su vez, una evidencia que se ha mostrado es la débil consideración que la teoría de la educación ha alcanzando a nivel internacional, especialmente con respecto a la filosofía de la educación cuya implantación tiene cierta consolidación por lo menos en el contexto académico norteamericano.

En buena medida esta situación inestable guarda relación con la escasez de iniciativas académicas que han centrado su trabajo en el desarrollo de marcos generales sobre los que se puedan asentar las bases de una teoría de la educación acorde con los debates educativos que hoy son acuciantes. En este concreto aspecto la situación de España es apremiante. En un contexto académico donde los artículos en revistas indexadas son el tipo de producción académica más valorada por las instancias que acreditan el avance de las carreras académicas y por las comisiones que certifican los tramos de acreditación, los teóricos de la educación se han plegado en lo general a estas nuevas circunstancias que condicionan en buena medida no solo los formatos en los que se comparten los resultados de los estudios e investigaciones emprendidas, sino también las temáticas en sí mismas. Sale poco rentable en este contexto emprender labores intelectuales que demandan de cierto nivel de profundidad y que implican un estudio sosegado y paciente que no garantiza la producción y publicación de artículos científicos a un ritmo elevado. Y sin esta labor intelectual, en realidad, lo que se consolida es una teoría de la educación dispersa, desmembrada y superficial, que carece de marcos construidos con tesón y visión de largo recorrido.

La posibilidad de generar marcos generales para la teoría de la educación guarda relación con el concepto de *aufhebung* desarrollado por Hegel. Lo que el filósofo alemán venía a recalcar era la idea de superación que partía de un ejercicio de síntesis. Una síntesis que para su desarrollo ha de guardar y mantener cierto impulso histórico, sin el cual no es posible la superación o salto que permite superar las oposiciones. Se trata por tanto de un mantenimiento-rebasamiento dialéctico del pasado que mira el porvenir desde la perspectiva de la acción. La generación de marcos sobre los que pensar la teoría de la educación, por lo tanto, requiere de la utilización de las herramientas necesarias para el mantenimiento y el rebasamiento de aquellas formas y estructuras que han mostrado su utilidad y sentido en un tiempo ya pasado. En el caso de la teoría de la educación en España, es posible identificar a Antoni Colom como el último académico que dedica su empeño intelectual al desarrollo de un marco general para la teoría de la educación. Su libro *La (de)construcción del conocimiento pedagógico* (2002), publicado hace más de veinte años, es uno de los últimos ejercicios realizados en este dirección. Se trata, sin duda, de un trabajo de gran calado, aunque las tesis planteadas en este libro han de ser reconsideradas y revisadas en el contexto de los paradigmas epistemológicos y científicos que han ganado una significativa presencia en el debate académico en las últimas dos décadas.

Además, parece evidente que la dificultad manifiesta de desarrollar estos marcos, que ayuden a centrar conceptos y delimitar aquello que es propio de la reflexión teórica, es resultado de las resistencias que operan dentro de la comunidad académica que conforman los teóricos de la educación para mirar desde el retrovisor lo que se están haciendo desde otros ámbitos de conocimiento afines, especialmente desde otros campos de conocimiento en realidad no tan distantes. Aquí la problemática reside en la promoción de una especialización hueca. Pues lo que se promueve es la creación artificial de perfiles de investigación exclusivos en teoría de la educación. Una práctica que en realidad busca proteger el ámbito de conocimiento de la entrada en su campo de académicos que provienen de otras tradiciones y contextos disciplinares. En parte, este sentimiento corporativo y estas prácticas de territorialidad académica guardan relación con la compleja relación académica que existe entre teóricos de la educación y los historiadores y filosóficos de la educación, la cual ya ha sido expuesta. El resultado es una teoría de la educación que parte de preguntas dogmáticas y que deriva en respuestas hipotéticas.

Con todo, lo interesante es que situados en la tercera década del siglo XXI, podemos identificar dos elementos que convergen e interpelan de forma directa a los teóricos de la educación. Ambos elementos, de fundamento intelectual, contextual y epistémico, han hecho que el escenario donde se ha situado, en parte cómodamente, la teoría de la educación en las últimas décadas haya sufrido transformaciones muy destacadas. A estas transformaciones la teoría de la educación no puede ser ajena. De lo contrario, el sentido último de la reflexión teórica sobre la acción educativa puede evaporarse al tiempo que el espacio académico ganado puede también menguar notablemente. Siendo dos los elementos centrales los que han contribuido notablemente a este cambio de escenario: por una lado, la hegemónica presencia de los discursos tecnicistas en el campo académico de la Pedagogía y, por la otra, la renovación epistemológica que conlleva el pensamiento postcolonial.

Al detener la mirada en el peso que hoy tienen los discursos tecnicistas, cabe comenzar señalando que la educación, conceptualizada como una técnica desarrollada por expertos cuyo campo de aplicación es la enseñanza, se presenta como axioma central en la forma en que se imaginan los procesos organizados de enseñanza y aprendizaje entrado el siglo XXI. Los profesores buscan técnicas que a modo de productos faciliten solucionar problemas concretos del aula de forma sistemática. Los educandos se someten cada vez más a técnicas precisas que dibujan caminos nítidos, unidireccionales y con aspiraciones de objetividad que garantizan, al menos en la teoría, la posibilidad de aprender algo de forma rápida y sin esfuerzo. Los contenidos justifican su presencia en los curriculum en base a la aplicabilidad técnica de los mismos, y son apartados de espacios preferentes del mismo en la medida que se fundamentan en nociones especulativas o retóricas y carecen, en consecuencia, de carácter instrumental. Los años sesenta y setenta fueron un tiempo de críticas frontales a la deriva tecnocrática que los sistemas educativos estaban implementando a nivel global. Apostar por la tecnología y el discurso científico como medio y fin al mismo tiempo, supone simplificar en exceso la cuestión educativa y arrasar de paso con uno de los grandes debates humanísticos que se remontaba a siglos atrás y que han incluso resultado fructíferos para el progreso cultural, social, político y económico del mundo civilizado.

Por su parte desde el pensamiento decolonial, corriente de gran recorrido para la reflexión teórica en general y la educativa en particular, se identifica la insuficiencia que conlleva la noción de teoría como artefacto cuyo fin es la justificación racional de elementos que interactúan en un plano práctico. Lo que se observa desde esta perspectiva es que reducir todo intento por teorizar la práctica educativa a un ejercicio continuado y sistemático de justificación es mirar solo una cara de la moneda. La otra cara, pone de manifiesto que la teoría posee además una dimensión sanadora y liberadora. Es este un elemento que ha sido reivindicado por autoras como bell hooks (escrito con minúsculas), activista e intelectual estadounidense, en un libro titulado *Enseñar a transgredir. La educación como práctica de la libertad*.

Atendiendo a los desarrollos del pensamiento decolonial y sus implicaciones para la teoría de la educación, es posible constatar que toda práctica está expuesta a su narración posterior. Bien es cierto que no es posible una reflexión teórica de cada hecho educativo que tiene lugar y son muchos los relatos posibles que una mismo hecho puede desencadenar. Pensar en el siglo XXI que sobre un mismo hecho sólo es posible un único relato objetivo, lineal y preciso, es lo más parecido a hacer trampas jugando al solitario. Si algo han demostrado las ideas filosóficas del siglo XX, es que se pueden discutir los hechos, claro, pero ahí no está el meollo de la cuestión. Para entender lo que ha sucedido siempre será necesario el relato que se elabora a partir de los hechos. Y es aquí donde entran en juego el poder, la intencionalidad, la ideología, etc.

En este escenario que no ha dejado de ensancharse en lo que llevamos de siglo XXI, la teoría de la educación se presenta como una herramienta de gran utilidad para reflexionar sobre lo que está aconteciendo en los espacios educativos, ya sean aulas, centros culturales, espacios lúdicos, centros sociales, etc. Claro que ya no se trata tanto de volcar una serie de postulados teóricos sobre quienes actúan en la práctica, sino de abrir discusiones, diálogos fértiles, con el propósito de pensar de una forma sistemática y crítica acerca de las propia práctica, de su organización y su funcionamiento. Y es que desde la dimensión teórica se pueden explorar aquellas contradicciones que emergen del fenómeno educativo. Se trata de comparar, considerar y analizar los hechos, las discrepancias, los conflictos y las dificultades que los educadores encuentran en el desarrollo de su labor.

En última instancia la teoría de la educación es una comprensión reflexiva de los complejos elementos, los cuales se organizan a partir de dinámicas caóticas, que entran en juego en la práctica educativa. Partiendo de esta comprensión reflexiva es posible alcanzar dos tipos de transformaciones: una referida a la perspectiva crítica sobre la práctica y, la otra, desde una posición eficientista, más próxima a la mejora de la técnica que se aplica para resolver problemas educativos específicos. Siendo importante subrayar que la reflexión crítica y la mejora técnica funcionan a modo de vasos comunicantes sin que una deba prevalecer sobre la otra. Es esta una cuestión clave a tener en cuenta en los tiempos actuales. Y es que en medio de esta deriva tecnicista que anteriormente se ha mencionado, la reflexión teórica encuentra su relevancia y su urgencia. Posiblemente aquí resida, siguiendo la lógica que aplican los alpinistas en su expediciones, el campamento base de la teoría de la educación. Un espacio donde refugiarse mientras el temporal arrecia con fuerza y la expedición no puede todavía partir a la cima.

Resumen

Cuando intentamos analizar las temáticas y enfoques que actualmente abordan quienes investigan en el campo de la teoría de la educación, a primer golpe de vista, puede parecer que nos encontramos ante un ámbito de conocimiento un tanto difuso y paradójico. Tanto en las revistas que se consideran como propias del ámbito, como en los grupos de investigación y los congresos donde participan teóricos de la educación, es posible encontrar un abanico de temáticas muy amplio, que por momentos incluso puede resultar desconcertante. Esta amplitud del espectro temático en buena medida responde al hecho de que todo lo que tiene que ver con la educación puede ser abordado en perspectiva teórica, o dicho de otra manera, nada escapa de la disertación especulativa en un campo tan complicado de acotar como lo es la educación. Lo que sí conlleva una mayor definición es el enfoque desde el cual se está planteando resolver un determinado problema de índole educativo. Aquí, aunque solo sea por descarte, se puede afirmar que todo aquello que no es práctico ha de ser teórico.

Para poder generar una reflexión de corte teórica se necesita una visión amplia, casi panorámica, del marco contextual en el que se desarrolla la práctica educativa. Un marco que es en realidad un escenario fronterizo que demanda un tipo de posicionamiento interdisciplinar con el fin de comprender la complejidad que es propia de cada fenómeno educativo. Es posible constatar que de la relación que la teoría establece con otros ámbitos de la educación, pero también con otros campos y disciplinas de las ciencias sociales y de las humanidades en general, han ido emergiendo las temáticas que en la actualidad se integran en la labor académica desarrolladas por la comunidad que conforman los teóricos de la educación. En este sentido, el caso de España no es una excepción. De hecho, en el contexto español es posible identificar el mismo proceso de ensanchamiento temático que caracteriza a la teoría de la educación a nivel internacional.

Con el fin de situar con la mayor claridad posible todo lo mencionado, en este tema hemos estudiado en primer lugar la justificación que los teóricos de la educación han hecho del ámbito académico en el que desarrollan sus trabajos. Luego hemos profundizado en los enfoques y temáticas que se han ido desarrollando especialmente en España. Un punto importante a tener en cuenta es la relación que la teoría de la educación ha establecido con la filosofía y la historia de la educación. Como hemos visto, no son del todo sólidos los diques que se han construido con el fin de marcar el territorio que corresponde a quienes investigan temáticas educativas en perspectiva teórica, filosófica o histórica. Finalmente, en este tema hemos reflexionado sobre las posibilidades que se abren para la teoría de la educación desde la perspectiva del pensamiento decolonial. Se trata de proyectar una mirada de futuro que pone énfasis en la vertiente sanadora y liberadora que la teoría contemporánea puede enfrentar en los próximos años.

Actividades

Actividad 1.–Ediciones Complutense edita la Revista Internacional de Teoría e Investigación Educativa. Es un proyecto editorial que inicio en 2023, ver: https://revistas.ucm.es/index.php/RTIE/index. ¿Podrías identificar cuáles son las principales temáticas que abordan los artículos publicados en su dos primeros números?

Actividad 2.–Como hemos visto en este tema, la teoría de la educación se sitúa en un plano de proximidad respecto a la filosofía y la historia de la educación. ¿Cuál es tu visión respecto a esta problemática específica de la teoría de la educación?

Actividad 3.–De entre todas las temáticas que han sido trabajadas desde la teorías de la educación selecciona la que consideras de mayor interés. Indica las razones de tu elección. Identifica, además, la temática que consideras que hoy en día es más relevante para resolver los grandes problemas que afronta la educación en general.

Documentación adicional

Siegel, Harvey. 2023. La filosofía de la educación y la tiranía de la práctica. *Revista Internacional de Teoría e Investigación Educativa,* n.º 1:1-9. https://doi.org/10.5209/ritie.88542. Disponible en: https://revistas.ucm.es/index.php/RTIE/article/view/88542/4564456564521

Depaepe, Marc. 2007. Philosophy and History of Education: Time to bridge the gap? *Educational Philosophy and Theory*, n.º 39, 1:28-43, https://doi.org/10.1111/j.1469-5812.2007.00236.x. Disponible en: https://www.tandfonline.com/doi/pdf/10.1111/j.1469-5812.2007.00236.x?casa_token=u4ZKDsiB23kAAAAA:zxRSbGjgdzWLGVFQB_cw7PHC7vbYa-XKbSnndLYQ0hLWatjL25FA1_Fz65p7-hasFhMEvzsuS6s

Referencias bibliográficas

Bárcena, Fernando y Mélich, Joan-Carles. 2001. La educación como acontecimiento ético. Natalidad, narración y hospitalidad. Paidós.

Biesta, Gert. J. J., & Säfström, C. A. 2011. A manifesto for education. *Policy Futures in Education*, n.º 9(5): 540-547. https://doi.org/10.2304/pfie.2011.9.5.540

Carr, Wilfred y Kemmins, Stephen. 1986. *Becoming Critical: Education, Knowledge and Action Research.* Routledge.

Carr, Wilfred. 1996. *Una teoría para la educación: hacia una investigación educativa crítica.* Madrid: Morata.

Colom Cañellas, A. 2002. *La (de)construcción del conocimiento pedagógico. Nuevas perspectivas en teoría de la educación.* Paidós.

García Carrasco, Joaquín. 2007. *Leer en la cara y en el mundo.* Herder.

Hooks, bell. 2021. *Enseñar a transgredir. La educación como práctica de la libertad.* Capitán Swing.

Igelmo, Jon; Delgado, Mariano y Quiroga, Patricia. 2021. *Historia de la Educación: pasado y presente de un ámbito de conocimiento.* Síntesis.

Jover, Gonzalo y Thoilliez, Bianca. 2010. Cuatro décadas de Teoría de la Educación

¿Una educación imposible? *Teoría de la Educación. Revista Interuniversitaria*, n.º 22 (1): 43-64.

Jover, Gonzalo. 2001. Philosopy of Education in Spain at the Threshelf of the 21st Century - Origins, Political Context and Prosprects. *Studies in Philosophy and Education*, n.º 20: 361-385

Long, Fiachra. 2008. Troubled Theory in the Debate between Hirst and Carr. *Journal of Philosophy of Education*, n.º 42(1): 133-147.

Moore, Terence. 1980. *Introducción a la teoría de la educación*. Alianza Editorial.

Snook, Ivan. 2014. Respectability and relevance: reflections on Richard Peters and analytic philosophy of education. *Educational Philosophy and Theory*, 45 (2): 191-201.

Preguntas para la reflexión

¿Cuáles fueron los elementos teóricos que discutieron autores como Hirst y Carr?

¿Cuáles son las principales líneas de investigación activas en el ámbito de la teoría de la educación?

¿Qué elementos relacionan en la actualidad al ámbito de la historia de la educación y al ámbito de la teoría de la educación?

¿Qué elementos relacionan en la actualidad al ámbito de la filcsofía de la educación y al ámbito de la teoría de la educación?

¿Cuál es el impacto de los discursos tecnicistas en la teoría de la educación?

La investigación en teoría de la educación

Silvia Sánchez-Serrano y Gonzalo Jover

1. Introducción

La investigación resulta clave en el avance de la teoría de la educación, pues, como en cualquier otra disciplina, permite que esta adquiera las fortalezas necesarias para ayudar a superar los retos educativos actuales, así como los que están por llegar. Es por eso que conocer las bases y principios de la investigación en teoría de la educación se convierte en un requisito esencial de cara a cumplir con algunas de las competencias requeridas en la asignatura, entre las que se encuentran: conocer y aplicar técnicas para la recogida de información, a través de la observación u otro tipo de estrategias, para la mejora de la práctica escolar, impulsando la innovación; valorar la importancia de realizar análisis de la realidad educativa a partir de la recogida de datos por técnicas sistemáticas y estructuradas que fundamenten su mejora; analizar y comprender los procesos educativos en el aula y fuera de ella; identificar planteamientos y problemas educativos, indagar sobre ellos: obtener, registrar, tratar e interpretar información relevante para emitir juicios argumentados que permitan mejorar la práctica educativa; analizar la práctica docente y las condiciones institucionales que la enmarcan[1].

---

[1] Competencias de la asignatura en los grados en Maestro en Educación Infantil, Maestro en Educación Primaria, Educación Social y Pedagogía, y los dobles Grados en Maestro en Educación Infantil y Maestro en Educación Primaria, Maestro en Educación Infantil y Pedagogía, y Maestro en Educación Primaria y Pedagogía. Facultad de Educación. Universidad Complutense. https://educacion.ucm.es.

Cómo citar: Sánchez-Serrano, Silvia y Jover, Gonzalo (2025). La investigación en teoría de la educación. En David Luque Mengibar y Silvia Sánchez-Serrano (Eds.) *Teoría de la Educación* (pp. 61-87). Ediciones Complutense. https://dx.doi.org/10.5209/docm.002.03

En este capítulo, y para cerrar el primer bloque del manual, nos dedicaremos a esclarecer el concepto y la acción investigadora desde el plano teórico y, de manera específica, en el ámbito educativo. Así mismo, conoceremos los métodos más apropiados para investigar en el área de teoría de la educación.

Los objetivos que nos planteamos en este capítulo son: dar a conocer algunos de los conceptos clave que se manejan en el ámbito (investigación, conocimiento, ciencia, paradigma, método…); presentar los principales paradigmas de la investigación educativa; y profundizar en la cuestión de la metodología y su concreción en la teoría de la educación.

2. ¿Qué es investigar?

A menudo, cuando nos enfrentamos al concepto «investigación», este suele evocarnos entornos empíricos; laboratorios provistos de tubos de ensayo, probetas y batas blancas; en definitiva, el término nos traslada, en muchos casos, a escenarios asociados a la rama de las ciencias experimentales, lo que provoca cierto rechazo a quienes se encuentran más próximos a las ciencias sociales. Sin embargo, la investigación y en concreto la investigación educativa resulta un elemento fundamental en las ciencias de la educación y de ella depende en gran medida su mejora y progreso.

Investigamos para crear conocimiento, pero ¿qué es el conocimiento? Según la Real Academia de la Lengua Española, «conocimiento» es la «acción y efecto de conocer» (RAE, 2024). Si continuamos indagando en las acepciones de la RAE en este campo semántico, encontramos que «conocer» es «averiguar por el ejercicio de las facultades intelectuales la naturaleza, cualidades y relaciones de las cosas» (RAE, 2024). En el conocimiento se establece una relación directa entre el sujeto (que conoce) y el objeto (sobre el que se construye el conocimiento). El objeto del conocimiento es siempre una realidad que puede adoptar diversas formas, por ejemplo: interna (procesos biológicos), externa (teorías matemáticas), real (comportamiento), ideal (cuestiones morales), física (cambios ambientales), social (relaciones familiares), cultural (representaciones y manifestaciones de grupos sociales). En síntesis, todo lo que nos rodea puede ser objeto de conocimiento.

El conocimiento, es, por tanto, una de las estrategias del ser humano para entender y actuar en la realidad. Tiene su origen en la necesidad de entender el mundo que nos rodea, para sentirnos seguros en él, y responder a los problemas que este nos plantea, una forma de aproximación que implica el uso de la mente racional. Cabe destacar una cuestión importante y es que, el ser humano no posee una única forma de conocimiento, sino varias, y no todas pueden considerarse racionales, al menos no originariamente, aunque sea posible analizarlas y clasificarlas racionalmente.

Partiendo de la idea de la existencia de múltiples formas de conocimiento, diversos autores han tratado de distinguirlas. Hessen (1997) por ejemplo, identifica cuatro tipos de conocimiento: *cotidiano* (obtenido del propio entorno a partir de las acciones diarias), *empírico* (que proviene de la experiencia), *intuitivo* (espontáneo, sin aparente motivación racional) y el *científico* (racional, sistemático, reflexivo y verificable).

En líneas generales, el conocimiento científico intenta ofrecer una explicación de la realidad. Dicha explicación, tradicionalmente, se ha concretado en describir, comprender, predecir y controlar los fenómenos, para lograr integrarlos en un cuerpo de conocimiento organizado y sistematizado sobre los diferentes ámbitos de estudio que constituyen la denominada ciencia. Aunque pueda parecer una tautología, podemos decir que el conocimiento científico es el conocimiento propio de la ciencia y, por tanto, el único válido para sostener una investigación.

A continuación, recurrimos de nuevo a la RAE (2024) para aproximarnos al concepto de «ciencia» recogiendo algunas de las acepciones que más nos interpelan: conjunto de conocimientos obtenidos mediante la observación y el razonamiento, sistemáticamente estructurados y de los que se deducen principios y leyes generales; habilidad, maestría, conjunto de conocimientos en cualquier cosa; conjunto de conocimientos relativos a las ciencias exactas, fisicoquímicas y naturales. Cabe subrayar, entre estas definiciones, los elementos que hacen referencia al orden lógico, la experimentación y el abordaje metódico.

Más allá de las acepciones, y como ocurría con el concepto de «conocimiento», los expertos también han tratado de definir y/o caracterizar la ciencia. Por ejemplo, Bunge (1983) identifica en ella cinco características: racional (trabaja con conceptos, juicios y razonamientos); sistemática (basada en un método, el científico); general (busca universalizar, establecer teorías y leyes); falible (necesita de refutación y réplica para el avance); objetiva (sin que le afecte la perspectiva del/de la investigador/a). Esta última cualidad es *hoy* muy controvertida, pues se entiende que, aunque quien investiga debe intentar ser lo más objetivo/a posible, de una manera u otra, su enfoque, sus creencias, sus valores e intereses van a estar presentes en cada una de las decisiones, sesgando con ello la investigación. Por ello, en la actualidad, más que objetividad se espera que el/la investigador/a sea capaz de contrastar sus hallazgos con otros/as investigadores/as para validarlos. Por ello, y cada vez más, otra condición del conocimiento científico es la comunicabilidad, la exposición pública de los resultados: por ejemplo, en congresos y/u otros eventos científicos, así como su difusión, de manera abierta y gratuita, en revistas de reconocido prestigio, a fin de que puedan ser confrontados, replicados y aplicados por quien reúna las condiciones para hacerlo, y resulten útiles a la sociedad en su conjunto.

Para finalizar este apartado, abordaremos el término «investigar», nuevamente desde la definición del diccionario. En su primera acepción la RAE (2024) define «investigar» como «hacer diligencias para descubrir algo». En una segunda acepción indica: «realizar actividades intelectuales y experimentales de modo sistemático con el propósito de aumentar los conocimientos sobre una determinada materia». Continuando con la búsqueda terminológica, como sinónimos de este término encontramos: observar, buscar, indagar, examinar, estudiar, averiguar, inspeccionar, verificar, probar, sondear, explorar, inquirir, etc.

Por tanto, podemos decir que investigar es indagar o profundizar en sujetos, objetos, hechos, fenómenos o sucesos para conocerlos mejor. La investigación forma parte de la vida del ser humano desde que nace, pues la necesidad de entender su entorno es innata, los bebés exploran el entorno de maneras muy diversas, descubrimiento de su cuerpo cuando se observan las manos por primera vez, o incluso antes, cuando su boca se convierte en el «órgano investigador» por excelencia. Después, ampliará su *microuniverso* mediante el juego y las interacciones con sus figuras de referencia. Tal es la curiosidad humana, que algunas etapas del crecimiento se encuentran tan marcadas por este afán investigador que resultan un hito en el desarrollo con nombre propio, por ejemplo, a los tres años, aproximadamente, el ser humano se sitúa en la etapa «del por qué» caracterizada, como su propio nombre indica, por un deseo incesante de saber los motivos por los que sucede todo a su alrededor. Investigar es, por tanto, una actividad natural en el ser humano.

Pero para hablar de investigación científica, y más concretamente de investigación en teoría de la educación, es necesario superar este nivel natural de investigación pues precisaremos, como ya hemos avanzado, de un método preciso que nos lleve a la producción de un conocimiento válido.

3. Paradigmas de investigación educativa

Llamamos paradigma al enfoque o perspectiva en la que se sitúa quien investiga para ver el mundo. De manera más concreta, es el ideal de modelo desde el que abordar una investigación. Según este posicionamiento se determinará el objetivo del estudio, el problema de investigación y la metodología más apropiada. Además, dependiendo del paradigma elegido, los resultados se explicarán e interpretarán de un modo u otro. Es importante tener en cuenta que estos enfoques están en estrecha relación con la época histórica en que se gestaron y con el modo en el que las personas entienden el mundo y se desenvuelven en él.

En este punto desarrollaremos los paradigmas desde los que situarse para realizar investigación en educación.

A) *Paradigma positivista*

Propio de las ciencias naturales, el paradigma positivista, también llamado empírico, científico o cuantitativo, utiliza el método hipotético-deductivo, basado en regularidades que pueden ser explicadas en forma de leyes o relaciones empíricas entre fenómenos naturales, con el objetivo de explicar, predecir o controlar estos fenómenos. Este paradigma pretende desarrollar un conocimiento nomotético, basado en la lógica y el estudio de causas y hechos invariables. Entre los autores positivistas más destacados encontramos a Comte, como representante del positivismo más tradicional, Durkheim, Spencer y Reichenbach, así como a Ayer y Popper en representación del neopositivismo.

El modelo positivista parte del planteamiento de una o varias hipótesis con las que predecir resultados y que han de ser comprobadas a través de la investigación misma. Este paradigma busca la objetividad como principio fundamental, por lo que existe una separación clara entre quien realiza la investigación y el sujeto/objeto de esta, que no es estudiado en su ambiente natural, sino en un entorno recreado en el que se trata de controlar las variables que pudieran interferir en los resultados del estudio.

Según este enfoque, teoría y práctica están separadas, siendo el objetivo único de la investigación la ampliación de conocimientos teóricos, mientras que la transferencia de resultados a la práctica sería el papel de otros agentes diferentes. Como ventaja, cabe destacar que las investigaciones realizadas desde este modelo pueden ser aplicadas a muestras muy amplias. Pero esto, precisamente, genera también críticas por considerarse un modelo reduccionista que no responde a la complejidad de la realidad educativa, pues esta cuenta con muy diversas particularidades que quedarían fuera del alcance del paradigma positivista. Además, esta misma perspectiva crítica, sostiene que la objetividad no es posible, dado que los valores del/de la investigador/a se encontrarán siempre presentes implícitamente por acción y/u omisión de determinadas decisiones por su parte.

Se situará en este paradigma el/la investigador/a que pretenda establecer leyes, teorías y/o explicaciones que puedan ser comprobables empíricamente y generalizables, y cuyas conclusiones puedan replicadas en sucesivos estudios atendiendo a las mismas condiciones de la investigación en cuanto a perfil de la muestra, control de variables, etc.

B) Paradigma interpretativo

Propio de las ciencias sociales, el paradigma interpretativo se denomina también cualitativo, fenomenológico, comprensivo y/o humanista. Este paradigma contiene entre sus objetivos comprender y actuar. Va dirigido, por tanto, al descubrimiento y profundización en la interrelación de factores que inciden en que una realidad posea unas determinadas características y no otras.

Uno de los intereses de este paradigma es el poder transformador de la educación como respuesta a problemáticas concretas, y que estaría por encima del interés por la generación de saberes y conocimientos. Para el paradigma interpretativo, el valor de la experiencia es mayor que el de la investigación. Entre sus representantes cabe destacar a Dilthey, Schutz, Weber, Levi-Strauss y Malinowski.

A diferencia de lo que sucede en el paradigma positivista, en el paradigma interpretativo existe una profunda comunicación entre quien realiza la investigación y el sujeto/objeto investigado, dando así una mayor relevancia a las cuestiones prácticas y a la comprensión de hechos concretos, por encima de la formulación de leyes y/o teorías.

El paradigma interpretativo estudia los fenómenos en condiciones naturales, tal y como se dan en la realidad, intentando comprender el significado que le otorgan los sujetos, las interpretaciones que estos efectúan, sus motivaciones, ideas y creencias, así como el modo en el que estas inciden sobre esa realidad. Desde este paradigma, se sostiene la idea de que la realidad educativa es de tal complejidad y está condicionada por tantas variables, algunas imposibles de medir (percepciones y creencias de las personas, expectativas, sentimientos, prejuicios…) que no puede ser sometida a un control total. Por ello, las investigaciones se centran más en las interacciones producidas en los distintos escenarios educativos y las relaciones interpersonales, que en las relaciones entre variables. El paradigma interpretativo parte de la base de que el mundo social está construido por significados y símbolos, siendo una de sus funciones, precisamente, adentrarse en el proceso de construcción social (re)construyendo conceptos y acciones cuando sea necesario. Además, este enfoque busca descubrir cómo se forma la estructura básica de la experiencia y su significado a través del lenguaje y/u otras consideraciones simbólicas.

El paradigma cualitativo, por tanto, y a diferencia del cuantitativo que pretendía desarrollar un conocimiento nomotético orientado a la búsqueda de leyes universales, persigue un conocimiento de tipo ideográfico, dirigido a lo dinámico, que intenta comprender las particularidades y singularidades de los fenómenos, donde la investigación y la acción están interaccionando permanentemente.

Sus métodos para la recogida de datos se apoyan en la observación sistemática, la entrevista y los grupos de discusión. entre otros. De modo que es un enfoque apropiado para pequeños grupos, ya que el análisis estaría limitado a ámbitos de experiencia que permitan la incursión del/de la investigador/a en el contexto a estudiar.

En cuanto al diseño de investigación, cuando nos situamos en un paradigma interpretativo, este no se plantea de manera estricta desde el inicio, pues su variabilidad dependerá de los diversos acontecimientos que se desarrollen durante el proceso investigador. No existe el control de variables, pues estas son cambiantes.

Por lo descrito, el paradigma interpretativo, sobre el que se apoyaría una investigación cualitativa, requiere de dos habilidades imprescindibles por parte de quien realiza la investigación: por un lado, capacidad de escucha activa, siendo capaz de establecer vínculos con los sujetos investigados y empatizando con ellos y ellas; por otro, requiere entender la investigación como un proceso de indagación siendo capaz de entrar en la mente humana para acercarse lo máximo posible a lo que la persona piensa según sus reacciones (Coello *et al.,* 2000).

C) *Paradigma sociocrítico*

Tras la II Guerra Mundial, en la Escuela de Frankfurt (Alemania) a la que pertenecían autores como Adorno, Horkhrimer y Marcusse, surge un movimiento preocupado por analizar las transformaciones sociales para intentar dar respuesta a los problemas que surgen a partir de estas. Es así como surge el paradigma sociocrítico, con el objetivo de intervenir en la realidad social para mejorarla. Además de los autores mencionados, se consideran cercanos a este paradigma Makarenko, Freire, Freinet, Habermas junto con algunos representantes del neomarxismo estadounidense, como Apple, Giroux y Popewitz.

El paradigma sociocrítico se apoya en la premisa de que la naturaleza de las acciones educativas es siempre social y no pueden ser, por tanto, abordadas desde un modelo tecnológico, objetivo y concreto, pero tampoco desde un practicismo ateórico. Por tanto, para este enfoque, la acción educativa se adscribe a sistemas de naturaleza ideológica y valorativa.

Según Popkewitz (1988) los principios fundamentales del enfoque sociocrítico son: conocer y comprender la realidad desde y en la *praxis*; vincular teoría y práctica: conocimiento, acción, valores; orientar el conocimiento a la liberación del ser humano e implicar al docente a partir de la autorreflexión (75).

Al igual que ocurre en el paradigma interpretativo, existe una estrecha vinculación entre quien realiza la investigación y el sujeto/objeto de estudio. Tanto es así que el/la propio/a investigador/a se encuentra implicado en la solución a la problemática que investiga, otorgándole al proceso un carácter emancipador y transformador para todas las partes implicadas, empleando una metodología autorreflexiva.

Otro de los objetivos del paradigma sociocrítico es analizar en clave política las relaciones entre los distintos agentes que intervienen en mayor o menor medida en los procesos educativos, estudiando cómo las cuestiones económicas y políticas infieren en las concepciones del conocimiento, la educación, la enseñanza y el currículo. Para el paradigma sociocrítico, en la educación existen condicionantes de diversa naturaleza (social, económica, administrativa y religiosa entre otros) que pretenden la réplica de esquemas favorecedores de la clase dominante y el mantenimiento del *statu quo*.

El método utilizado para la recogida de datos en este paradigma es, fundamentalmente, la observación participante, en la que tanto investigador/a, como los/as sujetos de la investigación, están en constante reflexión y autorreflexión sobre la realidad y su papel en la misma. De este modo, se convierten en agentes de cambio, dando solución a las diferentes problemáticas por sí mismos/as. Una forma de hacer estas modificaciones es a través de la mejora de las prácticas cotidianas, involucrando en los procesos de diálogo, análisis, cuestionamiento, etc. a todas las partes implicadas (investigador/a, educadores, estudiantes, familias, etc.).

Nuevamente, como ya ocurría en el enfoque interpretativo, investigación y acción interaccionan de manera constante. A través de la práctica cotidiana (acción) se adquiere un conocimiento, al tiempo que la investigación aporta los elementos para un análisis sociocrítico de la realidad que se alcanza a conocer, constituyéndose para el/la investigador/a en una acción liberadora.

El paradigma sociocrítico, como no podía ser de otro modo, dedica especial atención a colectivos vulnerados. Con sus principios fundamentales, basados en la presencia de desigualdades en el marco de las relaciones sociales, pretende la transformación de dichas relaciones, por lo que tampoco en este paradigma encontramos la construcción de conocimiento científico como fin último, sino una visión crítica y, sobre todo, transformadora de la humanidad (tanto a nivel individual como colectivo). En esta transformación resulta esencial el papel que desempeña la educación.

D) Paradigma posmoderno

Como indicábamos al comienzo de este apartado, la aparición de estos paradigmas resulta epocal. La aparición de cada uno de estos enfoques ocurre en un momento sociohistórico determinado, tratando de responder a sus problemáticas propias. Los paradigmas presentados hasta aquí, a pesar de seguir siendo utilizados en la actualidad, gozaron de su mayor esplendor durante los siglos XIX y XX. Pero, para algunos/as investigadores/as, la lectura de la realidad que los mismos ofrecen ya no resulta adecuada en esta era. Por este motivo, surge un nuevo paradigma, el paradigma posmoderno, también llamado tardomoderno, que en cierto sentido supone un antiparadigma, en cuanto cuestiona los grandes relatos modernos. Así lo define Medina (2001):

> La era postmoderna se caracteriza por una fuerte decepción del hombre ante las verdades modernas; es la era de la ruptura del pensamiento lineal del hombre, del colapso de las grandes metanarrativas y de la noción de historia como una sola verdad; es la era de la pérdida de valores absolutos, de los relatos periféricos y de las múltiples voces que incorporan la sensibilidad y el sentimiento. […] Se da más crédito a lo individual. Lo particular, inevitablemente relacionado con la subjetividad humana, esto es, lo influido por el juicio humano. Conforme a ello, todos los métodos y medidas tanto cualitativos, como cuantitativos son subjetivos, y no únicamente

los cualitativos, no se debe olvidar que es el hombre, con sus emociones y creencias subjetivas, quien ejerce la acción de investigar (4).

Este paradigma posmoderno constituiría una respuesta frente a la modernidad más que una prolongación de esta, tanto respecto al paradigma positivista como al interpretativo y al sociocrítico. Por un lado, las diferencias entre clases sociales (opresores y oprimidos), descritas en el modelo sociocrítico ya no acogen toda la variedad de problemáticas actuales. Por otro, el auge de la razón, promovido por la Ilustración, tampoco resulta válido en una realidad donde, por ejemplo, la irracionalidad se puso de manifiesto en las dos guerras mundiales del siglo xx y sus posteriores regímenes autoritarios, y sigue latente, cada día, en los conflictos bélicos y situaciones de violencia de diferente índole. Los ideales del conocimiento universal se lesionaron gravemente, y con ellos las utopías, los metarrelatos y las ideologías que promovían el progreso de la sociedad confiando en que, a través del uso de la razón, se consolidarían sociedades más igualitarias y aspirando a la liberación de las personas, pero la realidad ha demostrado que no es así.

El posmodernismo promulga que la función de los grandes relatos de la modernidad es la de impedir, por medio de la opresión cultural, la posibilidad de discrepar. Defiende el pluralismo, ensalza lo diferente, la heterogeneidad de enfoques, las perspectivas decoloniales y poscoloniales, y las pequeñas historias opacadas o borradas por la modernidad. Desde el paradigma tardomoderno no se acepta una única verdad de la historia contada por Occidente, sino que se hace sitio a las minorías, a las diversidades y su contexto.

Desde el paradigma posmoderno se amplían los ideales emancipadores del paradigma sociocrítico, añadiendo nuevas metas para el avance de las libertades, como las cuestiones medioambientales, el pacifismo, el feminismo o la multiculturalidad.

En el nuevo orden descrito, las Tecnologías de la Información y la Comunicación toman una relevancia especial, que no implica exclusivamente modificaciones en el progreso tecnológico, sino que conforman una nueva estructura social, ahora en red. Este escenario ofrece numerosas opciones tanto a nivel individual como comunitario, con todo lo que esto puede significar. Cuando la ruta no está previamente marcada por un modelo único, elegir entre la diversidad de alternativas significa, en definitiva, elegir entre posibles realidades distintas. Curiosamente, cuando el progreso tecnológico y la globalización mueven el crecimiento de la comunicación a nivel mundial favoreciendo la implantación de un modelo único de sociedad, es, precisamente, cuando la tesis del posmodernismo adquiere mayor relevancia. «En nuestra época, con la globalización, cada uno de nosotros, inmerso en la producción y en la cultura de masas, se esfuerza por salir de ellas y construirse como sujeto de su propia vida» (Bernal, 2012, p. 29).

A fin de abandonar la presión ejercida por la cultura de masas, se presentan alternativas como la de Lyotard o la de Habermas. La propuesta del primero es perpetuar la discrepancia a través de la duda constante de las propias representaciones, poniendo de manifiesto su carácter aleatorio. Para este autor, no existe la validez universal, sino verdades eventuales, históricas, aplicables en un lugar y un momento determinado. Un posmodernismo crítico no abandona la crítica transformadora de la cultura. Lyotard advierte de que el proceso de producción, difusión, distribución y consumo de los bienes culturales pudiera ir encaminado a la transformación de la cultura en una industria. Si eso sucediera, ya no quedaría nadie para poder realizar una crítica cultural con la suficiente libertad e independencia (Bernal, 2012). Lyotard apuesta por la creación personal y la rescritura de las cosas, resistiendo a la idea de la predicción y el progreso atribuido a las nuevas tecnologías. Por otro lado, para Habermas, el modelo sería el acuerdo en el que el diálogo es lo que orienta la acción comunicativa hacia una situación ideal del habla y orienta la acción comunicativa humana hacia un consenso racional y universal.

4. Metodología de investigación en teoría de la educación

A partir de lo estudiado hasta aquí, podríamos decir que el conocimiento científico se caracteriza por emplear en su forma de investigación el método científico y que la ciencia es, por tanto, el resultado de la aplicación de este método. Ahora bien ¿qué es el método? ¿Cuáles son sus características? ¿Existe un solo método para investigar o, por el contrario, existen varios tipos? ¿Cuáles son los métodos más apropiados en la teoría de la educación?

4.1. La cuestión del método en la investigación científica

En la literatura específica sobre métodos de investigación, no existe acuerdo terminológico para definir el concepto «método». Teniendo en cuenta esta indeterminación, en este apartado trataremos, al menos, de fijar una definición en la que basarnos.

Etimológicamente, la palabra «método» proviene del griego *metá* (más allá, fin) y *hodós* (camino), es decir, el camino para conseguir un fin (Bisquerra, 2004, p. 28). En este sentido, algunos autores consideran que existe un método que puede presentar diferentes variantes para analizar un fenómeno. Sin embargo, otros consideran que existen diversos métodos para llegar a conocer la naturaleza de los fenómenos.

Basándonos en la última idea, podríamos definir «método» como los diferentes modos o procedimientos utilizados en la investigación para obtener los datos que se utilizarán como base para la inferencia, la interpretación, la explicación y la predicción de la realidad (Cohen y Manion, 1990). Atendiendo a esta variedad metodológica, podemos distinguir los siguientes métodos como vías de acceso al conocimiento:

a) *Método deductivo*

El método deductivo se basa en el silogismo aristotélico, que toma una única dirección para elaborar teorías. Va de lo universal (general) a lo real (particular). Un ejemplo de planteamiento deductivo podría ser: sabemos que todos los hombres son mortales, Aristóteles es un hombre, por tanto, Aristóteles es mortal. El objetivo es ampliar, precisar o contrastar una ley o teoría, mediante la deducción de consecuencias lógicas y aplicables a tal realidad, mediante un proceso lógico-deductivo.

b) *Método inductivo*

El método inductivo toma como punto de partida la experiencia. Su objetivo es formular leyes o teorías a partir del estudio sistemático de casos particulares y la posterior generalización. Para llevar esto a cabo, crea categorías y establece relaciones entre ellas con la finalidad de establecer tipologías.

En el método inductivo la base de la ciencia es la observación, pues la generalización de esta permite afianzar relaciones y obtener estructuras y relaciones sistemáticas que permiten elaborar teorías.

Un ejemplo de planteamiento inductivo sería: observamos que en todas las escuelas donde se introdujo un programa de prevención del acoso disminuyeron los casos de ese fenómeno de manera significativa. Concluimos que la implementación de programas sobre prevención de acoso en la escuela disminuye el *bullying* en los centros educativos.

c) Método científico

El método científico es el resultante de aplicar los métodos anteriores (deductivo e inductivo), de ahí que se denomine también método hipotético-deductivo. Para Bisquerra (2004) el objetivo fundamental del método científico es obtener conocimiento científico mediante el método hipotético-deductivo, que cuenta con dos actividades clave: el razonamiento lógico, para deducir consecuencias contrastables de una teoría en la realidad, y la observación de los hechos empíricos, para confirmar o modificar la teoría. En este proceso es necesario que quien investiga vaya de los de los datos a la teoría y a la inversa (pp. 29-30).

A continuación, mostramos de manera gráfica las diferentes fases del método científico:

Gráfico 1. Fases del método científico

Fuente: elaboración propia.

A lo largo de este capítulo venimos subrayando la complejidad de estudiar los fenómenos en el ámbito educativo, motivo por el cual los ideales del método científico serían, en este ámbito, aproximativos. Una de las principales y más evidentes razones es que este tipo de investigación no siempre puede realizarse en situaciones plenamente controladas, ni es posible la replicación, teniendo en consideración las distintas variables que se producen en cada contexto, necesaria para verificar los hallazgos. En consecuencia, se han adaptado los requerimientos del método científico en modos alternativos o métodos de investigación educativa que tienen presente el tipo de fenómeno sobre el que pretenden incidir. A continuación, presentaremos esta pluralidad de métodos en un mapa conceptual para una mejor comprensión.

Gráfico 2. Principales métodos de investigación en el ámbito educativo

* Métodos de investigación educativa más utilizados en teoría de la educación

Fuente: elaboración propia.

Siguiendo de nuevo a Bisquerra (2004, pp. 34-37) los métodos de investigación dirigidos a *comprobar o contrastar hipótesis* son propios del modelo de investigación cuantitativa, el cual se lleva a cabo a través de estudios experimentales. Cabe destacar que estos métodos responden a las fases del método científico y ponen el énfasis en la validación empírica de una teoría. Plantean cuestiones tales como: ¿las relaciones familiares inciden en los resultados educativos?

A su vez, los métodos orientados a *extraer conclusiones de carácter general, o descubrir teorías* a partir de observaciones, tienen un carácter exploratorio desde un enfoque cuantitativo. Sin embargo, desde un enfoque cualitativo, buscan la solidez en la comprensión profunda de la realidad.

Conviene señalar, tal y como muestra la Figura 2, que los métodos ex-post-facto (descriptivos, de desarrollo, comparativo-causales y correlacionales) se relacionan con el enfoque cuantitativo. Y que el método fenomenológico, et-nográfico, de casos y biográfico-descriptivo se corresponden con el enfoque cualitativo. Algunas cuestiones que podrían responderse mediante estos méto-dos podrían ser: ¿qué patrones de conducta presenta un determinado grupo de sujetos en las instituciones educativas de acogida? ¿Por qué siguen existiendo dificultades de integración educativa en sujetos pertenecientes a poblaciones minoritarias?

Por último, los métodos dirigidos a la *obtención de conocimiento aplica-do* sustituyen las funciones anteriores por comprender la realidad educativa para transformarla y mejorarla, subrayando como uno de los mayores valores la practicidad del conocimiento pedagógico, en favor de la resolución de di-versas problemáticas que surgen en el campo educativo. Entre los métodos que poseen este carácter social y participativo del proceso de investigación, destacamos la investigación-acción y la investigación evaluativa. Ambas es-tán focalizadas en dar solución a preguntas de investigación como: ¿cómo se podría introducir la educación en valores en el currículo o en un programa de educación social?

4.2. «Leer, pensar y escribir» como procedimiento de investigación

Una vez vistos, en un plano general, los distintos métodos de investiga-ción, abordaremos la cuestión metodológica en el campo de la teoría de la educación.

Muchos/as investigadores/as de nuestro campo sienten la misma inquietud que experimentó la profesora Judith Suissa, durante su formación doctoral:

> Pronto se hizo evidente que yo y el otro par de estudiantes de filosofía en-cajábamos mal en esos foros. Tratamos de adaptarnos. A menudo era fas-cinante escuchar hablar acerca de las investigaciones educativas en las que estaban trabajando estudiantes de diferentes disciplinas. Realmente intentá-bamos hacerlo lo mejor posible con el rotafolio, pero cuando la discusión se volvía hacia «el trabajo de campo», «el estado de la cuestión» o «el capítulo metodológico», había demasiadas miradas ausentes, silencios incómodos, y un creciente sentido de desesperación por nuestra parte, intentando explicar, una y otra vez, que «nosotros no hacemos investigación empírica». En una

ocasión memorable, sumido en la desesperación provocada por otra acoge-
dora sesión en la que los 23 de nosotros, sentados en círculo, respondíamos
por tuno a la pregunta «¿cuál es tu metodología de investigación?» un compañero de doctorado filósofo, cuando le llegó su turno, miró lleno de sinceridad al profesor y le dijo: «leo, pienso y escribo» (Suissa, 2006, p. 284).

«Leer, pensar y escribir», es también el método preferido por los teóricos
de la educación. A diferencia de lo que sucede en otros modos de investigación, aquí la lectura y la escritura, no son solo instrumentos, sino que constituyen la investigación en sí misma. Se puede aplicar aquí lo que señalan Fulford y Hodgson (2016) con respecto a la lectura en Filosofía de la Educación:

> Lo que distingue a las prácticas de la lectura en la Filosofía de la Educa-
> ción es que no son una actividad anterior a la investigación en sí, sino que
> constituyen la investigación […]. El tipo de lectura que se requiere no es
> simplemente un asunto de adquirir conocimiento fáctico sobre un tema;
> es demandante en el sentido de que nos apela a trabajar con el contenido
> y, al mismo tiempo, a reexaminar nuestra propia posición en relación con
> el mismo […] Nuestras ideas prefijadas y preconcepciones son retadas de
> forma profunda y sustancial (pp. 148-155).

En este tipo de lectura prima más la profundidad que la cantidad, y no
se circunscribe solo a la literatura académica, encerrada en libros o revistas
científicas, sino que el espectro de lo que vale como fuente, es mucho más
amplio, alargándose al ensayo y la obra literaria.

Cuando se lee un texto *como investigación* en teoría de la educación, im-
porta menos su literalidad que su carácter inspirador, lo que nos ofrece para
afrontar mejor el problema con el que nos enfrentamos, y ello, a pesar incluso, de que entre el texto y el problema hayan podido pasar muchos siglos,
como sucede con las obras clásicas. Ahora bien, hay un límite de fidelidad
que no se puede traspasar. El carácter abierto, inspirador de todo buen texto,
que hace que los clásicos sigan teniendo hoy todavía mucho que decirnos, no
es una licencia para dejar de respetar lo que el autor quiso realmente decir.
Como señala el historiador Quentin Skinner (2000):

> La cuestión esencial que enfrentamos al estudiar cualquier texto es qué
> podría haber pretendido comunicar su autor en la práctica –al escribir en el
> momento en que lo hizo para la audiencia a la que tenía previsto dirigirse–

> por medio de la enunciación de ese enunciado en particular. De lo cual se deduce que el objetivo esencial, en cualquier intento de comprender los enunciados mismos, debe consistir en recuperar esa intención compleja del autor (pp. 187-188).

Al igual que la lectura, la escritura también puede practicarse como método de investigación, citando de nuevo a Fulford y Hodgson (2016), «esta forma de redactar disipa la separación entre la realización de la investigación y la fase de redacción de esta. Aquí, escribir es investigar, no solo algo que llega al final del verdadero trabajo de investigación, de la recopilación de datos y el análisis» (p. 151). Aquí la escritura no consiste, por tanto, solo en registrar un conocimiento ya poseído, sino en el proceso mismo de pensar. El estilo más adecuado a esta forma de escritura es, por eso, el ensayo, en el que el avance del conocimiento se muestra en el propio desarrollo del texto.

A través del proceso de leer y de escribir se trata, pues, de llegar al tipo de conocimiento que el filósofo y pedagogo Manuel García Morente (2007) llamó un *saber pensado*, que es algo muy diferente de la pura acumulación de datos:

> Hay dos maneras de saber algo. Una que denominaríamos el saber sin pensamiento y otra a la que podría llamarse el saber pensado. De estas dos formas de saber, solo la segunda es auténtica. La primera es un simple sustitutivo de la segunda. El Saber pensado consiste en la evidencia intelectual que se enciende en el espíritu cuando verificamos el acto de pensar (p. 200).

4.3. El uso de la metodología empírica desde un enfoque cualitativo

La predilección de la teoría de la educación por «leer, pensar y escribir», no significa que en ella no tengan cabida otras metodologías de carácter empírico, tanto cuantitativas como cualitativas, si bien con una mayor orientación hacia estas últimas. Como hemos indicado anteriormente, entre los métodos más utilizados se encuentran el fenomenológico, el etnográfico, el estudio de casos y el biográfico-narrativo, así como la investigación-acción. A continuación, describiremos brevemente cada uno de ellos, deteniéndonos algo más en el método etnográfico.

a) El método fenomenológico

El método fenomenológico fue desarrollado principalmente por el filósofo alemán Edmund Husserl a principios del siglo xx. Se aplica a una variedad de campos, incluyendo la educación, donde se usa para comprender la experiencia educativa de los sujetos participantes en el proceso educativo. Supone, como un primer momento, suspender los juicios y suposiciones previas sobre el fenómeno estudiado y centrarse en la experiencia tal como es vivida por los sujetos. Esto significa dejar a un lado las teorías preconcebidas y las expectativas, permitiendo una exploración más abierta y receptiva de la experiencia educativa. A partir de esta recepción, se trata de reconocer los aspectos esenciales y universales de dicha experiencia, más allá de las diferencias individuales, identificando patrones de interacción, temas emergentes, percepciones compartidas, etc. El objetivo es, en suma, comprender la experiencia educativa desde la perspectiva de los participantes, lo que puede ayudar a informar y mejorar la práctica.

b) El método de estudio de casos

Más que un método específico, el estudio de casos es un enfoque de investigación, que puede abordarse a través de distintos métodos, como el etnográfico o el biográfico-narrativo. Se centra en examinar a fondo un caso educativo particular dentro de su contexto natural. Es especialmente útil para explorar fenómenos situacionales y contextuales que no pueden ser fácilmente abordados a través de enfoques experimentales o cuantitativos, debido a su singularidad, proporcionando una comprensión detallada y enriquecedora de situaciones educativas específicas. Aunque los estudios de caso se centran en un caso particular, los hallazgos y conclusiones obtenidos pueden tener implicaciones más amplias y aplicabilidad a contextos educativos similares a través de la comparación de casos similares.

c) El método biográfico-narrativo

Pretende captar la experiencia del curso vital tal como es vivido por los propios sujetos. El instrumento que se usa es la entrevista biográfica, que se completa con otros datos del contexto para elaborar historias de vida.

Apareció en los Estados Unidos, en los años veinte del siglo pasado y entró en declive en los cuarenta. A partir de finales de los setenta vuelve a resurgir, incidiendo notablemente en el ámbito educativo. Se considera muy adecuado como procedimiento para estudiar los ciclos profesionales de los docentes y profesionales de la educación (desde el profesional principiante hasta el experimentado, etc.) y la experiencia de los sujetos educandos, por ejemplo, los migrantes.

d) La investigación-acción

Es un método de investigación dirigido a adoptar decisiones. Se desarrolla sobre todo en el Reino Unido a partir de los años setenta como reacción al paradigma positivista. Tiene una orientación eminentemente práctica, en el sentido no solo de que busque resolver problemas prácticos, sino también porque parte de la propia práctica, de los problemas que se encuentran en ella, y se realiza por las personas implicadas en la misma, a veces ayudadas por un/a investigador/a externo/a. Se suele realizar a través de grupos de autorreflexión. El proceso de investigación sigue lo que se llama la «espiral de cambio»: se parte de la definición de un problema, se formulan estrategias de acción, se ponen en práctica, se reflexiona sobre ella y vuelve a empezar el proceso.

e) El método etnográfico

Las competencias de la asignatura, que vimos al principio, aluden directamente a este método cuando se refieren a la recogida de información a través de la observación. Por este motivo, nos detendremos algo más en él (Jover 2013, pp. 63-74).

La etnografía puede definirse como la investigación de entornos culturales. Sus principales características son:

- *Consiste en un sistema de investigación naturalista*. La investigación etnográfica se utiliza para estudiar grupos de personas o unidades culturales en su entorno natural (que puede ser desde una tribu hasta un aula u otro espacio educativo).
- *Consiste en un sistema de investigación cualitativa*. En esta forma de investigación no se pretende solo describir una situación, sino que se

busca comprenderla, y hacerlo desde dentro, es decir, captar el significado de lo que está sucediendo para las propias personas involucradas
en la situación.

- *Consiste en un sistema de investigación inductiva*. Como hemos visto,
la investigación deductiva se basa en hipótesis que intentamos probar.
Por el contrario, la investigación inductiva no comienza con una noción preconcebida de lo que se descubrirá; la pretensión no es verificar
una hipótesis, sino descubrir o producir una interpretación de lo que
sucede en una situación.

Una vez vistas las características de la investigación etnográfica, podemos
pasar a perfilar brevemente el proceso de investigación. En este se distinguen
tres fases: 1) elección del ámbito de investigación; 2) recogida de datos; y 3)
análisis y elaboración del informe.

Elección del ámbito de investigación

La etnografía educativa se puede utilizar en diversos campos de intervención educativa. Estos pueden abarcar desde el proceso de socialización de un
grupo, el sistema educativo de comunidades de distinta extensión, hasta una
institución educativa específica. Desde otra perspectiva, también puede ser un
ámbito de educación formal (centros de todos los niveles del sistema educativo), no formal (granjas escuela, campamentos, bibliotecas, museos, etc.) o no
formal (básicamente cualquier unidad cultural).

Recogida de datos

El principal instrumento de recopilación de datos utilizado en etnografía
es la observación participante. Implica observar y registrar eventos desde la
perspectiva de quienes participan en la vida de una unidad cultural. Esto puede ocurrir de diferentes maneras, dependiendo de las posibilidades de la persona que investiga. La idea básica es adentrarse en la vida de la entidad o área
cultural en cuestión para captar el *significado* de las acciones. Las acciones
son los comportamientos con la interpretación de su significado (por ejemplo,
el comportamiento de un estudiante al levantarse y salir de clase puede significar cosas diferentes como acción). Además de la observación participante,
otros instrumentos utilizados en etnografía son las entrevistas y los documentos de contexto. Las entrevistas pueden incluir tanto consultas formales como

conversaciones y comentarios informales con sujetos o informantes. Los documentos de contexto incluyen desde documentación institucional hasta avisos o informaciones puntuales, recursos educativos, etc.

Como instrumento para registrar la información se usa el diario de investigación o notas de campo. En el diario de campo, quien investiga registra información sobre interacciones sociales, conversaciones, prácticas culturales, eventos y otros aspectos relevantes del contexto en el que realizan su investigación. Estas notas pueden contener descripciones detalladas de personas, lugares y acontecimientos, así como interpretaciones iniciales y reflexiones sobre el proceso de investigación.

Para aumentar la precisión de los datos, se utiliza la triangulación, que implica comparar resultados de múltiples fuentes para generar evidencia. Otra modalidad de triangulación es la participación de diferentes investigadores/as que contrastan sus datos y sus interpretaciones. Esta diversidad de fuentes y perspectivas permite una comprensión más completa y profunda del tema de investigación y mejora la coherencia de los hallazgos.

Análisis y elaboración del informe

El sistema tradicionalmente considerado más apto para el análisis de la información y la generación de teoría a partir de los datos obtenidos con metodologías cualitativas, incluyendo el método etnográfico, es la teoría fundamentada (*grounded theory*). Fue ideado por los sociólogos Barney Glaser y Anselm Strauss en los años sesenta, y desde entonces no ha dejado de utilizarse. El objetivo no es verificar una hipótesis y probar unos supuestos determinados de partida, sino generar teoría a partir de la identificación y comparación de categorías conceptuales. Para ello, utiliza el denominado método comparativo constante, que se basa en una codificación o categorización conceptual de datos, como pueden ser los resultados de la observación participante, o las respuestas y comentarios en una entrevista etnográfica, la definición de sus propiedades y la búsqueda de sus relaciones. La incorporación progresiva de datos, hasta lograr la saturación, es decir, hasta que estos ya no aportan nada nuevo, permite ir generando categorizaciones cada vez más precisas y, a partir de ellas, mayor riqueza, profundidad y verosimilitud en las interpretaciones.

Una vez analizados los datos, la fase final del proceso es la elaboración del informe. Siguiendo a Erickson (1989) un informe etnográfico incluye fundamentalmente tres elementos:

1. *Descripciones particulares*: proporcionan ejemplos que sirven de prueba de las afirmaciones y conclusiones. Se distinguen dos tipos: relatos narrativos y citas. Los primeros consisten en representaciones de los acontecimientos en formato narrativo, es decir, se narra lo que pasó en una determinada situación. Se crean a partir de las notas de campo. Las citas son declaraciones de los sujetos de la investigación usando sus propias palabras. Proceden sobre todo de las entrevistas.

2. *Descripciones generales*: informan sobre las posibilidades de generalizar los casos descritos en las descripciones particulares, o sea sirven para justificar si se trata de un suceso ocasional o, más bien, habitual. Esto se consigue mencionando casos similares de forma resumida (pueden emplearse también gráficos de frecuencia).

3. *Comentarios interpretativos*: son interpretaciones que se extraen de las descripciones. Se pueden dividir en tres tipos: a) un comentario interpretativo que se sitúa antes o después de una descripción particular (informa acerca de los aspectos de esas descripción sobre los que se desea llamar la atención); b) una discusión teórica más general relativa a la situación que se está estudiando, teniendo en cuenta el conocimiento teórico que se extrae de otras investigaciones; y c) una anotación de los cambios de punto de vista, reformulación de ideas iniciales y conclusiones provisionales, que hayan aparecido en el proceso de la investigación.

Resumen

En este capítulo hemos estudiado que, como en cualquier otra disciplina, el avance de la teoría de la educación requiere fundamentarse en la investigación orientada a superar los retos actuales y futuros que plantea la educación. Hemos explorado las nociones básicas de la investigación educativa y los paradigmas que la guían.

Existen cuatro grandes paradigmas principales de investigación educativa. El paradigma positivista, propio, sobre todo, de las ciencias experimentales, busca leyes universales mediante el método hipotético-deductivo, bajo una pretensión de objetividad. El paradigma interpretativo, según muchos más adecuado para las ciencias sociales, busca comprender la realidad educativa desde la perspectiva de los participantes, destacando las interacciones sociales y la subjetividad en la investigación. El paradigma sociocrítico surge de la preocupación por las transformaciones sociales y busca intervenir en ellas para mejorar la sociedad, enfocándose a la emancipación e implicando a la persona que investiga en la acción. Y el paradigma posmoderno, que cuestiona los grandes relatos modernos y promueve el pluralismo y la diversidad, enfatizando la resistencia a la homogeneización cultural.

Un aspecto esencial en el proceso de investigación es el método. Este puede definirse como los diferentes procedimientos utilizados en la investigación para obtener datos que se utilizarán como base para inferir, interpretar, explicar y predecir la realidad. Existen varios métodos de investigación, cada uno con sus características distintivas. El método deductivo, el cual parte de premisas generales para llegar a conclusiones específicas, se basa en la lógica para deducir consecuencias aplicables a la realidad. El método inductivo, se inicia con observaciones específicas para formular leyes o teorías generales, buscando establecer relaciones entre casos particulares para luego generalizar. El método científico, por último, combina el método deductivo e inductivo, por lo que se le conoce como método hipotético-deductivo, se centra en deducir consecuencias contrastables de una teoría y luego observar los hechos empíricos para corroborar o modificar lo predicho por la teoría. Desde otro punto de vista, se distinguen los métodos cuantitativos, dirigidos a comprobar o contrastar hipótesis a través de la manipulación de variables, y los métodos cualitativos, orientados a comprender en profundidad la realidad estudiada, explorando patrones de conducta, dinámicas y contextos. En el ámbito educativo, la aplicación del método científico puede ser compleja debido a la dificultad para controlar todas las variables y replicar los resultados. Por ello, se han desarrollado métodos de investigación alternativos que se adaptan mejor a las características específicas del campo.

En la teoría de la educación, el procedimiento de investigación más utilizado es el de «leer, pensar y escribir», centrado en la interpretación profunda de textos y situaciones educativas, buscando comprender su significado y aplicabilidad en el contexto actual. En muchas ocasiones, este enfoque se refuerza con otros métodos de carácter empírico, fundamentalmente el fenomenológico, el etnográfico, el de casos y el biográfico-narrativo, así como la investigación-acción. Nos hemos detenido especialmente en el método etnográfico, al que se alude en las competencias de la asignatura a través de la referencia a la observación. La etnografía se basa en la observación participante y la interpretación de significados dentro de su contexto natural, proveyendo un enfoque inductivo y cualitativo para comprender la realidad educativa desde dentro.

Actividades

Actividad 1.–Lee el trabajo de Eisner y Escudero Burrows «Desde episteme hacia *phronesis* en el estudio y mejoramiento de la enseñanza» (dispones de un enlace en la documentación adicional) y responde a la pregunta: ¿qué tipo de conocimiento es según estos autores el más adecuado para la educación?

Actividad 2.–Hemos definido «paradigma» como ese «lugar», en el que se sitúa la persona que investiga para realizar su trabajo. El siguiente cuadro concreta el papel que juega el/la investigador/a en cada uno de ellos. Termina de completar el cuadro en lo que se refiere al paradigma posmoderno.

	Paradigma positivista	Paradigma interpretativo	Paradigma sociocrítico	Paradigma posmoderno
Finalidad	Explicar, predecir, controlar, descubrir las leyes que operan sobre los fenómenos a fin de poder regularlos. Verificar teorías	Comprender e interpretar la realidad especialmente el significado que tiene para las personas, atendiendo a sus percepciones, intenciones y acciones	Analizar la realidad identificando el potencial para el cambio, emancipando a los/as sujetos	
Posición	Observadora externa. Distanciada del sujeto/objeto de estudio	Agente comprometido	Un miembro más del colectivo que investiga	
Hechos vs. valores	Busca mantener una clara distinción entre hechos y valores	Distinción difusa entre hechos y juicios de valor. Reconocimiento de la subjetividad	Valores explícitos que forman parte de la investigación	
Lenguaje y comunicación	Existe acercamiento racional, verbal y lógico al sujeto/objeto de estudio	El entendimiento previo y el conocimiento tácito resultan esenciales	Se integra dentro del grupo a investigar a través de distintas formas de comunicación	
Herencia vs. medio	Distingue entre ciencia y experiencia personal	Acepta la influencia de ciencia y experiencia	Acepta la influencia del conocimiento social, considerando vital su propia experiencia	
Razón vs emoción	Trata de ser emocionalmente neutral, estableciendo una clara distinción entre razón y sentimientos	Importan razón y sentimientos	Importan razón, sentimientos y formas de relacionarse con la realidad. Acción	

	Paradigma positivista	Paradigma interpretativo	Paradigma sociocrítico	Paradigma posmoderno
Relación investigador/a-investigado/a	La relación sujeto-objeto es independiente, neutra y libre de valores. La persona que investiga es externa, el sujeto de investigación se convierte en objeto de estudio	Hay una interrelación sujeto-objeto. Se trata de una relación influida por factores subjetivos. Hay dependencia. Se afectan mutuamente	Sujeto-objeto están interrelacionados. Su relación se ve influida por el compromiso de cambio. Quien investiga es un sujeto más entre los otros	
Estudio	Descubre un objeto de estudio	Crea parcialmente lo que estudia, el significado de un proceso o documento	Explica la realidad en la que se halla inmersa y comprometida	

Actividad 3.–Diseña una investigación etnográfica para la asignatura de Teoría de la Educación utilizando el siguiente esquema:

a) Identificación del ámbito de estudio y la estrategia de acceso (¿en qué lugar se va a realizar el estudio y qué posibilidades existen de acceder al mismo, en caso de no ser un espacio abierto?).

b) Definición inicial del problema que se va a estudiar:
   b.1.) Identificación del problema (¿qué problema se pretende analizar).
   b.2.) Justificación pedagógica (¿qué interés educativo tiene ese problema y por qué?).
   b.3.) Especificación de subproblemas o temas (desglosar ese problema en al menos cinco subproblemas o aspectos concretos en los que se va a centrar la observación).

c) Metodología:
   c.1.) Contextos de observación: ¿entorno formal, no formal o informal de educación? y dentro de ese entorno ¿en qué lugares en concreto? (Por ejemplo, en el caso de un colegio, aula, pasillos, patio, etc., o en el caso de un centro de acogida, sala de estar, comedor, aulas y talleres, etc.).
   c.2.) Sujetos de observación: ¿a quiénes y desde qué punto de vista se va a observar? (Por ejemplo, los sujetos trabajando

individualmente en una tarea educativa, las relaciones informales en la institución, etc.).

c.3.) Estructura temporal: número de sesiones de observación y
duración, número de entrevistas y momentos de realización,
etc.

Documentación adicional

- Eisner, Elliot W. y Escudero Burrows, Ethel. 2018. Desde episteme hacia phronesis en el estudio y mejoramiento de la enseñanza. *Revista Enfoques Educacionales*, n.º 3(2): 23–35. Disponible en: https://enfoqueseducacionales.uchile.cl/index.php/REE/article/view/48729.
- Un método muy utilizado hoy en los contextos educativos es la investigación acción participativa. En esta guía, elaborada por el INTEF, explica cómo llevarla a cabo: INTE. 2023. *Cómo hacer investigación-acción participativa*. MEFP: Disponible en: https://laaventuradeaprender.intef.es/proyectos_colab/como-hacer-investigacion-accion-participativa.
- Esta serie de vídeos, preparados por el Profesor Francisco Cruces Villalobos, de la UNED, proporciona un buen recurso sobre cómo diseñar y realizar un proyecto de investigación etnográfica: https://canal.uned.es/series/637f3cb9b9130f6c970d6839.

Referencias bibliográficas

Bernal, Antonio. 2012. Condición postmoderna y esbozo de una nueva pedagogía emancipatoria. Un pensamiento diferente para el siglo XXI. *Revista de Estudios Sociales,* n.º 42: 27-39. https://doi.org/10.7440/res42.2012.04.

Bisquerra, Rafael. 2004. *Metodología de la investigación educativa*. La Muralla.

Bunge, Mario. 1983. *Treatise on Basic Philosophy. Epistemology & Methodology II: Understanding the World.* Reidel.

Coello, Sayda; Hernández, Rodolfo Alfredo y Boullosa, Armando. 2000. *Una introducción a los grandes paradigmas científicos.* Universidad Central de Las Villas.

Cohen, Louis y Manion, Lawrence. 1990. *Métodos de investigación educativa.* La Muralla.

Erickson, Frederick. 1989. *Métodos cualitativos de investigación sobre la enseñanza.* En: Merlin C. Wittrock (Ed.) *La investigación de la enseñanza II. Métodos cualitativos de observación.* (pp. 203-247). Paidós.

Fulford, Amanda y Hodgson, Naomi. 2016. Reading and writing: reading and writing for, and as, research. En Amanda Fulford, Naomi Hodgson (Eds.) *Philosophy and Theory in Educational Research: Writing in the margin.* (pp. 151-166). Routledge.

García Morente, Manuel. 2007. Virtudes y vicios de la profesión docente. En: Angel Casado y Juana Sánchez-Gey (Eds.) *Filósofos españoles en la Revista de pedagogía, 1922-1936.* (pp. 197-216). Ediciones Idea.

Hessen, Johannes. 1997. *Teoría del Conocimiento.* Editorial Panamericana.

Jover, Gonzalo. 2013. *Teoría de la Educación. Manual para maestros, pedagogos y educadores sociales.* Autoedición de material docente: https://hdl.handle.net/20.500.14352/36612.

Medina, Clara Inés. 2001. Paradigmas de la investigación sobre lo cuantitativo y lo cualitativo. *Ciencia e Ingeniería Neogranadina*, n.º 10: 79-84. https://doi.org/10.18359/rcin.1382.

Popkewitz, Thomas S. 1988. *Paradigma e ideología en investigación educativa. Las funciones sociales del intelectual.* Mondadori.

RAE (2024). Diccionario de la lengua española. https://dle.rae.es/.

Skinner, Quentin. 2000. Significado y comprensión en la historia de las ideas. *Prismas: Revista de Historia Intelectual*, n.º 4: 149-194.

Suissa, Judith. 2006. Shovelling Smoke? The Experience of Being a Philosopher on an Educational Research Training Programme. *Journal of Philosophy of Education*, n.º 40: 547-562.

BLOQUE II
CONDICIONES, CONTEXTOS
Y AGENTES DE LA EDUCACIÓN

La dimensión social de la educación

María Naranjo-Crespo,
María R. Belando-Montoro,
María Aránzazu Carrasco-Temiño y
Santiago Ortigosa

1. Introducción

La dimensión social de la educación es quehacer socioeducativo. Esto supone implicarse e implicar a la sociedad, de modo práctico en conocimientos, salud, condiciones de vida, y un amplio etcétera que puede estructurarse en cuatro aspectos (Spiel *et al.,* 2018): humanismo, ciudadanía, economía y equidad.

En los inicios del siglo XXI, el humanismo todavía busca identificar y construir lo humano en el ser humano. Recuperarle en sus virtudes –comportamientos positivos pautados– y sustraerle a la tutela de multinacionales, estados e ingenierías globalizantes. Asumir y vivir la cultura en su sentido más primigenio: cultivo paciente que respeta los tiempos adecuados –kayrós– para cada persona.

Como lo humano es la coexistencia –no somos átomos gregarios aislados–; la ciudadanía es una responsabilidad de la que ser conscientes. «La intensidad humana de mi vida no viene dada por situaciones que se me adscriban desde fuera, sino por las acciones que yo mismo soy capaz de realizar y los empeños que logro –o, al menos, intento– promover, por mi sola

Cómo citar: Naranjo-Crespo, María *et al. (*2025). La dimensión social de la educación. En David Luque Mengibar y Silvia Sánchez-Serrano (Eds.) *Teoría de la Educación* (pp. 91-112). Ediciones Complutense. https://dx.doi.org/10.5209/docm.002.04

cuenta y riesgo o en libre asociación con otros ciudadanos» (Llano, 1999, p. 7).

Lo económico requiere que el Estado ocupe su lugar y esto implica conocer las administraciones, sus leyes y disposiciones jurídicas al igual que su red de servicios, centros de día, educación penitenciaria, pedagogía hospitalaria, y otro amplio etcétera. También exige evitar la estatalización del ciudadano que lo subsume y anula en el seguimiento de normativas impuestas como resultado de una votación cada cuatro años. Simultáneamente, lo económico, también requiere deshacerse del pensamiento único de cuño neoliberal. Mostrar que el incremento de eficacia no debe traducirse en incremento de marginación. Estudiar para identificarlo en las agendas varias del mundo global y tecnológico; estudiar para mostrarlo y no solo como denuncia sino aportando soluciones humanistas reales.

En cuanto a equidad y justicia social, la primera exigencia para el estudiantado es vivirlas personalmente (auto-justicia: conocerse, quererse, mejorar); practicarlas para tenerlas como una segunda naturaleza; es decir como algo que se es y por eso puede mostrarse y enseñarse educativamente. En segundo lugar, es preciso conocer la ley. Que, habiendo practicado la justicia, será fácil identificar como justa o injusta, legítima o no, por muy legal que sea. Cuando el velo de la ignorancia hace que todo sea opaco, se impide de hecho a la ciudadanía la justicia equitativa. Quedan reducidos a mirar, a permanecer anestesiados por los medios, políticas estatales o empresariales, e imposibilitados para ejercer deberes y reclamar derechos.

Cuando en la agenda 2030 –más o menos cuestionada y más o menos cuestionable– se menciona el objetivo educativo de Desarrollo sostenible 4; se pretende garantizar una educación inclusiva y de calidad para todas las personas y promover el aprendizaje a lo largo de toda la vida; se está diciendo que la dimensión social de la educación no solo implica ser portadores de conocimientos e información, sino modelos de conducta que tienen un impacto significativo en las disposiciones de niños y niñas, preadolescentes, adolescentes, jóvenes, adultos y adultas, ancianos y ancianas.

Cuando Lucilio, un exalumno, pregunta a Séneca –su anciano y antiguo profesor– sobre sus ocupaciones; la respuesta del pensador sigue siendo completamente actual:

> Me amenazas con tu enemistad si te dejo en la ignorancia de uno siquiera de los actos que realizo cada día. Para que veas con cuánta franqueza me porto contigo; hasta voy a hacerte la siguiente confidencia: escucho a un

filósofo; concretamente hace cuatro días que acudo a su escuela y oigo sus explicaciones a partir de la hora octava. «¡A buena edad!» me dirás. Y ¿por qué no es buena? ¿Qué mayor torpeza que la de no aprender porque se ha estado largo tiempo sin aprender? [...] Hay que aprender todo el tiempo que dure la ignorancia; durante toda la vida, si damos crédito al proverbio, el cual no se aplica a ningún otro asunto con más exactitud que a éste: hay que aprender la manera de vivir durante toda la vida. Con todo, en la escuela enseño también algo. ¿Me preguntas qué enseño? Que hasta un viejo puede aprender. (Séneca y Ferro, 2018, 76, p. 4)

El aprendizaje no tiene por qué ser necesariamente proporcionado por la educación formal, pero sí debe atender a la dimensión social. Solo de ese modo y atendiendo a los factores mencionados, será una ayuda, completa o paliativa, de las experiencias negativas como el prejuicio y el racismo, el rechazo y la exclusión social, el acoso y la victimización.

La dimensión social de la educación nunca se ha limitado a formar personas cultivadas (que también: de lo contrario se facilita la manipulación y desaparece la capacidad para una crítica reflexiva); precisamente por eso, es educación para una vida activa, que valora facilitar la inclusión social, y ve positivamente la participación en asuntos públicos, cotidianos o profesionales.

Eso se logra evitando una educación abstracta y buscando entornos de comunidades humanas abarcables, en las que son posibles el aprendizaje común cooperativo, la indagación y la enseñanza. También se consigue evitando el maquiavelismo que busca hacer el bien usando malas artes: el famoso fin que justifica los medios no es la mejor opción. En el siglo XX, en incluso en nuestros albores del XXI, ha quedado suficientemente demostrado.

No parece razonable educar a personas que estando presentes son tratadas como ausentes o personas en general, sin principios nítidos que permitan reforzar la voluntad. Solo una voluntad reforzada puede alcanzar logros. La voluntad puede querer emprender algo que ilusione; pero es sabido que, por si sola, es fácil de quebrantar. A veces basta la simple desidia, en otras ocasiones es sabido que el alcoholismo o el fentanilo, deshumanizan. Quien atiende a la dimensión social de la educación sabe que hay falsedades y mentiras pacíficamente aceptadas en sociedad.

Cuando un experto en nutrición asegura que el consumo de golosinas no contribuye al aumento de peso; cuando alguien sostiene que lo pernicioso es inexistente y carece de efectos nocivos; está propugnando que: Faltar a la verdad resulta constructivo, eludir la comunicación clara es beneficioso y la traición fortalece los lazos interpersonales, infundir temor tiene un propósito educativo, difundir información de manera subrepticia es provechoso, la manipulación de datos genera confianza, el acto de robar es indispensable, el acto de agredir eleva la autoestima, la falta de honestidad no tiene repercusiones, el favoritismo contribuye al bienestar colectivo, los actos de violación redundan en beneficio, las malas praxis fomentan una mejor operatividad de los sistemas y la violencia se revela como una herramienta útil.

Dicho de otra manera; el relativismo es fácil de sostener teóricamente; pero no es útil cuando tratamos con personas en situación de vulnerabilidad social, preadolescentes hospitalizados, personas con adicciones, personas que buscan redimir su condena o asociaciones que buscan mejorar un barrio y dar opciones a la juventud migrante o a familias en situación de exclusión social.

En estos y otros casos, las cosas son como son. Quien educa, adoptará una perspectiva subjetiva –a fin de cuentas, en un sujeto–; pero será la perspectiva que resulta de una realidad objetiva y, a veces, doliente. Cuando una madre convive con un hijo o hija agresivo, cuando la carencia de afecto genera una frustración que facilita la violencia en centros de acogida de menores en riesgo; hay que aceptar que la realidad no es como yo la digo ni como yo la pienso. Es la que es.

En este contexto adquiere sentido pleno entre docentes el trabajo colaborativo y el intercambio –sin quebrantar intimidades y cumpliendo la ética del secreto profesional– de todas las perspectivas. A veces es posible ver, donde todos ven, algo que está ahí y que pasa desapercibido al resto. En resumen, educar socialmente es mostrar que al ser humano le vale la pena hacer el bien, porque el bien es su verdad.

2. El marco epistemológico de la praxis socioeducativa para el desarrollo de la dimensión social de la educación. Una educación para el bien común

Los fines de la educación se definen desde una doble perspectiva: una dimensión individual, relacionada con el desarrollo integral de todas las personas; y una dimensión social, vinculada tanto con el papel de las instituciones y agentes educativos en su contexto sociocomunitario, como con la capacidad de los procesos educativos para educar a una ciudadanía que pueda contribuir a la construcción de un determinado modelo de comunidad o de sociedad.

En este apartado, nos centraremos en este último elemento a partir de dos preguntas: ¿hacia qué modelo de sociedad nos queremos aproximar? ¿qué principios para la praxis socioeducativa debemos seguir para formar a una ciudadanía capaz de contribuir a la construcción de ese modelo de sociedad?

En relación con la primera pregunta, es posible encontrar respuestas diferenciales en función de dónde situemos nuestra mirada o cuáles sean nuestras prioridades. Sin embargo, atendiendo al tema que nos ocupa (la educación) y a partir de la premisa de que el derecho a la educación no es posible garantizarlo en un contexto social desigual, el modelo de sociedad propuesto se orienta hacia el bien común y se relaciona con la reivindicación de principios como la justicia social, la equidad, la solidaridad y la inclusión.

Esta premisa se justifica desde la investigación sociológica que a lo largo de varias décadas ha demostrado que, de una parte, la educación es una de las principales vías de movilidad social de las que disponen las sociedades. Y, de otra parte, que las situaciones de privilegio y no privilegio asociadas a diferentes características identitarias determinan las oportunidades educacionales de cada persona. La intersección de ambas situaciones conduce a lo que denominamos el círculo de reproducción de las desigualdades.

Frente a este modelo propuesto orientado hacia el bien común, se situarían los paradigmas vinculados tanto a los postulados clásicos del fascismo como aquellos relacionados con el pensamiento neoliberal que ha incorporado el neofascismo actual, conectados con la lógica del economicismo y la competitividad, entre otros aspectos (Díez, 2022).

Sobre los principios para la acción socioeducativa que debemos seguir para contribuir a la formación de una ciudadanía capaz de insertarse críticamente en las sociedades actuales y contribuir a la construcción de comunidades orientadas hacia el bien común, en las siguientes páginas se tratará de esbozar un breve recorrido histórico que permita reconocer las pedagogías críticas actuales como marco epistemológico que sustenta esta praxis.

En la obra *Pedagogía del Oprimido,* Paulo Freire (1974) define dos modelos de educación: la educación bancaria, cuyo fin estriba en la adaptación de los educandos a la realidad para continuar manteniendo el *status quo* (las relaciones de poder y el orden opresor), y la educación dialógica o liberadora, orientada a la concientización de las personas a través de la educación para que puedan insertarse de forma crítica en el mundo y transformar los sistemas que generan las situaciones de opresión.

Las principales ideas del autor se pueden sintetizar en las siguientes dicotomías (Freire, 1974; Trilla, 2007):

- Educación y política: cualquier acto educativo tiene una dimensión política, ya que se orienta al desarrollo de actitudes y valores que hacen que los educandos sean pasivos o críticos, egoístas o solidarios, etc. Las pretensiones de una educación neutra o apolíticas no existen, en última instancia, los discursos que sustentan este tipo de educación también encierran el desarrollo de determinadas actitudes y valores (habitualmente, vinculadas al mantenimiento del *status quo*).

- Teoría y práctica: la teoría sin práctica es palabrería y la práctica sin teoría es activismo. En este sentido, ambas dimensiones se deben reconocer desde una relación dialéctica que constituye la *praxis* y, por tanto, cualquier pretensión cambio debe partir de un cambio en ambas dimensiones.

- Educación vertical y educación horizontal: el acto de educar, desde una naturaleza bancaria, se concibe como una acción vertical en la que el educador deposita determinados conocimientos en el educando. Desde un marco dialógico o liberador, el acto educativo se construye a partir de una relación horizontal entre educador y educando basada en el diálogo.

- Opresores y oprimidos: esta dicotomía ha sido quizá uno de los elementos más cuestionados de la obra del autor, ya que las situaciones de desigualdad en los contextos actuales son mucho más complejas y superan esta relación propia del marxismo teórico y práctico. Este tema se desarrollará más adelante en relación con las Pedagogías Feministas y el concepto de interseccionalidad.

- Transformación y adaptación: esta dicotomía, comentada brevemente en líneas anteriores, debe entenderse dentro de la idea de hacer todo lo posible en cada circunstancia, no en términos absolutos, ya que la praxis educativa o política, si bien se puede proyectar a nivel teórico desde la utopía, requiere del ajuste de la acción a la realidad.

La Pedagogía del Oprimido de Freire concluye con una cita que en este manual no podemos obviar: «si nada queda de estas páginas esperamos que por lo menos algo permanezca: nuestra confianza en el pueblo, nuestra fe en los hombres y en la creación de un mundo en el que sea menos difícil amar» (Freire, 1974, p. 243).

El pensamiento del autor ha evolucionado durante los más de cincuenta años que han pasado desde que se publicó la obra anteriormente citada, pero este mensaje de amor es posiblemente uno de los elementos más valiosos que perduran de su legado. Un legado que no se interesa demasiado en qué debemos hacer para que las personas adquieran más conocimientos, sino en qué debemos hacer para ser más conscientes de la realidad y despertar así una ilusión de cambiar el mundo (Trilla, 2007).

En el marco de la Teoría Feminista, bell hooks en su obra *Ain't I a Woman?* (1981) introduce el concepto posteriormente definido bajo el término de interseccionalidad, que permite profundizar en la praxis crítica que desarrolló Freire, en concreto, en la relación anteriormente citada entre opresores y oprimidos. Desde estos planteamientos, se sostiene que las situaciones de opresión no solo se explican multidimensionalmente atendiendo a diferentes categorías identitarias (género, raza, etnia, etc.), sino que emergen especialmente como consecuencia de la intersección de estas categorías.

En relación con ello, se pueden destacar varios elementos señalados por bell hooks (2020, s/p) que dan cuenta de la indisolubilidad, en este caso, de los ejes identitarios de raza y género en el análisis de las situaciones de desigualdad:

> Las negras de la época no podíamos unirnos en la lucha por los derechos de las mujeres porque no concebíamos nuestra condición de mujeres como un aspecto importante de nuestra identidad. La socialización racista y sexista nos había condicionado para devaluar nuestra condición de género y contemplar la raza como la única etiqueta identificativa relevante (…) el sexismo era insignificante en relación con la realidad más dura y brutal del racismo. Nos asustaba reconocer que el sexismo podía ser tan opresivo como el racismo (…).

> Sobre las mujeres negras pendía un arma de doble filo: apoyar el sufragio femenino comportaba aliarse con las sufragistas blancas, que habían expresado públicamente su racismo, mientras que defender el sufragio de los hombres negros suponía respaldar un orden social patriarcal que las privaba de voz política (…).

> Cuando se habla de personas negras, el foco tiende a ponerse en los hombres, y cuando se habla de mujeres, el foco tiende a ponerse en las mujeres blancas (…).

> Se presupuso que el mero hecho de identificarse como oprimida liberaba de ser opresora (…)

> En el momento de mi nacimiento, dos factores determinaron mi destino: el hecho de haber nacido negra y el hecho de haber nacido mujer.

Junto con el concepto de interseccionalidad, que permite comprender la articulación de las situaciones de desigualdad en los contextos contemporáneos, las pedagogías feministas proponen algunas praxis orientadas a avanzar en este modelo educativo orientado hacia el bien común (Díez, 2022):

–   Visibilizar a las mujeres y sus logros, incluyendo la valorización de las prácticas atribuidas tradicionalmente a las mujeres.
–   Visibilizar el currículum oculto, así como las prácticas y el funcionamiento organizativo *invisible*.
–   Reconocer las situaciones de privilegio y no privilegio asociadas a las diferentes identidades.
–   Educar en aspectos que se han negado en la educación tradicional masculina y son positivos para el desarrollo personal y social, como los cuidados, la corresponsabilidad o la expresión de las emociones, entre otros.
–   Educar en los valores y fines del feminismo de forma transversal en los diferentes espacios educativos.

Otro referente epistemológico que es relevante apuntar es el marco de los modelos educativos inter/transculturales y la pedagogía decolonial. Desde este marco se reivindica un reconocimiento de las diferentes culturas que permita legitimar y valorar los conocimientos de las culturas tradicionalmente invisibilizadas o excluidas (las *otras* culturas o las culturas no-noroccidentales). Para ello, es imprescindible articular un diálogo horizontal de carácter inter y transcultural que permita construir relaciones más justas y más equitativas.

Los modelos educativos interculturales reconocen el pluralismo cultural, más allá de la mera verificación de la existencia de diferentes culturas, y promueven el reconocimiento y valoración de todas las identidades culturales. Desde esta visión se promueve el diálogo, así como el establecimiento de relaciones interpersonales basadas en el conocimiento y el reconocimiento.

En el caso de los modelos educativos transculturales, se busca crear nuevos elementos culturales que emergen de la fusión, no de la unión. Para ello, se orientan desde la promoción de valores universales que trasciendan las características individuales de diferentes grupos culturales.

Ambos modelos permiten la superación de los modelos asimilacionistas y multiculturales, que permanecen tanto en los sistemas sociales como educativos. En el caso del asimilacionismo, abogando por la preponderancia de los derechos individuales sobre los colectivos, de forma que, por ejemplo, las personas migrantes deban asumir la cultura de la sociedad receptora para que se reconozca su condición de ciudadana/o. En el ámbito educativo, ello se traduce en la transmisión de una única cultura (la cultura noroccidental hegemónica) y en una concepción de la diversidad como problema en el marco de la atención a la diversidad. En el caso del multiculturalismo, únicamente se reconoce la existencia de diferentes culturas y el derecho de las personas a no renunciar a su identidad cultural, pero no hay una legitimación y valoración de todos los sistemas de conocimiento, ni tampoco un diálogo horizontal entre todas las culturas.

Estos referentes, entre otros, constituyen el marco de las pedagogías críticas actuales y los modelos educativos inclusivos, que comparten el horizonte común de construir conocimientos y capacidades para que las personas ganen autonomía a partir del desarrollo de su propio juicio. Estas pedagogías permiten avanzar hacia los ideales de paz, libertad (en su sentido genuino) y justicia social; ponen en valor la cooperación y la búsqueda del bien común frente a la competición; y promueven cambios estructurales en las instituciones para erradicar todo tipo de exclusiones.

3. Los principios de la praxis socioeducativa para el desarrollo de la dimensión social de la educación: derechos humanos, inclusión y ciudadanía. Aprendizajes en un mundo cambiante

Los aprendizajes se adquieren en esferas cada vez más amplias, cambiantes y alejadas de los contextos formales. De hecho, son numerosas las iniciativas surgidas en las últimas décadas, a raíz del desencanto ante las bases pedagógicas y sociopolíticas que sostienen la escuela, buscando nuevos paradigmas educativos: Pedagogía Waldorf, Montessori, Cossettini, Homeschooling, entre otros. En este marco, la digitalización de las sociedades ha supuesto una revolución que ha traído numerosas posibilidades y amplios beneficios (principalmente el acceso a la información y formación desde cualquier lugar y en cualquier momento), aunque también riesgos y nuevos desafíos (desde las noticias falsas hasta la ciberadicción o la pérdida de privacidad, entre otros). Este panorama, con elementos que tensionan y otros que se retroalimentan, conduce a que los procesos que se desarrollan para la adquisición de aprendizajes en una sociedad cada vez más digital deban responder a tres principios básicos: derechos humanos, inclusión y ciudadanía (Belando-Montoro *et al.* 2023).

La relación entre la educación y los derechos humanos ha sido abordada ampliamente por la literatura académica en lo que va de siglo. En concreto, la educación en Derechos Humanos ha conseguido ubicarse en los currículos y programas de estudio de todas las etapas educativas, desde educación infantil hasta posgrado. Este proceso se concretó en la Resolución 66/137 aprobada por la Asamblea General de Naciones Unidas el 19 de diciembre de 2011, en la que se anexa la Declaración de las Naciones Unidas sobre educación y formación en materia de derechos humanos. En el artículo 3 de esta Declaración se lee lo siguiente:

1. La educación y la formación en materia de derechos humanos son un proceso que se prolonga toda la vida y afecta a todas las edades.
2. La educación y la formación en materia de derechos humanos conciernen a todos los sectores de la sociedad, a todos los niveles de la enseñanza, incluidas la educación preescolar, primaria, secundaria y superior, teniendo en cuenta la libertad académica donde corresponda, y a todas las formas de educación, formación y aprendizaje, ya sea en el ámbito escolar, extraescolar o no escolar, tanto en el sector público como en el privado. Incluyen, entre otras cosas, la formación profesional, en particular la formación de formadores, maestros y funcionarios públicos, la educación continua, la educación popular y las actividades de información y sensibilización del público en general.
3. La educación y la formación en materia de derechos humanos deben emplear lenguajes y métodos adaptados a los grupos a los que van dirigidas, teniendo en cuenta sus necesidades y condiciones específicas.

Es de interés que, en esta Resolución de Naciones Unidas, se aluda a que la educación en derechos humanos debe ir más allá de la enseñanza formal, así como que este es un proceso educativo que se desarrolla durante toda la vida. La vinculación de los derechos humanos con el ámbito de la educación no formal, en concreto con la educación social, ha sido abordada desde diferentes perspectivas. Por ejemplo, la relación de los derechos humanos con la adquisición de valores cívico-sociales en el proceso de enseñanza-aprendizaje, y la esfera ética de los derechos humanos y su relación con la praxis de la educación social. Además, es importante que tengamos en cuenta que los programas de educación en derechos humanos deben contemplar una perspectiva crítica y deben hacer uso de metodologías activas, porque este tipo de programas no son realmente eficaces si no fomentan en el estudiantado procesos de reflexión y participación.

Vinculadas estrechamente a los derechos humanos, se sitúan las cuestiones relativas a la diversidad y a la inclusión. El artículo 2 de la Declaración Universal de los Derechos Humanos se relaciona con el derecho a la no discriminación y el principio de igualdad. Se podría afirmar que es un pleno reconocimiento y defensa de lo que implica la inclusión. Además, en el artículo 26, referido a la educación, también hay una mención a contenidos inclusivos al afirmar que la educación «favorecerá la comprensión, la tolerancia y la amistad entre todas las naciones y todos los grupos étnicos o religiosos». Así, desde el ámbito educativo deben fomentarse debates y procesos de reflexión que promuevan el desarrollo de una educación integral centrada en el amor y el respeto al otro y no solo la adquisición de conocimientos teóricos en torno al alcance de los derechos humanos y la inclusión.

La mayor parte de los estudios sobre inclusión y educación se han centrado en la educación formal, tanto en las etapas obligatorias (primaria y secundaria, especialmente) como en la universidad. Sin embargo, es menos abundante la referida a los entornos no formales, en su mayoría centrados en la atención a colectivos en situación de vulnerabilidad (como personas con discapacidad intelectual, personas con daño cerebral adquirido, o personas de culturas no hegemónicas, entre otros).

En los últimos años, siguiendo la tendencia de digitalización de la sociedad, con amplias repercusiones en el ámbito educativo, son cada vez más numerosos los estudios centrados en promover procesos de inclusión a través de las nuevas tecnologías y valorar el impacto de las nuevas tecnologías en los procesos educativos. Travieso y Planella (2008) estudian programas formativos sobre el uso de las TIC orientados a colectivos en situación o en riesgo de exclusión social, apreciando que, aunque principalmente se trata de programas instrumentales,

> se identifica un creciente interés, por parte de los agentes formadores, en reformular el enfoque de las acciones de alfabetización digital para incluir, además de la necesaria formación en el adecuado uso de las tecnologías, el desarrollo de valores cooperativos que fomenten la integración de las personas como sujetos críticos y activos. (Travieso y Planella, 2008, p.6)

En lo que respecta a la ciudadanía, destaca una relación novedosa respecto a la inclusión y es la que se ha desarrollado desde los ámbitos del patrimonio y el turismo. Arroyo y Crespo (2019) abordan la inclusión social desde la educación patrimonial en una asociación ubicada en un contexto en riesgo de exclusión social. Tras la implementación de la propuesta didáctica diseñada, en la que se utilizaron estrategias metodológicas activas, se descubrió que no solo se había contribuido a un cambio en la valoración del estudiantado hacia el patrimonio, sino que también se había llevado a cabo un aprendizaje social, puesto que se había generado una «toma de conciencia de la necesidad de construcción de la identidad individual y colectiva en torno al patrimonio de su propio pueblo» (Arroyo y Crespo, 2019, p. 70). También Travieso y Barretto (2020) se centran en la conexión entre la educación patrimonial y el turismo con la inclusión social. En su trabajo analizan diversas acciones socioeducativas orientadas al patrimonio natural y cultural de un sitio protegido. Ello genera efectos positivos en las comunidades locales, en especial se propicia el ejercicio de la ciudadanía y la inclusión social mediante la «apropiación, identificación y comprometimiento con el patrimonio» (Travieso y Barretto, 2020, p. 204).

Este tipo de iniciativas propician el avance hacia una sociedad más inclusiva y, al mismo tiempo, conlleva aprendizajes sociales y cívicos que coadyuvan en la construcción de sociedades solidarias y sostenibles.

Estos tres principios (derechos humanos, inclusión y ciudadanía) que conforman una educación orientada el desarrollo de su dimensión social están siendo reformulados para adaptarse a los nuevos espacios digitales, en los que hoy en día se despliegan diferentes procesos de socialización y se generan aprendizajes, desde los más básicos hasta los más especializados. Un ejemplo es la realidad alternativa, que se ha constituido como un espacio idóneo para favorecer la educación para la ciudadanía. Lugo y Melón (2016) llevaron a cabo una investigación en la que tomaron como base el diseño de juegos de realidad alternativa para el despliegue de competencias ciudadanas. Se confirmó el potencial de este tipo de actividades para desarrollar dichas competencias y se reconoció el papel que los y las jóvenes pueden adoptar como agentes activos y autónomos en su formación en competencia ciudadana.

La revolución digital nos está envolviendo de tal manera que nos está condicionando nuestra vida cotidiana, a todos los niveles, y no solo en lo personal, sino también en lo profesional. En lo que atañe al trabajo socioeducativo, los avances en esta cuestión son múltiples y veloces. El caso de las redes sociales es quizás uno de los más llamativos, pues han llegado a constituir parte de la cotidianeidad, especialmente centrada en los temas relacionales de todo tipo. Se incluyen aquí las relaciones de amistad, familiares, laborales, de ocio y, por supuesto, en torno al aprendizaje. Estas relaciones vienen facilitadas por la posibilidad de tener un contacto permanente y poder compartir todo tipo de contenidos (Belando *et al.,* 2023).

El ciberespacio se ha consolidado como el lugar en el que experimentamos nuevas formas de relación social. Para ello, las redes tales como WhatsApp, Facebook, Twitter, LinkedIn, Instagram, Messenger, Telegram, entre otras muchas, están conformando las nuevas maneras de ser social. Y entre las características de estos nuevos procesos destaca de manera especial la ampliación sin límites de nuestras relaciones y el contacto instantáneo. De esta manera, nuestra identidad se enriquece con la pertenencia a diferentes comunidades, cada vez más comunidades virtuales, que están a su vez, al menos potencialmente, hipercomunicadas (Belando et al, 2023). Al mismo tiempo, las características de las redes sociales digitales las han convertido en un potente instrumento social.

En el marco de estas dinámicas sociales, desde la óptica educativa se plantea un reto acerca de la potenciación de una ciudadanía responsable y crítica, en cuanto que esta requiere potenciar otras competencias que compensen las debilidades o pérdidas generadas por el uso generalizado y cada vez mayor de las nuevas tecnologías. Al mismo tiempo, habría que identificar cuáles serían estas competencias. A este respecto, pueden ser consideradas algunas de las competencias planteadas como clave para el aprendizaje permanente por el Consejo de la Unión Europea, en su *Recomendación de 22 de mayo de 2018 relativa a las competencias clave para el aprendizaje permanente* (2018), tales como las competencias personales y sociales y la competencia ciudadana, que permitan una participación plena en la vida social y cívica. En concreto, en las competencias personales y sociales se incluyen, entre otras, capacidades y actitudes como: la habilidad de hacer frente a la incertidumbre y la complejidad; contribuir al propio bienestar físico y emocional; reflexionar de forma crítica y adoptar decisiones; actitud de colaboración, seguridad en uno mismo e integridad. Y la competencia ciudadana incluye la participación plena en la vida social y cívica y, para ello, es fundamental el respeto a los derechos humanos y la habilidad de interactuar eficazmente con otras personas en el interés común o público, incluyendo la atención a la sostenibilidad de la sociedad.

4. Los agentes e instituciones educativas para el desarrollo de la dimensión social de la educación. Construcción de nuevas formas de participación en la comunidad

La educación es un proceso complejo que involucra diversos agentes y entornos. Como se ha visto hasta ahora, son muchos los factores relacionados con la dimensión social de la educación que inciden en un acceso equitativo de la ciudadanía a la educación. El respeto a los derechos humanos y la búsqueda de la plena inclusión de todos los colectivos favorece el desarrollo de espacios educativos que respondan a las necesidades actuales. En dichos espacios y modelos socioeducativos es fundamental tener en cuenta el papel que desempeñan las instituciones educativas y los agentes educativos y sociales en el desarrollo integral del individuo. Esta comprensión de las instituciones y los agentes va a permitir desarrollar los modelos y los espacios adecuadamente en función de nuestras metas, permitiendo generar nuevas formas de participación comunitaria. Los agentes que desarrollan la función educativa son muy diversos (familia, docentes, amistades, medios de información…), incluyendo las propias instituciones educativas (desde sus elementos de carácter material hasta aquellos con un componente más simbólico). Esta diversidad de agentes podemos agruparla en tres grandes bloques. En primer lugar, la institución educativa que desarrolla el contexto ideal en el que se produzca el encuentro entre el educador y el educando; en segundo lugar, la familia como el primer entorno de socialización que se da y que supone un pilar fundamental para el desarrollo educativo posterior; y, por último, otros agentes vinculados a la participación comunitaria fruto del desarrollo de nuevas tecnologías, cambios en la cultura y la expansión de la educación a otros contextos.

Figura 1. Agentes que desarrollan la función educativa

Institución educativa: marco para el encuentro educativo

Primer agente de socialización: La familia

Otros agentes vinculados a la participación comunitaria

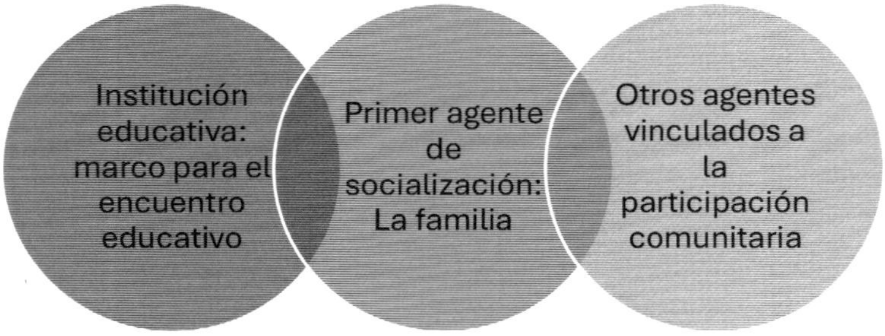

Fuente: Elaboración propia

A) *El papel de la institución educativa en el desarrollo de la dimensión social del estudiantado*

La institución educativa se constituye como un pilar fundamental en la educación del individuo, proporcionando un entorno propicio para el desarrollo cognitivo, emocional y social. En este contexto, el profesorado adquiere una posición central facilitador del conocimiento, no solo mediante la transmisión de información, sino también a través del fomento de la reflexión crítica, el diálogo y el desarrollo de habilidades esenciales para la vida en sociedad.

El principio de educatividad, entendido como capacidad inherente de cada individuo para influir en otra persona, implica que todo acto en el ámbito educativo tiene potencial educativo, desde las interacciones informales hasta las lecciones planificadas. El encuentro educativo, concebido como el momento en el que el profesorado y el estudiantado interactúan, es crucial para el aprendizaje significativo, destacándose dos elementos esenciales: el espacio educativo y los profesionales de la educación.

Este encuentro educativo trasciende el aula y se extiende a diversos espacios institucionales y comunitarios. Las instituciones educativas, ya sean escuelas, universidades u otros centros de formación, cumplen un papel esencial al proporcionar estructura, recursos y oportunidades para una adecuada trasmisión y construcción del conocimiento. Además, facilitan la interacción entre pares, favoreciendo la socialización, y ejercen influencia en el entorno social inmediato mediante la participación de familias y organizaciones sociales.

En la actualidad, los profesionales de la educación desempeñan roles adaptados a las necesidades de la sociedad contemporánea. Por tanto, se cuenta con docentes, orientadores, facilitadores y guías que contribuyen a la construcción de un ambiente educativo enriquecedor. Estas figuras se han adaptado a las demandas cambiantes de la sociedad actual, ya que el profesorado actual no solo debe poseer sólidos conocimientos pedagógicos, sino también habilidades para la atención a la diversidad, la resolución de conflictos o el uso efectivo de la tecnología (Martínez *et al.,* 2016). Por esta razón, surgen numerosas figuras vinculadas al profesional de la educación, tales como mediadores culturales, tutores en línea, educadores ambientales, entre otros, que buscan responder a las necesidades específicas del estudiantado y promover una educación inclusiva y equitativa.

B) *La contribución de la familia al desarrollo educativo en el entorno sociocomunitario*

La contribución de la familia al desarrollo educativo en el entorno sociocomunitario es un aspecto crucial que influye significativamente en la formación integral de los individuos y en la construcción de una sociedad más cohesionada y equitativa. La familia, como el primer agente educativo, desempeña un papel fundamental en el proceso de aprendizaje y desarrollo del individuo, y su influencia se extiende más allá del ámbito doméstico, impactando en la comunidad en su conjunto.

Los padres de un niño son, prescindiendo de los casos poco comunes como la muerte prematura o el abandono moral, sus primeros y más decisivos educadores. Siempre ha sido así, mucho antes de que se empezara a reflexionar sobre la educación y el ser del educador. Ser educador no significa otra cosa que ser padre o ser madre. (März, 2001, p.155)

En primer lugar, la familia es el principal contexto en el que se adquieren valores, normas y habilidades básicas que son fundamentales para la participación activa y constructiva en la sociedad. Desde temprana edad, los niños y niñas aprenden de sus padres, madres y cuidadores cómo relacionarse con los demás, cómo resolver conflictos de manera pacífica y cómo asumir responsabilidades. Estas habilidades sociales y emocionales son esenciales para el desarrollo de relaciones positivas y el bienestar psicosocial tanto a nivel individual como comunitario. Asimismo, es importante recalcar que la familia es una fuerza impersonal que por sí misma no educa. Son los agentes, las personas que componen la familia, los que tienen una intención educativa a través de la transmisión de esos valores, cultura, afecto y seguridad que hemos indicado anteriormente.

A través de interacciones cotidianas, modelos de comportamiento y valores transmitidos, la familia establece las bases para el desarrollo personal y social del individuo. La familia es un espacio privilegiado para el fomento de la educación en valores como la solidaridad, la tolerancia, el respeto mutuo y la responsabilidad cívica. A través del ejemplo y la enseñanza directa, los padres y madres inculcan en sus hijos e hijas principios éticos y morales que contribuyen a la construcción de una comunidad basada en el respeto y la colaboración mutua.

En el entorno sociocomunitario, la contribución de la familia al desarrollo educativo se manifiesta también a través de su participación activa en la vida escolar y en las actividades comunitarias. Los padres, madres y cuidadores colaboran con las instituciones educativas y con otras organizaciones sociales en el desarrollo de actividades extracurriculares, eventos escolares y proyectos comunitarios que enriquecen la experiencia educativa y fortalecen los lazos entre la escuela, la familia y la comunidad. Además, las organizaciones civiles, religiosas, culturales y deportivas ofrecen espacios de aprendizaje complementarios a la educación formal, enriqueciendo la experiencia educativa del individuo y fomentando su integración social.

C) Nuevas formas de participación de la comunidad en el proceso educativo

En la era de la globalización y la tecnología, se han diversificado las formas de participación de la comunidad en el proceso educativo. Como hemos comentado anteriormente, debemos ir más allá de la comprensión de la enseñanza reglada, ya que los nuevos escenarios comunitarios ofrecen oportunidades para el aprendizaje formal, no formal e informal, adaptándose a las necesidades y preferencias de los estudiantes.

En este contexto, la participación de la comunidad puede ser promovida a través de la colaboración entre las instituciones educativas y las organizaciones comunitarias. Por ejemplo, las escuelas pueden trabajar en colaboración con organizaciones comunitarias para ofrecer programas y servicios adicionales, como programas de tutoría y mentoría, que pueden ayudar a al estudiantado a desarrollar habilidades sociales y emocionales importantes. Además, las escuelas pueden involucrar a las familias y a la comunidad en la toma de decisiones importantes, como la planificación y la implementación de políticas y procedimientos educativos.

Asimismo, los nuevos educadores en el contexto sociocultural, que van más allá de los profesionales de la educación tradicionales, incluyen a líderes comunitarios, mentores, expertos en tecnología y otros agentes que comparten conocimientos y experiencias relevantes para el desarrollo integral del individuo. Su contribución al proceso educativo refleja la importancia de la colaboración intersectorial y la cohesión social en la construcción de una sociedad educativa y participativa (UNESCO, 2015). Por ejemplo, el modelo de la educación comunitaria (Freire, 1974) destaca la importancia de la participación activa de la comunidad en la planificación, implementación y evaluación de las prácticas educativas.

Otro factor importante en las nuevas figuras educadoras es la profesionalización de las mismas. En este sentido, para Sarramona (2000), el educador profesional no puede limitar su responsabilidad a la docencia formal del estudiante, sino que debe ser capaz de intervenir en el conjunto de la persona para lograr una formación en todas sus dimensiones.

En resumen, los agentes educativos y las instituciones sociales desempeñan roles complementarios en el proceso educativo, contribuyendo a la formación integral del individuo.

Resumen

¿A qué nos referimos, entonces, cuando hablamos de la dimensión social de la educación?, ¿cuál es el marco epistemológico vinculado a dicha dimensión?, ¿qué principios permiten su desarrollo?, ¿qué agentes e instituciones se implican?

La dimensión social de la educación es un quehacer socioeducativo que supone implicarse e implicar a la sociedad en su desarrollo, partiendo de la coexistencia como condición inherente al ser humano y de la ciudadanía como responsabilidad de la que ser conscientes. Ello implica prestar atención a la definición de los fines de la educación, atendiendo tanto a su dimensión individual, vinculada al desarrollo integral de todas las personas; como a su dimensión social, relacionada con el papel de las instituciones en sus contextos y con la capacidad de los procesos educativos de educar a la ciudadanía para que pueda contribuir a la construcción de un determinado modelo de sociedad. En este capítulo se aboga por el imperativo de avanzar hacia un modelo de sociedad orientado hacia el bien común basado en los principios de justicia social, equidad, solidaridad e inclusión. Para ello, las pedagogías críticas se presentan como el marco epistemológico capaz de sustentar esta praxis. Estas pedagogías apuestan por una educación dialógica o liberadora (Freire, 1974), orientada a la concientización de las personas a través de la educación para que puedan insertarse de forma crítica en el mundo y transformar los sistemas que generan las situaciones de opresión. Junto con ello, destacan la importancia de reconocer la dimensión política de la educación, la relación dialéctica entre teoría y práctica, el establecimiento de relaciones dialógicas entre educadores y educandos, el reconocimiento de las situaciones de opresión hacia determinadas identidades o la importancia de abogar por la transformación frente a la adaptación, entre otras cuestiones. En su versión más contemporánea, además, se incluyen los planteamientos de las Teorías Feministas, como la visibilización de las mujeres y la valorización de las prácticas femeninas, la visibilización del currículum oculto, la educación en los aspectos que se han negado en la educación tradicional masculina, la educación en los valores y fines del feminismo o el reconocimiento de las situaciones de privilegio y no privilegio desde una perspectiva interseccional. Así mismo, se incluye también el marco de los modelos educativos inter/transculturales y la pedagogía decolonial, reivindicando un reconocimiento de las diferentes culturas que permita legitimar y valorar los conocimientos de las culturas tradicionalmente invisibilizadas o excluidas desde un diálogo horizontal de carácter inter y transcultural que permita construir relaciones más justas y más equitativas.

Los procesos de aprendizaje se llevan a cabo en contextos cambiantes, en los que se redefinen anteriores estructuras y modalidades. Por ejemplo, lo digital, fuertemente reforzado en la época de pandemia, ha conseguido no solo consolidarse como modalidad educativa, sino que, además, sigue avanzando rápidamente con innovaciones y reformulaciones que alcanzan hasta el mismo significado de aprender. Además, dichos contextos cambiantes generan, asimismo, nuevos espacios y enfoques educativos, estrechamente vinculados a la sociedad digital, como es el caso de la inteligencia artificial. Todos estos rápidos cambios en el desarrollo de los procesos educativos requieren responder a tres principios básicos: derechos humanos, inclusión y ciudadanía (Belando-Montoro et al., 2023). La vinculación de la educación con los derechos humanos ha sido ampliamente estudiada en la literatura académica y respaldada, entre otros, por Naciones Unidas, haciendo referencia a su desarrollo en todos los niveles educativos, formas de educación (formal, no formal e informal) y grupos objetivo (se trata de una educación que se implementará a lo largo de la vida y debe ofrecerse a todos los grupos de población). Es de especial interés en esta cuestión, la relación de los derechos humanos con la adquisición de valores cívico-sociales en el proceso de enseñanza-aprendizaje, y la esfera ética de los derechos humanos y su conexión con la praxis de la educación social. Asimismo, es fundamental un acercamiento a este ámbito de estudio desde una perspectiva crítica que fomente en el estudiante procesos de reflexión y participación. En estrecha relación con los derechos humanos se sitúan las cuestiones relativas a la diversidad y a la inclusión. También aquí se pronuncia Naciones Unidas cuando en el artículo 26, de la Declaración Universal de los Derechos Humanos referido a la educación, afirma que esta «favorecerá la comprensión, la tolerancia y la amistad entre todas las naciones y todos los grupos étnicos o religiosos». Y finalmente, la ciudadanía, abordada desde los programas llevados a cabo en las aulas de educación primaria y secundaria, pero también en otro tipo de iniciativas de educación no formal, como es el caso de la educación patrimonial y turismo, educación vial, educación medioambiental, entre otros, propician el avance hacia una sociedad más inclusiva y, al mismo tiempo, conlleva aprendizajes sociales y cívicos que coadyuvan en la construcción de sociedades solidarias y sostenibles.

También en el centro de la dimensión social de la educación se sitúan los agentes y contextos de socialización, primaria y secundaria. En este capítulo, lo hemos abordado a través de tres grandes bloques: en primer lugar, la institución educativa que desarrolla el contexto en el que se produce el encuentro entre el educador y el educando durante una importante parte de la vida; la familia como el primer entorno de socialización que se da y que supone un pilar fundamental para el desarrollo educativo posterior; y, por último, un bloque que agrupa las nuevas formas de participación en la comunidad fruto del desarrollo de nuevas tecnologías, cambios en la cultura y la expansión de la educación diversos contextos. Las instituciones educativas, ya sean escuelas, universidades u otros centros de formación, no solo cumplen un papel esencial a la hora de proporcionar estructura, recursos y oportunidades para la trasmisión del conocimiento y la adquisición de competencias, sino que también propician otros aprendizajes más directamente vinculados a la dimensión social de la educación. Es decir, facilitan la interacción entre pares, favoreciendo la socialización, y ejercen influencia en el entorno social inmediato mediante la participación de familias y organizaciones sociales. En lo que respecta a la familia, esta es el primer agente educativo y, además, y en relación con lo social, la familia es el principal contexto en el que se adquieren valores, normas y habilidades básicas que son fundamentales para la participación cívica en la sociedad. Es aquí donde los niños y niñas aprenden, de sus padres, madres, hermanos, abuelos, cuidadores, u otros, cómo relacionarse con los demás, cómo resolver conflictos de manera pacífica y cómo asumir responsabilidades. Finalmente, hay nuevas formas de participación de la comunidad en el proceso educativo. En el contexto sociocultural, los educadores van más allá de los profesionales de la educación tradicionales, aquí se incluyen otros agentes educativos que incluyen a líderes comunitarios, mentores, expertos en tecnología y otros profesionales que comparten conocimientos y experiencias relevantes para el desarrollo integral del individuo en una sociedad global e interconectada.

A partir del reconocimiento del derecho a la educación como derecho humano esencial (Januszevski, 2023), así como de la contrastada permeabilidad entre los contextos sociales y educativos, desde este capítulo se aboga por el necesario compromiso desde las instituciones y agentes de la educación de desarrollar su quehacer socioeducativo con la mirada situada en el horizonte de contribuir a avanzar en el marco de la dimensión social de la educación hacia los ideales de paz, libertad (en su sentido genuino) y justicia social; poner en valor la cooperación y la búsqueda del bien común frente a la competición; y promover cambios estructurales en las instituciones para erradicar todo tipo de exclusiones.

Preguntas finales

¿Por qué no es posible garantizar el derecho a la educación en un contexto social desigual?

¿Qué prácticas y elementos organizativos invisibles identificas que pueden actuar como barrera para avanzar hacia un modelo social y educativo orientado hacia el bien común?

¿Por qué es importante adoptar una perspectiva crítica en la educación en derechos humanos?

¿Cómo se puede vincular la educación patrimonial y el turismo con la inclusión social?

¿Qué papel juegan las instituciones educativas en el desarrollo social del individuo?

¿De qué manera deben integrarse los nuevos agentes educativos en el desarrollo de la dimensión social de la educación?

Sugerencias de lectura

- Belando-Montoro, María R., Lucio-Villegas, Emilio. y Luque, David. 2023. *Pedagogía y educación social*. Síntesis.
- Díez, Enrique Javier. 2022. *Pedagogía antifascista. Construir una pedagogía inclusiva, democrática y del bien común frente al auge del fascismo y la xenofobia*. Octaedro.

Referencias bibliográficas

Arroyo, Elisa y Crespo, Belén. 2019. La educación patrimonial como medio para la inclusión social: Análisis de una experiencia didáctica. *Investigación en la Escuela*, (98): 62-75. https://doi.org/10.12795/IE.2019.i98.05

Bell hooks . 2020. *¿Acaso no soy una mujer? Mujeres negras y feminismo*. Connsoni.

Freire, Paulo. 1974. *Pedagogía del Oprimido*. Siglo XXI.

Januszevski, Sebastian. 2023. La educación como bien primario y posicional: una aproximación a las desigualdades educativas y sus efectos desde la teoría de la justicia de John Rawls. *Revista Internacional de Teoría e Investigación Educativa, 1*, e86948. https://doi.org/10.5209/ritie.86948

Llano, Alejandro. 1999. *Humanismo cívico*. Ariel.

Lugo, Nohemì y Melón, María Elena. 2016. *Juegos de realidad alternativa para la educación cívica*. Elementos de diseño: narrativa, juego y discurso. *Commons. Revista de Comunicación y Ciudadanía Digital, 5*(2): 177-202.

Martínez, Miquel; Esteban, Francisco; Jover, Gonzalo y Payá, Montserrat. 2016. *La Educación, en teoría*. Síntesis.

März, Fritz. 2001. *Introducción a la Pedagogía (5ª edición)*. Sígueme.

Sarramona, Jaume. 2000. *Teoría de la Educación (Reflexión y normativa pedagógica)*. Ariel.

Séneca, Bofill y Ferro, Jaime. 2018. *Cartas a Lucilio*. Editorial Ariel.

Spiel, Christiane; Schwartzman, Simon; Busemeyer, Marius; Cloete, Nico; Drori, Gili; Lassnigg, Lorenz; Schober, Barbara; Schweisfurth, Michele; Verma, Suman; Bakarat, Bilal; Maassen, Peter y Reich, Rob (2018). *The Contribution of Education to Social Progress**. En: International Panel of Social Progress (IPSP) (Eds.) *Rethinking Society for the 21st Century: Report of the International Panel on Social Progress* (pp. 753-778) Cambridge University Press. https://doi.org/10.1017/9781108399661.006

Travieso, José Luis y Planella, Jordi. 2008. La alfabetización digital como factor de inclusión social: una mirada crítica. *UOC Papers*, (6). http://www.uoc.edu/uocpapers/6/dt/esp/travieso_planella.pdf

Travieso, María Inés y Barretto, Margarita Nilda. 2020. Educación patrimonial, turismo e inclusión social: acciones para promover el ejercicio de la ciudadanía. *Pasos: Revista de Turismo y Patrimonio Cultural*, n.º 18(2): 189-205. https://doi.org/10.25145/j.pasos.2020.18.013

Trilla, Jaume (Coord.). 2007. *El legado pedagógico del siglo xx para la escuela del siglo xxi*. Grao.

UNESCO. 2015. *La nueva educación: una agenda para la acción*. UNESCO.

La educación como realidad política

Gonzalo Jover, Marcelo Posca y Aida Valero

El vínculo entre educación y política, entendidas como esferas esenciales en el funcionamiento de cualquier sociedad, ha estado presente a lo largo de la historia de Occidente. Esta relación, lejos de ser lineal, informa sobre el valor de la educación –o, en su defecto, la formación– para la participación en la vida pública. La educación no puede ser entendida sino como una realidad política, esto es, una herramienta imprescindible para la formación del sujeto político, que es, a fin de cuentas, el ciudadano. Educación y ciudadanía resultan inseparables, así, y es por ello que merece la pena detenerse en su interrelación.

El presente capítulo explora este vínculo desde varias perspectivas. En un primer momento, se refleja la evolución de la relación entre educación y política a lo largo de la historia de las sociedades occidentales, mostrando que ha sido una constante. Posteriormente, se profundiza en el nexo de la práctica educativa con el ideal democrático, subrayando la importancia que aquella tiene para el sostenimiento de esta forma de convivencia. El cuarto apartado centra la cuestión en el contexto español, presentando el curso del sistema educativo desde sus inicios. Finalmente, se abordan las tendencias que se decantan hoy en la regulación política de la educación.

1. La relación entre educación y política como constante histórica

En la Antigüedad clásica, tanto la educación como la política eran un privilegio para una minoría a la que se le permitía participar en la vida pública. A pesar de

Cómo citar: Jover, Gonzalo *et al.* (2025). La educación como realidad política. En David Luque Mengibar y Silvia Sánchez-Serrano (Eds.) *Teoría de la Educación* (pp. 113-135). Ediciones Complutense. https://dx.doi.org/10.5209/docm.002.05

su acceso restringido, la vida política tenía un prestigio generalizado: «ser hombre era ser ciudadano, y el castigo más grande era el ostracismo: muchos preferían la muerte personal a su muerte ciudadana, que suponía la exclusión de la vida en la *polis*» (Rovira Reich, 2019, p. 17). En ciudades-estado como Atenas, la prioridad educativa era formar a ciudadanos libres, capaces de contribuir al debate público, participar en la toma de decisiones colectivas o asumir responsabilidades ciudadanas. Tal prioridad convivía con una dimensión más utilitaria de la educación (palpable en mayor medida durante el Imperio romano) enfocada en la formación legal y administrativa de aquellos que, por sus características o posibilidades, ocuparan puestos como futuros gobernantes. En cualquier caso, durante este periodo, la educación se articuló para dar respuestas a las necesidades de los distintos Estados, alineada siempre con los objetivos políticos y situándose como un asunto de interés público.

A pesar de que, desde un punto de vista cultural, se intentó conciliar la herencia clásica con los valores cristianos (Lázaro, 2018), la Edad Media presentó un giro distintivo en la relación entre educación y política, debido a la transformación que experimentaron las sociedades occidentales. En un panorama de monarquías absolutas y sistemas feudales, en estas sociedades la educación estaba fuertemente ligada a la Iglesia católica, la cual desempeñaba un papel central en la vida intelectual y política de la época. En un primer momento, las posibilidades formativas se redujeron fundamentalmente a las instituciones religiosas, donde se instruía a potenciales clérigos y funcionarios que desempeñarían roles administrativos y políticos dentro de la estructura social y eclesiástica. Las escuelas paganas, de carácter urbano y público, fueron eclipsadas por las escuelas palatinas y monacales. No obstante, cabe señalar que el pueblo nunca dejó de ser objeto de la educación religiosa que, al fin y al cabo, no dejaba de ser una educación política. Posteriormente, con la creación de las primeras universidades en ciudades como Bolonia, París u Oxford, el conocimiento comienza a democratizarse y secularizarse. Estas instituciones, fruto de factores como la expansión y consolidación de los núcleos urbanos, la especialización del conocimiento o la diseminación de obras clásicas, permitieron la difusión del saber y contribuyeron al florecimiento de la cultura. Si bien la teología siguió situándose como la ciencia predominante, disciplinas como el derecho, la medicina o las artes liberales fueron ganando cada vez más importancia. Todo ello se reflejó en la educación política, que no solo adquirió nuevos tintes, sino que amplió su foco para llegar a un mayor número de personas.

Con la llegada del Renacimiento, la educación política se impregna de un carácter humanista a la vez que se adapta a las necesidades emergentes de los futuros Estados modernos. En un afán por recuperar los ideales clásicos, la educación vuelve a concebirse como un instrumento imprescindible parar participar activamente en la vida pública, para lo que era necesario una formación adecuada. Se buscaba la formación de individuos cultos, de ciudadanos sabios y virtuosos capaces de ejercer sus responsabilidades políticas (Giraldo-Bedoya y García-Duque, 2022). Las nuevas élites políticas e intelectuales aseguraron la preservación y el estudio de los textos clásicos, al mismo tiempo que promovían el arte y la ciencia. Los monarcas y gobernantes comenzaron a involucrarse más directamente en los asuntos educativos, promoviendo la creación de instituciones destinadas a la formación de personas que pudieran intervenir en los nuevos modos de gobierno. Los defensores de la Reforma y la Contrarreforma contribuyeron, asimismo, a la educación de las clases populares dentro de los nuevos marcos político-administrativos. Estos acontecimientos terminaron cristalizando en la creación de los Estados modernos, donde la formación de ciudadanos que participaran en igualdad de condiciones en las sociedades democráticas se convirtió en un imperativo.

El fin de las monarquías absolutistas y la consiguiente instauración de los principios liberales, hizo aún más evidente el potencial de la educación como instrumento al servicio del progreso social. No es de extrañar, pues, que durante el siglo XIX se configuraran los primeros sistemas educativos nacionales. Uno de los rasgos distintivos de este siglo fue el esfuerzo por construir Estados nacionales unificados basados en los principios democráticos, y para ello la educación pública se constituyó como un medio esencial para forjar una identidad nacional común, promover valores cívicos y garantizar la continuidad de los nuevos Estados. A la par, la revolución industrial exigía una mano de obra cualificada y una formación técnico-profesional. No obstante, es preciso recordar que tales metas educativas no podían alcanzarse sin un paso previo: el de alfabetizar a la población. Como veremos en un apartado posterior, la educación era vista como un requisito indispensable para participar en la vida política, económica y social del país, pero los principios de la Ilustración –que, entre otras cuestiones, defendían la igualdad y la libertad– difícilmente podrían interiorizarse sin unas mínimas nociones de lectura, escritura y cálculo. Era urgente consolidar los sistemas educativos y hacer accesible la educación al mayor número de personas posible. Solo así se formaría un sujeto político a la altura de las nuevas sociedades (Ossenbach, 2011).

El acceso a la educación de toda la ciudanía fue consolidándose durante el siglo XX y, en especial, a partir de los años 50. Tras la devastación causada por la II Guerra Mundial, muchos países implementaron políticas para universalizar el acceso a la educación primaria y secundaria en un afán por aumentar la alfabetización y los conocimientos básicos de la población y, lo que era incluso más importante, fomentar la cohesión y el bienestar social, y consolidar la democracia. Se afianzó el reconocimiento de la educación como un derecho humano y un factor esencial para el desarrollo socioeconómico y la igualdad de oportunidades. Como consecuencia, las tasas de alfabetización y escolarización aumentaron de manera significativa en la segunda mitad del siglo XX, potenciando además una formación técnica y profesional demandada por las economías modernas. Asimismo, la educación superior se expandió y contribuyó al desarrollo científico y tecnológico (Sanz, 2011). Los gobiernos, cada vez más interconectados como fruto de la globalización, comenzaron a concebir la educación como una inversión para la sociedad contemporánea; como un verdadero instrumento al servicio de la sociedad.

Los últimos veinte años han sido testigos de cómo la instrumentalización de la educación ha llegado a su máximo esplendor. El auge del neoliberalismo como racionalidad predominante, junto con el consecuente debilitamiento de las democracias modernas, ha erosionado el poder compensador y emancipador de la educación, poniéndola cada vez más al servicio de los intereses del mercado y la competitividad (Brown, 2015).

2. El ideal democrático y la educación como derecho

Al hablar de la educación como realidad política, resulta imprescindible abordar el tema de la democracia, básicamente por dos motivos. En primer lugar, porque la democracia liberal es la forma de gobierno que se ha articulado en Occidente en los últimos dos siglos, como consecuencia de las revoluciones modernas y las diversas luchas por los derechos y la inclusión social. Si bien la democracia goza de aceptación y está realmente consolidada, están surgiendo corrientes políticas autoritarias, a uno y a otro lado del Atlántico, que, sumadas a la desafección y a la apatía de grandes sectores sociales –en particular de los jóvenes–, están poniendo en riesgo las instituciones, los valores y los consensos construidos en los últimos doscientos años de historia. Desde luego, no es la primera vez que esto sucede en Europa y en otras partes del mundo. Por eso es clave no perder de vista este asunto.

En segundo lugar, es importante vincular la educación con la democracia porque la democracia puede ser entendida más como una *forma de vida* que como una *regla* (o un *método* institucional) para la configuración de mayorías políticas, lo que la convierte en un empeño educativo. Como veremos un poco más adelante, la idea de democracia supone una actividad colectiva que, como cualquier otra forma de actividad, requiere de ciertas condiciones para su sostenimiento. Parte de esas condiciones tienen mucho que ver con la educación.

Como es sabido, la palabra «democracia» hunde sus raíces en el griego antiguo (*demos* significa «pueblo», y *kratos* denota «gobierno» o «poder»). Instituida por vez primera en la ciudad-estado de Atenas, entre los siglos VI y IV a. C., la democracia griega, al igual que la nuestra, constituye toda una *anomalía* en la historia de las artes de gobierno. Una anomalía, como su nombre indica, es una desviación o discrepancia de un uso o de una regla. Y eso ha sido, si echamos una mirada a los regímenes políticos que han conducido la vida humana a lo largo de su historia, la democracia como forma de gobierno.

Este carácter singular de la democracia, su naturaleza anómala, viene refrendado por un hecho difícilmente contestable: la poca aceptación que ha tenido a lo largo de la historia filosófica de Occidente. Ni los filósofos antiguos, que otorgaban prioridad a lo comunitario, ni los filósofos modernos, para quienes la prioridad se halla en el individuo, vieron con buenos ojos la idea de un «autogobierno político del pueblo». Quizás una de las excepciones más importantes la constituya el filósofo Baruch Spinoza, cuyo *Tratado político* (*Tractatus politicus,* 1673-1677) es la obra que funda el pensamiento político democrático moderno en Europa.

La democracia ateniense, instituida embrionariamente a finales del siglo VI a. C., supone un imaginario clave en el pensamiento político de Occidente, y es considerada una de las pocas experiencias de democracia *directa* a lo largo de la historia. Tal sistema encontraba su sostén en la idea de soberanía popular, lo que significa, básicamente, que el poder era del *demos* (pueblo). A través de diversas instituciones –como la *Boulé* y la *Ecclesia*, que desempeñaban una función legislativa–, se impulsaba la participación de los ciudadanos en los distintos asuntos que atañían a la vida de la *polis*.

En el Libro III de la *Política* [1275a y ss.], Aristóteles comenta que «ciudadano» es quien participa en la justicia y en el gobierno, o sea, quien tiene acceso a la deliberación pública y a los cargos y es un miembro activo en la vida política de la ciudad. Sin embargo, esta primera sociedad democrática de la historia estaba signada por una profunda desigualdad. En efecto, la concepción de ciudadanía ateniense excluía a las mujeres, a los extranjeros y a los esclavos, quienes, en conjunto, constituían –o al menos eso se calcula– el 85% de la población. En otros términos, solo se consideraba ciudadanos a los hombres mayores de 20 años, hijos de madre y padre atenienses.

Las instituciones y las leyes democráticas atenienses se perdieron a manos del imperio macedonio de Alejandro Magno, en las últimas décadas del siglo IV a. C. Con ello, se esfumó también la idea de que la libertad consiste, por encima de todo, en la participación en los asuntos públicos. Para los antiguos, en efecto, se es tanto más libre cuanto más se participa en los asuntos propios de la *polis*, cuanto más se conversa y decide sobre las cuestiones que atañen a los destinos de la comunidad. Esta forma peculiar de entender la libertad, tan ajena a nuestros días, se perderá con la llegada del pensamiento político moderno (Constant, 2020).

Tuvieron que pasar muchos siglos –demasiados tal vez– para que la democracia volviese a florecer en Europa. La concepción actual de ciudadanía surge como consecuencia de la disolución de un elemento que articuló la política de la Edad Media y de los inicios de los Estados modernos: el estatus o la estratificación social. Tanto el feudalismo como el absolutismo –también conocido como *Ancien Régime*– se hallaban articulados por un orden jerárquico, dentro del cual cada individuo ocupaba una posición o un rol inamovible, en función de su origen, de su poder o de su dinero. Dicho estatus es lo que se vendrá abajo mediante la irrupción de las revoluciones modernas, sobre todo la estadounidense –que fue la primera revolución liberal del siglo XVIII– y la francesa.

Favorecida por los aires revolucionarios, a uno y a otro lado del Atlántico, la ciudadanía moderna brota del resquebrajamiento de las desigualdades que había impuesto el *Ancien Régime*. La consecuencia de este cambio de paradigma –que además va de la mano del surgimiento de una nueva clase social: la burguesía– consiste en la anulación de las jerarquías ligadas al estatus, siendo sustituidas por un reconocimiento de todos los individuos que pueblan una nación en cuanto que todos son considerados libres e iguales[2].

---

[2]   Aunque, como sabemos, ese reconocimiento de *todos* no será realmente así. Esta consideración de libres e iguales fue concedida, en primer término, a los hombres blancos, luego a los negros y, por último, a las mujeres. En Francia, el sufragio femenino tendrá lugar en 1944. En Italia, en 1945. Y en Suiza, que es uno de los países más desarrollados del mundo, las mujeres no podrán votar hasta 1971.

Cuando se reflexiona sobre el significado actual de la noción de «ciudadanía» y su desarrollo histórico, una referencia ineludible es el ensayo de T. H. Marshall, *Ciudadanía y clase social*, fruto de unas conferencias dictadas por el autor en la Universidad de Cambridge en 1949. En el ensayo, Marshall retorna a la noción de *estatus*, pero de un modo muy distinto. Según este autor, la ciudadanía es un estatus que se le concede a los miembros de pleno derecho de una comunidad. Y, más allá de las desigualdades propias del sistema de clases sociales, sus beneficiarios son *iguales* en lo que a derechos y obligaciones compete[3].

La igualdad que subyace en esta noción de ciudadanía es enteramente formal. Esta forma de igualdad ciudadana no es, de acuerdo con el planteamiento de Marshall, inconsistente con las desigualdades materiales que articulan los distintos niveles económicos en el seno de la sociedad. Pero hay una diferencia esencial con relación al *Ancien Régime*: el Estado debe garantizar a todos unos mínimos de educación. Esta educación, gratuita y obligatoria, es un primer paso para facilitar entre la ciudadanía la movilidad social ascendente y el recambio de las élites –culturales, económicas y políticas–.

En el planteamiento de Marshall se articulan, de manera inequívoca, las ideas de ciudadanía y de «contrato social». Aquí, el *contractualismo* significa que el fundamento del nuevo orden social, económico y político ha de ser analizado y establecido como fruto del acuerdo llevado a cabo por los individuos en cuanto libres e iguales. Pero, asimismo, existe otra cuestión a tener en cuenta. Si bien Marshall no es un teórico socialista, «fue el primero en conceptualizar y defender la ciudadanía social como el punto culminante del desarrollo histórico de la ciudadanía moderna» (Fraser y Gordon, 1992, p. 67). Según el autor, el desarrollo de la ciudadanía moderna puede ser descrito en tres fases. En primer lugar, encontramos la ciudadanía *civil*, la cual se habría construido principalmente en el siglo XVIII, que es el siglo de las grandes revoluciones liberales, y habría establecido los derechos necesarios para la libertad individual: libertad de pensamiento, de conciencia y de religión, los derechos a la propiedad privada o personal y, principalmente, el derecho al acceso a la justicia. En segundo lugar, hallamos la ciudadanía *política*, que despuntaría

---

3   Es menester aclarar aquí que las constituciones modernas, en línea con los principios de la Revolución francesa, no solo otorgan derechos de la ciudadanía a los miembros de «pleno derecho» de una comunidad, sino también a quienes conviven con estos. Tal podría ser el caso de los inmigrantes que, aunque no tengan su situación plenamente regularizada, son sin embargo sujetos de derecho, por ejemplo, en lo que respecta a la atención médica o a la educación de sus hijos.

fundamentalmente en el siglo XIX –época revolucionaria en la que va tomando forma la aparición de un nuevo sujeto colectivo: el *proletariado*– y abarcaría, de acuerdo con el planteamiento de Marshall, el derecho a la participación en el ejercicio del poder político, bien mediante el derecho al voto o bien desempeñándolo directamente. Por último, en el siglo XX –que es el siglo del triunfo del comunismo soviético y de la construcción, en los países de Europa occidental, del llamado «estado del bienestar»– tendría lugar la tercera y última fase: la ciudadanía *social*. Según Marshall, esta no solo comprendería el derecho a un mínimo de seguridad económica, sino que supondría también un derecho, de mayor alcance, «a participar del patrimonio social y a vivir la vida de un ser civilizado conforme a los estándares corrientes en la sociedad. Las instituciones más estrechamente conectadas con estos derechos son el sistema educativo y los servicios sociales» (Marshall, 1997, p. 303).

Aquí se aprecia la idea, ampliamente aceptada en nuestros días, de que la educación puede ser pensada como un derecho humano fundamental. Ahora bien, esto no ha sido así toda la vida. Si bien siempre ha existido cierto interés por la cuestión educativa, e incluso por la educación entendida como un servicio público, no siempre ha estado considerada como un derecho humano. Así, por ejemplo, a pesar de que es muy conocido el peso de las ideas de la Revolución francesa en la ordenación de los sistemas educativos (más en el aspecto de principios o ideas que en el de realizaciones), este derecho no figura en la Declaración de los Derechos del Hombre y del Ciudadano, aprobada, en agosto de 1789, por la Asamblea Constituyente francesa. Dicha Declaración recoge básicamente los llamados derechos civiles y políticos, que nacen como una reacción para limitar el poder estatal, en correspondencia con la ciudadanía civil y política del esquema de Marshall.

Sobre todo, a partir de la segunda mitad del siglo XIX va cobrando cada vez mayor fuerza la preocupación por los derechos de tipo social, los cuales irán materializándose a lo largo del siglo XX, e irán reclamando una mayor intervención de los poderes públicos, como en el caso del derecho al acceso, en igualdad de condiciones, a la educación. Estamos en la fase de ciudadanía social de Marshall. Dos de los hitos principales de esta evolución histórica los representan la Constitución francesa de 1848, correspondiente a la Segunda República, y la Constitución de Weimar de 1919, elaborada tras la derrota alemana en la Primera Guerra Mundial por una mayoría parlamentaria de signo socialdemócrata. Dicha Constitución alemana fue fuente de inspiración de muchos textos constitucionales posteriores, como es el caso de la Constitución española de 1931.

Finalmente, la ampliación de los derechos humanos, a partir de los años setenta del siglo pasado, para acoger los llamados derechos *solidarios* o de tercera generación, no ha dejado de afectar a la disposición normativa del derecho de todos a la educación, en dos sentidos. Por una parte, el desplazamiento creciente de flujos de población a nivel global ha forzado a las legislaciones nacionales al reconocimiento de este derecho más allá de la condición jurídica de ciudadanía nacional. Por otra parte, la percepción de interdependencia mundial ha generado una mayor conciencia de que su garantía como derecho humano trasciende el ámbito de las fronteras nacionales, y apela a un compromiso global amplio que ayude a paliar la situación deficitaria de este derecho en numerosas partes del mundo, tal como ha quedado recogido en el punto 4 de los Objetivos de Desarrollo Sostenible, que establece las prioridades mundiales para estas primeras décadas del siglo XXI.

Lo característico de la noción actual de ciudadanía es que, desoyendo la larga historia de la evolución de los derechos humanos, se ordena en torno al ocio, al consumo y a la felicidad individual, viniendo a responder, casi de manera directa, a los términos contenidos en lo que se podría considerar como el texto programático del liberalismo del siglo XIX: *La libertad de los antiguos frente a la de los modernos* (Constant 2020). Dicho texto estableció la idea de una democracia representativa frente a quienes defendían una democracia directa o deliberativa. Una forma de democracia, la representativa, en la que no se considera necesario el cultivo de ciertas «virtudes cívicas».

El sistema democrático necesita para su sostenimiento de algunas condiciones que pasan, por ejemplo, por la defensa de cierta cualidad de ciudadano, de determinadas «virtudes cívicas». Y es aquí donde la educación juega un papel fundamental, si asumimos que el derecho a la educación no significa ya solo tener acceso a un puesto escolar, sino disfrutar de entornos que nos ayuden a ser ciudadanos políticamente activos.

Supongamos que una democracia tan completa y perfecta como se quiera, nos caiga del cielo: esa democracia solo podrá durar unos cuantos años si no procrea individuos que le correspondan, y que sean, primero y ante todo, capaces de hacerla funcionar y de reproducirla. No puede haber sociedad democrática sin *paideia* democrática (Castoriadis, 1996, pp. 27-28).

Si, como señala Castoriadis, la idea de una sociedad democrática es la idea de una sociedad *autoinstituida* –la idea de una sociedad cuya ley no es exterior a sí misma–, parece claro que la ciudadanía debe contar con herramientas –materiales, sí; pero también intelectuales, culturales y lingüísticas– que permitan a los ciudadanos participar, de manera activa, en el debate político democrático. Pero esta participación activa, tan proclamada en ciertos foros mediáticos y políticos, es en el fondo una cáscara vacía si no va de la mano de la transmisión *crítica* de un mundo común (además de determinadas condiciones materiales de existencia). Parece evidente que se puede ser muy activo también en el odio y, sobre todo, en la estupidez. De ahí la relevancia de las instituciones educativas, que tienen como uno de sus propósitos principales el *conservar y transmitir de modo crítico* el legado de las generaciones pasadas, de manera que se permita a los nuevos integrantes de la sociedad la comprensión del mundo en el que viven y las vías y orientaciones precisas para su gobierno y posible transformación (Fernández Liria *et al.* 2017, p. 27).

La democracia constituye una tarea educativa, porque, más allá de cómo se la defina o entienda, significa básicamente el anhelo de que sea el pueblo, y ninguna otra instancia, quien ordene y regule su vida en común gobernándose a sí mismo, sin necesidad de ser tutelado (Brown 2015).

3. Origen y evolución del sistema educativo español

La consideración de la educación como un derecho fundamental se encuentra hoy acogida formalmente en los sistemas educativos, aunque históricamente el surgimiento de estos sea anterior al reconocimiento positivo de ese derecho. Estos sistemas pueden definirse como el conjunto integrado de principios, instituciones y criterios curriculares, entre otros elementos, que juntos conforman una estructura educativa determinada, comúnmente la estructura gestionada por un Estado o región. El término «sistema» implica una entidad ordenada y cohesiva de componentes interconectados; esto es, una organización sistemática de programas educativos, recursos disponibles y personal, distinguiéndose así de una mera agregación desordenada de elementos. Desde esta perspectiva, los sistemas educativos son fenómenos relativamente nuevos. Su origen y desarrollo se sitúan en la Europa del siglo XIX, en paralelo con la consolidación de los Estados nación. Durante este periodo, se estableció firmemente la noción de la educación como un servicio público proporcionado por el Estado, estructurado en tres niveles fundamentales. Este modelo trajo consigo el reconocimiento de la educación no solo como un imperativo moral y social, sino también como un derecho inalienable de cada individuo, subrayando su papel crucial en el fortalecimiento del tejido social y la cohesión nacional.

En España, podemos remontarnos a finales del siglo XVIII para trazar el surgimiento y evolución del sistema educativo (Jover y González-Delgado

2023). En esa época, una minoría privilegiada comenzó a desarrollar el pensamiento ilustrado, reconociendo la necesidad de «iluminar» a la sociedad con ideas basadas en la razón. El objetivo era modernizar la sociedad española, poniéndola al nivel de los países europeos, para lo cual era necesario crear las condiciones necesarias que garantizasen el acceso a la educación. Si bien habría que esperar hasta 1857 para la promulgación de la primera ley de educación, existen una serie de antecedentes en los que es importante detenerse. En 1812, los liberales españoles promulgaron la Constitución de Cádiz como un marco preliminar para lograr la reforma política y la nueva sociedad democrática liberal. Los liberales (progresistas y moderados) consideraban que el conocimiento era fundamental para lograr los principios básicos de libertad e igualdad, y creían en la libertad individual como base para terminar con el atraso social y el declive político de la época. La mencionada constitución situó la educación como un asunto de interés nacional, dedicando un título completo a su organización, financiamiento y control (Título IX, Derecho a la educación de todos los españoles y libertad de expresión). Por primera vez, el Estado tendría la responsabilidad de garantizar este derecho de la ciudadanía mediante la creación de escuelas de primeras letras en todo el territorio nacional.

En las décadas posteriores a la Constitución de 1812, las Cortes de Cádiz intentaron poner en práctica los artículos constitucionales elaborando informes y leyes sobre la instrucción pública. El informe más importante fue el llamado Informe Quintana, que José Manuel Quintana (1772-1837) presentó en 1813, y en el que se establecen ya los ejes fundamentales de nuestro sistema educativo a través de la estructura, ya hoy habitual, de una educación primaria, secundaria y superior. El informe se basa en los ideales de la Ilustración y de una «igualdad ante las luces». El sistema educativo que diseña responde a los siguientes principios (Puelles Benítez, 1991, p. 262):

a) Igualdad. La instrucción, dice el informe, «debe ser tan igual y completa como las circunstancias lo permitan». De aquí derivan los principios siguientes:

b) Universalidad. La instrucción «debe ser universal, es decir, extenderse a todos los ciudadanos».

c) Uniformidad. El plan de enseñanzas, contenido, métodos, incluso libros de texto, deben ser iguales para todos. Es algo, señala el informe, que «la razón lo dicta y la utilidad lo aconseja».

d) Gratuidad. Es otra exigencia de la igualdad: «otra cualidad que nos ha parecido convenir a la enseñanza pública es que sea gratuita», especialmente en la primera enseñanza «donde se proporcionan al hombre aquellos conocimientos que, siendo necesarios a todos, deben ser comunes a todos».

e) Libertad. «Es preciso que tenga cada uno el arbitrio de buscarlos (los conocimientos) en donde, cómo y con quien le sea fácil y agradable su adquisición». Es decir, se reconoce la libertad de enseñanza, que se convertirá en el objeto de las principales discusiones en la historia de nuestro sistema educativo, desde sus inicios hasta hoy.

A lo largo del siglo XIX, se suceden distintos planes de enseñanza marcados por el recurrente debate entre el deseo de control estatal sobre la educación y los principios de libertad de enseñanza y de cátedra, pilares fundamentales del liberalismo, que enfrentaban la resistencia del conservadurismo. En este contexto, el año 1857 se erige como un hito con la aprobación de la Ley Moyano, impulsada por el ministro Claudio Moyano. Esta legislación se distingue por ser la primera en regular de manera integral el sistema educativo en España, reflejando los valores del liberalismo moderado y sentando las bases de una estructura tripartita: una primera enseñanza, de 6 a 9 años, obligatoria y gratuita siempre que las familias no pudiesen costearla; una segunda enseñanza, con dos posibilidades: a) estudios generales (en dos periodos de 2 y 4 años) y b) los «estudios de aplicación a las profesiones industriales», de carácter más profesional; y c) un tercer nivel, con estudios de facultad (Filosofía y Letras, Ciencias, etc.), estudios de enseñanza superior (ingenierías) y estudios profesionales (veterinaria, aparejadores, maestros, etc.).

Si bien esta ley fue un punto de inflexión en la historia educativa del país, consolidó la tensión entre las aspiraciones de un Estado liberal moderno y las fuerzas conservadoras. Tal es así que fue objeto de disputas y desacuerdos entre aquellos que abogaban por una educación provista por el Estado o, por el contrario, manejada por instituciones privadas y religiosas, debate que continúa en la actualidad. Al mismo tiempo, factores como la inestabilidad social y política, la falta de ascenso social de la clase trabajadora, o el desfinanciamiento del Estado tras la pérdida de las colonias, dificultaron la consolidación del sistema educativo durante el siglo XIX, así como la materialización de la educación como mecanismo clave en el progreso social.

El primer tercio siglo XX se caracterizó por una modernización considerable en términos educativos y sociales. A raíz del movimiento conocido como «regeneracionismo», España promovió importantes reformas educativas a la vez que trató de fortalecer el papel del Estado en la educación, reforzando sus principios de obligatoriedad, gratuidad y laicismo. Entre sus hitos más

destacables están la creación del Ministerio de Instrucción Pública y Bellas
Artes en 1900, el aumento sustancial del número de escuelas, o la prolife-
ración de centros de formación del profesorado. Estas medidas se acentua-
ron aún más durante el periodo de la Segunda República (1931-1939) con
la aprobación de la Constitución de 1931, que proclamaba un sistema de enseñanza con las siguientes características (tal como se enuncian en la propia
Constitución):

a) La cultura y la enseñanza como competencias del Estado.
b) Escuela unificada (esto es, igual para todos, lo que significa entender
     los distintos niveles más que como posibilidades distintas dirigidas a
     diferentes capas de población, como partes de un todo).
c) Enseñanza primaria gratuita y obligatoria.
d) Funcionarización del profesorado y reconocimiento de la libertad de
     cátedra.
e) Garantía de acceso a los distintos niveles de la enseñanza, condiciona-
     da solo por la aptitud y vocación.
f) Enseñanza, laica, basada en el trabajo como eje metodológico y en
     ideales de solidaridad humana (se impide a las órdenes religiosas la
     posibilidad de regir escuelas).
g) Se reconoce a «las Iglesias» el derecho a enseñar sus doctrinas en sus
     propios establecimientos.
h) Reconocimiento del derecho de las «regiones autónomas» a organizar
     la enseñanza en sus lenguas respectivas (siendo obligatorio el estudio
     del castellano).

El estallido de la Guerra Civil (1936-1939) y la instauración de la posterior dictadura franquista (1939-1975) no solo paralizaron algunos de los avances más significativos de la historia de la educación en España, sino que, en
términos generales, cambiaron el rumbo de la educación política de la época.
Sobre todo, en el llamado primer franquismo, la educación se dotó de un alto
contenido ideológico basado en el nacionalcatolicismo (es decir, la unión de
una educación basada en la religión católica con la exaltación de los ideales
de la *nación*, una mezcla de lo religioso y lo político), abolió la coeducación
y amplió los privilegios de la educación privada. Además de elevar el nivel
educativo de la población en una España devastada por el conflicto nacional,
el objetivo era formar a ciudadanos afines al régimen a través de una educación política acorde a sus ideales, algo que puede apreciarse en las distintas
legislaciones de la época, como la Ley de Educación Primaria de 1945, la Ley
de Reforma del Bachillerato de 1938, la Ley de Organización Universitaria

de 1943 y la Ley de Bases de la Formación Profesional de 1949. No obstante, cabe señalar que ciertos sectores afines al franquismo, pero con tintes liberales seguían creyendo en la modernización social y educativa, así como en la internacionalización del sistema y el desarrollismo. Son precisamente estos principios los que predominan en el conocido como segundo franquismo (en torno a los años sesenta), que culminó con la promulgación de una de las legislaciones más importantes en la configuración del sistema educativo español: la Ley General de Educación de 1970 (Jover y González-Delgado, 2023).

Esta Ley (también conocida como Ley Villar Palasí) llevó a cabo una modernización y una reestructuración significativas del sistema educativo, en aras de igualarse a los países desarrollados y superar el atraso educativo que arrastraba España desde el siglo XIX. Uno de sus hitos más significativos fue establecer la obligatoriedad de la enseñanza desde los 6 hasta los 14 años, correspondiente a la Educación General Básica. La educación se concibió como una herramienta fundamental para garantizar la igualdad de oportunidades, permitiendo mayor flexibilidad para adaptarse a las capacidades y preferencias del alumnado, con independencia de su origen socioeconómico, género, etc. En lo que se refiere a la educación política, esta siguió enmarcada dentro de la ideología franquista, aunque con una mayor apertura respecto al periodo anterior.

Con la muerte del general Francisco Franco, la transición a la democracia y la Constitución de 1978 inauguraron una nueva era en la historia de España, en la que la educación se enmarcó dentro de un Estado social y democrático de derecho, enfatizando los valores de la libertad, la igualdad, la justicia y el pluralismo político. Este proceso de transición no estuvo exento de tensiones y disputas que se reflejaron en la Carta Magna y que afectaron a la cuestión educativa. En primer lugar, es importante destacar que la democracia política debía basarse en una democracia socioeconómica, lo cual implica conciliar los derechos liberales y sociales. A pesar de que la educación es un derecho social indudable, la Constitución no la incluyó en este capítulo, sino en el de los Derechos Fundamentales. En segundo lugar, el viejo enfrentamiento sobre el control y financiamiento de la educación reapareció, puesto que había quienes daban prioridad a las escuelas privadas y confesionales y quienes abogaban por una escuela única, pública y laica. Tal conflicto terminó reflejándose en el Artículo 27 de la Constitución, destinado a la educación, donde se ponen al mismo nivel los principios de libertad e igualdad. A día de hoy, la tensión entre ambos principios continúa vigente y puede observarse en las numerosas legislaciones educativas que se han sucedido en el periodo democrático, en paralelo con la alternancia política.

Desde la promulgación de la Constitución de 1978, se han aprobado ocho leyes orgánicas que han regulado el sistema educativo español en las etapas no universitarias, cuatro para la universidad y dos para del sistema de formación profesional.

- Ley Orgánica del Estatuto de Centros Escolares (LOECE), 1980, UCD[4].
- Ley Orgánica de Reforma Universitaria (LRU), 1983, PSOE.
- Ley Orgánica Reguladora del Derecho a la Educación (LODE), 1985, PSOE.
- Ley Orgánica de Ordenación General del Sistema Educativo (LOGSE), 1990, PSOE.
- Ley Orgánica de Participación, Evaluación y Gobierno de los centros docentes (LOPEG), 1995, PSOE.
- Ley Orgánica de Universidades (LOU), 2001, PP.
- Ley Orgánica de las Cualificaciones y la Formación Profesional (LOCFP), 2002, PP.
- Ley Orgánica de Calidad de la Educación (LOCE), 2002, PP.
- Ley Orgánica de la Educación (LOE), 2006, PSOE.
- Ley Orgánica por la que se modifica la Ley Orgánica de Universidades, (LOMLOU), 2007, PSOE.
- Ley Orgánica de Mejora de la Calidad Educativa (LOMCE), 2013, PP.
- Ley Orgánica de Modificación de la Ley Orgánica de Educación (LOMLOE), 2020, PSOE.
- Ley Orgánica de Ordenación e Integración de la Formación Profesional (LOOIFP), 2022, PSOE.
- Ley Orgánica del Sistema Universitario (LOSU), 2023, PSOE.

La primera ley que comenzó a definir la regulación constitucional, fue la Ley Orgánica del Estatuto de Centros Escolares (LOECE), de 1980, aprobada bajo el gobierno de la Unión de Centro Democrático. La Ley protegía la libertad de creación de centros educativos y la libertad de elección de las familias. Paralelamente a ella, se discutía la elaboración de una Ley de Financiación de la Enseñanza, basada en el modelo del cheque escolar, que nunca llegó a aprobarse. El Estatuto de Centros Escolares, como se le llamó, fue objeto de

---

[4]   Siglas de los partidos políticos: UCD: Unión de Centro Democrático; PSOE: Partido Socialista Obrero Español; PP: Partido Popular

un recurso de inconstitucionalidad, interpuesto por senadores del Partido Socialista Obrero Español (PSOE). El Tribunal declaró inconstitucionales varios artículos de la Ley, pero declaró conforme a la Constitución el derecho de las entidades privadas de educación a definir la orientación ideológica de la enseñanza, dentro del respeto a los principios constitucionales.

Tras el ascenso al poder del PSOE en 1982, se produjo una profunda reestructuración del sistema educativo. Por un lado, se estableció una nueva regulación de los derechos educativos constitucionales, que recogerá la Ley Orgánica Reguladora del Derecho a la Educación (LODE), de 1985, la cual derogó el Estatuto de la UCD. Por otro lado, se acometió, igualmente, una nueva ordenación general del sistema educativo, que llevará a la aprobación, en 1990, de la Ley Orgánica de Ordenación General del Sistema Educativo (LOGSE), que sustituirá a la Ley General de Educación 1970. En materia de política universitaria, el PSOE aprobó también la primera ley constitucional sobre la universidad, la Ley Orgánica de Reforma Universitaria (LRU), de 1983, tras el intento fallido de la UCD de elaborar una Ley de Autonomía Universitaria, que desarrollase el artículo 27.10 de la Constitución.

La LODE y la LRU fueron leyes de un amplio contenido social, basadas en la idea de la educación como un servicio público, con mucha potestad de intervención de la Administración. La LODE estableció un sistema participativo para el gobierno de los centros educativos financiados públicamente y reguló el régimen de conciertos como modo de financiación de la enseñanza privada. Mediante este mecanismo, que continúa en vigor, la Administración sufraga el coste del puesto escolar, y, a cambio, el centro educativo queda obligado a funcionar en algunos aspectos como un centro público. Los centros privados concertados se han quejado tradicionalmente del control que la Administración ejerce sobre ellos, y de la escasez de la aportación económica, y han buscado fuentes de financiación alternativas. La LRU quiso dotar de autonomía a cada Universidad, acabar con los reinos de taifas que representaban a menudo las cátedras y modernizar sus estructuras, mediante la potenciación de una organización departamental. Ambas leyes, especialmente la primera, provocaron la contestación de los sectores sociales que defendían otros intereses, y ambas fueron objeto de sendos recursos de inconstitucionalidad, interpuestos por diputados del Grupo Parlamentario Popular, en el caso de la LODE, y por el Gobierno del País Vasco, en el caso de la LRU. En ambos casos, las sentencias del Tribunal fueron bastante favorables a las leyes. Por su parte, la Ley Orgánica de Ordenación General del Sistema Educativo (LOGSE), aprobada en 1990, amplió la obligatoriedad de la enseñanza hasta los 16 años, mediante la introducción de un periodo inicial de Educación Secundaria Obligatoria, para el que se establecía una única línea de educación comprensiva, igual para todos. Los detractores de la Ley criticaron esta opción porque, a su juicio, suponía rebajar los niveles de exigencia educativa.

4. Tendencias actuales del sistema educativo

En este último apartado analizaremos brevemente las tendencias que se perfilan en la configuración del sistema educativo en los últimos treinta años. La primera de ellas es la internacionalización. En 1990, la LOGSE hizo de la pertenencia de España, desde 1986, al contexto de la llamada Comunidad Europea uno de los principales motivos para justificar la reforma del sistema educativo. Desde entonces, la intervención de la Unión Europea en la educación ha cobrado un mayor impacto. Que la educación pudiese ser un ámbito de intervención no estaba estipulado ni en los Tratados fundacionales de la Comunidad, de los años cincuenta, ni en el Acta Única Europea, de 1986, aunque ya se habían desarrollado algunas iniciativas y programas desde mediados de los años 1970. Pero con el Tratado de 1992, la educación fue incluida directamente como una competencia de la Unión. Así, en las últimas décadas la Unión Europea ha jugado un papel fundamental en el ámbito de la enseñanza, impulsando, por ejemplo, la creación del Espacio Europeo de Educación Superior. En el caso de España, esto significó un cambio importante en la cultura universitaria, la modificación de la estructura de los estudios, o la introducción de mecanismos de acreditación de calidad, que han hecho que, para algunos, la vida universitaria sea ahora demasiado burocrática.

En la educación no universitaria, la internacionalización de la política educativa ha aumentado asimismo en las últimas décadas a través de varios programas de evaluación, como PISA, TIMSS, PIRLS, CIVED, etc. impulsados por organismos como la Organización para la Cooperación y el Desarrollo Económico (OCDE) o la Asociación Internacional para la Evaluación del Rendimiento Educativo (AIE). El propósito de estos programas no es establecer pautas específicas para la política nacional sino, más bien, proporcionar información que pueda ayudar a tomar decisiones. Sin embargo, el rechazo a las medidas de armonización, no impide que en los sistemas educativos existan una serie de sinergias y convergencias, que estos programas refuerzan. Estas convergencias se deben a ciertas tendencias internacionales que se originan e irradian desde los ámbitos político, económico y cultural (Jover, 2016, pp. 5-7).

En lo que se refiere al primero de estos ámbitos, hay que resaltar la tendencia a redimensionar los espacios políticos mediante la integración en entidades supranacionales más amplias, por una parte, y la acentuación de los espacios regionales, estatales o provinciales, por otra. En el segundo ámbito, cabe destacar la tendencia hacia una economía mundial neoliberal. Y, en el tercero, la propensión hacia sociedades cada vez más multiculturales, resultante de un movimiento de poblaciones influido por fenómenos políticos y económicos, así como una mayor sensibilidad a la diversidad.

En el caso del sistema educativo español, la primera de estas tendencias se traduce en una descentralización del sistema, a cargo de las 17 comunidades autónomas del país, si bien siempre dentro de una estructura básica común, situación que crea diferentes tensiones en cada nueva reforma legislativa. La segunda tendencia ha propiciado medidas encaminadas a aumentar la competencia entre las instituciones educativas dentro de la economía global: mayor autonomía de los centros en la toma de decisiones y en la adquisición y gestión de recursos, sistemas de evaluación y seguimiento de resultados, flexibilización de las normas de elección escolar, etc. En España, esta tendencia se reflejó inicialmente en la Ley Orgánica de Participación, Evaluación y Gestión de Centros Educativos (LOPEG) de 1995, aprobada por el gobierno del Partido Socialista Obrero Español, y ha seguido manteniéndose a pesar de los cambios legislativos. Por último, la tendencia hacia sociedades más multiculturales ha reabierto el debate sobre cómo combinar la búsqueda de la igualdad y la consideración de la diversidad en la regulación de los sistemas educativos. En el caso de España, este debate se ha reflejado en cuestiones como las disputas sobre las tasas de escolarización de la población inmigrante en centros públicos y concertados, las polémicas en torno al establecimiento de un currículo cívico que refuerce determinados valores, como núcleo de la convivencia en común, el debate sobre las políticas inclusivas, o la discusión inacabada sobre la conveniencia de una educación comprensiva, igual para todos, o una educación con opciones de carácter más académico, para unos, o más profesional, para otros.

La internacionalización del sistema, por otro lado, ha hecho cambiar el sentido del debate político. En las leyes de los años 80 y principios de los 90, este tenía un carácter claramente ideológico, pero, desde el año 2000, cuando España comenzó a participar en el Programme for International Student Assessment (PISA), el tono adquiere un carácter supuestamente más técnico. Así, desde 2002 y la discusión de la Ley de Calidad de la Educación (LOCE) aprobada por el gobierno del Partido Popular, siempre que se propone una

nueva reforma legislativa, los resultados obtenidos en evaluaciones internacionales son utilizados, por unos y otros, en la contienda política para justificar los cambios pretendidos o, por el contrario, el mantenimiento del sistema.
Sucede, así, que los idénticos resultados se usan para apoyar unas políticas y
las opuestas.

Como pone de manifiesto un análisis los debates parlamentarios previos a
la aprobación de algunas de las últimas leyes (Jover *et al.,* 2017) la apelación
continua a estos resultados ha tenido un carácter fundamentalmente instrumental para ocultar el significado intrínsecamente político de la educación, en un
intento, en el fondo, de negar nuestra historia y los problemas latentes aún no
resueltos. Durante la tramitación de la LOCE la titular del Ministro de Educación, Cultura y Deporte no dudó, así, en afirmar que la educación «no se sitúa
ni a la izquierda ni a la derecha». La educación se desubica ideológicamente,
apartándola de la confrontación política. Las medidas a adoptar se justifican en
«las carencias de nuestro sistema educativo que los análisis nacionales e internacionales han puesto reiteradamente de manifiesto». El sentido de las mejoras,
no lo marca la ciudadanía ni una concepción explícita del ideal educativo, sino
el análisis de los expertos, que se convierten de este modo en definidores del
bien público. Este uso instrumental pasa por alto que los propios mecanismos
de evaluación, la prioridad de unos objetivos sobre otros, o de unas áreas sobre
otras, son en sí mismos políticos, como lo son también las lecturas que se hacen
de sus resultados. No se trata con ello de rechazar, por principio, los datos empíricos que ofrecen estas evaluaciones, siempre que no se pretenda ver en ellos
la última palabra en las decisiones políticas.

Resumen

La educación como realidad política constituye una constante histórica y un desafío para las sociedades actuales postmodernas. Fenómenos como la acuciante
globalización tecnológica, el resurgimiento de gobiernos autoritarios en diversas
partes del planeta, las apremiantes consecuencias del desastre climático o la incertidumbre propia de nuestro tiempo, obligan a repensar el vínculo entre educación
y política para la ciudadanía actual.

En este contexto, resulta aún más apremiante la pregunta por la democracia: ¿por qué a los educadores debe interesarnos la democracia? Porque la
democracia es la única forma de organización política que nos permite formar parte del poder que nos gobierna. Es, según Castoriadis, un régimen de

«auto-institución explícito y lúcido, –tanto como sea posible–, de las instituciones sociales que dependen de una actividad colectiva explícita» (1996, 25). La democracia supone, por consiguiente, que no hay –ni puede haber– *expertise* a la hora de dirigir la vida en común. La democracia no es una panacea, no es una forma completa de vida política ni es, desde luego, la solución a todos nuestros males. No obstante, supone la promesa de que el *demos* pueda vivir una vida en libertad, lo cual implica a la vez una soberanía personal (elección y búsqueda de fines propios) y una soberanía política (participación en el autogobierno colectivo). La supervivencia de esta promesa supone en buena forma el reconocimiento de la educación (y sobre todo de la educación humanista) y su inestimable valor para la vida en democracia.

Los sistemas educativos nacieron unidos a este ideal democrático antes incluso del reconocimiento formal de la educación como un derecho social fundamental. La historia del sistema educativo español refleja la tensión, aún no resuelta, entre los partidarios de una mayor intervención estatal y los defensores de la iniciativa privada, generalmente asociada a la Iglesia católica. La Ley Moyano de 1857 fue el precedente en el que se apoyaron las posteriores reformas legislativas, y ya en ella no dejaron de estar presentes los conflictos entre las tendencias liberales y conservadores. La lucha por el control de la educación, la libertad de enseñanza y su universalización caracterizaron este periodo lleno de vaivenes. A pesar de los cambios políticos acontecidos a lo largo de estos dos últimos siglos, estos conflictos persisten en la actualidad, en los debates en torno a la admisión escolar, la financiación, o el currículo.

En las últimas décadas, la política educativa en España ha sido influenciada por la globalización y los estándares internacionales, lo que ha llevado a debates sobre la calidad, la competitividad y la equidad. La crítica de una excesiva politización de la educación, ha dado lugar a una pretendida sustitución del debate político por el técnico, de los objetivos ideológicos explícitos, por la necesidad de un sistema internacionalmente más competitivo. Por debajo del debate, siguen latiendo, sin embargo, las dos visiones enfrentadas de la educación que han marcado la historia de nuestro sistema educativo. La diferencia es que ahora las mismas pretenden eclipsarse tras la supuesta neutralidad de las cifras.

Preguntas para la reflexión

Uno de los textos más importantes para analizar la relación entre política y educación es el ensayo de la pensadora alemana Hannah Arendt, *La crisis de la educación.* Tras leer el ensayo, intenta responder a las dos preguntas siguientes. En ambos casos deberás tener en cuenta que para la autora la esencia de la educación es la natalidad, es decir, la acogida de los recién llegados al mundo.

a) ¿Qué significa que la educación, en todos los niveles de enseñanza, tiene que ver con el cuidado y la conservación del mundo?

b) ¿Qué sentido puede tener la afirmación de Arendt de que debemos separar de una manera concluyente la esfera de la educación del ámbito vital público o político?

Partiendo de la relevancia que, como hemos visto, la educación tiene para la vida en democracia, hay que preguntarse:

c) ¿Debería estar la lógica del sistema educativo, como a veces sucede, *supeditada* a la lógica del subsistema económico o mercantil? ¿Qué implicaciones podría tener este hecho para la democracia?

El reportaje *La república de los maestros* es un documental sobre el sistema de enseñanza de la II República española. Tras ver el documental, responde a las preguntas:

d) ¿Cómo se reflejan las tensiones sobre los modelos de escuela que muestra el documental en las disputas actuales sobre el sistema educativo?

e) ¿Por qué crees que en el caso de la educación resulta tan difícil lograr un pacto entre las diferentes fuerzas políticas que de estabilidad al sistema?

El manual *Historia de la educación española*, presenta la evolución del panorama educativo nacional desde la época clásica hasta la actualidad, y nos hace preguntarnos:

f) ¿Cómo puede ayudarnos nuestra historia a entender el presente?

Documentación adicional

- Arendt, Hannah. 1993. La crisis en la educación, *Cuaderno Gris,* *n.º* 7: 38-53. Disponible en: http://hdl.handle.net/10486/260.
- Vídeo: La república de los maestros. Disponible en varias localizaciones de Youtube
- Negrín Fajardo, Olegario; Vergara Ciordia, Javier; Sánchez Barea, Rafael F.; y Comella Gutiérrez, Beatriz. 2023. Historia de la educación española. Universidad Nacional de Educación a Distancia.

Referencias bibliográficas

Brown, Wendy. 2015. *Undoing the Demos. Neoliberalism's Stealth Revolution.* Zone Books.

Castoriadis, Cornelius. 1996. La democracia como procedimiento y como régimen. *Jueces para la Democracia,* n.º 26: 50-59.

Constant, Benjamin. 2020. *La libertad de los antiguos frente a la de los modernos.* Página Indómita.

Fernández Liria, Carlos; García Fernández, Olga y Galindo Ferrández, Enrique. 2017. *Escuela o barbarie. Entre el neoliberalismo salvaje y el delirio de la izquierda.* Akal.

Fraser, Nancy y Gordon, Linda. 1992. Contrato versus caridad: una reconsideración de la relación entre ciudadanía civil y ciudadanía social. *Isegoría*, n.º 6: 65-82.

Giraldo-Bedoya, Héctor F. y García-Duque, Carlos E. 2021. La educación y el ideal de humanidad: Una aproximación histórica. *Discusiones filosóficas,* n.º 22 (39): 113-134. https://doi.org/10.17151/difil.2021.22.39.7

Jover, Gonzalo 2016. Los problemas del sistema educativo en el día a día de los profesionales de la enseñanza. En: Anna Sanmartín (Ed.) *La educación en España,* (pp. 5-15). FAD.

Jover, Gonzalo y González-Delgado, Mariano. 2023. An Overview of Historical Transitions in Politics of Education in Spain. En: George W. Noblit (Ed.) *Oxford Research Encyclopedia of Education.* Oxford University Press. https://doi.org/10.1093/acrefore/9780190264093.013.1917

Jover, Gonzalo; Prats, Enric y Villamor, Patricia. 2017. Educational policy in Spain: Between political bias and international evidence. En: Mustafa Yunus Eryaman y Barbara Schneider (Eds.) *Evidence and public good in educational policy, research and practice,* (pp. 63-78). Springer.

Lázaro, Manuel. 2018. Principios educativos de la educación occidental: la Edad Media. *Revista Brasileira de Educação,* n.º 23:1-24. http://dx.doi.org/10.1590/S1413-24782018230035

Marshall, Thomas. 1997. Ciudadanía y clase social. Revista Española de Investigaciones Sociológicas, n.º 79: 297-344.

Ossenbach, Gabriela. 2011. Génesis de los sistemas educativos nacionales en el mundo occidental. En: Tiana, Alejandro; Ossenbach, Gabriela y Sanz, Florentino (Coords.) *Historia de la Educación: Edad Contemporánea,* (pp. 15-37). Universidad Nacional de Educación a Distancia.

Puelles Benítez, Manuel de. 1991. Politica y administracion educativas. Universidad Nacional de Educación a Distancia.

Rovira Reich, Ricard. 2019. La educación política en la antigüedad clásica grecorromana». En: Javier Vergara y Alicia Sala (Eds.), *Estudios sobre educación política: de la Antigüedad a la modernidad, con un epílogo sobre la contemporaneidad,* (pp. 17-99). Dykinson.

Sanz, F. 2011. Desarrollismo mundial de la educación. En: Tiana, Alejandro; Ossenbach, Gabriela y Sanz, Florentino (Coords.) *Historia de la educación: Edad Contemporánea,* (pp. 268-289). Universidad Nacional de Educación a Distancia.

Educación y familias

Rosario González-Martín y Marta Arroyo Aycart

1. Introducción

Un planteamiento educativo adecuado se basa en la comprensión de los diferentes espacios educativos, de su especificidad y de su interrelación y complementariedad. Es decir, es conveniente entender que existen diferentes espacios donde se interviene educativamente con más o menos formalidad, con más o menos intencionalidad, con más o menos conciencia de su importancia, pero donde hay una evidente acción educativa. Conocer estos espacios y qué es lo más relevante educativamente en cada uno de ellos es una necesaria reflexión. También es relevante para generar propuestas y estrategias de mejora de la acción educativa en cada uno de ellos y en lo que se refiere a su interacción, colaboración y complementariedad.

Estos espacios pueden dividirse en cuatro: la casa, la comunidad, la escuela y la ciudad. En una perspectiva más amplia podemos también reconocer la educación en lo que se refiere a otros espacios: la identidad de los pueblos, la pertenencia a la humanidad y el nuevo espacio digital (González-Martín *et al.,* 2021). Estos entornos de transición nos aportan enseñanzas esenciales para el desarrollo de la persona y reflexionar sobre los mismos nos ofrece la oportunidad de detectar situaciones de interés educativo. Así, la casa nos

Cómo citar: González-Martín, Rosario y Arroyo Aycart, Marta (2025). Educación y familias. En David Luque Mengibar y Silvia Sánchez-Serrano (Eds.) *Teoría de la Educación* (pp. 137-161). Ediciones Complutense. https://dx.doi.org/10.5209/docm.002.06

configura de un modo singular. Es el lugar donde cada uno de nosotros es único en el mundo, sea la concreción de ese espacio como sea. La comunidad supone un paso más de apertura, siendo el lugar donde somos uno más entre los nuestros. La escuela es el espacio en el que nos acoge la sociedad, nos entrega su legado, y es transición entre la familia-comunidad y la ciudad. En la escuela aprendemos que somos uno más entre los otros. Finalmente, el espacio de la ciudad es en el que nos reconocemos como un otro para los demás, es decir, nos damos cuenta de que somos otro para muchos otros yos que en el espacio de la ciudad se reconocen como iguales, sin rostro definido, y, así, surge la necesidad del derecho. Al niño, a la niña también se le acoge en un Pueblo, con unos rasgos culturales concretos, una lengua, y al que también pertenece, más allá de lo que se refiere al ámbito de la ciudadanía. Desde todos estos vínculos, es desde los que, la nueva persona, tiene que comprenderse a sí misma en relación con la humanidad en su conjunto y todo ecosistema, más allá del espacio, y más allá del tiempo. Reconoce así un sentido vital, un horizonte más allá de sí mismo y trascendente.

Este capítulo nos adentra en el espacio de la casa, de las familias, con su especificidad y sus diferencias. A su vez, intenta ofrecer una comprensión de la importancia que tiene y ofrece estrategias positivas para favorecer la colaboración con la escuela y otros espacios educativos para ahondar en la complementariedad de los mismos.

2. El papel fundamental de la familia en la educación

En Casa, ese lugar donde somos reconocidos como únicos, se nos ofrece el vínculo más originario y que permanece a lo largo de la vida, se nos da un lugar desde el que mirar y comprender el mundo. De hecho, como reconoce Levinas, «la morada no se sitúa en el mundo objetivo, sino que el mundo objetivo se sitúa con relación a mi morada» (Levinas, 1997, p. 170). ¿Qué quieren decir estas palabras? Que el mundo se comprende desde la mirada de nuestra propia casa, de nuestro propio lugar de origen, desde nuestras raíces y no al contrario.

La familia siempre juega un papel fundamental en la educación de las nuevas generaciones, ofreciendo los lazos que permanecen a lo largo de la vida, donde se produce el acompañamiento más singular y donde se comparten las mismas historias vitales, la mirada al mundo desde el mismo lugar y las experiencias más fundamentales. La vida familiar favorece, siempre con limitaciones y nunca de un modo ideal, el desarrollo integral, la transmisión de creencias, valores y normas, las vivencias emocionales más básicas, las expectativas educativas y los horizontes vitales.

No podemos, por tanto, pensar en la educación formal, no formal e informal sin tener en cuenta el papel de la familia y la necesaria y conveniente relación, mediación y colaboración que tiene con los demás espacios educativos.

Si además nos acercamos a las investigaciones que tienen en cuenta la repercusión de la familia en el ámbito escolar, hay que destacar que la familia es un fuerte predictor del éxito o fracaso escolar, en lo que se refiere al proceso de escolarización. Por ejemplo, el estilo de comunicación en relación a la escuela (Fernández-Alonso *et al.,* 2017), el apoyo emocional y motivacional, junto con las expectativas familiares sobre la educación de los hijos (Bernardi y Cebolla, 2014), la participación activa y sana de la familia en la escuela y, muy específicamente, las condiciones socioculturales de la familia y la educación previa de la madre siguen siendo los mejores indicadores de un buen pronóstico en lo que se refiere al desarrollo de la educación escolar (Criado y Bueno, 2017). Esto nos lleva a inferir que todo lo que apoyemos a la familia como educadores será un buen protector para el desarrollo del alumnado en otras facetas. Una adecuada relación familiar es un protector de salud psíquica y social. Es también importante comprender que, en lo que se refiere a las familias más vulnerables el otro factor protector del desarrollo saludable es la escolarización temprana. El último cambio legislativo incorpora la gratuidad del segundo ciclo de educación infantil siendo un avance que refuerza la escolarización temprana en las familias más vulnerables (LOMLOE, 2020)

De todo ello inferimos que desarrollar la relación con la familia será una de las mejores formas de garantizar el bienestar de las nuevas generaciones y así contribuir a la salud psico-social de la sociedad.

2.1. La singularidad educativa de la familia: acogida, apoyo y promoción. La necesaria colaboración con los agentes de la educación

La familia es el primer espacio educativo. No somos arrojados al mundo, como dicen los existencialistas, sino que en el seno de la humanidad somos acogidos. Este punto del desarrollo es clave, puesto que empezamos a formarnos a partir de factores externos de un mundo al que ya pertenecemos. El primer vínculo nos permitirá comenzar a formarnos y, por ello, no es lo mismo crecer formando parte de una unión de seguridad, sana y tranquila, que en una de angustia y nerviosismo.

Para que la familia pueda sostener, necesita ser sostenida. En el caso de que la familia sea vulnerable, o pase por situaciones especialmente conflictivas, este apoyo deberá ofrecerse y estar disponible desde diferentes espacios. Los primeros pasos de acercamiento, por ejemplo, de la familia a la escuela serán fundamentales. Aun así, hay otros espacios educativos con diferentes propuestas e iniciativas que podemos ofrecer para que realmente ganen confianza en sí mismas las familias, desarrollen estrategias y se consoliden, con otros, como comunidades educativas.

Para llevar a cabo esta tarea, será fundamental no centrarnos en los aspectos negativos, sino trabajar el vínculo desde lo positivo y único que cada familia puede aportar. Un ejemplo de ello son los cursos de educación prenatales.

Como decíamos, nuestra primera tarea es dar confianza a las familias, proporcionándoles los conocimientos y estrategias adecuados, ofreciéndoles el apoyo necesario en los momentos difíciles que toda familia atraviesa. Al mismo tiempo, hay que darles confianza en sus propias capacidades. Por lo tanto, es esencial proponer acciones para:

- Ayudar a establecer vínculos sanos dentro de la misma pareja, entre cónyuges o contexto de la comunidad familiar que acoge, también dentro del espacio más amplio.
- Proporcionar apoyo, específicamente pedagógico, desde el primer momento del embarazo, para que los progenitores puedan plantear sus dificultades y ganar confianza en su horizonte educativo.
- Desarrollar escuelas de madres, padres o tutores, que aporten un contenido proactivo y no sólo preventivo.
- Establecer un vínculo entre los educadores y las familias, tanto a nivel institucional como profesional, que sirva de soporte de confianza y referencia en la tarea educativa de la familia.
- Generar comunidades educativas de acompañamiento y referencia para que las familias encuentren de forma natural espacios adecuados para la educación, como comunidades de aprendizaje, espacios de juego y ocio educativo compartido…

Podemos desarrollar estos aspectos desde la escuela, pero también desde espacios alternativos en diferentes ámbitos sociales, municipales, culturales...

nuestra creatividad como educadores debe saber promoverlos, generarlos y dinamizarlos. La colaboración entre todos los profesionales de la educación, maestros y maestras, expertos en educación social, profesionales del ámbito de la pedagogía, junto a otros agentes responsables de la salud psíquica y física será una de las mejores estrategias para procurar contextos educativos saludables.

Es esencial que el apoyo educativo a las familias corra a cargo, desde el principio de especialistas en educación.

2.2. Infancia y familia: origen y novedad, amor y sentido

Junto al desarrollo del apego, del vínculo sano que fortalece el sentimiento de ser amado, acogido y promovido, también es fundamental prestar atención a lo que llamamos la condición de origen y novedad en cuanto a la condición de ser hijo, de ser hija.

Todos tenemos un origen, no partimos de cero. Y todos somos, de alguna manera, nuevos, únicos. De hecho, somos origen en tres sentidos:

«La parte dada más concreta: nuestra corporeidad, nuestros rasgos, nuestro temperamento, parte de nuestras capacidades y potencialidades y parte de nuestros límites. No nos elegimos a nosotros mismos en muchos aspectos. El dato biológico, por ejemplo, nos configura, y aunque ciertamente no nos define por completo, prescindir de él es un grave error. La antropología que se basa exclusivamente en el dato biológico yerra tanto como la que prescinde de él, y confunde la condición humana con su propio deseo» (González-Martín, 2019, p. 315). Es imprescindible partir de la acogida incondicional al bebé, por ejemplo, los rasgos temperamentales de cada individuo, no conviene ir contra ellos, sino verlos como una aportación única que debe orientarse hacia su mejor forma de ser.

«La intervención activa de los demás: somos el fruto de las interacciones de los demás con nosotros, lo que Ricoeur llama coautoría (1996). Es decir, nuestros padres o las figuras primarias con las que interactuamos se relacionaron con nosotros de una determinada manera. En cierto modo somos fruto de esas relaciones primarias en las que, en muchos casos, sobre todo en la primera infancia, teníamos poca capacidad de respuesta, al menos puramente consciente» (González-Martín, 2019, p. 316). Ayudar a los padres y las madres a tomar conciencia de la importancia de esta interacción es un elemento importante de la educación. Acompañar a los nuevos individuos en la aceptación y respuesta libre ante los vínculos más originarios será parte de la tarea educativa.

«La cultura en la que nacemos también conforma, su manera de concebir e interpretar el mundo, nuestras relaciones con los demás, con los otros... la manera en que vivimos en esa sociedad concreta, incluso nuestra lengua materna, que nos inserta en una manera de entender y responder al mundo» (González-Martín, 2019, p. 316). Por tanto, es fundamental ser conscientes de la forma de interpretar el mundo y del lenguaje con el que los padres se expresan y sus hijos aprenden. A su vez es fundamental, en educación, partir de ese reconocimiento para, conscientemente, valorar esa forma de interpretar el mundo de la que parte el educando. La educación extendida a los demás espacios ha de abrir, respetuosamente, esa perspectiva.

De hecho, los factores de riesgo más complejos para trabajar desde la educación son aquellos que están relacionados con la visión que tiene la familia de su entorno, puesto que requerirá de un cambio en la visión y evitar que se cronifiquen en los menores. Para ello, será fundamental establecer un vínculo entre profesional y familias que se descubrirá frágil, puesto que estará basado en una verticalidad muy notable.

Sin embargo, aunque seamos origen, también somos novedad. Cada ser humano aporta una singularidad incuestionable. La educación supone, en principio, afirmar la singularidad de cada persona y creer, con amor pedagógico, en la aportación específica de esa persona. El enfoque educativo que sabe transmitir este valor único a cada persona reviste una importancia inigualable. Nadie es una copia, nadie es una repetición. Por eso puede haber modelos, referencias, criterios, normas, pero cada persona tendrá que desarrollar su manera única de ser y de contribuir, encontrar su sentido. Una de las formas características de reconocer si una educación está siendo adecuada es que consiga respetar y valorar el origen de cada individuo, con una acogida total, a la vez que, con mirada crítica, potencia la singularidad descubriendo un sentido personal integral e integrador.

2.3. Interioridad y exterioridad en el desarrollo evolutivo: el cuerpo y el hogar

Efectivamente somos origen y novedad, amor y sentido. No podemos descuidar ninguno de estos aspectos, también somos interioridad y exterioridad.

A) Interioridad

La interioridad es la forma en que nos afectan los acontecimientos y los situamos en nuestro interior y nos posicionamos ante ellos. Es la manera en que ordenamos nuestros afectos. Por supuesto, esta interioridad está *hecha* de nuestras creencias, nuestro lenguaje y nuestras experiencias, como señalamos en el apartado anterior, pero es esencial que esta interioridad sea profunda y reflexiva. En la práctica diaria, será fundamental acostumbrar al alumnado a reflexionar sobre las propias vivencias desde la amplitud y profundidad de las mismas. Con ello acostumbramos a una mirada honda y ágil para enfrentarse a los acontecimientos sin que ello suponga un abismo existencial y que genera la capacidad de una mirada reflexiva, crítica y creativa.

El acceso a la interioridad se genera, en principio, en el núcleo familiar, comenzando a distinguir entre pudor y vergüenza. Distinguirlos educativamente es fundamental, ya que lo que cada una guarda en la interioridad son cosas distintas. El pudor tutela lo que es bueno, la vergüenza, en cambio, lo que consideramos malo. El pudor protege lo íntimo, alegrías, miedos, deseos, de miradas indiscretas, de miradas que estropearían lo que están viendo. Por eso, somos pudorosos al mostrar un gesto de afecto íntimo, no porque sea malo, sino porque es íntimo. Nos da pudor, y no vergüenza, mostrarnos desnudos, no porque nuestra corporalidad sea mala, sino para que pueda ser mirada sin ser distorsionada. Por eso, educar en el pudor significa ayudar al niño y a la niña a no mostrar su intimidad corporal o afectiva a personas que no la tratarían adecuadamente. Sin embargo, es bueno que el niño pueda mostrar su intimidad a personas que puedan ayudarle, que puedan resolver sus inquietudes y compartir sus alegrías, sus miedos, anhelos e ilusiones, sin ser juzgado. La vergüenza supone la sensación de sentirse mal al ser descubiertos, la culpa, siempre que sea adecuada y proporcionada, se refiere al reconocimiento del mal realizado y valorar como repararlo junto al cambio personal que de ello se deriva: la responsabilidad. Es llamativo como el yo maduro, no narcisista, es capaz de reconocer la responsabilidad propia y no se centra tanto en la vergüenza, el yo más inmaduro y narcisista, sin embargo, se queda atrapado en la vergüenza y no tanto en la propia responsabilidad, que suele desviar a los otros.

Distinguir entre pudor, vergüenza, culpa y responsabilidad es fundamental para desarrollar una interioridad sana e incluso una aceptación de la propia corporalidad de forma positiva, no expositiva (Scheler, 2004).

B) El hábito y el habitar

Podemos definir la casa, en gran medida, como la exterioridad de la interioridad, el lugar donde podemos mostrar nuestra interioridad en el exterior. Y el *habitus*, el carácter, en cierto modo, como la interioridad de la exterioridad. Es decir, cómo ese acostumbramiento de las rutinas del día a día, de los roles asignados, las responsabilidades cotidianas que se nos ordenan incluso inconscientemente… generan este *habitus*. Incluso, por ejemplo, roles de género o roles de edad, se nos asignan en la cotidianeidad inconsciente del día a día. Es especialmente responsabilidad de la familia que habita esa exterioridad de la interioridad la configuración de estos hábitos en el propio educando. Descubrimos cómo la intimidad se muestra poco a poco y en los momentos adecuados: no dejamos entrar en el dormitorio a la primera persona que pasa por la calle, sino que primero la recibimos en la puerta, luego podemos hablar en el salón, y así sucesivamente hasta generar confianza, así, fenomenológicamente, según sea el espacio de íntimo en el que habitamos. La intimidad y el respeto se enseñan dejando un espacio privado, un cajón en la mesilla, por ejemplo. Educamos la interioridad en función de cómo nos *habituamos,* habitamos, en casa y los demás espacios. Es importante entender que la interioridad no es soledad, aunque hay cierta soledad a la que es importante acostumbrarse e incluso disfrutar. Interioridad es también compartir lo bueno, es incluir a los demás.

La interioridad es profunda cuando es capaz de disfrutar de la soledad y la hospitalidad.

C) De la fusión a la participación y la comunión

Para ello, es importante acompañar los procesos de vinculación que se dan en la infancia desde la relación de fusión inicial, más propia del primer momento evolutivo de su infancia, a la de comunión y participación, a través de la diferenciación. La comunión es la capacidad de compartir con los demás a partir de las diferencias y la singularidad personal, y la participación la capacidad de compartir a partir de lo que tenemos en común con otras personas.

La casa tiene que evolucionar con la misma evolución de la familia. Así, desde la cuna, situada en la habitación de los padres hasta el cuarto cerrado en la adolescencia, supondrá un cambio que va desde la dependencia hasta el pleno acceso a la interioridad. Esto ha de ser progresivo o de lo contrario se convierte en patológico.

Esto lo puede hacer gracias a participar en diferentes espacios y a generar vínculos con otros partiendo de las diferencias y enriqueciéndose y enriqueciendo a otros con ellas. La convicción de que, de entrada, la novedad personal es una riqueza para los demás y para el mundo, sabiendo que los demás también lo son, es uno de los equilibrios personales correctos, que han de mostrarse con una asertividad adecuada. Este desarrollo parte de la inicial relación fusional con la figura de apego primario hasta llegar a un desarrollo personal que es capaz de vincularse participativamente y en comunión. Así es posible que se dé una conciencia comunitaria: comprender el bien del otro y el bien comunitario como consustancial a mi propio bien.

2.4. Importancia de la estructura familiar para el adecuado desarrollo

Si es necesario acoger, apoyar y promover, ofrecer un origen y un hogar, una interioridad, una hospitalidad desde la que abrirse al mundo exterior, también es necesaria una cierta estructura. Si el niño necesita apoyo y origen, éstos no pueden ofrecerse sobre la base de la simetría, deben ofrecerse sobre la base de la complementariedad. Es decir, es necesaria una estructura y una jerarquía adecuadas en la familia para que el niño pueda sostenerse. Un igual no nos sostiene, a menos que partamos de una madurez, en la que se ofrezca un apoyo recíproco.

El crecimiento y el desarrollo del niño que madura requieren orientación y acompañamiento. Requieren una norma, una norma que podríamos llamar *vectorial*, porque marca un límite, pero siempre se encuentra orientada hacia el bien que quiere promover.

Lo importante para la educación es que el educando, a través de la norma, entre otras cosas, descubra el bien al que adherirse, al que orientarse. El sometimiento a la norma por la norma no es educativo. Lo que los padres tienen que mostrar es el bien amoroso para el hijo. Si los hijos descubren una voluntad por parte de los padres de sometimiento perderán el sentido educativo del vínculo. La sumisión no educa. Los hijos deben descubrir en sus padres un amor hacia ellos y una intención de promoverlos (*auctoritas*); los padres a veces lo hacen mediante el ejercicio de un cierto poder (potestas), porque el hijo no siempre puede comprender el bien que se le muestra o al que se le dirige. Pero el poder (*potestas*) es siempre para descubrir esta voluntad de promover (*auctoritas*). La norma vectorial contiene la orientación hacia el bien que la anima. Por eso, por ejemplo, no tiene sentido castigar si no es para que, en su interioridad, el niño descubra el daño que ha hecho y el bien que ha olvidado. Esto se consigue ayudando al niño a comprender las consecuencias de sus actos y asumiendo la responsabilidad de reparar, lo que ayuda a ser creativo frente al daño y a desarrollar el potencial o el bien que había olvidado o dejado de lado. Si esto se consigue descubrirá una intención de cuidado en la acción.

Como vemos, todo esto no puede ofrecerse desde una relación de igualdad o amistad. Los límites marcados desde la parentalidad deben ser claros, no rígidos ni permisivos, sino orientados al bien y confiados en la capacidad del hijo. Esto sólo es posible desde una jerarquía y una estructura familiar adecuadas.

Los progenitores, desde la coherencia y la complementariedad en sus diferencias, son, por tanto, quienes, desde la autoridad correspondiente, promueven el amor al bien en el niño y su pleno desarrollo.

Esta propuesta de los progenitores no puede exigir la perfección: también se educa reconociendo los propios defectos, tratando de superarlos, pidiendo perdón por ellos, y mostrando a los hijos la lucha esperanzada y alegre por superarlos apoyándose en la comunidad familiar. Por tanto, no se educa ocultando los propios defectos, o no reconociéndolos; se educa, no sólo, sino también desde los propios defectos.

La fraternidad es en sí misma una relación enriquecedora en la educación. La singularidad de esta relación es inigualable. En la fratría existe un compañerismo único, que se desarrolla en la interioridad de la casa, y desde el principio; ninguna otra relación puede ser igual. La fraternidad se debate entre el compañerismo y la rivalidad. Fomentar una base de compañerismo, reciprocidad y apoyo es fundamental, aunque pueda haber elementos de cierta rivalidad sana. La fraternidad es el inicio de las relaciones entre iguales, abrirse al *tú* de la fratría es el comienzo y la confianza básica para abrirse a otros *tú* del exterior. Ciertamente no todos tenemos hermanos, pero eso no significa que no debamos valorar lo que esta relación única aporta a la forma de estar en el mundo.

3. Las familias en la Escuela

Las escuelas se han convertido en Centros Educativos, y no en meros centros de Instrucción o Formación, por el valor de la educación, por su gran importancia, y porque no se limita al ámbito familiar, sino que entendemos que es la labor subsidiaria del Estado. No hay que olvidar que la escuela educa de forma complementaria y subsidiaria. De hecho, aunque la Escuela proporciona y promueve la equidad, después de más de un siglo de Escuela en nuestra moderna sociedad occidental, como decíamos al principio del capítulo, el mejor predictor de los resultados educativos de un educando sigue siendo la familia.

La escuela es, entre otras cosas, el espacio clave de transición de la familia al mundo. La escuela es, entonces, clave para el crecimiento emocional y afectivo y esto radica en el proceso que genera y no sólo en los contenidos concretos que proporciona, aunque una adecuada orientación en este proceso es esencial.

La familia es un agente permanente, la escuela lo es durante mucho tiempo, pero se concentra en pocos años, y sus agentes serán itinerantes, cambiantes, lo que no ocurre en la familia. Por tanto, no podemos olvidar el carácter permanente y consistente de las relaciones familiares. Esto significa que la educación nunca puede plantearse como una elección entre una propuesta escolar o una propuesta familiar, entre la ruptura familiar y la preferencia por la propuesta escolar.

3.1. El papel de la escuela en la educación

La contribución afectiva, social y cívica de la escuela es una visión de la persona complementaria a la de la familia. La escuela considera al niño como *uno entre otros*.

Cuando los educandos entran en la escuela, la mirada que reciben es diferente de la que recibe en casa. En la escuela, cada uno es *uno entre otros*. Con ello, la singularidad se tiene en cuenta, pero no es la razón de estar en la escuela. La escuela se encarga de decir a cada uno de nosotros que hay una manera de ser tratado como un otro, como uno más. La escuela es el paso de la singularidad del espacio familiar a la igualdad del espacio social (Amilburu *et al.,* 2018). Ciertamente, no puede olvidarse la originalidad de cada individuo, y múltiples pensamientos y metodologías pedagógicas tratan de enfatizarla: pedagogía personalizada, pedagogía diferencial, pedagogía Montessori, teorías de las inteligencias múltiples.... Pero adaptarse a la singularidad no justificaría un trato especial. En el seno familiar se justifica y comprende el trato especial, pero en la escuela éste sería totalmente nocivo. La riqueza socia de la escuela fomenta la comprensión del bien común y enfoca la vida hacia el compromiso social.

Es importante señalar que la escuela crea un espacio específico, que no es puramente comunitario, ni puramente social. Uno no está allí como *hijo de*, uno está allí como miembro de una sociedad, de una cultura, como el receptor de una herencia común. Una herencia que se hará original y nueva en la singularidad de cada uno. Se configura como el espacio de transición por excelencia para recibir la herencia común, que requiere la originalidad de quien la hace suya y, habiendo pasado por sí mismo, la transforma y la renueva. Por eso, la escuela no puede prescindir de mirar a cada persona como una entre otras –el principio de lo cívico–, aportando el patrimonio cultural de la sociedad, y respetando la singularidad y la originalidad personales para que éstas puedan desplegar una nueva forma de interpretar el mundo y la cultura, o de reinventarlos de nuevo.

Para ello, es imprescindible que la Escuela respete la originalidad y la cultura del entorno familiar que el niño trae. Si la Escuela, como hemos visto, es fundamentalmente responsable de la Instrucción y Formación y coopera en la educación, su tarea fundamental será, desde este respeto, aportar la racionalidad y argumentación propias de la tradición y herencia que la Escuela ofrece. Debemos afrontar explícitamente el hecho de que a la Escuela puedan llegar culturas familiares que consideremos, desde el acervo cultural de la sociedad, inadecuadas. La tarea de la Escuela no es excluirlas, sino respetarlas y dialogar con ellas desde su profunda comprensión y racionalidad.

Esto es así no sólo como principio básico de la educación, sino también porque es la clave más pedagógica. Lo que excluyamos quedará fuera del diálogo con la racionalidad, y por tanto generará en el niño una disociación entre lo que la familia le proporciona y lo que recibe en la escuela. Este diálogo debe ser respetuoso, no sólo por el respeto que merece el alumno, sino porque entendemos que nuestra cultura y la sociedad en su conjunto también deben abrirse a este diálogo con las aportaciones de comunidades singulares.

Hay una cuestión que es importante abordar antes de pasar al siguiente apartado. Vamos a detenernos en el llamado *optimismo pedagógico*, que entiende que lo que se aborda adecuadamente en la educación conducirá inevitablemente a la adhesión de los educandos. El optimismo pedagógico entiende que, si la educación es perfecta, el niño será perfecto.

En nuestra opinión, creemos que esta creencia contiene varios elementos de cierta perversidad. En primer lugar, porque podría decirse que elimina la libertad del educando como variable interviniente. En segundo lugar, porque culpabiliza siempre a los educadores (sean familiares, escolares, sociales) y elimina la responsabilidad individual. Tercero, porque hace que la Sociedad delegue en la Escuela, y le exija la solución a todos sus problemas, ejerciendo una carga sobre a la Escuela que resulta no sólo excesiva, sino inadecuada, y a la que maestros, profesores, escuelas, no son capaces de hacer frente. Les desborda y, diríamos más, no es su responsabilidad. Además, convierte a la Escuela en compensadora de los problemas de la Sociedad, de modo que tiene que atender demasiados frentes, y que tiene que centrarse en los problemas –que es lo que hace la prevención– en lugar de centrarse en proyectos de vida positivos.

Por ello, la escuela ha de saber definir su ámbito singular, colaborar con la familia y demás agentes, desde su tarea fundamental, y estar atenta a las vulnerabilidades familiares ante las que puede tener que solicitar apoyo a una instancia o institución diferente.

3.2. La relación institucional entre familias y escuela: sus posibilidades y sus límites

Es importante distinguir en la relación escuela-familia lo que pertenece a la esfera de la institución y lo que pertenece a la esfera de la relación educativa. La institución escolar, en lo que se refiere a la relación con el niño, se remite a la obviedad que decíamos en apartados anteriores: el educando es *uno entre otros*.

Para que esta relación funcione correctamente hay que evitar actitudes de prepotencia, autosuficiencia, negatividad o pasividad. Es deseable que:
- La Escuela haga explícito su Ideario Escolar, en el que expresa sus principios y expone sus aspiraciones.
- La Escuela clarifica su Reglamento Interno en coherencia con los Reglamentos de Convivencia publicados por los organismos competentes.
- Los progenitores conocen tanto el Ideario como las Normas de Convivencia y pueden elegir conscientemente el centro.
- La Escuela genera canales de comunicación claros, definidos, activos y actualizados para la diversidad de familias.
- En las escuelas se potencian y facilitan la creación y el mantenimiento de las asociaciones de madres, padres para colaborar como comunidad educativa y activar el diálogo familia-escuela.

- Las familias participan en la vida del centro contribuyendo y comprendiendo la labor educativa del mismo.
- La Escuela mantiene activa todas las líneas de participación viable y adecuada de las familias en la escuela.
- Las líneas educativas del centro en cuanto a lo transversal o complementario nacen de una colaboración conjunta y existe una sana transparencia.

Veamos estos puntos clave con más detalle.

La institución debe mostrar el ideario de su escuela para que las familias que participan en ella puedan conocer la orientación educativa de la escuela y su posición en cuanto a los principios que la inspiran. Cuanto mayor sea la claridad del ideario, más fácil será que los progenitores participen consciente e intencionadamente y, por tanto, que favorezcan una relación de mayor colaboración.

También es importante evaluar el Reglamento Interno de la escuela. Si el ideario reconoce una propuesta de principios, aspiraciones y métodos pedagógicos, los reglamentos especifican la forma normativa de llevar a la práctica estas propuestas y la convivencia. Constituirán una forma de habitar la escuela y la relación entre la familia y la Escuela. Su forma de entender la norma y el modo de tratar las infracciones son claves en la educación afectiva, ética y cívica que se imparte al alumnado, y en la forma de participación y colaboración de la familia en esta tarea.

De especial interés son los marcos reguladores de la coexistencia:

DECRETO 32/2019, de 9 de abril, del Consejo de Gobierno, por el que se establece el marco regulador de la convivencia escolar en la Comunidad de Madrid.

https://www.educa2.madrid.org/web/educamadrid/principal/files/3f-c4aa7a-6f4c-4efd-9500-c3c5177b3538/BOCM-2019-04-15-CONVIVEN-CIA.pdf?t=1555320901146

Es especialmente interesante destacar lo que corresponde a los derechos y deberes de los padres, madres o tutores, en especial lo contenido en los artículos 6 y 7 siguientes. Entender esta propuesta nos ayudará a darnos cuenta de la importancia de este ámbito normativo e institucional para establecer una sana colaboración con las familias. Aspectos de especial interés se encuentran en ambos sentidos (derechos y deberes) y cada uno de los apartados está enfocado a mantener un clima de cordialidad, respeto y colaboración en la relación familia escuela o a incrementar los factores de protección del estudiantado que dependen del núcleo familiar. Lo que se deriva de una lectura atenta es que, claramente, la propuesta de convivencia de una escuela es una forma concreta de promover su educación afectiva, incluyendo su educación ética y cívica. Y, desde el punto de vista institucional, la articulación entre familia y escuela debe ser continua, profunda y con espíritu de colaboración y no de rivalidad.

Esto no significa que ambas comunidades tengan que estar siempre de acuerdo en todo; la sana disparidad de criterios y el diálogo profundo y argumentado a partir de ellos, contribuye al crecimiento de ambas comunidades, contribuye a la profundización de sus propios principios y, en caso de no coincidir, a fortalecer el respeto en la diferencia en cada ámbito de competencia.

3.3. La alianza educativa entre familia y profesorado en la acción tutorial

Una vez comprendido el significado de la relación institucional entre la escuela y la familia, conviene distinguirla de la relación educativa que se establece en la escuela. Para que esta relación se establezca adecuadamente, debe reconocerse el interés mutuo de progenitores y docentes por el bien del educando y su pleno desarrollo. Este es el objetivo de ambas partes y, por tanto, es necesaria la colaboración mutua. Ello no implica tener que actuar de la misma manera, sino que colaborar requiere que cada uno cumpla su misión. Como hemos visto, los progenitores promueven al niño como único, la escuela lo introduce en el mundo como uno más. Estas visiones complementarias pueden generar tensiones entre ellas, pero cuando ambas se reconocen como necesarias para el desarrollo del niño, ayudan a cada una a cumplir su propia misión. Los padres pueden sentir que la escuela no reconoce elementos de la excepcionalidad del niño, pero la escuela debe mantener esta visión hasta cierto punto equitativa, igualadora y normalizadora. Básicamente, la escuela introduce a los niños en la esfera del derecho y de los asuntos cívicos por la propia forma en que los atiende.

Es necesario que educadores concretos, no sólo del ámbito general de la institución escolar, sepan generar un vínculo con las familias. Esta alianza educativa se genera fundamentalmente a través de la figura del tutor o la tutora. Para generarla adecuadamente, los padres tienen que percibir que el tutor realmente quiere establecer un vínculo de colaboración. Si el tutor, por ejemplo, se limita a recibir a los padres para hablar del aprendizaje de su hijo, el vínculo sólo se entenderá en términos de desarrollo de conocimientos. Por otra parte, este contacto no puede reducirse al comportamiento del niño, colaborativo o disruptivo con el entorno escolar. Los padres colaboran más cuando perciben el compromiso educativo del tutor con su hijo en su conjunto. Por lo tanto, una de las recomendaciones más importantes es establecer un vínculo a través de las entrevistas tutoriales con los padres.

A) *Entrevistas tutoriales*

La labor tutorial requiere de una preparación que determinará el vínculo entre la escuela y la familia. Así, esta acción requiere la apertura de canales de comunicación que facilitarán un contacto fluido, efectivo y seguro. Ello puede propiciar que la familia genere menos ruido en la relación con la escuela y, por lo tanto, mejore la coordinación entre las mismas. En el momento de la entrevista, será crucial tener en cuenta que no se puede estructurar la conversación como si de un interrogatorio se tratara. Es recomendable dejar que la familia se exprese, de tal manera que obtendremos de ello los aspectos que más o menos valoran de los hijos e hijas, las preocupaciones, expectativas e incluso parte de la historia familiar. Si el tutor habla primero, lo más probable es que la conversación se centre en los puntos que éste ha mostrado: cuando la información que se nos da es más diferente de la que ya teníamos, al final, obtenemos más información, aunque pueda parecer que se dispersa la conversación. Sólo es aconsejable iniciar la entrevista y plantear las cuestiones cuando éstas son realmente claras, urgentes y necesarias, y no podemos dejar de abordarlas, por lo que una situación demasiado abierta podría poner en peligro el objetivo de la entrevista. Generar confianza y seguridad es importante. En muchas ocasiones, por falta de tiempo, nos centramos en lo negativo para resolverlo y esto favorece cierta conflictividad y falta de confianza. Cualquier otro tema que el profesor quiera tratar se puede abordar como tema complementario, no es necesario plantearlo en conflicto o como alternativa.

Es importante, antes de finalizar la entrevista, resumir lo más destacado de la misma, y concretar aquellas acciones que se pueden concluir de ella: una nueva cita, prestar atención a un determinado aspecto y al canal específico a través del cual compartirlo, establecer un objetivo común u objetivos complementarios (Muñoz y Corpas, 2022).

La cordialidad en la entrevista es fundamental, no la impostura: los padres son más receptivos a una persona seca y austera que a una persona con una cordialidad impostada. Lo esencial es que perciban un interés genuino por el desarrollo de su hijo, y eso no se puede fingir.

B) Acción tutorial en el aula

Es fundamental que esta acción, dentro del plan general de la escuela, pueda ser conocida y apoyada por los padres. Si conocen el proyecto, pueden estar especialmente atentos a cuestiones que puedan ser de especial relevancia para sus hijos, pueden introducirlas en sus conversaciones y, en cierta medida, sabiendo que el colegio va a tratarlas explícitamente, pueden informar y hablar con el tutor si hay algo reseñable en relación con su hijo.

3.4. Colaboración entre el equipo docente, la jefatura de estudios y la dirección

En ocasiones, aunque el tutor es el canal oficial de referencia, las familias con varios hijos en el centro, que ya han establecido otros canales de comunicación de confianza en el centro, pueden activarlos en caso de dificultad. Es importante en estas situaciones acoger la petición, redirigiendo a la familia al canal adecuado, el tutor, pero sin que nadie se muestre sensible por este motivo. Si la familia ya tiene un canal de confianza y el tutor desconfía por ello, será más difícil que el tutor se convierta en el primer canal de referencia, complicando la comunicación y aumentando las reticencias de la familia a aceptarle como canal de referencia. La generación y el mantenimiento de canales adecuados, claros y accesibles es fundamental para todos los agentes y de manera especial para aquellas familias que alguno de sus miembros tiene una diversidad. (Fundación ONCE, 2016)

Por otro lado, es muy importante que el tutor se ciña a sus competencias y colabore con el resto del equipo y con otros agentes que puedan atender al educando. Por ejemplo, en caso de terapias, hospitalización, reeducación...

Es imprescindible que todos los agentes educativos despierten el deseo de forjar una alianza de respeto, colaboración y coherencia en los fines propuestos con respecto al educando. Esta coherencia no implica, ni mucho menos, que todos deban realizar las mismas acciones, sino que se busquen los mismos objetivos de desarrollo integral y maduración del educando desde la especificidad de cada figura.

154   Teoría de la Educación

Para favorecer este clima de centro y de colaboración, hay que empezar por la acogida de las familias en el centro. La implicación de la dirección en esta acogida es un elemento esencial para que las familias la reconozcan como una autoridad cordial y colaboradora, sin excederse en ninguna de las tres palabras. Por ejemplo, es interesante que al inicio del curso se celebre la fiesta de acogida a las nuevas familias. Esto ayuda a que las familias sientan que el centro educativo es un espacio permeable a sus necesidades y actividades. También favorece la integración y orientación de estas nuevas familias por parte de los agentes que vienen formando parte del centro. Estas celebraciones no son meros escaparates, sino que deben representar una verdadera comunidad escolar.

Para ello, las AMPA (Asociaciones de Madres, Padres de Alumnos) son fundamentales. Generan actividad, iniciativa y apoyo a la escuela a través de una organización flexible, abierta y dinámica. Es fundamental que el AMPA no se convierta en un mero instrumento de la escuela, sino que tenga capacidad de iniciativa y enriquecimiento cooperativo.

3.5. Metodologías didácticas que favorecen la colaboración entre familia y escuela

Las metodologías didácticas que favorecen la colaboración con las familias en materia de educación son fundamentalmente:

- Las que favorecen que los familiares puedan aportar sin suplir. Favoreciendo el vínculo de colaboración y la complementariedad de conocimientos. Cuentacuentos de familiares, explicaciones de contenido por parte de familiares, semanas de experiencias laborales ofertadas por familias del centro o celebraciones del aprendizaje.
- Las que generen un clima en el centro de respeto, aceptación y colaboración en la educación de valores, vivencias y culturas que facilitan la aportación original de cada familia. Fiestas familiares con diversidad cultural, proyectos colaborativos…
- Las que contribuyen a la comprensión de las experiencias fundamentales como seres en el mundo, en relación con los demás y con uno mismo y por tanto permean la escuela de las vivencias personales. La escuela que está atenta a la vivencia de duelos, nacimientos, diversidades familiares… y acompañan con la educación emocional, incluso ritual adecuada…

- Las que fomentan vínculos sanos entre las amistades y los compañeros respetando las diversidades, también de origen y cultura.
- Aquellas que integran el desarrollo personal del alumno y su profundización en el conocimiento con el compromiso comunitario y social, como el Aprendizaje-Servicio.

Lo fundamental es generar un clima adecuado en el centro, en el que la persona del educando y su desarrollo personal equilibrado, junto a su desarrollo comunitario y social, se sitúan en el núcleo de la institución.

De especial interés son los proyectos escolares que fomentan acciones en las que las familias pueden implicarse y que ayudan a crear un vínculo emocional con proyectos solidarios, benéficos, de voluntariado o específicamente de Aprendizaje-Servicio. Estos favorecen un profundo conocimiento de la comunidad y el servicio personal y comunitario a una comunidad más amplia, necesitada o vulnerable.

No sólo los proyectos de hermanamiento son apropiados, cualquier proyecto de aprendizaje puede contar con la participación de los padres, madres, que pueden hacer aportaciones que acompañen al proceso vital en el que se encuentra el estudiantado. Puede guardar relación con las propias experiencias vitales, conocimientos que se van desdibujando u orientación laboral.

La educación transversal de las experiencias fundamentales de la vida puede formar parte del plan de acción tutorial junto con la unidad de mediación, atendiendo así a un nivel de propuesta y a un nivel de prevención en la intervención. La comprensión de estas experiencias también debe ser promovida en los espacios institucionales, en el sentido de que puedan ser vividas con un profundo sentido pedagógico. Por ejemplo, experiencias como el arrepentimiento, la comprensión de la injusticia y la restauración del bien afectado, como posibilidad de acción frente a una denuncia y su correspondiente sanción. Por ejemplo, si un niño comete una alteración del orden escolar o daños en las instalaciones del centro, la sanción puede ir encaminada a la comprensión de lo que ha hecho y a su restauración. En muchos colegios, actualmente, las sanciones se resuelven con la expulsión del centro y no con acciones restaurativas (Porcel, 2023).

3.6. Las Escuelas de Padres y Madres

Las escuelas de padres y madres son otra iniciativa educativa especialmente importante en la relación entre la familia y la escuela. Deben secuenciarse en función de la edad, pudiendo establecerse un programa en ciclos trienales que traten temas interrelacionados y progresivos. Es fundamental que parte de estas charlas dirigidas a los padres tengan como objetivo la colaboración educativa entre padres y tutores; de lo contrario, se pueden tensar las relaciones de cara a la mejor acción educativa sin tener en cuenta el adecuado vínculo de confianza desde el que promoverlas. En el siguiente cuadro se resumen de forma reflexiva algunas de las características de las Escuelas de Padres que nos ayudan a distinguirlas de otras actuaciones:

Tabla 1

Escuela de padres y madres	Objetivos
Espacio de vinculación para la colaboración educativa que ayude a tomar conciencia y generar una propuesta de acción educativa conjunta y colaborativa. Espacio de reconocimiento del potencial, los riesgos, las dificultades y posibilidades de cada familia. Con metodologías activas que ayuden a reconocerse capaces de una acción educativa positiva.	Generar una comunidad educativa entre las familias, un espacio informal de apoyo y reconocimiento mutuo. Promover el autoconocimiento y la concienciación educativa de los progenitores, sus dinámicas para una adecuada autoeducación y educación de los menores. Potenciar, desde la singularidad, la conexión con el centro educativo. Auspiciar espacios de colaboración, confianza y conciencia de posibilidades y riesgos en cada familia.
No son: Conferencias Juicios de control o modelos de conducta para las familias. Charlas ocasionales, sin relación entre ellas.	

Descripción Escuela de Padres, Madres
Fuente: Elaboración propia

Las escuelas de padres pueden ser transversales o longitudinales. Sus funciones son la formación, la prevención, la derivación, la orientación, la red de apoyo, el contenido, la apertura, el acompañamiento y la flexibilidad ante las dificultades de los padres.

La Escuela de Padres, Madres o Tutores está diseñada con un programa basado en un profundo sentido educativo, trabajando lo importante evolutivamente, atendiendo a lo urgente, sin olvidar lo necesario. Con una metodología activa, que implica a los participantes y favorece la comunicación y la confianza. Se pueden dar técnicas, pero siempre orientadas a descubrir el sentido educativo profundo que les sustenta y, así, puedan generar sus propios recursos adaptados y desde su propia singularidad. No pueden orientarse sólo a la prevención, sino fundamentalmente a la promoción de actitudes educativas positivas.

Más allá de estas escuelas de madres y padres, la escuela debe estar atenta a la realidad de las familias que la frecuentan. La diversidad de las familias actuales y sus diferentes dinámicas requieren una atención muy sensible por parte de la escuela. Si las familias atraviesan su propio proceso evolutivo y éste requiere adaptación, desde la infancia hasta la adolescencia, se requiere una sensibilidad especial para las transiciones que tienen un impacto cualitativamente mayor. Es el caso de las separaciones, divorcios, o lo que llamamos familias reconstituidas o pérdida de los padres. Las que implican cambios legales tendrán que requerir un afrontamiento cuidadoso en este sentido, como en el caso de los divorcios difíciles. Los que impliquen duelos específicos tendrán que ser acompañados de forma cuidadosa y cualificada, sin olvidar la implicación de toda la comunidad educativa desde el punto de vista institucional, el vínculo con el tutor o la intervención sobre el grupo de alumnos. La escuela debe ser permeable a las transiciones complejas a las que se enfrentan las familias y no sólo a las evolutivas y, de este modo, poder acompañarlas adecuadamente (Sánchez-Suárez y Fariña, 2022).

No hemos podido abarcar toda la complejidad y profundidad que requiere una adecuada colaboración entre familias y escuelas. Al menos, hemos podido abordarlos de forma que nos ayuden a promover esta colaboración a todos los niveles y podamos estar atentos a los retos que se planteen. De este modo, podremos desarrollar de forma cooperativa y creativa nuevas experiencias pedagógicas que puedan mejorar esta colaboración.

4. Escuela, Familias y Educación Social

En las últimas décadas, las relaciones entre familia y escuela han cambiado drásticamente debido a diversos factores como la tecnología, el consumo de sustancias, las redes sociales, la pandemia y la salud mental. Esto ha aumentado la necesidad de una intervención socioeducativa personalizada, pero la inclusión de la educación social en el sistema educativo ha sido limitada. Se ha intentado introducir a los educadores sociales en la gestión de la convivencia escolar, pero su papel sigue siendo secundario. Sin embargo, la actual Ley Educativa reconoce la importancia de aspectos como la igualdad de género y la educación afectivo-sexual, que son también competencias de la educación social. A pesar de esto, la educación social sigue siendo vista como no formal, aunque su intervención individualizada es necesaria para muchas familias, especialmente aquellas en riesgo de exclusión social. La LOMLOE, en su artículo 81, alienta a la colaboración de los diferentes contextos en especial en zonas geográficas o entornos sociales en los cuales exista concentración de alumnado en situación de vulnerabilidad socioeducativa.

Las familias pueden beneficiarse de estas intervenciones ya que realizan valoraciones familiares y proyectos educativos adaptados a sus necesidades, centrándose en aspectos como la situación socioeconómica, la protección del menor y las prácticas parentales. Sin embargo, muchas familias ven a estos profesionales todavía como intrusos y se necesita establecer una relación de confianza para lograr una intervención efectiva. Aunque la educación social no puede resolver todos los problemas, tiene la capacidad de tomar decisiones importantes e intervenir, desde convocar equipos de mediación familiar hasta recomendar, en los casos más graves, retiradas de tutela. La intervención se basa en entrevistas, escucha activa y planes individualizados, pero su alcance es limitado, ya que se enfrenta a problemas que afectan a un gran número de familias. La Ley Orgánica de Protección Integral a la Infancia y la Adolescencia Frente a la Violencia (LOPIVI) incorpora la figura del Coordinador o Coordinadora de Bienestar y Protección en los centros educativos. Ésta no se ciñe a la figura de Educador Social, pero sí nos ofrece una idea de la relevancia de esta función. La inclusión de la Educación Social en el sistema educativo y la relación del sistema educativo con otros contextos en los que la Educación Social es protagonista permitiría abordar de manera más efectiva los desafíos sociales, anticiparse a futuras necesidades y garantizar el bienestar de los menores y sus familias (Díez-Gutiérrez *et al.,* 2022).

Resumen

En el desarrollo de los individuos juega un papel esencial el seno familiar. A través de los vínculos sanos se realiza un acompañamiento en los distintos espacios de transición. En este capítulo nos centramos en la familia y su relación con la Escuela, ésta ayudará a la transición entre el espacio familiar del hogar y el comunitario, social y cívico.

La colaboración entre la Escuela y las Familias será determinante en el desarrollo psico-social de los educandos. En este capítulo se ofrece un marco desde el que la Escuela debe operar para conformar el espacio educativo como un entorno permeable a las preocupaciones, necesidades, expectativas y deseos de las familias. Esta relación Familia-Escuela se presenta como la oportunidad para establecer una coordinación y colaboración de confianza, apoyo y seguridad que proporcionará un sostén al conjunto de la comunidad educativa. La adecuada colaboración Familia-Escuela es uno de los mejores predictores del desarrollo adecuado del educando y del éxito escolar, por ello es fundamental establecer una buena alianza y unas buenas bases de colaboración.

Preguntas sobre el tema

Actividad 1.–Reflexiona sobre la relación entre el desarrollo de la interioridad y la exterioridad. ¿De qué manera pueden las redes sociales afectar a estas? Para ello, piensa en tu propio perfil de redes sociales y valora de qué manera puede afectan.

Actividad 2.–¿Cómo puede la escuela garantizar un equilibrio entre la transmisión del patrimonio cultural y social y el respeto a la singularidad y diversidad cultural de los estudiantes, especialmente cuando las culturas familiares pueden ser consideradas inadecuadas desde la perspectiva escolar?

Actividad 3.–¿Cómo puede la escuela mejorar su capacidad para apoyar de manera efectiva a las familias en transición, como en caso de divorcio o familias reconstituidas, garantizando una atención adecuada a las necesidades de estudiantes y padres?

Lecturas sugeridas

- La participación de las familias en la educación escolar. Consejo escolar del Estado:https://www.educacionfpydeportes.gob.es/mc/cee/publicaciones/estudios/participacion-familias.html
- Álvarez Blanco, Lucía (2019). Modelos teóricos de la implicación familiar: responsabilidades compartidas entre centros educativos, familias y comunidad. *Aula abierta*.
- Egido Gálvez, Inmaculada (2015). *Las relaciones entre familia y escuela. Una visión general*. Ministerio de Educación. https://www.libreria.educacion.gob.es/libro/participacion-educativa-no-4-revista-cuatrimestral-del-consejo-escolar-del-estado-la-participacion-de-padres-y-madres-en-la-educacion_181963/
- Ahedo, Josu, Fuentes, Juan Luis, Caro, Carmen. (2021). *Cultivar el carácter en la familia: una tarea ineludible*. Dykinson.
- Lydia Serrano Gregorio, Iván Moreno Acero, Brenda Rocha Narváez y Rosario González-Martín. (2022). La educación de los deberes y

responsabilidades en la era de los derechos y las libertades. La relación entre la familia y la escuela. En Santos, Patricia. Libertad y responsabilidad educativas. Tirant lo Blanch.
- Ley Orgánica 8/2021, de 4 de junio, de protección integral a la infancia y la adolescencia frente a la violencia.
- https://www.boe.es/buscar/act.php?id=BOE-A-2021-9347LOPIVI

Referencias bibliográficas

Amilburu, María, Bernal, Aurora y González-Martín, Rosario. 2018. *Antropología de la educación. La especie educable.* Síntesis.

Bernardi, Fabricio, Cebolla, Héctor. 2014. Clase social de origen y rendimiento escolar como predictores de las trayectorias educativas. *Revista Española de Investigaciones Sociológicas*. n.º 146: 3-22. https://doi.org/10.5477/CIS/REIS.146.3

Díez-Gutiérrez, Enrique Javier y Muñiz-Cortijo, Lucía María. 2022. La educación social en la escuela: una revisión actualizada. *Revista de Investigación Educativa*, 40(2): 403-419. http://dx.doi.org/10.6018/rie.454511

Fernández-Alonso, Rubén, Álvarez-Díaz, Marcos, Woitschach, Pamela, Suárez-Álvarez, Javier y Cuesta, Marcelino. 2017. Parental involvement and academic performance: Less control and more communication. *Psicothema*, n.º 29 (4): 453-461. https://doi.org/10.7334/psicothema2017.181

Fundación ONCE, ILUNION *Tecnología y Accesibilidad.* 2016. Familia, Centros Educativos y Accesibilidad. Estudio exploratorio.
https://biblioteca.fundaciononce.es/publicaciones/colecciones-propias/coleccion-accesibilidad/familia-centros-educativos-y-accesibilidad

González-Martín, Rosario, Jover, Gonzalo y Torrego, Alba. 2021. Casa, Escuela y Ciudad: el cultivo del lenguaje en un mundo digital. *Revista Española de Pedagogía,* n.º 79(278):145-159. https://doi.org/10.22550/REP79-1-2021-03

González-Martín, Rosario. 2019. Identidad, diferencia y educación. En González-Galán, M.ª Ángeles, Trillo Miravalles, M. Paz y Goig Martínez, Rosa M. (Coords.) *Atención a la diversidad y Pedagogía Diferencial*. UNED.

Ley Orgánica 3 de 2020. Por la cual se modifica la Ley Orgánica 2 de 2006, 3 de mayo, de Educación. 30 de diciembre de 2020. BOE No. 340.

Levinas, Emmanuel (1997). *Totalidad e Infinito*. Sígueme.

Martín Criado, Enrique y Gómez Bueno, Carmuca. 2017. El mito de la dimisión parental. Implicación familiar, desigualdad social y éxito escolar. *Cuadernos de*

Relaciones Laborales, n.º 35(2): 305-325. https://doi.org/10.5209/CRLA.56777

Muñoz Fuentes, Carmen Virginia y Corpas Reina, Carmen. 2022. *La acción tutorial como estrategia de educación inclusiva. Investigación e innovación educativa frente a los retos para el desarrollo sostenible.* Dykinson.

Porcel, Cristina. 2023. Los círculos restaurativos: una propuesta metodológica innovadora de aula de Educación Primaria. *Revista Electrónica de Investigación y Docencia Creativa,* n.º 12: 381-396.

Ricoeur, Paul. 1996. *Sí mismo como otro.* Siglo XXI.

Sánchez-Suárez, Verónica y Fariña, Francisca. 2022. La parentalidad positiva en las escuelas de madres y padres. *Revista de Estudios e Investigación en Psicología y Educación*, 9: 103-117. https://doi.org/10.17979/reipe.2022.9.0.8898

Scheler, Max. 2004. *Sobre el pudor y el sentimiento de vergüenza.* Sígueme.

Educación y trabajo: componentes de la pedagogía laboral

Carolina Fernández-Salinero, Beatriz de la Riva, Macarena Donoso y Santiago Ortigosa

1. Introducción

Ante los continuos virajes económicos, políticos y sociales en los que nos encontramos inmersos desde hace años, el capital humano se erige como única vía para paliar las crisis surgidas y reforzar la sociedad, principalmente en materia económica. Se hace por tanto necesario contar con sistemas educativos y productivos que enfrenten estas embestidas y mantengan el foco de atención en las demandas surgidas desde el ámbito laboral a fin de propiciar una formación integral, continua y de utilidad.

La relación entre educación y trabajo se conforma, por tanto, como algo necesario, fundamentalmente si consideramos la educación como un proceso de desarrollo a lo largo de la vida que requiere de intervenciones pedagógicas en las diferentes etapas evolutivas de la persona. Bajo este paradigma identificamos la pedagogía laboral como la disciplina que estudia las relaciones entre el ámbito educativo y el ámbito productivo. Definir a la pedagogía laboral y sus elementos configurativos será, en consecuencia, el primer paso que tendremos que dar.

Cómo citar: Fernández-Salinero, Carolina *et al*. (2025). Educación y trabajo: componentes de la pedagogía laboral Educación y familias. En David Luque Mengibar y Silvia Sánchez-Serrano (Eds.) *Teoría de la Educación* (pp. 163-187). Ediciones Complutense. https://dx.doi.org/10.5209/docm.002.07

Buscar los orígenes de la relación entre educación y trabajo es una tarea que pretendemos enfrentar también en este capítulo, y lo vamos a hacer, por un lado, desde el ámbito educativo y su preocupación histórica por la formación inicial de la fuerza productiva, que se refleja en las leyes educativas que se han ido aprobando en España. Y, por otro, vamos a analizar igualmente la evolución de la formación continua desde el ámbito laboral, identificando los avances y retrocesos que han ido conformando el sistema de formación para el empleo. Varios conceptos nos van a permitir consolidar esa relación y avanzar hacia un futuro de interconexión educativo-productiva.

Finalmente, no podemos olvidar abordar la lógica organizativa de la relación entre educación y trabajo desde un planteamiento que unifica intereses educativos y laborales y una estructura que facilita la puesta en práctica de los postulados teóricos analizados en este capítulo.

2. Educación y trabajo: definición de conceptos y establecimiento de relaciones

Las transformaciones demográficas, económicas, sociales y tecnológicas que tienen lugar a nivel nacional e internacional, manifiestan el redescubrimiento del sentido más amplio de la educación. Esa nueva forma de entender la educación tiene como referente el término *educación permanente*, el cual incluye propuestas formales, no formales e informales de aprendizaje a lo largo del ciclo vital de una persona, buscando incrementar la calidad de la vida individual y de la realidad circundante.

El concepto de educación permanente, que tuvo sus precedentes en determinadas Conferencias Internacionales sobre Educación de Adultos, como la de Elsinor (Dinamarca, 1949) y Montreal (Canadá, 1960), trata de realizar una nueva interpretación del proceso educativo que, en el Informe de la Comisión Internacional de Desarrollo Educativo de la UNESCO, promovido por Edgar Faure (1973) y denominado *Aprender a ser*, aboga por el carácter global y continuo de la educación, trascendiendo espacios y tiempos tanto institucionales, como programáticos y metodológicos. Desde esta perspectiva, la educación de adultos se integra en un proyecto más amplio de educación permanente (XIX Conferencia General de la UNESCO de Nairobi, 1976), que se determina como una estructura de desarrollo global de carácter ascendente que integra las diferentes etapas de la existencia humana, con un especial significado en la edad adulta de la vida de la persona (Bernal *et al.*, 2019).

Posteriormente, el Informe a la UNESCO de la Comisión Internacional sobre la Educación para el siglo XXI, desarrollado por Jacques Delors (*La educación encierra un tesoro,* 1996), insistió en el principio de la educación continua, haciendo explícita la noción de *educación a lo largo de la vida*, sustituyendo al término de educación permanente. En este sentido, el Informe Delors vertebra la educación en cuatro pilares a lo largo de la existencia humana: aprender a conocer, aprender a hacer, aprender a convivir y aprender a ser. Esta idea se ha priorizado por parte de los organismos de la Unión Europea, especialmente en la década de los años 90 del siglo XX y en los primeros años del siglo XXI, enfocados a aspectos como la realización personal, la ciudadanía activa, la integración social, la empleabilidad y la adaptabilidad laboral (Estrategia Educación y Formación 2020). Y, de manera específica, se plasma en la Agenda 2030 y en el Objetivo de Desarrollo Sostenible n.º 4 que busca garantizar una educación inclusiva, equitativa y de calidad y promover oportunidades de aprendizaje durante toda la vida para todas las personas.

La relación entre educación y trabajo nace de estos postulados, al incidir expresamente en el desarrollo continuo de las personas jóvenes y adultas que se inician en el mundo laboral o que se encuentran ya integradas en este. Resulta imprescindible, a este respecto, promover medidas formativas que se desenvuelvan en el ámbito de la capacitación inicial, donde el aprendizaje se considera la primera etapa de una formación profesional permanente, pero también en el ámbito de la práctica laboral, donde la organización de los espacios de producción y servicios favorezca el desarrollo de las personas.

Por lo tanto, hacer del trabajo objeto de investigación y reflexión pedagógica resulta eficaz y razonable, fundamentalmente, desde la perspectiva de sus aportaciones prácticas. Según Castillejo *et al.* (1988) podemos destacar tres razones concretas que orientan la actividad pedagógica al mundo laboral:

- Científico-epistemológicas: el comportamiento en el trabajo constituye un ámbito más del desarrollo formativo de la persona dentro de su evolución a lo largo de la vida.
- Comparativas: en diferentes ámbitos geográficos descubrimos una preocupación por este campo de estudio. Cabe destacar la tradición académica alemana que pone en conexión los conceptos de educación y trabajo bajo el paraguas de la pedagogía del trabajo, con marcado perfil de respuesta y adaptación a las necesidades laborales. Junto a ella surge la tradición anglosajona, de la que se deriva la disciplina de pedagogía laboral, con un perfil más proactivo y profesional. Esta última denominación es la asimilada en España al considerarla más completa y al

aunar los requisitos del mercado con las necesidades de las personas, poniendo el énfasis en la palabra pedagogía sobre el término laboral.

- Profesionales: la necesidad, cada vez mayor, de personal especializado en formación laboral es innegable. Asimismo, el incremento de redes de aprendizaje no formal y la necesidad de optimizar los recursos humanos en las organizaciones se conforman como dos motores fundamentales para el crecimiento del trabajo pedagógico.

Estas razones identifican a la pedagogía laboral como una parte de la educación permanente y, más específicamente, de su ámbito no formal, que se dirige a la preparación continua y diferenciada de la persona a lo largo de su vida y ante situaciones de cambio en su entorno de trabajo. Y está compuesta fundamentalmente por dos elementos (Fernández-Salinero y De la Riva, 2016):

1. El trabajo como espacio de desarrollo, «concebido como actividad productiva, de índole manual o intelectual, libre, dependiente (por cuenta ajena) o independiente (trabajo autónomo vinculado al emprendimiento), que exige habitualmente relación personal y con medios materiales, y que teniendo sentido en sí misma como ámbito de aprendizaje y desarrollo personal, mira a la producción de una obra o resultado» (Castillejo *et al.* 1988, p. 423). Esta definición está plenamente vigente e identifica al trabajo como un espacio adecuado y necesario para la realización humana, un mundo de actividad vital y humanizadora que revierte en trabajadores y trabajadoras y que integra tanto al trabajo presencial, vinculado a un lugar y a un tiempo determinados, como al teletrabajo, actividad laboral, flexible y a distancia, que se apoya en la tecnología para su desarrollo.

2. La formación como herramienta educativa de desarrollo, dirigida a personas jóvenes y adultas independientes, centradas en el presente, prácticas, participativas, competentes y críticas; cuya referencia es la educación continua, sistemática, flexible, adaptativa, dinámica y polivalente, la cual permite el descubrimiento de maneras mejores de gestionar nuestro trabajo, la adquisición de aprendizajes que debemos poner en práctica y la incorporación de la creatividad, la iniciativa o el emprendimiento a nuestra actividad laboral. La formación así entendida tiene que implementarse con competencia, planificarse con rigor, así como favorecer la relación con otras personas y la responsabilidad en la tarea, promoviendo procesos de inserción (iniciación) y reinserción laboral (reciclaje o *reskilling)* que favorezcan la formación para el trabajo, así como procesos de desarrollo profesional que respondan a una formación en el trabajo, de carácter inicial (planes de acogida u *onboarding plan*) y continua (mejora competencial en el puesto de trabajo o *upskilling*).

Desde esta perspectiva, es necesario promover un enfoque laboral de las reflexiones educativas que responda a las exigencias vinculadas a la capacitación inicial, a la reconversión productiva, al emprendimiento, etc. Y, además, es imprescindible también estudiar la formación desde una vertiente pedagógica que puede tener, por una parte, un carácter proactivo (de anticipación), al considerarla una herramienta estratégica para el desarrollo organizativo, y por otra parte, mostrar un carácter reactivo (de respuesta), específico y adaptado a situaciones concretas que se producen de manera puntual dentro de las empresas.

La pedagogía laboral es, por consiguiente, aquella disciplina que combina la teorización substantiva (explicativa e interpretativa) con la normativa y que requiere de la intervención de ambos elementos para alcanzar tres objetivos:

- Habilitar progresivamente para poder realizar tareas más complejas y que requieran mayor responsabilidad (objetivo sociolaboral).
- Dar respuesta a las continuas transformaciones organizativas y tecnológicas derivadas del mercado laboral (objetivo profesional).
- Identificar el trabajo como un espacio de aprendizaje y de satisfacción individual (objetivo personal).

Estos objetivos nos permiten considerar la relación entre educación y trabajo como una construcción del saber pedagógico en torno al ámbito laboral (Lorente, 2012), la cual se apoya en planteamientos procedentes de la teoría de la educación, que integran una contemplación descriptivo-exploratoria y una intervención normativo-aplicativa dirigida a conseguir los objetivos planteados (Fernández-Salinero y De la Riva, 2016).

En la Tabla 1 se especifica de manera esquemática la estructura conceptual de la pedagogía laboral.

Tabla 1. Estructura conceptual de la pedagogía laboral

Educación Permanente	Educación a lo largo de la vida	Pedagogía laboral: educación de personas jóvenes y adultas en el entorno de trabajo	Formación	Para el trabajo	Inserción
					Reinserción (reskilling)
				En el trabajo	Planes de acogida (onboarding plan)
					Mejora competencial en el puesto de trabajo (upskilling)
			Trabajo	Autónomo (emprendimiento)	
				Por cuenta ajena	
				Presencial	
				Teletrabajo (a distancia)	

Fuente: elaboración propia.

3. Devenir histórico de la relación entre educación y trabajo en España

Ahora bien, una vez definidos sintéticamente los conceptos clave que conforman la relación entre educación y trabajo cabría preguntarse: ¿en qué momento se comienza a plantear esa relación?, ¿cuál ha sido el camino que se ha seguido hasta consolidar la relación entre educación y trabajo?, ¿qué medidas institucionales se han impulsado a este respecto?, ¿qué barreras y limitaciones encontramos?, ¿qué leyes han promovido esa relación? En definitiva, ¿cuál ha sido la evolución de la pedagogía laboral en España? Estas son algunas preguntas que abordaremos en este apartado.

3.1. Antecedentes

Como ya hemos indicado previamente, la pedagogía laboral es una disciplina que se encarga del estudio de las relaciones que existen entre el ámbito educativo y el productivo. Las interacciones que se han producido entre la educación y el trabajo a lo largo de la historia de la humanidad han promovido prácticas muy diferentes para formar a trabajadores y trabajadoras. Estas prácticas se han centrado más extensamente en la formación inicial de las personas, pero en las últimas décadas también existe una preocupación por su formación continua (Aramburuzabala, 2012).

Con respecto al origen de la relación entre educación y trabajo es necesario remontarse a la Edad Media, específicamente a la Baja Edad Media (del siglo XIII al XV), época de expansión de los «gremios» que se dilata casi hasta finales del siglo XVIII, siendo abolidos en España completamente en 1813 por las Cortes de Cádiz, al ser considerados un obstáculo para la libertad de comercio, y ampliamente transformados a partir del absolutismo de Fernando VII. Estas estructuras económicas se consolidan como sistemas educativos, donde las actividades productivas y las relaciones sociales de producción se encuentran en perfecta unión. En los gremios, el «aprendiz» y el «oficial» aprenden, producen y se integran en un sistema de relaciones en el que está muy bien definido «quién» y «cómo» produce, y «cuándo» y «de qué manera» la persona productora puede ascender a un puesto superior (Acero, 1993).

No obstante, las principales directrices de los sistemas educativos occidentales aparecen con la Ilustración, a partir de la segunda mitad del siglo XVIII. Así sucede con la enseñanza profesional, que nace de las inquietudes pedagógicas de los «ilustrados» cifradas en «enseñar para rentabilizar, aprender para producir». El Antiguo Régimen había reservado la educación exclusivamente para la nobleza y el clero. El estado llano, el pueblo, no necesitaba ser enseñado. Frente a esta concepción, la Ilustración propone la instrucción pública como base del progreso científico y económico del país y como soporte de la libertad y la igualdad.

En España estos planteamientos ilustrados no empiezan a consolidarse hasta el siglo XIX, en pleno desarrollo de la Revolución Industrial y de la pragmatización de los conocimientos. Es entonces cuando la capacitación de la mano de obra comienza a adquirir mayor importancia, diferenciándose en función de dos fuerzas productivas que se mantienen en la época. Por una parte, el artesanado superviviente que necesita actualizar su saber para adecuarlo a los requerimientos de la clientela y a las peculiaridades de sus aprendices. Y, por otra, las plantillas de los incipientes complejos fabriles, que muestran abundantes carencias formativas al tener que enfrentarse a la máquina como herramienta y al implicarse en una nueva dinámica de relaciones con la figura del «patrón».

Ante el panorama mencionado y, para dar respuesta a la población trabajadora existente (empresariado autónomo y trabajadores por cuenta ajena), a mediados del siglo XIX se inicia un paulatino acercamiento a las enseñanzas industriales y artísticas como un primer paso para su desarrollo, que se concreta en el Plan de Enseñanzas Industriales (1850), el cual se dividía en tres ciclos consecutivos conducentes a titulaciones de Maestría Industrial de diferentes niveles. Este proyecto, a pesar de suponer un avance para las enseñanzas profesionales, no llegó a responder, sin embargo, a sus necesidades y queda olvidado en favor de alternativas futuras en esta línea. Por otra parte, en 1855 se aprueba el Plan Orgánico de Escuelas Industriales, que se considera un gran paso para la consolidación de estas enseñanzas. Este Plan representa una mayor confianza en la capacidad transformadora de los aprendizajes industriales para elevar el nivel de vida del país, eliminando procedimientos rutinarios e introduciendo novedosos métodos de producción.

Tras el bienio progresista (1854-1856), en 1857 los moderados promulgan la Ley de Instrucción Pública o Ley Moyano. Esta ley establece una primera enseñanza obligatoria y gratuita y una segunda enseñanza de dos tipos: los Estudios Generales, conducentes a la universidad, y los Estudios de Aplicación a las Profesiones Industriales, un bachillerato laboral que proporciona un certificado de perito. Estos cimientos dan como resultado la creación en 1871 de una Escuela de Artes y Oficios que se constituye en uno de los primeros pasos dados en el ámbito de las enseñanzas profesionales regladas con carácter general o, al menos, con la intención de establecer un sistema generalizable de formación técnica y profesional.

3.2. Institucionalización de la relación entre educación y trabajo en el sistema educativo español

En el siglo xx podemos situar el inicio de una segunda etapa de las enseñanzas profesionales gracias a la aprobación de dos estatutos de gran relevancia:
*   El Estatuto de Enseñanza Industrial (1924). Incluye a las Escuelas Elementales de Trabajo y a las Escuelas Industriales.
*   El Estatuto de Formación Profesional (1928). Integra a las Escuelas de Trabajo, Escuelas de Artesanos y Escuelas Industriales.

Esta organización configura la aparición, por primera vez, de un auténtico Sistema General de Formación Profesional reglada con una red de centros propios. No obstante, la posterior Ley de Enseñanzas Medias, de 20 de septiembre de 1938, establece un nuevo concepto de la enseñanza profesional, considerándola una posibilidad educativa reducida e indicada exclusivamente para colectivos destinados a actividades puramente manuales, con enseñanzas de tipo medio y carácter práctico. Once años después, el 16 de julio de 1949, el ministro Ibáñez Martín presenta la Ley de Bases de Enseñanza Media y Profesional, con un discurso de fondo similar al de la ley anterior, pero con matices diferentes, volviéndose a la vieja idea de mediados del siglo pasado de integrar a las enseñanzas técnicas en el sistema educativo general.

En esta línea de inclusión en el sistema educativo, pero con un planteamiento de la formación profesional más amplio y no solo artesanal, se aprueba la Ley de Formación Profesional Industrial (1955). Nace como respuesta del gobierno de España a las transformaciones del entorno laboral y a la necesidad de ordenar las enseñanzas concretas de formación profesional. Esta Ley se considera pionera al favorecer unas incipientes relaciones entre centros educativos, interlocutores sociales y empresas. Sin embargo, hasta la aprobación de la Ley General de Educación la formación profesional no se va a integrar definitivamente en el sistema educativo ordinario, comenzando así a revalorizarse este tipo de enseñanzas (Morales y Fernández-Salinero, 2023).

El 4 de agosto de 1970, se hace pública la Ley General de Educación y Financiamiento de la Reforma Educativa, siendo ministro Villar Palasí. Esta ley integra a la formación profesional como parte de la educación holística del alumnado, y plantea estrechar la relación entre el sistema educativo y el entorno laboral, buscando conseguir dos objetivos concretos: por un lado, dotar al sistema educativo de una opción para estudiantes que después de la enseñanza obligatoria no quieran seguir dentro del régimen educativo tradicional pero sí deseen una formación en conocimientos prácticos; por otra, aportar una solución a un problema de crisis económica subyacente y en el que determinada mano de obra era necesaria. La formación profesional emanada de esta ley se estructura en tres niveles, los cuales, a pesar de los cambios legislativos posteriores y la transformación de sus denominaciones, se identifican con un nivel básico, medio y superior.

Desde la ley de 1970 y hasta la actualidad, todas las leyes de educación han ido ensalzando paulatinamente la formación profesional para convertirla en una salida formativa pero también laboral, lo que ha hecho de la formación profesional un punto de unión entre la educación y el trabajo. En este sentido, la Ley Orgánica General del Sistema Educativo (LOGSE), de 3 de octubre de 1990, ahonda en las propuestas precedentes, incidiendo en la profesionalización de la mano de obra, al mismo tiempo que en buscar la eficacia y la eficiencia del proceso de enseñanza. Destaca por hacer énfasis nuevamente en el principio de capacitación permanente, marcado por unas directrices ligadas, entre otras cosas, al trabajo como elemento pedagógico, y centrado en la solución de problemas, la potenciación de la iniciativa personal y colectiva, la organización comunitaria y la mejora de los servicios. Esta ley concibe la formación como un elemento integrante de la educación general, que permite garantizar una capacitación polivalente destinada al desarrollo de conocimientos, destrezas y actitudes comunes a diferentes actividades técnico-profesionales (Requejo *et al.,* 1991).

Estos planteamientos se ven respaldados por la Ley Orgánica de Educación (LOE, 2006) que los adapta a la realidad del momento, poniendo en conexión a la educación con el mercado de trabajo y asumiendo términos propios del mismo como competencia o cualificación, a los que nos referiremos expresamente más adelante. Por otro lado, la Ley Orgánica para la mejora de la calidad educativa (LOMCE), de 9 de diciembre de 2013, tiene como finalidad reconocer a las enseñanzas profesionales como una opción adecuada para el desarrollo personal y una propuesta educativa permeable con el resto del sistema.

Por su parte, la LOMLOE (2020), ley orgánica que modifica la LOE, avanza hacia la mejora del reconocimiento de la formación profesional, denostada en otras épocas; a la flexibilización de las enseñanzas que se organizan de manera modular; a la potenciación de itinerarios formativos personalizados; a la combinación del aprendizaje en instituciones educativas con el aprendizaje realizado en empresas y en otros lugares de trabajo (formación profesional en modalidad dual), y a la acreditación de las cualificaciones a nivel nacional.

3.3. El sistema de Formación Profesional para el empleo

Aunque reconocemos que las actuaciones en materia formativa pueden y deben llevarse a cabo desde muy diversos organismos (educativos y laborales, públicos y privados, internacionales y nacionales), no podemos ignorar la contribución que para la formación profesional de la ciudadanía supone contar con una regulación laboral al respecto. Así, la formación continua, como complemento a la formación inicial a la que ya nos hemos referido previamente, adquiere un valor preponderante, erigiéndose como una vía para mantener a las personas trabajadoras actualizadas y a las empresas competitivas en sus respectivos sectores de producción (Bernal *et al.*, 2019).

Desde esta perspectiva, a lo largo de los años han ido surgiendo determinadas propuestas normativas y legislativas que han tratado de situar a la formación continua en una posición preeminente. Sirvan como antecedentes: la Formación Profesional Acelerada (1957), que pretende educar a la mano de obra en aquellas destrezas que le resulten más adecuadas para su actividad laboral; la Formación Profesional Intensiva (1958), que plantea una formación prospectiva en virtud de las perspectivas futuras del mercado de trabajo; las Universidades Laborales (1959), instituciones superiores del ámbito laboral con una dimensión humana, técnica y profesional; el Programa de Promoción Profesional Obrera, PPO (1964), proyecto intersectorial de carácter nacional que crea una oferta de formación para puestos de trabajo específicos, articulando esta actividad formativa en el marco de la Ley General de Educación, concretamente, en el ámbito de la educación de adultos; el Servicio de Acción Formativa, SAF (1973), que surge para incrementar los niveles de cualificación ofertados por el PPO; y el Servicio de Empleo y Acción Formativa, SEAF (1975), que se crea para lograr una coordinación entre las políticas de empleo y formación, hasta entonces competencia de instituciones diferentes.

Estos antecedentes formativos se constituyen en un primer paso de carácter global, donde la intervención del Estado, del empresariado, de los interlocutores sociales y de la mano de obra, adquiere una relevancia multidisciplinar respecto a un fenómeno concreto de inserción, promoción, actualización y reconversión profesional. A continuación, se irá conformando una realidad laboral más reivindicativa con el desarrollo de la formación a diferentes niveles.

La Ley de Relaciones Laborales (1976) es una normativa que regula los aspectos de la relación de trabajo. Dentro de este marco de actuación, se conecta la formación con la tarea productiva mediante la estructuración de los procesos de aprendizaje en el trabajo, siendo la actividad formativa un sistema de capacitación específico que se adapta funcionalmente a las necesidades de la mano de obra. Posteriormente, el Estatuto de los Trabajadores (1980) contempla la formación profesional como un derecho laboral de las personas trabajadoras y regula una iniciativa ya presente en la normativa precedente que consiste en la propuesta de dos modalidades contractuales concretas: el contrato en prácticas y el contrato para la formación. Ambos considerados como una vía de capacitación profesional previa a la efectiva integración de la fuerza productiva en la actividad laboral.

Por su parte, el Acuerdo Económico y Social de 1984 trata de reflejar la distancia que existe entre las necesidades del mercado de trabajo y las diversas propuestas formativas de nuestro país. Siendo una consecuencia de este Acuerdo el Plan Nacional de Formación e Inserción Profesional (Plan FIP) (que surge en 1985 y se regula explícitamente en 1990), el cual tiene como objetivos poner en conexión las acciones formativas con las medidas de fomento del empleo, favorecer el reciclaje profesional y promover la capacitación continua de las personas trabajadoras. La modificación y potenciación de la formación profesional, desde esta perspectiva, suponía una excelente vía para incrementar la inserción laboral de la población juvenil.

Con esta perspectiva y para dotar de trabajadores formados al tejido empresarial de nuestro país, en 1986 se crea el Consejo General de Formación Profesional (a través de la Ley 1/1986, de 7 de enero) y en 1991 se constituye, de manera específica, una mesa de negociación cuya principal finalidad es trabajar en la formación continua de España.

Fruto de esa mesa de negociación, en 1992 se firma el I Acuerdo Nacional de Formación Continua, que consagró una alianza tripartita entre el Gobierno, las representaciones sindicales y las organizaciones empresariales con el objetivo de destinar una cuota del sueldo de las personas trabajadoras para financiar planes de formación dentro de la empresa. A través de este acuerdo la mano de obra pasa a ser destinataria directa de procesos formativos para potenciar su desarrollo personal y profesional. La creación en 1993 de la

Fundación para la Formación Continua (FORCEM), contribuyó al impulso de esta formación dentro de las empresas, concienciando sobre la importancia que tendría para la mejora del tejido económico y empresarial de nuestro país.

Años más tarde, en 1996, queda suscrito el II Acuerdo Nacional de Formación Continua, que supuso la incorporación de la formación continua al Sistema Nacional de Formación Profesional. En el año 2000 entra en vigor el III Acuerdo Nacional de Formación Continua, cuyas funciones comienzan a llevarse a cabo por la Fundación Tripartita para la Formación en el Empleo, en sustitución de la anterior FORCEM. La principal novedad en ese momento es la incorporación de los planes de formación de las empresas de economía social, hasta el momento con escasa presencia. En 2006 se firma el IV Acuerdo Nacional de Formación Continua (2006), impulsando la certificación de la formación profesional, que llegaría de manera definitiva con los denominados certificados de profesionalidad (RD 34/2008, de 18 de enero) y potenciando el acceso de las personas trabajadoras a la formación permanente, incluidas las pertenecientes a las Pequeñas y Medianas Empresas, PYME (Luzón y Torres 2013). Estas nuevas propuestas tenían un objetivo claro: implementar un marco formativo que, delimitado por la Estrategia Europea de Empleo, se enfrentará a los nuevos y continuos desafíos del mercado laboral, impregnados por una economía basada en el conocimiento (Fernández, 2016).

Este sistema de formación financiada (de acceso público), surge bajo el paraguas de la Ley Orgánica 5/2002, de 19 de junio, de las Cualificaciones y de la Formación Profesional, que estableció las bases de los diferentes subsistemas de formación profesional (inicial, ocupacional y continua) para así iniciar un acercamiento más estrecho al mercado laboral y a las necesidades que este demandaba. Es con esta ley con la que entra en juego el concepto de formación continua en las empresas y se constituye el sistema de formación profesional para el empleo.

En 2015 el Gobierno de España aprobó una nueva Ley que regulaba el sistema de formación profesional para el empleo, con el objetivo de incrementar la calidad de los puestos de trabajo, considerándose fundamental para ello el desarrollo de las competencias profesionales de la población activa, concepto al que nos referiremos más adelante. Esta ley supuso la ruptura de los acuerdos tripartitos y el comienzo de una supervisión nacional a través de la Fundación Estatal para la Formación en el Empleo (FUNDAE). La normativa de 2015 remarca la importancia de las competencias y las prácticas profesionales y mejora los itinerarios formativos. Estos mecanismos se constituyen en objetivos prioritarios de la estrategia española de activación para el empleo y son desarrollados mediante el Real Decreto 694/2017, de 3 de julio.

La formación profesional para el empleo, en consecuencia, busca promover una capacitación que facilite el desarrollo personal y laboral de la población activa (ocupada y desempleada), incrementando su empleabilidad y sus posibilidades de promoción en el trabajo. Es una formación que pretende responder a las necesidades del entorno laboral y se orienta al incremento de la competitividad empresarial (Fernández-Salinero *et al.,* 2023).

3.4. Prospectiva de la relación entre educación y trabajo: interconexión entre sistema educativo y productivo

El impulso modernizador de la formación profesional para el empleo en España comienza con la aprobación e implementación del Plan Estratégico de la Formación Profesional del Sistema Educativo (2018) y continúa con el Plan de Modernización de la Formación Profesional (2020). La pretensión inicial de estos planes ha sido la transformación de las propuestas formativas nacionales en aras de mejorar la competitividad del tejido empresarial español frente a Europa y el mundo y mantener altos niveles de cualificación entre la población trabajadora y desempleada, todo ello tomando como principal horizonte la Agenda 2030 y los Objetivos de Desarrollo Sostenible.

A estos continuos impulsos en favor de la formación inicial y continua en nuestro país también ha contribuido la Estrategia España 2050 que pretende incrementar las competencias de la fuerza productiva, impulsar la formación a lo largo de la vida, constituir un sistema integrado de cualificación para la población trabajadora, reestructurar nuestro sistema formativo para personas desempleadas, aprovechar mejor las sinergias entre el sistema educativo y el productivo, así como potenciar modelos formativos flexibles que puedan navegar en la incertidumbre y que estén preocupados por elevar la adaptabilidad de la fuerza productiva a las nuevas demandas (ONPEGE 2021).

Por otro lado, la aprobación de la Ley Orgánica 3/2022, de 31 de marzo, de Ordenación e Integración de la Formación Profesional, ha supuesto un impulso para transformar globalmente el sistema de formación profesional con el objeto de convertirlo en una puerta hacia el empleo de calidad de la juventud, que responda a las necesidades, aspiraciones y expectativas de capacitación de las personas a lo largo de su vida, así como a las demandas del mercado laboral.

El Sistema de Formación Profesional planteado en esta ley integra de manera conjunta a la formación inicial (promovida por el sistema educativo) y a la formación continua (impulsada por el sistema productivo) y se estructura en 18 principios que quedan recogidos en la ley 3/2022 (20) y que podemos resumir de la manera siguiente:

- *Protagonistas.* Centralidad en la persona, promoviendo el desarrollo máximo de sus capacidades y el incremento de sus competencias específicas y transversales, contribuyendo además a superar cualquier discriminación por razón de origen, sexo, discapacidad, vulnerabilidad sociolaboral, o por otra condición personal o social. Favoreciendo asimismo la transparencia, la accesibilidad, la igualdad de oportunidades entre las personas, la equidad y la inclusión.
- *Sinergias entre el sistema educativo y el sistema productivo.* Garantía de una formación profesional inicial innovadora y de calidad en diferentes modalidades, así como de una cualificación y recualificación permanentes atendiendo a itinerarios diversificados.
- *Asesoramiento individualizado.* Orientación profesional como ese elemento de acompañamiento que apoya la identificación y uso de las oportunidades de formación derivadas de los itinerarios formativos y profesionales ofertados, en las diferentes transiciones que se produzcan a lo largo de la vida.
- *Retos del mercado.* Detección proactiva y anticipatoria de las necesidades emergentes de los diferentes sectores productivos, en particular aquellos asociados a la digitalización (tomando en consideración el rol de la inteligencia artificial), la transición ecológica, la sostenibilidad, la innovación territorial, la salud y la atención a las personas; buscando una adaptación ágil y una actualización permanente.
- *Acreditación.* Oferta de formación modular y flexible, de carácter continuo, acumulable y acreditable, que puede conducir a diversos niveles de certificación y titulación. Reconocimiento y acreditación de competencias profesionales adquiridas por la experiencia laboral, el voluntariado u otras vías no formales o informales.
- *Interlocutores (empresariales, socioeconómicos, educativos, nacionales e internacionales).* Participación de las empresas y de los agentes socioeconómicos y educativos en el diseño, desarrollo y evaluación de la formación profesional, favoreciendo la transferencia de conocimiento desde el ámbito formativo al empresarial. Buscando la convergencia con los sistemas de formación profesional de la Unión Europea, así como de terceros países, para facilitar la internacionalización y la movilidad transnacional.

Al amparo de estos principios descubrimos que ya no podemos identificar claramente un tiempo para aprender y otro para trabajar, sino que la vida se conforma como un proceso continuado de aprendizaje. Además, en una sociedad que podemos definir como «del conocimiento», los centros educativos ya no pueden ser el único lugar para aprender. Podemos afirmar a este respecto que en realidad existen diferentes espacios para el aprendizaje inscritos en contextos formales y no formales, así como informales. Finalmente, resulta patente que es el alumnado el centro de los procesos de enseñanza-aprendizaje. Procesos que han de estar basados en la adquisición y desarrollo de las competencias demandadas por el mercado laboral y que tienen que venir respaldados por figuras educativas (docentes), pero también laborales (empresariado e interlocutores sociales) y de acompañamiento (orientadores) (Morales y Fernández-Salinero, 2023).

En la Tabla 2 se resume el devenir histórico de la relación entre educación y trabajo.

Tabla 2. Devenir histórico de la relación entre educación
y trabajo en el sistema educativo y productivo

Consolidación de actuaciones	Hitos en el ámbito de la formación profesional
Antecedentes	• Gremios (Edad Media). • Ilustración (siglo XVIII). • Plan de Enseñanzas Industriales (1850). • Plan Orgánico de Escuelas Industriales (1855). • Ley de Instrucción Pública (1857). • Escuela de Artes y Oficios (1871).
Institucionalización en el sistema educativo	• Estatuto de Enseñanza Industrial (1924). • Estatuto de Formación Profesional (1928). • Ley de Enseñanzas Medias (1938). • Ley de Bases de Enseñanza Media y Profesional (1949). • Ley de Formación Profesional Industrial (1955). • Ley General de Educación (1970). • LOGSE (1990). • LOE (2006). • LOMCE (2013). • LOMLOE (2020).
El sistema de Formación Profesional para el empleo	• Formación Profesional Acelerada (1957). • Formación Profesional Intensiva (1958). • Universidades Laborales (1959). • PPO (1964). • SAF (1973). • SEAF (1975). • Ley de Relaciones Laborales (1976). • Estatuto de los Trabajadores (1980). • Acuerdo Económico y Social (1984). • Plan FIP (1985 y 1990). • Consejo General de Formación Profesional (1986). • Acuerdos Nacionales de Formación Continua: I (1992), II (1996), III (2000) y IV (2006). • Ley Orgánica de las Cualificaciones y la Formación Profesional (2002), • Ley por la que se regula el Sistema de Formación Profesional para el empleo en el ámbito laboral (2015).

Consolidación de actuaciones	Hitos en el ámbito de la formación profesional
Interconexión entre sistema educativo y productivo	• Plan Estratégico de la Formación Profesional del Sistema Educativo (2018). • Plan de Modernización de la Formación Profesional (2020). • Estrategia España 2050 (2021). • Ley Orgánica de Ordenación e Integración de la Formación Profesional (2022).

Fuente: elaboración propia.

4. Elementos sustanciales de la relación entre educación y trabajo

Una vez analizada la larga historia de la relación entre educación y trabajo, tanto en el ámbito educativo como en el productivo, merece la pena pararse a identificar conceptos a los que nos hemos ido refiriendo previamente, así como otros nuevos que es hora de definir y concretar para ir abriendo el camino a los desafíos futuros que se le presentan a la relación entre educación y trabajo.

Vamos a iniciar este apartado con la definición del concepto de *competencia profesional*, que tiene un claro origen productivo al aparecer con bastante fuerza en las décadas de los años 70 y 80 como respuesta a las transformaciones económicas del siglo XX, caracterizadas por el paso de una economía industrial a una economía basada en el conocimiento (Lorente, 2012). Es un término que, aunque encierra una gran indeterminación conceptual, integra en su definición al conjunto de conocimientos (saber), destrezas (saber hacer), actitudes (saber estar) y motivaciones (querer hacer) necesarias para el trabajo y que se concretan tanto en el ámbito personal como en el profesional. En este sentido, «el aprendizaje a lo largo de la vida tiene especial importancia en un contexto educativo marcado por las competencias profesionales, ya que no todas las competencias relevantes pueden ser proporcionadas durante la educación formal» (Morales y Fernández-Salinero, 2023, p. 214), de ahí el trascendente papel de los sistemas formativos no formales e informales desarrollados en el contexto laboral.

Tras la definición planteada descubrimos que el concepto de competencia requiere de una clasificación que clarifique mejor qué elementos pueden desarrollarse en el sistema educativo formal y qué otros van ampliándose y consolidándose en el entorno laboral. Podemos hacer, a este respecto, la siguiente clasificación de competencias (ver Tabla 3):

Tabla 3. Clasificación de competencias

Según su amplitud		Según los participantes	
Básicas	Fundamento sobre el cual se forman las demás	Individuales	Personales y culturales
Transversales *(soft skills)*	Comunes a varias profesiones	Colectivas	Resultado de la cooperación entre las competencias individuales
Técnicas o específicas *(hard skills)*	Propias de una determinada profesión		

Fuente: elaboración propia.

Esta clasificación nos permite identificar dos grandes bloques de competencias en función del contenido que engloban (amplitud) y de las personas protagonistas involucradas (participantes). Las primeras se desarrollan inicialmente en el sistema educativo (básicas) y posteriormente de manera combinada entre el ámbito formal y el ámbito no formal de la educación (transversales y técnicas). Las segundas, tienen un componente cultural y de personalidad (individuales) que incide en el desarrollo de las competencias específicas y de las competencias transversales, y un componente organizativo (colectivas) que pone el foco en el lugar de trabajo y en la interconexión entre las personas vinculadas al mismo.

A partir de 2002, con la Ley Orgánica 5/2002, de 19 de junio, de las Cualificaciones y de la Formación Profesional, se inicia una reforma que, apoyándose en el concepto de competencia, sienta las bases de los diferentes subsistemas de formación profesional (inicial, ocupacional y continua). Bajo su paraguas se refuerza el papel del Instituto Nacional de las Cualificaciones, INCUAL (1999), órgano técnico que proporciona apoyo al Consejo General de Formación Profesional y que es responsable de la actualización del Catálogo Nacional de Cualificaciones Profesionales, CNCP (2003). El CNCP, por su parte, es el instrumento del Sistema Nacional de Cualificaciones y Formación Profesional, SNCFP, que es definido en esta ley y que se encarga de ordenar las cualificaciones profesionales identificadas en el ámbito productivo y que pueden ser reconocidas y acreditadas.

Surge entonces el concepto de *cualificación profesional*, el cual se define como el «conjunto de competencias con significación en el empleo, adquiridas a través de un proceso formativo formal e incluso no formal que son objeto de los correspondientes procedimientos de evaluación y acreditación» (Ley 5/2002, 4). La cualificación se refiere fundamentalmente a las competencias transversales y específicas previamente señaladas y el sistema para su acreditación se realiza por medio de los denominados certificados de profesionalidad que son títulos oficiales.

En 2024 existen 26 familias profesionales, 776 cualificaciones y 2586 *unidades de competencia*, que según la Ley 5/2002, son la parte de la cualificación que describe ordenadamente el conjunto mínimo de competencias profesionales que es posible reconocer y acreditar parcialmente. Las unidades de competencia se estructuran en:

- *Realizaciones profesionales,* que describen las actividades, contenidos y labores que una persona que realiza su trabajo en un área ocupacional tiene que ser capaz de implementar y demostrar.
- *Criterios de realización*, que precisan el nivel aceptable de realización profesional que permite un desempeño competente.
- *Módulo formativo*, que consiste en la sección de la cualificación asociada a cada unidad de competencia.
- *Contexto profesional*, que describe, con carácter orientador, los medios de producción y los resultados de trabajo.

Existen además tres niveles de cualificación: básico (formación profesional básica), medio (formación profesional de grado medio) y superior (formación profesional de grado superior).

Con la Ley Orgánica 3/2022, de 31 de marzo, de Ordenación e Integración de la Formación Profesional, se actualizan los postulados de la anterior, introduciendo las siguientes novedades:

- Organiza la formación profesional en cinco grados, combinando la oferta del sistema educativo con la del productivo: A) acreditación parcial de competencia; B) certificado de competencia; C) certificado profesional; D) ciclos formativos de formación profesional; E) cursos de especialización.
- La formación profesional tiene carácter dual, específicamente intensivo, lo que se traduce en al menos un 35% de formación en empresas y en un 20% de participación de estas en la evaluación de los resultados de aprendizaje o evidencias de lo aprendido. Se incrementa, por tanto, la vinculación del sistema educativo y productivo en el diseño, impartición y evaluación de la formación profesional.
- Se crea una Estrategia General de Orientación Profesional que acompaña en el proceso formativo y en el Procedimiento de Acreditación de Competencias (PAC), que consiste en el conjunto de actuaciones llevadas a cabo para reconocer, evaluar y acreditar las competencias

profesionales que han sido adquiridas a través de la experiencia laboral o de otras vías formales o informales.

- El Catálogo Nacional de Cualificaciones Profesionales, CNCP, se transforma en el Catálogo Nacional de Estándares de Competencias Profesionales, que integra al Catálogo Modular de Formación Profesional (que define el currículo de cada módulo profesional) y al Catálogo de Ofertas de Formación Profesional.
- Se crean tres instrumentos para gestionar el sistema: Registro Estatal de Formación Profesional (incluye el informe de vida profesional de cada ciudadano o ciudadana), el Registro Estatal de Acreditaciones de Competencias adquiridas por experiencia laboral y vías no formales, y el Registro Estatal de Centros de Formación Profesional.
- Se promueve la internacionalización de la formación profesional mediante ofertas bilingües, participación en proyectos internacionales, diseño de dobles titulaciones y estancias en empresas y centros formativos de segundos países.

Una vez definidos los conceptos de competencia y cualificación, resulta necesario hacer referencia a un concepto clave: el *talento*. Un término que podemos definir como la capacidad específica de un individuo para aprender o ejecutar una determinada tarea. El talento se refiere, por tanto, a la competencia individual de una persona, esencial para los otros tipos de competencias a los que ya nos hemos referido. Podemos identificar los siguientes tipos de talento:

1. El talento tácito, personal, interno e implícito, que integra el talento individual previo de cada individuo, mediatizado por los elementos culturales, las interpretaciones personales, las aficiones, las experiencias de vida, etc.
2. El talento explícito, externo y comunicable, que hace referencia al talento que aparece reflejado en el currículo y que incluye los títulos académicos, las acreditaciones formativas y las experiencias laborales.

El talento individual, diferenciado según cada persona, debe complementarse en el mundo laboral con el del resto de trabajadores de la empresa, conformando un talento organizativo (o competencia colectiva) que favorezca la competitividad empresarial y de mercado.

Estos talentos se concretan en los siguientes capitales:

1. El capital humano o valor del talento creado en las personas y que integra el talento implícito y explícito.

2. El capital estructural o valor del talento creado por medio de las relaciones dialógicas que se producen en la organización a partir del talento individual.

3. El capital relacional o valor del talento creado por la organización y las personas en sus interacciones con los grupos de interés de su entorno.

El talento se puede considerar, desde esta perspectiva, como el principal activo intangible de las organizaciones que requiere de un desarrollo competencial, el cual puede comenzar en el sistema educativo, mediante procesos formativos de carácter inicial, y completarse en el ámbito productivo, por medio de la formación continua, buscando el equilibrio entre los objetivos individuales y los organizativos, entre los intereses de la fuerza productiva y las metas de la empresa. La gestión del talento va a permitir a las organizaciones captar, reclutar y seleccionar a las personas más competentes para que aporten valor a la empresa; al mismo tiempo que va a favorecer el diseño de proyectos integrales de formación (itinerarios formativos) y de desarrollo profesional (itinerarios laborales) para retener a los mejores y más competentes profesionales.

En la Tabla 4 quedan recogidos los elementos sustanciales de la relación entre educación y trabajo.

Tabla 4. Elementos sustanciales de la relación entre educación y trabajo

Elementos principales	Elementos asociados		
Competencia profesional	• Básicas • Transversales y específicas • Individuales y colectivas		
Cualificación profesional	Unidades de competencia	• Realizaciones profesionales • Criterios de realización • Módulo formativo • Contexto profesional	
Talento	• Individual (tácito y explícito)	• Capital humano	
	• Colectivo	• Capital estructural • Capital relacional	

Fuente: elaboración propia.

5. La lógica organizativa de la relación entre educación y trabajo: de la teoría a la práctica

La lógica organizativa de los procesos formativos, ya sean estos educativos o laborales, públicos o privados, acreditados o no, incluye una serie de elementos que es preciso identificar para poder llevarlos a cabo de la manera más eficaz y eficiente posible.

En este sentido, los elementos que debemos tener en cuenta para un adecuado diseño de un proceso de formación son los siguientes (Ferrández-Salinero y De la Riva, 2016):

- Los objetivos. Deben responder a la política económica o la política organizativa y formularse en consonancia con los requerimientos del mercado o con las carencias de las personas trabajadoras. Pueden hacer referencia a la adquisición o actualización de competencias, así como a la preparación para la promoción, convirtiendo a la formación en una fuente de satisfacción profesional y de mejora individual.
- Los contenidos. Podemos identificar aquellos que están destinados a alcanzar un conocimiento mayor de la propia organización, a adentrarse en la profesión o a identificar novedades en el mercado, atendiendo también a las competencias personales (Sarramona, 2002).
- Las modalidades de formación. Hacen referencia al lugar (dentro o fuera de la organización), al tiempo (dentro o fuera del horario laboral) y al espacio (presencial, a distancia o mixto) en el que se lleva a cabo la formación.
- Las estrategias de acción (métodos, técnicas y tareas). Se determinan en función de los objetivos, pero también de las personas participantes en la formación (profesorado y alumnado), de los tiempos y de los recursos. Podemos señalar como ejemplos la descripción profunda de un aspecto, el estudio pormenorizado de un caso práctico, la utilización de simulaciones y dramatizaciones, la creación de entornos de aprendizaje o la presentación de modelos.
- La evaluación. Tras la difusión e implementación de los procesos formativos debemos situar a la evaluación y a los criterios desde los que es posible llevarla a cabo, considerándola un aspecto decisivo que se plantea desde el inicio de la planificación (con el análisis de necesidades o el estudio de mercado), durante el diseño e implementación de esta y al final de la misma (a través de la valoración de la satisfacción conseguida, del aprendizaje alcanzado, de la transferencia materializada y del impacto revelado).

La Tabla 5 muestra la estructura que debe establecerse para poder diseñar proyectos formativos, tanto en el sistema educativo como en el productivo, identificando los elementos presentados previamente de una manera más detallada.

Tabla 5. Lógica organizativa para el diseño de procesos formativos

Elementos		Descripción
Política económica u organizativa.		Política social y económica (sistema educativo).
		Política organizativa y de mercado (sistema productivo).
Evaluación inicial.	Estudio de mercado.	Análisis de la discrepancia entre la oferta formativa y la demanda laboral (sistema educativo).
	Detección de necesidades.	Índice de discrepancia entre dónde se encuentra la empresa y hacia dónde quiere ir (sistema productivo).
Criterios de planificación.		Estructura y demandas del mercado laboral (sistema educativo).
		Plan estratégico de empresa (sistema productivo).
Fases de elaboración.		• Formulación de objetivos competenciales (generales y específicos) en infinitivo y en términos de resultados. • Planificación operativa: estructura modular de contenidos vinculados al saber, al saber hacer y a las actitudes; propuesta metodológica, y precisión de técnicas y tareas. • Planificación estratégica: modalidades de ejecución (presencial, a distancia o combinada). • Planificación logística: profesorado (titulado y con experiencia), organización (condiciones ambientales, espacios, tiempos globales y secuenciales, horarios y secuenciación de las sesiones), recursos y materiales (didácticos, tecnológicos e instrumentales) y costes.
Difusión de la propuesta.		Comunicación de la propuesta formativa a través de vías oficiales —páginas web institucionales, portales formativos, etc.— (sistema educativo).
		Comunicación dentro de la empresa si es formación interna y de demanda y a través de empresas de formación si es externa y de oferta (sistema productivo).
Líneas de ejecución.		• Seguimiento y control del proceso. • Revisión de las acciones (*feedback* y auditorías).
Evaluación final.		• Satisfacción: opinión de las personas participantes sobre la formación. • Aprendizaje: grado de consecución de los objetivos por parte de las personas participantes (acreditado o no). • Transferencia: traslado de los aprendizajes al lugar de trabajo. • Impacto: en el equilibrio entre la oferta de títulos y la demanda del mercado (sistema educativo) o en el funcionamiento general de la organización (sistema productivo).

Fuente: elaboración propia.

Resumen

Si partimos del precepto de que la educación se da a lo largo de toda la vida, queda patente que la educación no se restringe solo a los ámbitos formales ni a la etapa escolar; consiste en algo que va mucho más allá y alcanza a la formación del sujeto en cualquier ámbito y a cualquier edad. Formarse para y en el trabajo son dos modos complementarios de avanzar en la vida. Se trata de esa pieza del aprendizaje que te prepara para conseguir un empleo, pero también de ese aprendizaje que te hace mejorar dentro del mismo, conocer más y progresar. Así es cómo la educación se vincula al trabajo: a través de la formación relacionada con el empleo. Ahora bien, ¿podemos anticiparnos para que el estudiantado de niveles escolares se prepare para su futuro laboral? Sin duda las diferentes políticas educativas y laborales que se han promovido a lo largo de la historia de nuestro país han ido moldeando las leyes de educación que se han ido aprobando para dar respuesta a los cambios donde las demandas de saberes se transforman. Sin embargo, si bien intenta dar continuidad lógica a la novedad del mercado, la velocidad a la que este va permutando convierte al sistema educativo en un luchador que trata de no volverse obsoleto, a veces sin éxito, y que necesita de apoyos normativos procedentes del sistema productivo. La solución, en realidad, es la misma en ambos casos: la formación. La posibilidad de formarse constantemente, y de hacerlo para y por el puesto de trabajo, ofrece la salida a la necesidad de adaptarse al cambio.

Surge así la pedagogía laboral, una disciplina que está vinculada, por una parte, al sistema educativo como organización formal, estructurada y oficialmente reconocida, en donde la capacitación global y polivalente es considerada como su elemento más característico. Y, por otra, al ámbito productivo, en el cual la rentabilidad de los aprendizajes y su eficacia se consolidan como los factores de cualificación más relevantes, sin descuidar no obstante la planificación formativa inscrita en el ámbito no formal, es decir, en aquel sistemáticamente establecido pero desarrollado fuera de la organización educativa.

La unión, por tanto, del ámbito educativo y del productivo, de la educación y del trabajo, nos abre un campo de actuación pedagógica que trasciende a la escuela y se extiende al entorno laboral, concebido como un mundo de relaciones humanas en el que la formación técnica estará vinculada a la libertad, la justicia, la creatividad y el emprendimiento. Identificando en este devenir conceptos clave que nos van a ayudar a comprender mejor esa relación y estructuras concretas que nos van a permitir transitar de la teoría a la práctica.

Preguntas exploratorias

Planteamos a continuación seis preguntas que van a facilitar el repaso del contenido de este capítulo y a comprender mejor todo lo que integra.

- ¿Cuáles son los dos elementos fundamentales que componen la pedagogía laboral?
- ¿Cómo se plantea la relación entre educación y trabajo en estas tres leyes educativas, Ley de Educación (1970), LOGSE (1990) y LOMLOE (2020)?
- ¿En qué consisten los Acuerdos de Formación Continua para el Empleo, cuántos hay y qué novedades plantea cada uno?
- ¿Cuáles son las principales aportaciones que introduce la Ley 3/2022 de Ordenación e Integración de la Formación Profesional?
- Define los siguientes conceptos: competencia, cualificación y talento.
- Enumera ordenadamente los elementos necesarios para el diseño de un proyecto formativo, educativo y laboral.

Lecturas recomendadas

- Bernal, Antonio, Fernández-Salinero, Carolina y Pineda, Pilar. 2019. La formación continua. Síntesis.
- Pineda, Pilar (coord.). 2009. La gestión de la formación en las organizaciones. Ariel.

Referencias bibliográficas

Acero, Eduardo. 1993. Crónica de la Formación Profesional Española. Tomo 1: la Formación Profesional desde el comienzo del Aprendizaje Artesanal hasta finales de los años sesenta. *Profesiones y Empresas. Revista de Educación Tecnológica y Profesional*, n.º 2: 48-57.

Aramburuzabala, Pilar. 2012. El pedagogo laboral: un experto en aprendizaje en las organizaciones. *Boletín del Ilustre Colegio Oficial de Doctores y Licenciados en Filosofía y Letras y en Ciencias*, n.º 231: 20-21.

Bernal, Antonio, Fernández-Salinero, Carolina y Pineda, Pilar. 2019. *La formación continua*. Síntesis.

Castillejo, José Luis, Sarramona, Jaume y Vázquez, Gonzalo. 1988. Pedagogía Laboral. *Revista Española de Pedagogía,* n.º 181: 421-440.

Delors, Jacques. 1996. *La educación encierra un tesoro*. UNESCO.

Faure, Edgar. 1973. Aprender a ser: la educación del futuro. Alianza/UNESCO.

Fernández, Juan Antonio. 2016. La formación profesional. En José Luis Monereo, Juan Antonio Fernández y Belén del Mar López (Dir.), *Las políticas activas de empleo: configuración y estudio de su regulación jurídica e instituciona,* (pp. 843-874). Thomson Reuters Aranzadi.

Fernández-Salinero, Carolina y De La Riva, Beatriz. 2016. La Pedagogía Laboral como especialidad profesional en el siglo XXI. *Revista Española de Pedagogía,* n.º 256: 559-577.

Fernández-Salinero, Carolina, Martín-Gutiérrez, Ángela y Montoro-Fernández, Elisabet. 2023. Redes europeas de emprendimiento para la formación profesional para el empleo. En Miguel Ángel Santos-Rego, Mª del Mar Lorenzo-Moledo y Jesús García-Álvarez, (Eds.), *la educación en red. Una perspectiva multidimensional,* (pp. 243-271). Octaedro.

Lorente, Rocío. 2012. La formación profesional según el enfoque de las competencias. La influencia del discurso europeo en España. Octaedro.

Luzón, Antonio y Torres, Mónica (Comp.). 2013. *Las políticas de formación profesional en España y en Europa: perspectivas comparadas.* Octaedro.

Morales, Manuel y Fernández-Salinero, Carolina. 2023. Economía de la Educación y Pedagogía Laboral: nuevos contextos de reflexión y actuación. *Teoría de la Educación. Revista Interuniversitaria,* n.º 35(1): 207-224. https://doi.org/10.14201/teri.28833

Oficina Nacional de Prospectiva y Estrategia del Gobierno de España-ONPEGE (Coord.). 2021. España 2050. *Fundamentos y propuestas para una Estrategia Nacional de Largo Plazo.* Ministerio de la Presidencia.

Requejo, Agustín, Rodríguez-Martínez, Antonio, Santos-Rego, Miguel Ángel y Touriñán, José Manuel. 1991. Formación Técnico-Profesional y Mercado de Trabajo. En Luis Núñez-Cubero, (Ed.), *Educación y Trabajo,* (pp. 151-184). Preu Spínola.

Sarramona, Jaume. *2002. La formación continua laboral.* Biblioteca Nueva.

La educación desde la perspectiva de género

Silvia Martínez Cano, Carolina Fernández-Salinero y Laura Camas Garrido

1. Introducción

La educación en perspectiva de género es bastante moderna, pero su incorporación ha marcado un punto de inflexión en la manera de ver la educación. La perspectiva de género aporta un enfoque nuevo a la educación, pues se preocupa por eliminar las desigualdades entre hombres y mujeres en el ámbito educativo con el deseo de que esta igualdad se traslade a la sociedad. En este sentido, se puede conceptualizar la escuela y su entorno más próximo como un posible factor de cambio para transformar aquellas realidades sociales discriminatorias con el fin de garantizar los derechos y libertades de las mujeres y otros colectivos marginados.

En este capítulo expondremos las bases que construyen una educación que tiene en cuenta el género. Para ello, dedicaremos un primer apartado a definir algunos términos, relacionados con la antropología humana y social que enmarcan conceptos como la justicia, la igualdad o la equidad. En el segundo apartado, realizaremos un breve recorrido por la historia de la educación de las niñas y mujeres. Situaremos el foco en el paso de la educación segregada a la educación mixta, y de la educación mixta a la coeducación. En este

Cómo citar: Martínez Cano, Silvia *et al.* (2025). La educación desde la perspectiva de género. En David Luque Mengibar y Silvia Sánchez-Serrano (Eds.) *Teoría de la Educación* (pp. 189-211). Ediciones Complutense. https://dx.doi.org/10.5209/docm.002.08

recorrido histórico describiremos la relación entre la presencia e influencia de la crítica del feminismo a la educación y los movimientos que la educación va realizando para incorporar la perspectiva de género. En tercer lugar, analizaremos la coeducación desde la teoría y la práctica educativa, articulando sus principales elementos filosóficos y antropológicos, y combinándolos con las principales respuestas educativas en distintos niveles de educación formal (Infantil, Primaria, Secundaria, Bachillerato y Formación Profesional) y no formal (social y laboral).

Por último, no queremos dejar de nombrar algunos debates y desafíos que interpelan a la educación en la actualidad desde la perspectiva de género. Los que nombraremos señalan la pluralidad, la globalización y la diversidad como rasgos propios de nuestra época y cuestionan algunos aspectos pedagógicos que la coeducación ha de tener, en cuenta para repensar la diversidad y por las prácticas interculturales en la escuela y su entorno próximo hoy. Estos aspectos son desarrollados en el último apartado.

2. El género, una categoría irrenunciable en educación

Como indicamos en la introducción, el primer paso para abordar una educación igualitaria es indagar en el significado de la perspectiva de la palabra género y de otros conceptos asociados. El género se puede comprender como una categoría sociológica, y, al igual que otras (sexo, edad, etnia, geografía, clase, lengua, religión, etc.), se ha convertido en una variable esencial para poder analizar las dinámicas educativas y sociales y poder ofrecer una perspectiva de las relaciones humanas más objetiva. Según la antropóloga Marcela Lagarde (1996), la perspectiva de género permite analizar las posibilidades, expectativas y oportunidades de mujeres y hombres, de manera que permite comprender los conflictos institucionales y cotidianos que enfrentan ambos géneros. A partir de esta definición, podemos ver que en la perspectiva de género hay una dimensión personal y otra social que se articulan bajo tres conceptos: sexo, género e identidad. El primer concepto a tener en cuenta es el *sexo*. Todos los seres humanos nacemos sexuados (mujer, hombre e intersexual) y esta condición marca la construcción individual y social de cada persona. El sexo hace referencia a las condiciones genéticas, biológicas y fisiológicas de la persona en el proceso de concepción y nacimiento. Se define por su diversificación genética que se expresa en características físicas en el cuerpo humano como los cromosomas, los órganos genitales externos e internos, algunas formas anatómicas diferenciadas (pecho, caderas…), los procesos hormonales fisiológicos (progesterona, testosterona…) o la organización cerebral.

El género como categoría de análisis es relativamente moderno. En 1955, el médico John Money, comenzó a utilizar este concepto diferenciado del término sexo para poder comprender algunos casos médicos contradictorios. La categoría *género* pasó de la medicina, como un recurso para explicar la relación entre biología y entorno social, a formar parte de los análisis de otras ciencias, especialmente de la sociología y la filosofía. En los años 70 del siglo xx, los sociólogos consideraron que el término *género* reflejaba mejor la explicación de la construcción identitaria cultural que el término «diferencia sexual», el cual habían estado utilizando hasta entonces en sus estudios. Así, podemos decir que, el género hace referencia a la comprensión, según la persona y la sociedad, de la sexualidad, entendida como capacidad de expresión corporal de emociones, creencias, conductas y prácticas que no depende solamente de los factores biológicos sino de los condicionantes sociales-culturales que educan y construyen a la persona. En esta descripción del género como categoría social se distinguió entre femenino y masculino. Esta categorización hoy está en cuestión, como veremos después, pues se rige por una organización de las relaciones culturales a través de las actividades sociales, favoreciendo determinados desarrollos psicológicos en cada individuo en función de su condición sexual. A esta organización de los modelos de ser y comportarse lo llamamos estereotipos. De ellos nos ocuparemos cuando describamos la coeducación.

El sexo y el género, junto con otras categorías ya nombradas ayudan a la persona a encontrar su lugar en el mundo. Toda persona vive un proceso de construcción de su *identidad personal*. La identidad personal, hace referencia a la perspectiva individual del sujeto que tiene sobre sí mismo, en diálogo con la sociedad. La identidad se construye en un juego de aceptación y rechazo de lo que se siente, se piensa y se hace, en función de la socialización vivida. Se inicia en la familia (socialización primaria), en los primeros años de vida bajo la influencia de la cultura familiar. De forma similar y al mismo tiempo, se produce una socialización secundaria en el ámbito de la educación, en el grupo de iguales y en el ámbito social (redes sociales, actividades y experiencias culturales, etc.). En la interacción de las dos socializaciones se origina un proceso interno de autoconocimiento de la propia identidad donde se pone en diálogo lo psicológico, lo corporal, el género, la ética y la capacidad de decisión, lo simbólico y cultural, y la interacción social. La identidad personal se va adquiriendo a lo largo de la niñez, pero especialmente se consolida en la adolescencia-juventud.

Como podemos observar, la identidad personal no se reduce solo a la *identidad de género* y su expresión, sino que articula de forma integral todas las expectativas corporales, vitales, sociales y culturales que se tienen sobre la persona. La *identidad de género* hace referencia específicamente a la autoidentificación de la persona a un género determinado: masculino, femenino, *queer*, fluido. Tampoco se debe confundir la identidad personal con la orientación sexual o la atracción que siente una persona hacia un determinado sexo desde lo afectivo, lo romántico y lo sexual (heterosexual, bisexual, pansexual, asexual, homosexual), pues la persona es más compleja y está atravesada por distintas circunstancias y factores socializantes. A partir de esa identificación se expresa hacia los demás. Este «comunicarse a los demás» es lo que llamamos *expresión de género*. Se trata de la manera de manifestar el género mediante el comportamiento, la estética corporal, la vestimenta, los gestos, las expresiones, formas de hablar, etc.

La complejidad de la semántica y la crítica a la categoría de género ha desembocado en una compleja discusión en la que ya no se puede mirar el género de forma aislada, sino que se debe comprender de forma interseccionada con las otras categorías de análisis de la realidad: sexo, edad, etnia, geografía, clase, lengua, religión, etc. En este sentido, las contribuciones de la filósofa Judith Butler a principios de siglo XXI, son fundamentales para comprender que el género es una construcción social condicionada por los imaginarios, expectativas y oportunidades de una sociedad epistemológica y culturalmente binaria (hombre/mujer), patriarcal y en la que se establecen jerarquías de poder o dispositivos de control.

Siguiendo la tesis de Butler, se comprende la relación sexo, género (identidad y expresión) y sexualidad de forma más flexible, entendiendo que los cambios culturales del siglo XXI traen consigo una diferencia sexual más compleja que no se ajusta al modelo dual tradicional (masculino/femenino), y se toma en consideración esta nueva situación poniéndola en diálogo con otras posibles realidades del género (transgénero, agénero, bigénero, etc.). Desde esta perspectiva se produce un movimiento de inclusión de aquellas personas que no respondían a lógicas normalizadas de género (Butler, 2007) y que entraban en conflicto con las dinámicas sociales, pues eran rechazadas y etiquetadas de «raras» (en inglés «queer»). Se abre aquí, todo un abanico de posibilidades de determinación no convencional y no binaria y, en este sentido, cada vez son más frecuentes las exploraciones sobre la necesidad de una pedagogía *queer* (Britzman, 2002). Construir imaginarios no necesariamente binarios y abiertos a la pluralidad es parte del horizonte educativo.

Por tanto, hoy, se abre un debate sobre el género mucho más complejo, que pone en cuestión si se puede seguir hablando de género y de sexo desde la perspectiva del siglo XX. Esto implica una serie de preguntas. Primero, si el género es una construcción a «deshacer» para que todas las personas se sientan reconocidas, ¿cómo abordar las problemáticas de desigualdad y discriminación que todavía sufren las mujeres de forma estructural, simbólica y física? Segundo, si sientan el género, ¿cómo mantener todas las políticas democráticas y las leyes que protegen a las mujeres y favorecen su desarrollo y promoción social? Tercero, se debate frecuentemente sobre la identidad de género –que forma parte de la identidad personal– como un ejercicio de autodeterminación individual, pero ¿el género es tan solo una cuestión de conciencia intelectual o afecta también a las otras dimensiones corporales y sociales de la persona? ¿Dónde ubicar entonces el diálogo con los factores sociales que también construyen a la persona? Por último, y desde perspectiva educativa, ¿cómo afectan estos cambios culturales en la comprensión de la identidad personal y de género en la educación y en la cotidianeidad de los aprendizajes? ¿Cómo abordar cuestiones como la igualdad, la diferencia y la convivencia de distintas perspectivas de género en espacios educativos?

Todas estas cuestiones, como parte de la maduración de la identidad personal, están presentes en la vida escolar y social de los niños, niñas y adolescentes, por lo que es importante tener en cuenta los matices del sexo y el género para seguir profundizando en la educación en la igualdad.

3. El género y sus protagonistas en la historia de la educación

Una vez definidos sintéticamente algunos conceptos clave sobre género y educación, cabría cuestionarse: ¿en qué momento se comienza a hablar de igualdad en la educación?, ¿cuál ha sido el camino que las mujeres han recorrido hasta poder beneficiarse del derecho a la educación?, ¿quiénes fueron sus impulsoras? En definitiva, ¿cuál ha sido la evolución de la coeducación en España?

3.1. Antecedentes históricos

En la literatura académica, feminismo y educación van de la mano (Ballarín e Iglesias, 2018). La educación de la mujer se desarrolla en paralelo a la reivindicación de su valía intelectual, su derecho de participar en el espacio

público mediante el voto y su derecho a acceder al conocimiento. La preocupación explícita por el derecho a la educación es a menudo atribuida a las
mujeres sufragistas del siglo XIX, no obstante, un análisis más minucioso y
profundo muestra que su demanda fue también tema de interés de mujeres en
la Edad Media y la Edad Moderna. Sirva como ejemplo la humanista Christine de Pizan (1363-1431), quien fundó el grupo de mujeres «La Querelle de la
Rose» que defendía la participación de la mujer en el ámbito político, intelectual y universitario de la época. Christine de Pizan fue autora del famoso libro
La ciudad de las damas (1995 [1405]) donde imaginaba cómo podría ser un
mundo en el que las mujeres pudieran ser libres y participar en la sociedad.
La reivindicación de Pizan se convirtió en un debate intelectual que continuó
en los siglos siguientes bajo el nombre de «La querella de las damas» y en
el que intervinieron muchos estudiosos europeos a favor y en contra de la
misma. En España se posicionaron a favor autores como Juan Rodríguez de
la Cámara (1390-1450), Teresa de Cartagena (ca. 1420- ca. 1478) o Isabel
de Villena (ca. 1430-1490). Esta última escribió la obra *Vita Christi* (1497)
como respuesta al misógino libro *Llibre de les Dones* (1460) de Jaume Roig,
escritor valenciano.

Algunas mujeres fueron silenciadas por sus argumentos, como el caso de
María de Zayas (1590- ca.1647), literata de éxito y contemporánea de Queve-
do y Góngora, y especialmente crítica con el tratamiento de las mujeres en las
obras de teatro y novelas de sus contemporáneos. O, el caso de sor Juana Inés
de la Cruz (1648-1695), monja heterodoxa –frecuentemente amenazada por
su vida intelectual–, quien en su famosa carta *Respuesta a sor Filotea* contra
el obispo Manuel Fernández de Santa Cruz –que se hacía pasar por mujer–
confesaba su devoción absoluta por el conocimiento. Explicaba en su carta
que su deseo de aprender era tan intenso que llegó a suplicar a su madre que
la dejara vestirse de hombre para estudiar en la Universidad de México –a la
que solo podían asistir varones–. Otro ejemplo lo encontramos en Poullain de
la Barre (1647-1725). En su obra *De la igualdad de los dos sexos* (1673), señaló la necesidad de distanciarse de los prejuicios sociales y afirmaba que la
verdadera igualdad sólo podía alcanzarse mediante la educación. Por su parte,
en su obra *Vindicación de los derechos de la mujer* (1792), la escritora y filósofa británica Mary Wollstonecraft (1759-1797) apuntaba que las diferencias
perceptibles entre hombres y mujeres eran fruto de la distinta educación que
recibían pero que ambos debían ser tratados como seres igualmente racionales. Así, la educación ha figurado como fuerza emancipadora de las mujeres a
lo largo de la historia, incluso antes de la demanda de las sufragistas.

Sin embargo, hay que entender esta educación en su contexto. Estamos hablando de una educación segregada, diferente para hombres y mujeres. La idea de la educación diferenciada tiene origen en la narrativa que versaba sobre la naturaleza diferente entre ambos sexos; los hombres se vinculaban con la razón o la fuerza física mientras que las mujeres eran vinculadas con la naturaleza, la delicadeza y el afecto. Obras de referencia en la historia de la educación como El Emilio, o de la Educación (1762) de Jean Jacques Rousseau se encuadran en esta línea de pensamiento. En el V Libro: «*Sofía, o la mujer*», el ideal de niña o mujer representado a través del nombre de Sofía es un ser complaciente, que debe mostrar su agrado y aceptación a la sumisión ante el hombre, como esposa y cuidadora de la vida doméstica y civil.

Desde su perspectiva, la naturaleza ofrecía pistas sobre el fin y el medio necesarios para la enseñanza en la infancia. Así, la tesis de Rousseau favoreció la necesidad de educar de forma diferenciada a niños y niñas. Su influencia en educación ha sido reconocida en las obras de pedagogos y maestros como Pestalozzi y Froebel –fundadores de las primeras escuelas infantiles–, dejando una sólida huella en las instituciones escolares, hasta que la crítica de las sufragistas a la educación comenzó a plantear preguntas acerca de una posible educación mixta.

El acceso a la educación institucional de las mujeres es un hecho relativamente actual si se mira con perspectiva histórica. La historia de la educación mixta en España comienza a principios del siglo XIX, con la Constitución de las Cortes de Cádiz (1812) y el Informe Quintana, que recogió el primer intento de garantizar el acceso a la educación para todas las personas. Sin embargo, estos documentos nunca llegaron a ejecutarse dado el reconocimiento del rey Fernando VII. La Ley de Instrucción Pública –conocida como Ley Moyano– de 1857, estableció la enseñanza primaria obligatoria de 6 a 9 años para ambos sexos. Ahora bien, aunque la ley garantizaba el acceso a la educación, esta se organizaba por separado para niños y niñas. Habitualmente llamamos a esta separación escolar *educación diferenciada*, que fue una práctica habitual en los países europeos que desarrollaron sus sistemas educativos en el siglo XIX. Niños y niñas compartían un bloque de disciplinas básicas como cálculo, lectura o escritura, y luego, mientras que los niños estudiaban materias vinculadas con la física, la agricultura, el comercio o la historia, las niñas aprendían labores de la casa, dibujo aplicado a las labores, costura e higiene doméstica (Sánchez y Hernández, 2012).

A mediados del siglo XIX, la tasa de alfabetización femenina española (en el censo de 1860) era de un 11,9% y su escolarización dependía de la voluntad de los municipios (Sarasúa, 2002). La formación de las maestras no estaba organizada, tenían un sueldo menor y su contrato era más estricto. En 1869, la Universidad Central –posterior Universidad Complutense de Madrid con la coordinación de Fernando de Castro–, comenzó a organizar las primeras Conferencias Dominicales sobre la educación de la mujer. En paralelo a estas conferencias, se fundó en 1870 la Escuela de Institutrices que ofrecía la única educación superior a la que una mujer de la época podía aspirar. Para acceder a la institución, las aspirantes debían someterse a un examen que evaluaba su conocimiento en lengua y matemáticas. Una vez superado recibían una amplia formación en ciencias y humanidades junto con cuestiones vinculadas a la higiene y la moral. Durante más de 30 años, la educación fue la primera y única profesión que requería formación a la que las mujeres pudieron aspirar, la segunda fue matrona en 1904. Así, los primeros estudios superiores a los que las mujeres de clase alta pudieron acceder se encontraban vinculados con la educación y el cuidado de niños y niñas. Por último, tras la inauguración de las conferencias dominicales se fundó la Asociación para la Educación de la Mujer (1870), cuyo objetivo era promover la educación de las mujeres y su introducción en el ámbito laboral.

A finales del siglo XIX y principios del siglo XX, comenzaron a surgir voces e ideas que cuestionaban la educación diferenciada. El movimiento de la Educación Nueva fue sin duda uno de los impulsores de lo que se conocería con posterioridad como coeducación en occidente. En los Principios de Adhesión de la Liga Internacional de la Educación Nueva (1920), la asociación recogió como principio: «La Educación Nueva practica la coeducación», lo que establecía el compromiso con la unificación curricular y el abandono de un tipo de educación diferenciada. Desde sus inicios, la Institución Libre de Enseñanza (ILE) (1876-1939), fundada por Francisco Giner de Los Ríos, entre otros, se acogió a estos principios y defendió la *educación mixta*.

En esta línea de pensamiento, la Escuela Moderna (1901-1906) de Ferrer i Guardia adoptó el principio coeducativo, sin embargo, la escuela asignaba roles distintos a las mujeres y a los hombres: al hombre correspondía el espíritu científico y racional y a la mujer el intuitivo y afectivo. El pedagogo catalán observaba «cualidades distintas» entre ambos sexos, por lo que la no segregación por sexos no necesariamente implicó un tipo de acción coeducativa y, en consecuencia, la garantía de la igualdad de oportunidades. Así, el inicio de la educación mixta no implicó la deconstrucción de los clásicos roles de género de esposas y madres.

Por otra parte, aunque entre 1882 y 1883 se aprobó el derecho de las mujeres a acceder a la segunda enseñanza, no fue hasta 1910 cuando se reconoció el derecho a matricularse libremente en centros de enseñanza superior. La ILE, en este sentido, apoyó a muchas mujeres que querían superar los exámenes de ingreso a la universidad y elegir profesiones hasta entonces reservadas para los varones. En 1915, se fundó la Residencia de Señoritas cuya dirección estuvo en manos de María de Maeztu y por la que pasaron destacas mujeres de la cultura (María Goyri, Matilde Padrós, Matilde Huici, María Zambrano, Maruja Mallo, María Lejárraga, etc.).

Asimismo, en el Instituto-Escuela, vinculado a la ILE, mujeres y hombres cursaron sus estudios de Educación Secundaria juntos, en un mismo ambiente que fomentaba un aprendizaje a partir de la observación, el razonamiento y la experimentación en grupos pequeños mixtos. En él estudiaron, entre 1922 y 1936, mujeres como María y Matilde Moliner, filóloga y filósofa respectivamente; Aurora Villa Olmedo, primera médica oftalmóloga y pionera en el deporte español (medalla olímpica de lanzamiento de martillo 1931); Matilde Ucelay, primera arquitecta española; Felisa Martín Bravo, primera doctora en Física y meteoróloga; Aurora Bautista, artista; y otras mujeres muy influyentes en la España de ese momento. Además, en colaboración con la Junta de Ampliación de Estudios, el Instituto-Escuela contempló cursos de formación de profesorado con metodologías de educación activa presentes en Europa y de actualización de la pedagogía desde los principios de la ILE, para disponer de pedagogos y pedagogas que afrontaran las nuevas propuestas educativas. Algunas de las pedagogas que estuvieron implicadas en este proceso fueron: Amparo Cebrián, Carmen García del Diestro, Laura García Hoppe, María de Maeztu, Jimena Menéndez-Pidal, María Moliner, María Luisa Navarro Margati, Alice Pestana, Laura de los Ríos Giner, y Concepción Saiz Otero, entre muchas otras.

3.2. La crítica a la educación desde el feminismo: avanzando hacia la coeducación

El sufragismo femenino impulsó una serie de debates sociales sobre la igualdad de las mujeres en la sociedad española. Uno de ellos fue la educación mixta y la reflexión sobre los principios coeducativos. El primer gobierno de la segunda República, en 1931, estableció la obligatoriedad de la enseñanza mixta tanto en los centros educativos escolares como en los centros profesionales. Las Escuelas Normales dejaron de ser exclusivamente de mujeres y comenzaron a incorporar hombres. Dos años más tarde, en 1933, las mujeres empezaron a votar en España y el Reglamento de Escuelas Normales proclama la coeducación en las escuelas primarias anejas. Sin embargo, durante el bienio radical-cedista (1933-1936), se suprime la coeducación en la Enseñanza Primaria. La Orden del Ministerio de Instrucción Pública y Sanidad de 1937 volverá a reestablecer la coeducación, sin embargo, esta se verá interrumpida por la Guerra Civil. La enseñanza mixta vuelve a ser vetada por aquellos territorios que se encontraban ocupados por las tropas franquistas.

Tras la Guerra Civil, con la victoria del bando nacional una de las primeras medidas que se tomaron desde la dictadura franquista fue la supresión y prohibición de la enseñanza mixta a nivel nacional (Ley de Educación Primaria de 1945). Ello supuso la vuelta a la educación segregada y diferenciada, que perduró hasta 1970. Sin embargo, en el resto de Europa, la influencia de la crítica de Simone de Beauvoir (1908-1986) a la idealización de la maternidad y su instrumentalización para el adecuado crecimiento del varón, que estaba presente en la obra de Rousseau y otros autores de la Ilustración, fue decisiva para un cambio en los modelos educativos. En su reconocido libro *El segundo sexo* (2005[1949]), De Beauvoir señaló que una no nacía siendo mujer, sino que llegaba a serlo. Así, siguiendo esta tesis la educación de las niñas no podía estar supeditada a las necesidades del varón y a las actividades de la vida doméstica.

Las ideas de Beauvoir sobre la igualdad entre hombres y mujeres llegarán a España en 1970 con la Ley General de Educación y Financiación de la Reforma Educativa, gracias a la cual el país comenzó a interesarse de nuevo progresivamente por algunos principios coeducativos pese al mantenimiento de la obligatoriedad de las enseñanzas diferenciadas. A partir de esta ley, por ejemplo, se eliminan paulatinamente las disciplinas vinculadas a actividades domésticas en la educación de las mujeres. Pero, si bien esta nueva ley replanteaba la estructura curricular, las formas de socialización diferenciada del aparato social de la dictadura franquista llevaban funcionando ya más de treinta años y su cuestionamiento y deconstrucción fue parte de un proceso largo y distendido que permanece hasta la actualidad.

Aunque la educación mixta era ya algo normalizado y moderno, la igualdad quedaba todavía lejos. Tras la transición democrática en los años 80, en línea con las obras del sociólogo Bourdieu (*Les Héritiers: Les* étudiants *et la culture*, 1964), las estudiosas feministas comenzaron a denunciar que la educación mixta no necesariamente era sinónimo de coeducación. De hecho, la feminización y masculinización de algunos sectores del mercado laboral eran solo una prueba de ello. En este sentido, las investigaciones denunciaban que las instituciones educativas democráticas reproducían y perpetuaban las desigualdades sociales presentes en las sociedades, lo que implicaba que la educación tenía todavía un laborioso camino y necesitaba de grandes esfuerzos para garantizar la igualdad entre niños y niñas.

La nueva Ley orgánica 1/1990 de Organización General del Sistema Educativo (LOGSE), recogió los diferentes aspectos en materia de igualdad de oportunidades del sistema educativo español y señaló la necesidad de formación, no solo del alumnado sin distinción de sexo, sino también del profesorado en materia de igualdad de oportunidades. Era la primera vez en la historia de España que se obligaba a hacer diseños curriculares marcando objetivos y contenidos con referencias explícitas a la igualdad de sexos y orientados hacia una introducción de la coeducación. Sin embargo, esta ley no tuvo la dotación económica suficiente para implementar estos contenidos, ni tampoco la voluntad política necesaria para llevar a cabo las medidas que se habían promulgado.

Tras varios vaivenes legislativos, la Ley Orgánica de Educación (LOE 2006) reconoció la necesidad de fomentar la igualdad efectiva entre hombres y mujeres y de conseguir la igualdad de derechos y oportunidades, requiriéndose una formación permanente del profesorado en materia de igualdad. Aparece entonces por primera vez y de manera explícita la palabra «coeducación» como una propuesta específica para abordar el tema. Actualmente está vigente la Ley Orgánica LOMLOE (2020) por la que se modifica la Ley Orgánica de Educación de 2006 que es heredera de los postulados de las normativas previamente señaladas, adoptando un enfoque de igualdad de género a través de la coeducación y fomentando en todas las etapas y a través de asignaturas específicas el aprendizaje de la igualdad efectiva de mujeres y hombres, la prevención de la violencia de género y el respeto a la diversidad afectivo-sexual.

4. La perspectiva de género en la educación: de la teoría a la práctica

En el apartado anterior ya hemos señalado que la coeducación no es lo mismo que la educación mixta. Al referirnos al concepto de coeducación hacemos alusión a la práctica de una educación igualitaria y no discriminatoria entre hombres y mujeres. La coeducación conlleva la inclusión de la perspectiva de género, siendo esta una categoría que permite hacer propuestas críticas en el diseño, la planificación, la ejecución y evaluación educativa de valores, contenidos, metodologías, prácticas y mecanismos para todas las personas, sin distinciones de sexo-género (Subirats y Brullet, 1988).

4.1. Principios y rasgos de la coeducación

Para realizar este trabajo teórico y práctico desde perspectiva de género, los estudios educativos han señalado que hay que profundizar fundamentalmente en dos aspectos de la educación: el *currículum oculto* y los *estereotipos de género*, su relación y su permanencia en las dinámicas escolares está muy consolidada.

El currículo oculto se articula e implementa a través de tres polos: el *androcentrismo*, el *esencialismo* y la *segregación* de los géneros (Morales, 2022). El androcentrismo es el convencimiento de que la cultura está creada y sostenida por los hombres, por lo que todo lo que pertenece a la mirada masculina está normalizado como lo universal y racional. De forma inconsciente aceptamos, por ejemplo, que el lenguaje masculino es el lenguaje universal y neutro, mientras que cuando se habla en femenino hablamos de realidades particulares y, por lo tanto, secundarias y subjetivas. El esencialismo racionaliza y legitima las creencias de que son las condiciones biológicas lo que resulta natural y antinatural en hombres y mujeres. Así, la fuerza y lo racional es más propio «biológicamente» de los hombres y lo delicado y lo emocional es propiamente «natural» en las mujeres. Por último, la segregación incide en la creencia de que la separación de sexos constituye el criterio organizador de la vida social, desde la vida familiar, hasta la vida laboral, pasando por el aprendizaje educativo. En este sentido, aceptamos que las mujeres deben organizar la vida familiar porque en cierta manera tienen más capacidad para ello, mientras que damos por habitual que los hombres realicen labores de representación social (direcciones, liderazgos, coordinaciones, jefaturas, etc.).

Por su parte, los estereotipos de género se pueden definir como las expectativas sociales que se tienen sobre las personas en función de su sexo y su género, no excluyendo en estas expectativas otros elementos como la clase, etnia o geografía. Se trata de un conjunto interiorizado e invisible de creencias, pensamientos, valoraciones, significados e imaginarios que estructuran, construyen y determinan las relaciones y las prácticas sociales de y entre hombres y mujeres. Esto se muestra en las relaciones del aula y en otros ámbitos no formales, en las relaciones entre docentes y discentes, y también en las relaciones entre docentes y familias.

Los estereotipos poseen dos funciones: descriptiva y prescriptiva, y combinadas dan lugar a conductas discriminatorias en el entorno educativo (Morales, 2022). La función descriptiva hace referencia a cómo creemos que deben ser y comportarse los hombres y las mujeres en el aula, en el patio o en otros entornos de aprendizaje, es decir se define de forma inconsciente a la persona según unos rasgos esencializados, en función de su sexo. Con ello, se automatiza la discriminación y se aprende o sobreaprende (refuerzo de un aprendizaje anterior en la familia, por ejemplo). La función prescriptiva indica cómo deben ser y comportarse hombres y mujeres y lo que sucede si se transgrede esta normatividad (sanciones sociales, educativas o procedentes de los iguales, etc.). Tiene por tanto un carácter normativo y refuerza el sistema de valores sexista y la estructura de poder que favorece a los hombres funcionando como un poderoso mecanismo de control social: lo que es normal, lo que es aceptable y lo que se desvía de la norma. En este sentido, muchas de las violencias simbólicas y físicas que encontramos en la cotidianeidad de la escuela y su entorno próximo (como humillaciones, *bullying*, violencia física y verbal, aislamiento, etc.) son la consecuencia de estereotipos de género especialmente rígidos que castigan a muchos niños y niñas al no ajustarse a lo que se espera de ellos y ellas.

Para responder a este análisis, la práctica coeducativa se centra en desarrollar un proceso intencionado de intervención a través del cual se potencia el desarrollo de las niñas y los niños. Se parte de realidades diferentes, pero con el foco puesto en el desarrollo individual y en equilibrio con las relaciones entre niños y niñas, para orientar la educación hacia una construcción social común y no enfrentada. La coeducación se nos presenta así, como una respuesta educativa que busca la igualdad y avanzar, como meta máxima, hacia la equidad. Parte del reconocimiento de que todas las personas se sitúan en puntos de partida diferentes y desiguales. Es respetuosa con la diferencia, ya que, no pretende educar a niñas y niños como si fueran idénticos, sino integrar las diferencias y valorar y respetar la diversidad desde su complejidad. Pretende, además, construir espacios de aprendizaje igualitarios, es decir, que los educadores y las educadoras creen un clima educativo donde no quepa la desigualdad discursiva, simbólica, curricular o sociocultural, y con ello, reconocer y favorecer las potencialidades de cada sexo (Bejarano *et al.,* 2019).

En definitiva, la coeducación se basa en reflexionar, cuestionar, y buscar nuevas maneras de interpretar el mundo de una forma justa e igualitaria, y no reproducir los códigos culturales dominantes, huyendo de estereotipos emocionales y comportamientos sexistas, donde no exista un modelo emocional de hombre y unos sentimientos específicos para mujeres (Suberviola, 2020). El objetivo fundamental, a nivel educativo, sería la redefinición de un modelo cultural que no solo admita la existencia de diferencias, sino que precisamente se construya como forma de universalizar las conductas y capacidades diferentes que inicialmente fueron consideradas como propias de grupos específicos (Subirats y Brullet, 1998, p. 29).

4.2. La práctica de la coeducación en distintos ámbitos educativos

A continuación, procedemos a comentar diversas iniciativas que potencian la perspectiva de género en distintos niveles educativos. Hablaremos, a este respecto, de la Educación Infantil, la Educación Primaria, la Educación Secundaria Obligatoria, el Bachillerato y la Formación Profesional, así como de algunas iniciativas del ámbito no formal.

En Educación Infantil, por ejemplo, se han incorporado las metodologías de los rincones, con el fin de superar el enfoque de la educación diferenciada. Al organizar la clase por rincones tanto niños como niñas podían acceder a las actividades y los materiales por igual. Además, ambos se terminaban involucrando en tareas y actividades domésticas tradicionalmente asociadas a la mujer. De esta manera, a través del juego simbólico se deconstruyen los prejuicios y estereotipos de la cultura dominante del país.

Si bien esta apuesta vertebra la acción educativa y la distancia de los efectos de la educación diferenciada, los estudios en perspectiva de género han señalado la existencia de un currículo paralelo y oculto al intencional que, en ocasiones, se adueña de las formas de relación y socialización de niños y niñas. En este sentido, la literatura ha centrado su interés en el análisis de los juegos y juguetes infantiles. Lejos de conseguir una igualdad efectiva, las investigaciones muestran la prevalencia y dominancia de una perspectiva binaria. Estos estereotipos se encuentran especialmente presentes tanto en las formas de socialización mediáticas de los medios de comunicación como en la industria infantil del juguete o el libro. En este sentido, si bien se vienen realizando grandes esfuerzos, todavía existe una industria del juguete que sigue fomentando la generación de estereotipos a través de las asociaciones de los colores al género, azul para él y rosa para ella. A las niñas se les han regalado juguetes asociados con el cuidado de otros seres vivos o del hogar –como bebés, mascotas o complementos de limpieza–, mientras que para los niños los juguetes que se fabrican se vinculan con su desarrollo intelectual y físico.

Por otra parte, en la Educación Primaria algunos estudios han indagado en la revisión crítica de los materiales curriculares y los manuales escolares (León Hernández *et al.,* 2023). En líneas generales, las investigaciones apuntan a la existencia de poca representación de mujeres en las distintas disciplinas escolares y en otro tipo de materiales infantiles y juveniles de uso didáctico. Cuando se estudia a las grandes figuras que han marcado la historia de la humanidad, llama la atención la ausencia de mujeres que formaron parte de la misma. En este sentido, la poca representación de la mujer a menudo se encuentra estereotipada y vinculada con profesiones asociadas a las humanidades, los cuidados y el ámbito doméstico. Esta tendencia se extiende con los materiales de otros cursos educativos superiores.

Con respecto al uso de los tiempos y espacios escolares no reglados, algunas investigaciones han puesto de manifiesto el uso desigual de niñas y niños de espacios comunitarios escolares como el recreo. En este sentido, mientras que los niños ocupan la mayor parte del espacio mediante el uso de juegos y deportes de pelota, la mayoría de las niñas terminan ocupando los márgenes del espacio lúdico, situándose en rincones pequeños y escondidos (Subirats y Brullet, 1988). Las investigaciones feministas han reivindicado la necesidad de entender el espacio del recreo no desde un sentido rígido e invariable, sino desde su posibilidad de cambio y de reconocimiento como un lugar permanentemente abierto a la pluralidad y la expresión de la diferencia. La configuración del espacio debe ser lo suficientemente amplia y plural como para el disfrute de la libertad individual y de la autodeterminación desde la comunidad.

En Educación Secundaria Obligatoria y Bachillerato se está poniendo el énfasis en romper la brecha de género en profesiones STEAM (Science, Technology, Engineering, Arts and Mathematics)*,* pues la educación es clave para hacer que la carrera científica sea atractiva y accesible para niños y niñas y, especialmente, para que estas últimas desarrollen una autoimagen positiva acerca de sus capacidades y sus posibilidades. A este respecto, la rigidez curricular, la falta de herramientas pedagógicas en el aula y la ausencia de refuerzo, acompañamiento y orientación se conforman como problemas estructurales de nuestro sistema educativo que perjudican a todo tipo de alumnado y especialmente a las niñas. Algunas medidas que se están poniendo en marcha como respuesta a estos problemas serían las siguientes (Cobreros *et al.*, 2024): formación adicional y extracurricular en áreas STEAM (cursos y actividades extraescolares), dirigidas especialmente hacia niñas; diseño de currículum y materiales flexibles, adaptados y libres de sesgos; creación de herramientas docentes inclusivas, individualizadas y colaborativas; orientación accesible, suficiente y de calidad; incremento de *role models* (referentes femeninos); así como la concienciación de las familias.

En cuanto a la Formación Profesional, podemos arrojar algunas evidencias y aportar ciertos mecanismos para una agenda futura de investigación en su relación con la perspectiva de género (Merino, 2020). Las evidencias se pueden resumir fundamentalmente en tres: la desigualdad de género entre familias profesionales, la dificultad de las mujeres en acceder a profesiones masculinizadas y la segregación horizontal en el mercado de trabajo.

En primer lugar, descubrimos una desigualdad entre familias profesionales feminizadas (como las asociadas con la Administración y Gestión, Imagen Personal, Sanidad, Servicios Socioculturales y a la Comunidad y Textil, Confección y Piel) y masculinizadas (siendo estas Electricidad y Electrónica, Energía y Agua, Fabricación Mecánica, Informática y Comunicaciones, Instalación y Mantenimiento, Madera, Mueble y Corcho, Marítimo-Pesquera, Seguridad y Medio Ambiente y Transporte, Mantenimiento de Vehículos). En segundo lugar, encontramos gran dificultad en las mujeres para adentrarse en ámbitos profesionales dominados por los hombres, especialmente en los niveles básicos de formación (fundamentalmente por los procesos de socialización experimentados en la escuela y la familia). Y, en tercer lugar, la segregación horizontal, es decir, la subrepresentación o sobrerrepresentación de un determinado grupo sobre el otro en ocupaciones o sectores no ordenados por ningún criterio objetivo. Esta situación reduce el abanico de opciones laborales y promueve una inserción laboral en profesiones más precarias.

En cuanto a los mecanismos que puedan servir de contrapunto para equilibrar las evidencias identificadas, podemos identificar los siguientes: encontrar aquel elemento diferenciador donde la mujer sea valorada en cada profesión; identificar las peculiaridades personales de cada mujer y convertirlas en factor determinante para su inclusión en determinadas profesiones; integrar la perspectiva de género en el diseño y desarrollo del currículum de formación profesional, lo que implicaría el análisis y revisión de todos los contenidos y materias que lo conforman; y, por último, la inclusión de nuevos objetivos, contenidos y criterios de evaluación específicos en materia de igualdad.

Por último, en el ámbito formal e institucional (por ejemplo, el Ministerio de Educación y Formación Profesional, de Cultura y Deportes, de Trabajo y Economía Social, etc.) se han incentivado iniciativas generales que favorezcan la perspectiva de género en los centros educativos, a través de propuestas vinculadas con: a) la celebración periódica de días señalados –como el Día Internacional de la Mujer o el Día Internacional de la Eliminación de la Violencia contra la Mujer–, b) el diseño de programas de prevención de la violencia de género y la promoción de relaciones afectivo-sexuales saludables, c) la elaboración de proyectos coeducativos a través de los responsables o coordinadores de coeducación de los centros educativos, y d) el ajuste del contenido del currículo de las asignaturas. En ocasiones, muchas de estas actividades se desarrollan en asociación con diferentes administraciones públicas.

En el ámbito no formal, asociativo y sociolaboral (véase el Instituto de la Mujer, sindicatos, asociaciones de barrio, organizaciones de inserción, etc.), las propuestas destinadas a desarrollar la perspectiva de género se llevan a cabo a través de propuestas educativas auspiciadas por: a) el III Plan Estratégico para la Igualdad Efectiva de mujeres y hombres (2022-2025): b) el Plan Estratégico de Igualdad de Oportunidades 2019-2022; c) los Programa como AURORA (inserción laboral de mujeres rurales), CLARA (incremento de la empleabilidad de las mujeres a través de la formación), SARA (mujeres en situación de vulnerabilidad); d) los Planes de Igualdad de las empresas. En ocasiones, muchas de estas actividades se desarrollan en asociación con diferentes administraciones públicas.

5. Debates actuales de la educación desde perspectiva de género

Llegados a este punto podríamos preguntarnos, ¿cuáles son los retos de la perspectiva de género en educación?, o ¿hacia dónde se dirigen sus horizontes? En esta parte final del capítulo abordaremos tres perspectivas presentes en el quehacer educativo que están comenzando a tomar fuerza en su dimensión tanto práctica como teórica de la educación. Hablaremos de los Objetivos de Desarrollo Sostenible (ODS), los feminismos interseccionales y la descolonialidad, aspectos de la cultura actual que están interconectados.

En 2015, las Naciones Unidas adoptaron la Agenda 2030, compuesta por una serie de objetivos comunes entre las naciones firmantes. Entre los 17 objetivos, dos son los que hacen referencia a la educación y la igualdad. Por un lado, el objetivo 4 que hace referencia a la necesidad de garantizar una educación equitativa, inclusiva y de calidad para todos y todas. Por otro, el objetivo 5 que pretende el alcance de la igualdad de género y el empoderamiento de niñas y mujeres. Ambos se encuentran vinculados con el abordaje de la discriminación y la desigualdad socialmente estructural, amplificando espacios de participación y representación de mujeres y niñas.

El Informe de los Objetivos de Desarrollo Sostenible de 2023 ha señalado que todavía estamos lejos de conseguir ambos objetivos. El documento detalla que la participación y representación de las mujeres ha aumentado pero su progreso es lento e insuficiente. Asimismo, a nivel global se menciona que la mitad de las mujeres casadas no tienen poder de decisión sobre su salud y sus derechos sexuales y reproductivos. Además, la violencia de género ha experimentado cierta reducción, pero no lo suficiente para los objetivos marcados. Por último, se observa la urgente necesidad de desarrollar políticas que favorezcan la paridad, ello requiere de liderazgo político, inversiones y reformas educativas integrales capaces de desarticular barreras sistémicas y estructurales. Los ODS 4 y 5 indican la necesidad de caminar hacia sociedades más inclusivas y más igualitarias y sitúan la educación en un lugar estratégico para conseguirlo. En este sentido, la educación entendida en un sentido amplio –escuelas, familias, fundaciones y organizaciones sociales y laborales, medios y en general, la sociedad– está interpelada a dar respuesta a los objetivos mencionados. Así, uno de los retos futuros de la educación en perspectiva de género tiene que ver con establecer sinergias educativas hacia el desarrollo de las líneas teóricas de los ODS.

Si bien los ODS son una de las grandes demandas a nivel institucional, su presencia en la sociedad viene sostenida por distintos movimientos sociales que desde el cambio de milenio han ido reivindicando la aplicación de ópticas teóricas complejas en el análisis de la realidad social. En este contexto debemos situar la crítica a los análisis duales (riqueza/pobreza, hombre/mujer, Oriente/Occidente, etc.) de las sociedades y la propuesta de un modelo intercultural que sea capaz de incorporar las diferencias en los análisis teóricos. Describiremos, aquí, dos de estas teorías: la teoría de la interseccionalidad y las teorías decoloniales.

La teoría de la interseccionalidad comienza a tener fuerza a partir de los años 90 del siglo XX. Sus antecedentes históricos se encuentran en el feminismo negro de Anna Julia Cooper (1858-1964) y su obra *A voice from the South* (1892), en las mujeres estadounidenses activistas de ascendencia africana de los años 70 con la firma de la *Declaración feminista negra* (1977) o en la publicación de *Ain't I a Woman?: Black Women and Feminism* (1981) de bell hooks (1952-2021). Las obras mencionadas sugieren la necesidad de comprender la discriminación por razón de género junto con la discriminación racial. Sin embargo, no será hasta los años 90 cuando la jurista Crenshaw, en 1989, instaura el término de la «interseccionalidad» para hacer referencia a la interdependencia de las categorías género y raza/etnia.

La interseccionalidad aporta el marco epistemológico suficiente para generar un espacio de discusión académica y social en torno a la complejidad y la multifactorialidad de la realidad social. Se trata de comprender la realidad social a partir de múltiples factores: el género, la raza, la etnia, lo sexual, la economía, la educación, la justicia, la participación, etc. (Hill y Birge, 2019). La perspectiva de la interseccionalidad proporciona una visión más integral, que aúna la dimensión intrapersonal (la identidad personal y la búsqueda de sentido individual), con la dimensión interpersonal (las relaciones con otras personas y la capacidad de encuentro y consenso en las distintas culturas) y con la dimensión cósmica (la capacidad de interacción con el medio y el intercambio ecosocial). Ahora bien, ¿qué posibilidades teóricas y prácticas ofrece la interseccionalidad en la educación?

Con la perspectiva de género y su interseccionalidad, el alumnado descubre que, aunque las sociedades sigan teniendo un fuerte componente binario y segregador en sus estructuras culturales, en la práctica los estereotipos no se definen tan claramente y la realidad es mucho más compleja de lo que parece. La escuela puede contribuir a descartar una concepción monolítica, binaria y parcial acerca del hombre y de la mujer, localizando las asimetrías y promoviendo una cultura de la diversidad y el encuentro, a favor de la justicia social.

Por último, las teorías decoloniales han incidido en deconstruir las bases pedagógicas de la educación introduciendo en la reflexión una mirada transfronteriza que facilite el diálogo educativo a favor de una construcción del conocimiento comunitario, intercultural y diverso como alternativa al modelo neoliberal, individualista y patriarcal (Walsh, 2013). Las pedagogías decoloniales se centran en la noción de un «vivir bien» y de cómo la educación contribuye a una vida que se centra en el ejercicio de la equidad y del cuidado. Desde este presupuesto, la reflexión pedagógica pasa por analizar y visibilizar las dinámicas de poder/resistencia que existen en las relaciones humanas y las instituciones sociales a distintas escalas: individual, grupo-clase, escolares, comunitarios, nacionales o internacionales. Así, la escuela invitaría a evaluar con frecuencia la capacidad de acción consciente del individuo ante las relaciones de poder y jerarquía presentes en el aula que incluyen cuestiones como el prestigio, el estatus, las expectativas, procedencias, oportunidades, etc. Todo ello con el propósito de crear un clima democrático y de convivencia que ponga en el centro la igualdad y la solidaridad.

Asimismo, aporta algunas estrategias de articulación de lo común en la educación. Por ejemplo, dejar de pensar en singular y pensar en un «nosotros-nosotras» inclusivo inter y transcultural donde se apueste por el intercambio de conocimientos y la hibridación cultural. Para las pedagogías decoloniales, las identidades, tanto personales como culturales, no son tan estables como pensamos y han de entenderse de forma dinámica y multifocal, en relación con las distintas formas estructurales de desigualdad. Por ello, se ocupan de visibilizar estas relaciones de poder, repensando las simultaneidades, las encrucijadas y los silencios, así como los privilegios y el empoderamiento en el ámbito educativo, donde las instituciones sociales y la resolución de sus problemas, son de máxima importancia (Hill y Bilge, 2019). La pedagoga Catherine Walsh enuncia tres herramientas para el desarrollo de una pedagogía decolonial crítica: el pensamiento-otro, la decolonialidad y el pensamiento crítico de frontera (Walsh, 2013). El «pensamiento-otro» (Walsh, 2013, p. 285) defiende que el otro puede desarrollar un pensamiento propio (otro) que no tiene necesariamente que coincidir con el normalizado. La decolonialidad propone entender y poner en diálogo a las culturas en el mismo nivel de importancia. Esto significa deconstruir la idea de que el conocimiento proviene solo de determinadas culturas y construir de nuevo los modos de vivir, de poder y de saber (Walsh, 2013). Este último será el que la pedagogía cuidará especialmente para construir una educación comunitaria, igualitaria y equitativa. Por último, el pensamiento de frontera implica hacer visibles otras lógicas y otras formas de pensar, que sean diferentes de la lógica eurocéntrica dominante (Walsh, 2013). Por tanto, estamos hablando de un ejercicio educativo donde el intercambio y la inclusión están en el centro del aprendizaje.

Resumen

La incorporación de la perspectiva de género en la formación inicial y continúa es fundamental para favorecer el desarrollo de estos valores, tanto para el profesorado como para el alumnado. Con ello, se ayuda a las niñas, niños y adolescentes a apreciar la diversidad como un elemento de enriquecimiento personal y humano. En este sentido, una educación que tiene en cuenta la perspectiva de género es una herramienta clave para consolidar experiencias democráticas que favorezcan la igualdad de género y una escuela inclusiva.

La incorporación de la perspectiva de género a lo largo de la historia reciente ha permitido instar a la educación a repensar la importancia de la igualdad y la equidad en la práctica educativa. De una educación segregada, donde se defendía la desigualdad de los espacios educativos y las diferencias entre currículos para niños y niñas, se pasó progresivamente al interés por espacios educativos mixtos que establecieran currículos comunes y dinámicas relacionales de reconocimiento de la otra. La noción de coeducación, como forma connatural de educar, ha orientado las estrategias pedagógicas que combaten el currículo oculto y los estereotipos de género dentro de las aulas. Por otro lado, las leyes educativas han colaborado en reforzar las herramientas en materia de igualdad de oportunidades del sistema educativo español y la ampliación de formación sobre este tema, no solo en el alumnado sin distinción de sexo, sino también en el profesorado en materia de igualdad de oportunidades. Además, se ha desarrollado una especial sensibilidad hacia la diversidad de identidades en la maduración de la persona y se ha ampliado el enfoque de igualdad de género a través de la coeducación, buscando estrategias de prevención ante la violencia de género y de fomento del respeto a la diversidad afectivo-sexual y de género.

Asimismo, y como consecuencia de los cambios culturales presentes en los inicios del siglo xxi, nos encontramos en una profundización de la categoría de género a partir de una epistemología interseccional y decolonial, que establece relaciones múltiples del género con otras categorías como etnia, clase económica, lengua, orientación sexual, identidad de género, geografía, edad, etc. Las distintas propuestas pedagógicas tienen en común el reimaginado del significado del conocimiento («decolonizar del saber»), de la coeducación y de la igualdad y la equidad, como núcleo de una educación que se orienta a prácticas y acciones sociales concretas y conscientes que intenta crear modos de responsabilidad y solidaridad comunitaria, apoyados actualmente en actuaciones conjuntas derivadas de propuestas internacionales como los ODS.

Preguntas sobre el tema

1. ¿Cuáles son los rasgos principales de la educación desde la perspectiva de género?, ¿cuáles son las principales críticas que esta perspectiva hace a la educación?

2. ¿Cuáles son las principales líneas de actuación en la educación desde la perspectiva de género en las instituciones educativas y organizaciones sociales?, ¿qué otras formas se te ocurren?
3. ¿Cuáles dirías que son los obstáculos más comunes para la implementación de la coeducación en las escuelas y en espacios educativos próximos?
4. ¿Qué estrategias se pueden implementar para abordar los estereotipos de género y el currículum oculto a nivel de aula y de centro?
5. ¿Cuáles son los principales desafíos actuales en la educación que enfrenta la perspectiva de género?

Sugerencias de lecturas

- Subirats, Marina. 2017. *Coeducación, apuesta por la libertad*. Octaedro.
- hooks, bell. 2021. *Enseñar a transgredir: la educación como práctica de libertad*. Capitán Swing.
- Beauvoir, Simone. 2005[1949]. *El segundo sexo*. Cátedra.
- Woolf, Virginia y María Hesse. 2023. Una habitación propia (edición íntegra e ilustrada). Alfaguara.

Referencias bibliográficas

Bejarano, M. Teresa; Martínez, Irene y Blanco, Monserrat. 2019. Coeducar hoy. Reflexiones desde las pedagogías feministas para la despatriarcalización del curriculum. *Tendencias Pedagógicas*, n.º 34: 37–50. https://doi.org/10.15366/tp2019.34.004

Britzman, Deborah. 2002. *La* pedagogía transgresora y sus extrañas técnicas. En Rafael Mérida (Ed.). *Sexualidades transgresoras. Una antología de estudios queer.* Icaria.

Butler, Judith. 2007. *El género en disputa. Feminismo y subversión de la identidad.* Paidós.

Cobreros, Lucía; Galindo, Jorge y Raigada, Teresa. 2024. *Mujeres en STEM: Desde la educación básica hasta la carrera laboral.* EsadeEcPol – Center for Economic Policy.

García-Lastra, Marta. 2022. Coeducación y formación del profesorado: una (nueva) oportunidad para repensar la práctica educativa. En, Noelia Morales, (ed.), *Igualdad y coeducación. Retos para las escuelas del siglo XXI,* (pp. 34-45). Ediciones de la Universidad.

Collins, Patricia y Bilge, Sirma. 2019. Interseccionalidad. Morata.

León, Irati; Gamito, Rakel; Martínez, Judit y Morales, María Teresa. 2023. Situación actual de la coeducación en la escuela: uso no sexista del lenguaje y materiales didácticos. *Contextos Educativos. Revista de Educación,* n.º 32: 347-367.

Lagarde, Marcela. 1996. *Género y feminismo: desarrollo humano y democracia.* Horas y Horas.

Merino, Rafael. 2020. Formación profesional y género: desigualdades que persisten, algunos cambios y debates pendientes. *Revista de Sociología de la Educación,* n.º 13(3): 305-307.

Morales, Noelia (Ed.). 2022. *Igualdad y coeducación. Retos para las escuelas del siglo XXI.* Universidad de Salamanca.

Sánchez, Laura y Hernández, José Luis. 2012. La educación femenina en el sistema educativo español (1857-2007). *El futuro del pasado,* (3): 255-281.

Sarasúa, Carmen. 2002. Aprendiendo a ser mujeres: las escuelas de niñas en la España del siglo XIX. *Cuadernos de Historia Contemporánea,* n.º 24: 281-297.

Subirats, Marina y Brullet, Cristina (1988). *Rosa y Azul. La transmisión de los géneros en la escuela mixta.* Instituto de la Mujer.

Suberviola, Iratxe. 2020. Aspectos básicos sobre el concepto y puesta en práctica de la coeducación emocional. *Foro de Educación,* n.º 18(1): 189-207. http://dx.doi.org/10.14516/fde.682

Walsh, Catherine (Ed.). 2013. *Pedagogías decoloniales: prácticas insurgentes de resistir, (re)existir y (re)vivir. Tomo I.* Abya Yala.

Educación y tecnología

Beatriz de la Riva-Picatoste, Alba Torrego-González y José L. González-Geraldo

1. Introducción

La relación entre las generaciones y su comportamiento natural es un tema que ha captado la atención tanto de expertos en marketing y medios de comunicación como de la sociedad en general. En este tema exploramos cómo las diferentes generaciones se definen en función de sus características y experiencias compartidas, así como la influencia que esto tiene en su comportamiento. La llegada de los llamados *Nativos digitales* ha marcado un antes y un después en la evolución generacional, siendo crucial el impacto que la tecnología ha supuesto en el modo de aprender y de relacionarse de esta generación.

El análisis derivado sirve de base para explorar cómo la tecnología puede transformarse en pedagogía, especialmente en el ámbito educativo, y cómo la Inteligencia Artificial (IA) está emergiendo como un actor disruptivo en este campo. A medida que nos adentramos en la era de la IA, es fundamental reflexionar sobre sus implicaciones en la educación y el aprovechamiento de su potencial para mejorar los procesos de enseñanza y aprendizaje.

La IA emerge como una fuerza transformadora que promete revolucionar la forma en que enseñamos y aprendemos. Desde sistemas de tutoría personalizados hasta plataformas de aprendizaje adaptativo, la IA ofrece oportunidades increíbles para mejorar la accesibilidad, la eficacia y la personalización de

Cómo citar: De La Riva-Picatoste, Beatriz *et al.* (2025). Educación y tecnología. En David Luque Mengibar y Silvia Sánchez-Serrano (Eds.) *Teoría de la Educación* (pp. 213-233). Ediciones Complutense. https://dx.doi.org/10.5209/docm.002.09.

la educación. Sin embargo, también plantea importantes interrogantes éticos y sociales, como el acceso equitativo a la tecnología y la privacidad de los datos. Por lo tanto, es imperativo que educadores y educadoras y responsables políticos aborden estos desafíos de manera proactiva, garantizando que la tecnología se utilice de manera ética y responsable en beneficio de todo el estudiantado.

Mientras nos adentramos en esta nueva era de la educación impulsada por la IA, es crucial que los educadores continúen desempeñando un papel activo como guías y supervisores del proceso de aprendizaje. Se requiere una comprensión profunda de las implicaciones prácticas de la integración de la IA en el aula, así como un enfoque equilibrado que aproveche los beneficios de la tecnología sin perder de vista la esencia humana del proceso educativo. En última instancia, la combinación de la supervisión humana con la potencia tecnológica puede llevar a una experiencia educativa más enriquecedora y significativa para el alumnado.

2. Las generaciones y el comportamiento natural

2.1. ¿A qué generación pertenezco?

El marketing y los medios de comunicación, así como la propia curiosidad humana, parecen querer imponernos la necesidad de definir las generaciones en las que nos ha tocado vivir, tanto actuales como anteriores, basándonos para ello en una realidad social determinada y concluyentemente simplificada. Así, con el fin de poder catalogarnos o etiquetarnos, solemos dejar establecidas ciertas formas de actuar de determinados grupos sociales que corresponden con comportamientos naturales etiquetados como normativos de un momento histórico concreto.

De esta forma, las generaciones son el medio a través del cual dos calendarios distintos: el del curso de la vida y el de la experiencia histórica, se sincronizan; el tiempo biográfico y el tiempo histórico se funden y se transforman mutuamente dando origen a una generación social (Leccardi y Feixa, 2011).

En la línea de lo que sugieren estos autores, pueden señalarse tres momentos clave en la historia que marcan tres hitos que han puesto de relieve algunos cambios generacionales:

- Años 20 del siglo XX: se formulan las bases filosóficas del relieve generacional.

–   Años 60 del siglo xx: aparece una teoría acerca del vacío generacional relacionada con protestas lideradas por grupos de jóvenes con edades análogas.

–   Años 90 del siglo xx: momento en que se inicia una era digital que va a suponer el principio de una revolución; y también el principio de los que vamos a conocer como «nativos digitales».

Quizá, uno de los momentos más disruptivos, que nos ayuda a establecer un corte más certero, sea la aparición de Internet, de forma que las generaciones que consigan desprenderse de esa novedad que para otros ha supuesto esta herramienta, serán las que marquen la diferencia entre los que nacieron sobre 1980 y los nacidos posteriores al año 2000.

¿Una definición fácil de *generación*, para entendernos? Pues es eso que nos separa de nuestros padres/madres y de nuestros hijos/as, por muy poca edad que nos llevemos con ellos/as.

Es necesario tener en cuenta que las definiciones de las diferentes generaciones nacen en Estados Unidos, por lo que su significado está muy ligado a su tradición cultural, aunque ciertamente la concepción se haya extendido más allá de sus fronteras y la hayamos heredado en Europa. Por esta razón, las fechas que marcan los períodos intra-generaciones son un poco distintas de las que se conciben en otras partes del mundo y, además, difieren de unas fuentes de información a otras. Según *The Center for Generational Kinetics*[1] en estos momentos se puede hablar de cinco grandes generaciones:

•   Tradicionalistas, también llamada Generación Silenciosa: nacidos hasta 1945. Son los herederos de la gran depresión de los años 20 y de la posguerra de la Segunda Guerra Mundial. Se mantuvieron en silencio, trabajando para salir adelante y sacrificándose para alcanzar sus metas.

•   Baby Boomers: nacidos entre 1946 y 1964. Están comprometidos con el trabajo y la familia. Provienen de familias numerosas. Son una generación muy interesante desde el punto de vista del marketing, pues son personas con poder adquisitivo y capacidad para consumir

•   Generación X: nacidos entre 1965 y 1976. Se les identifica como a una generación satisfecha con su trabajo y con su familia, capaz de disfrutar del ocio. Han visto nacer Internet y la movida madrileña. Están comprometidos con su comunidad y con la sociedad.

---

[1]   The Center for Generational Kinetics: https://genhq.com/generational-birth-years/ (Visitado por última vez en abril de 2024).

- Generación Y, también llamada Del milenio o Millennials: nacidos entre 1977 y 1995. Muchos de ellos crecieron después del cambio del milenio. Han tenido que adoptar un rol protagonista ante la tecnología, por lo que se han familiarizado con la era digital. Se han preparado a nivel profesional e invierten su dinero en viajar.
- Generación Z, también llamada V, Virtual, Post-millennials, Centennial, en Red, Hiperconectada o Nativos digitales: nacidos desde 1996. La característica fundamental que une a este grupo es la hiperconexión constante a la Red (Internet). Los estudiantes centennials (según Romo y Esparza, 2020) son interactivos, autodidactas, multitask, creativos, impacientes, hedonistas, narcisistas, resilientes, consumistas, independientes, autosuficientes, prácticos y altruistas. Rechazan actividades que exijan constancia, esfuerzo y responsabilidades y reivindican resultados inmediatos. Saltan de una actividad a otra con facilidad y su pensamiento es lógico. Buscan la inmediatez, la innovación y rechazan la mera memorización. Son realistas, no temen la incertidumbre y se ligan a la creatividad. Evidentemente, como nativos digitales, comprenden y utilizan la tecnología incluso para estudiar y relacionarse. Están muy informados y son exigentes. La independencia es una característica importante que los lleva a hacer las cosas por sí mismos.

Como ya se ha comentado, esta clasificación difiere de otras que puedan encontrase. Se dice que no puede establecerse un rango exacto de años entre los que enmarcar una generación porque el concepto de generación es un constructo socialmente establecido y, por ende, consiste en compartir una serie de características que difícilmente pueden encasillarse únicamente en función del año de nacimiento. Así, alguien que haya nacido en 1985 podría estar más identificado con la generación X o la Y y alguien nacido en 1975 podría sentir algo parecido. En cualquier caso, por lo tanto, no pueden establecerse cortes radicales entre unas generaciones y otras; las transiciones son, más bien, graduales y se entremezclan durante algunos años.

También cabe señalar que hay una disputa generalizada entre los que piensan que por encima de los «nativos digitales» ya no cabe hablar de nuevas generaciones, pues la era digital marca el comienzo de una nueva sociedad.

Igualmente es interesante tener en cuenta las fuentes que destacan que para los Millennials el 11 de septiembre del 2001[2] supuso un hito con el que

---

[2]   11 de septiembre de 2011: fecha en la que tres aviones secuestrados y pilotados por terroristas de Al Qaeda impactaron contra las Torres Gemelas y el Pentágono (Estados Unidos).

tienen una fuerte conexión emocional (especialmente en Estados Unidos), por lo que este grupo generacional no puede abarcar a nacidos hasta el año 2000, ya que éstos serían demasiado jóvenes para tener ese vínculo, de ahí que consideremos a los Millennials a los nacidos hasta 1995.

2.2. ¿Qué podemos considerar hoy en día comportamiento natural?

El comportamiento natural se refiere a las acciones que realizamos en ausencia de influencias externas. El comportamiento natural de un grupo responde a una búsqueda de identidad (descrita en 1956 por Erikson) como característica crucial para el desarrollo de una personalidad. Por estos motivos, el estudio del comportamiento natural nos ayuda a entender, más allá de los años, cómo se aglutina y divide el concepto de generación ya comentado. En concreto, el comportamiento natural de los estudiantes de la generación post-millennial responde a las siguientes características:

- Pluralidad: empiezan una cosa y acaban otra. Relacionan estrechamente el ocio con el trabajo y no consideran que deba trabajarse en nada de lo que no se esté disfrutando.
- Sentimiento de pertenencia al grupo: consistente en una marcada influencia de las redes sociales.
- Inmersos en el mercado actual: comercio, belleza y un mundo global son los intereses predominantes.
- Información: se recibe sin límites.

En este sentido, teniendo en cuenta los intereses de este capítulo, centrado en la relación que existe entre tecnología y educación, es verdaderamente interesante prestar especial detalle a cómo se desenvuelven los que han venido denominándose «Nativos digitales».

2.3. ¿Qué le interesa y cómo aprende el Nativo digital?

En corto, podríamos decir que un Nativo digital es aquel que nace rodeado de nuevas tecnologías. Para este tipo de estudiantes los métodos de enseñanza tradicional son un fracaso y provocan completo desinterés. Las nuevas pedagogías sugieren apoyarse sobre el potencial del uso de las diversas tecnologías (incluyendo redes sociales y videojuegos) en el contexto del aprendizaje:

- Motivan.
- Centran la atención.
- Refuerzan la autonomía y el pensamiento reflexivo.
- Incentivan la solución de problemas.
- Se adaptan a las capacidades de esta generación.

Estas razones nos llevan a ahondar en la importancia de no ser ajenos a un mundo cambiante, en constante evolución y, desde el punto de vista de la educación, como parte de esa realidad transformadora, aprovechar la tecnología convirtiéndola en deseable y factible acción pedagógica, en pedagogía, tal y como se expone en el siguiente apartado.

3. Transformar tecnología en pedagogía

La importancia de que toda la población desarrolle competencias digitales es un hecho en una sociedad donde las Tecnologías de la Información y la Comunicación (TIC) cada vez tienen más peso. La educación no puede ser ajena al entorno en el que vivimos, y por ello debe reflexionar sobre cómo abordar esta competencia en todos los niveles educativos e, incluso, en la formación permanente a lo largo y ancho de la vida. Por ello, mucho se ha debatido en las últimas décadas sobre cómo hacerlo. A pesar de que los ordenadores, Internet, los entornos digitales, etc. no son algo nuevo en nuestras vidas porque fueron desarrollados en el siglo pasado, la introducción de la competencia digital en la educación formal tardó en hacerse de forma reglada y durante muchos años su desarrollo quedó al albur del criterio de las personas dedicadas al ámbito educativo.

La aparición de los primeros marcos competenciales sobre educación digital da unas primeras pinceladas sobre cómo hacerlo. Varios han sido los organismos supranacionales que se han preocupado por formular sus propios marcos, pero, en esta ocasión, nos centraremos en el que más influencia ha tenido en España: el DigComp, que se refiere al Marco de Competencia Digital para Ciudadanos (Digital Competence Framework for Citizens) formulado por la Dirección General de Educación y Cultura de la Comisión Europea. Se trata de una herramienta que tiene como objetivo la mejora de las competencias de toda la ciudadanía de la Unión Europea. Su primera publicación data del 2013 y, durante estos años, ha sido el documento de debate sobre el que han surgido las primeras iniciativas relacionadas con la competencia digital en educación en los diferentes países europeos. A partir de este marco, también la Comisión Europea ha desarrollado el Marco Europeo para la competencia digital del profesorado (DigCompEdu) centrado en el desarrollo profesional del profesorado, donde se abordan las competencias digitales específicas que deben desarrollar para su profesión, con el fin de poder aprovechar el potencial de las tecnologías digitales para mejorar e innovar en educación.

En España, si se habla de la formación en competencias digitales del profesorado, debemos centrar nuestra atención en el Marco de referencia de la competencia digital docente (MRCDD) del Ministerio de Educación y Formación Profesional. Es un documento oficial que se emplea como referencia para el diseño de políticas educativas con el fin de mejorar no solo la competencia digital del profesorado, sino también para contribuir con ello a la adquisición y desarrollo de las competencias del alumnado y al buen funcionamiento de los centros. Este documento parte del marco DigCompEdu y se centra en seis áreas: compromiso profesional, contenidos digitales, enseñanza y aprendizaje, evaluación y retroalimentación, empoderamiento del alumnado y desarrollo de la competencia digital del alumnado. En total, se definen veintitrés competencias, que se dividen en tres niveles (básico, intermedio, avanzado). Estos niveles se relacionan con los niveles de competencia utilizados por el Marco Común Europeo de Referencia para las Lenguas (CEFR), que van desde A1 (Novato) hasta C2 (Pionero).

En relación con la formación en competencias digitales del alumnado, la legislación educativa[3] se centra en el uso seguro, saludable, sostenible, crítico y responsable de las tecnologías digitales para el aprendizaje y para la participación en la sociedad. Para su desarrollo también se basan en el DigComp y se establecen cinco áreas competenciales: alfabetización en información y datos, comunicación y colaboración en línea, creación de contenidos digitales, seguridad digital y resolución de problemas.

Estos marcos suponen pensar la forma de abordar el desarrollo de la competencia digital de toda la población. Precisamente, la competencia digital no es solamente poseer infraestructuras tecnológicas; la clave está en el trabajo y formación del profesorado en este nuevo contexto tecnológico. La competencia digital, como se ve en el desarrollo de estos marcos, va mucho más allá del uso de las tecnologías y se centra en la comprensión del profundo impacto de las TIC en la sociedad actual y en la necesidad de promover la colaboración para integrarlas de modo efectivo. Así, incluir en los centros dispositivos

---

[3]   LOMLOE: Ley Orgánica 3/2020, de 29 de diciembre, por la que se modifica la Ley Orgánica 2/2006, de 3 de mayo, de Educación.

tecnológicos es necesario, pero no es suficiente si no está presente la reflexión didáctica y crítica del profesorado y del alumnado sobre los medios.

La competencia digital queda incompleta si se ocupa únicamente de la informática y se olvida de los medios y de su influencia. Recordemos que cuando hablamos de TIC no solo nos referimos al manejo instrumental de aplicaciones digitales o del ordenador sino también a su dimensión social y cultural. En ocasiones, la investigación en tecnología educativa ha dejado de lado el papel fundamental a los medios en el proceso educativo. Por lo tanto, es necesario incluir aquí una educación para los medios, que implica que tanto docentes como estudiantes sean consumidores críticos y productores activos de mensajes mediáticos. A través de esto, se podrá capacitar a las personas para entender, analizar y cuestionar la influencia de los medios en la sociedad. Algo de esto aparece en los marcos citados, pero no parece suficiente puesto que se ignoran dos dimensiones clave: los estudios culturales y las alfabetizaciones sociales (McDougall y Potter, 2019).

Por todos estos motivos, no podemos olvidar otros marcos que abordan no solo la competencia digital, sino también las alfabetizaciones múltiples. El objetivo es fomentar una ciudadanía crítica, libre y democrática para la creación y el disfrute de una sociedad más justa más allá del mero dominio de unas herramientas que favorecen el intercambio de información y una alfabetización puramente instrumental. Si la alfabetización clásica supone aprender a leer y a escribir, la alfabetización digital debe abordar la producción creativa de nuevos medios y, a su vez, su consumo crítico (Buckingham, 2005).

Pongamos un ejemplo. Una persona que sabe subir una foto a una red social domina el uso instrumental de esa plataforma, pero, hay otras cuestiones sobre las que quizás no se haya parado a reflexionar: ¿qué permisos se aceptan cuando nos registramos como usuarios?, ¿qué supone que comparta esta imagen o una noticia?, ¿qué mensaje estoy transmitiendo? No es frecuente que estas cuestiones sean abordadas por los centros educativos, que se centran únicamente en el uso instrumental y, cuando lo hacen, suelen dejarlo en manos de expertos externos, sin embargo, a nivel social tienen una influencia capital. Recordemos, por ejemplo, que, en 2019, la filtración de datos de redes sociales a varias empresas tuvo un impacto socioeconómico mundial e, incluso, se ha demostrado la influencia de los discursos en los entornos digitales en los resultados de las elecciones.

Precisamente, el último informe global de la UNESCO, *Reimaginar juntos nuestros futuros* (2021) advierte de que la tecnología puede contribuir a la fragmentación y a las tensiones sociales y de que, en educación, es necesario potenciar el pensamiento crítico sobre su uso. Esta misma organización lleva décadas señalando que la alfabetización informacional y mediática es necesaria para que todos los seres humanos puedan acceder a sus derechos. La alfabetización mediática y la alfabetización informacional se definen como:

> Las competencias esenciales (habilidades y actitudes) que permiten a los ciudadanos interactuar con los medios de comunicación y otros proveedores de información de manera eficaz y desarrollar el pensamiento crítico y las aptitudes para el aprendizaje a lo largo de la vida para la socialización y la puesta en práctica de la ciudadanía activa (Wilson, 2012, p. 16).

Así, además de la competencia digital, es necesario abordar estas alfabetizaciones para favorecer el pensamiento crítico y el acceso a la información y al conocimiento. El no hacerlo supone una desventaja significativa y una disminución de poder para toda la ciudadanía. El Parlamento Europeo, en 2009, recomendó la inclusión de una asignatura sobre alfabetización mediática en los planes de estudio educativos europeos. A pesar de esta recomendación, nunca se llegó a implementar y su presencia transversal es todavía una materia pendiente. Esto podría hacerse de forma sencilla si tenemos en cuenta que el objetivo fundamental es que la ciudadanía aumente su conciencia sobre las múltiples formas de mensajes difundidos por los medios que encuentran en su vida cotidiana. Es tarea de cualquier disciplina que contribuya a la formación básica de las personas.

Gutiérrez-Martín y Torrego-González (2018, p. 16) afirman que «la educación mediática nunca ha llegado a calar en la educación obligatoria de nuestro país, ni en la formación del profesorado que se ha centrado en la capacitación tecnológica y didáctica, siguiendo la tónica general de una sociedad tecnocrática y competitiva». Para transformar la tecnología en pedagogía habrá que tener en cuenta los siguientes puntos:

- El dominio de destrezas técnicas para poder crear mensajes en diferentes contextos.
- El metaconocimiento de los entornos digitales y los contextos socioculturales en los que se enmarcan.
- La comprensión de las conexiones entre los sistemas con las relaciones de poder y los intereses de las instituciones.

Avanzando un poco más, y con los ojos puestos en las tendencias actuales, debemos hacer un seguimiento constante a la evolución tecnológica para que cada realidad se ajuste a la alineación entre la tecnología y la pedagogía. En este sentido, el avance de la IA dibuja un panorama en el que la educación está llamada a una continua transformación y en la que los agentes implicados en la educación están obligados no solo a asistir al cambio, sino a ser parte activa y decisiva del mismo.

4. La llegada de la Inteligencia Artificial

Si mencionamos hoy en día programas como mIRC o Napster, más allá de los entendidos pocos quizá sepan a qué nos referimos. Incluso estando todavía en activo[4], el uso y difusión de estos programas informáticos no es nada comparado con el que tuvieron en el pasado, jugando así un papel esencial en la historia que ha llegado a nosotros. Una historia evidenciada respectivamente en WhatsApp y Spotify, por poner dos claros ejemplos de lo que mIRC supuso en su momento para la comunicación textual entre personas, y Napster para el disfrute de la música entre usuarios.

De igual forma, es lógico intuir que no pasará mucho tiempo hasta que dentro de la particular «guerra fría del algoritmo» en la que vivimos desde la democratización del archiconocido –usado y temido– ChatGPT (noviembre de 2022), este mismo nombre quede relegado a un merecido, pero también olvidado rincón dentro de la evolución de la Inteligencia Artificial (IA). *Veni, vidi,* vici, sin duda, pero también, quizá, *et oblītus sum*: vine, vi, vencí… y fui olvidado.

Sin embargo, centrándonos en el presente, hablar en estos momentos de tecnología en educación es casi imposible sin mencionar la IA y, en especial, la IA generativa de textos que derivan de los grandes modelos basados en el procesamiento del lenguaje natural como ChatGPT (OpenAI), Copilot (Microsoft), Gemini (Google) o Claude (Anthropic), por mencionar aquellos que –sin entrar en el terreno del código abierto (open source)– están a la cabeza.

La realidad nos indica, por tanto, que estamos ante un fenómeno que, pese a no ser novedoso –los inicios del *Deep Learning* se remontan a la etapa cibernética de los años 40 del siglo pasado–, suponen un inevitable punto disruptivo comparable a la aparición de Internet, consiguiendo captar el interés y la atención de quienes, dedicándose a otros ámbitos, hasta hoy no habían centrado su discurso en las implicaciones de la IA. Hoy, expertos y profanos,

---

[4]   https://www.mirc.com/ y https://www.napster.com (Visitados por última vez en abril de 2024).

tecnófilos y tecnófobos estamos condenados a enfrentar e hilar nuestros discursos para explorar y explotar tanto los peligros como las posibilidades que esta nueva realidad nos ofrece.

No obstante, pese a la creciente relevancia ganada a pulso en estos últimos lustros –principalmente gracias al impacto de la COVID-19– la sinergia entre tecnología y educación es ciertamente un lugar común desde el prisma psicopedagógico, por lo que más allá de las especificaciones técnicas, propias de programadores e ingenieros, nos sentimos no solo competentes sino también «destinados» a elaborar discursos como el que nos ocupa. Destinados en cuanto a *destinatarios*, usuarios y mediadores entre otros beneficiarios, en nuestro caso dentro del mundo pedagógico, donde el binomio entre tecnología y educación, como hemos apuntado, pasa ineludiblemente por una mínima comprensión de cómo ha llegado hasta nosotros, y qué significa, este tsunami de la IA.

Atendiendo a la evolución histórica del software educacional, observamos cómo el concepto de computadoras y de enseñanza automatizada tiene sus raíces en el campo de la psicología. En la década de los años veinte del siglo XX, el profesor universitario Sidney L. Pressey exhibió y discutió una versión temprana de una máquina de enseñanza dentro de las reuniones de la Asociación Psicológica Americana. Más tarde, el más conocido Burrhus Frederic Skinner desarrolló una máquina de enseñanza similar en la década de los cincuenta (Imagen 1).

 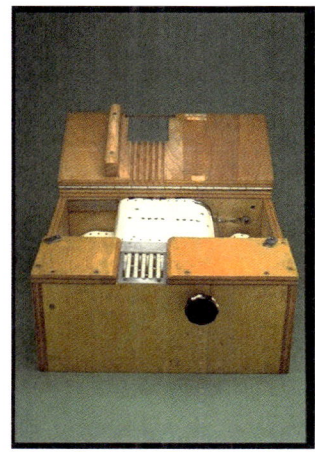

Imagen 1. Máquinas de enseñanza: Pressey (izquierda) y Skinner (derecha).
Museo Nacional de Historia Americana.

La máquina de Pressey simplemente mostraba secuencialmente preguntas de selección múltiple. El alumno podía pulsar uno de los cuatro botones y no podía pasar a la siguiente pregunta hasta que acertara. Si respondía correctamente a ocho preguntas, la máquina encendía una luz o, como en el caso de este modelo, dejaba caer por el tubo un caramelo. Por su parte, la máquina de Skinner –a través de distintos modelos mejorados– sigue esta misma estela, pudiendo, por ejemplo, centrarse en enseñar aritmética elemental. En ambos casos, la IA brilla por su ausencia.

Curiosamente, mientras que Pressey creía que su máquina podía reemplazar a los maestros, Skinner veía su máquina como un tutor privado para los estudiantes. Dos maneras de enfrentarse a la tecnología que ponen sobre la mesa, entre otros retos, el papel que los educadores han de jugar como facilitadores del aprendizaje y no solo como dispensadores de conocimientos, con o sin IA. Si ante las nuevas necesidades detectadas en aquellos momentos se abogaba por establecer programas de desarrollo profesional que ayudarán a los docentes a adquirir las habilidades necesarias para poder hacer un uso efectivo de estas tecnologías en el aula, hoy el reto sigue vigente. De esta forma, como paso previo a esta formación, consideramos imprescindible una mínima información sobre la aparición del concepto de IA, los principales hitos que especialmente atañen a sus repercusiones dentro del ámbito educativo y las bases de su funcionamiento.

Dejando de lado los orígenes de la curiosidad del ser humano por computar y predecir, que nos retrotraerían al ábaco y otras maravillas como el mecanismo de Anticitera, es un lugar común acotar el origen de la IA a la conferencia del campamento de verano de Dartmouth (1956), donde se acuñó el término (McCarthy *et al.*, 1955). De esta forma, el concepto de IA apareció bajo el supuesto de que cada aspecto del aprendizaje o cualquier otra característica de la inteligencia humana podría describirse de manera tan precisa que sería posible crear máquinas que la simularan.

Esta conferencia, construida sobre otros avances como la creación de la neurona artificial por McCulloch y Pitts en 1943 o el conocido Test de Turing, ha sido reconocida como el nacimiento formal del campo de la IA y, desde entonces, este campo ha experimentado diversas fluctuaciones que se vieron afectadas por expectativas no cumplidas y limitaciones tecnológicas, momentos conocidos como los «inviernos de la IA», principalmente a lo largo de los años setenta y finales de los ochenta del siglo pasado, llegando a nuestros días gracias a múltiples y diversos puntos disruptivos que detonan en el ya clásico artículo titulado «Attention is all you need» y la aparición de los Transformers (Vaswani et al., 2017). Desde otro prisma, también es digno resaltar los más mediáticos casos previos de la derrota ajedrez de Kásparov por Deep Blue en 1997 o el increíble aprendizaje y maestría del programa AlphaGo en 2016. Estos y otros muchos avances explican por qué la IA está en tantas facetas de nuestra vida como los sistemas de recomendación algorítmicos de las redes sociales y las plataformas de ocio, las contrataciones de seguros, los diagnósticos médicos, los sistemas de ayuda a la conducción o los asistentes como Siri o Alexa. Con todo, ¿por qué la educación iba a ser una excepción?

Así, desde los años cincuenta del siglo pasado, el campo de la IA ha sufrido considerables y no menores avances que han consolidado diversos campos de investigación y desarrollo interdependientes, pero con identidad propia. Entre ellos, especialmente relacionados con los avances de IA actuales, se pueden destacar: 1) *Machine Learning*, o aprendizaje automático, rama que se ocupa del desarrollo de modelos algorítmicos que permitan a las computadoras aprender y hacer predicciones a partir de datos sin estar explícitamente programadas para cada tarea específica. 2) *Deep Learning*, o aprendizaje profundo, subcampo del aprendizaje automático, inspirado en el funcionamiento y estructura del cerebro humano y, en especial, de las redes neuronales biológicas y su deriva en redes neuronales artificiales, y 3) *Natural Language Processing*, o Procesamiento del Lenguaje Natural (NLP), específicamente interesado por mejorar la interacción entre las computadoras y los humanos a través del uso del lenguaje natural. Las implicaciones de estos tres ámbitos son imprescindibles para entender cómo funciona la IA y, en especial, los grandes modelos de lenguaje (LLM) como ChatGPT y sus derivados y afines.

Ahora bien, siguiendo a Moravec: «Todos los intentos para conseguir que las máquinas sean inteligentes han pasado por la fase de imitación de la inteligencia natural, pero los distintos modos de enfocar el problema han remedado diferentes aspectos del original» (1990, p. 14). Dicho de otra forma, los procesos mentales de los seres humanos, en especial los inconscientes, son ciertamente difíciles de registrar y detallar de manera formal a través de un proceso que se centre en la máxima expresión de inteligencia humana, es decir, en un proceso de simulación de arriba-abajo. Por el contrario, en sus orígenes, la cibernética –de la que se nutrió la corriente pedagógico-sistémica creada por Sanvisens (1984)– se preocupó por emular los sistemas nerviosos de los animales desde el nivel neurológico, es decir, de abajo-arriba. En aquellos albores del nuevo siglo, Moravec defendía este último modelo, pero también admitía que: «… este itinerario hacia la inteligencia artificial, de abajo arriba, un día se encontrará con el tradicional, el que va de arriba abajo […] Y habrá máquinas totalmente inteligentes cuando la grapa de oro metafórica una estas dos trayectorias».

Con la amplitud de miras que proporcionan tres décadas de evolución, hoy observamos que lo que realmente nos fascina de los chatbots proviene más del enfoque tradicional (arriba-abajo) que del cibernético (abajo-arriba). No obstante, por muy avanzadas que las últimas versiones de ChatGPT nos parezcan hoy, no debemos olvidar que estamos ante modelos de IA débiles o estrechos (del inglés, ANI), capaces de hacer muy bien tareas muy específicas (en el caso de ChatGPT se trata de una mera predicción del lenguaje) y que el umbral en el que nos encontramos nos ha de llevar hacia la consecución de modelos mucho más avanzados, entrenados de manera multimodal no solo con textos o imágenes sino con todo el espectro de experiencias humanas (especialmente difícil hacerlo a través del olfato o el gusto), que nos hagan valorar la posibilidad de que las IA lleguen a alcanzar lo que se conoce como Inteligencia General Artificial (AGI), un nivel de simulación que rivalizaría en todos los aspectos con los del propio ser humano. Alcanzado ese nivel, y todavía hoy dentro del campo de la ciencia ficción o la especulación teórica, encontraríamos la Inteligencia Artificial Superior (ASI), un nivel que sobrepasaría ampliamente al humano y que, por tanto, no seríamos capaces siquiera de comprender.

Es ciertamente significativo que uno de los principales miedos que el uso de herramientas como ChatGPT ha desatado en el ámbito educativo haya sido precisamente la problemática que suscita en cuanto a malas prácticas y la posibilidad de plagio. Hasta ahora, el plagio era más o menos evidente cuando alguien se apropiaba de las ideas de otra persona y, en el peor y más flagrante de los casos, copiaba literalmente frases, párrafos e incluso páginas de ese autor/a. Para detectar esos casos, contábamos –y contamos– con herramientas como *Compilatio* o *Turnitin,* capaces de cotejar y darnos un porcentaje exacto de contenido copiado. En el mejor de los casos, cuando una persona se apropiaba de las ideas de otra parafraseando sin llegar a citarlo y darle el merecido reconocimiento, siempre nos quedaba la silente sensación de que, al menos, desde el punto de vista educativo, algo habría tenido que aprender durante este fraudulento proceso. Ahora, tras la irrupción de la IA nos damos cuenta de que las reglas han cambiado de manera cualitativamente irremediable. Para entenderlo mejor, es aconsejable adentrarse someramente en cómo funcionan estos modelos, por lo que recomendamos la sólida obra de Russell y Norvig (2004).

Todo ello, por supuesto, sin mencionar las más que evidentes reticencias éticas y los sesgos implícitos que existen a la hora de considerar el entrenamiento de estos modelos, tal y como las propias compañías desarrolladoras reconocen. Si comenzamos estos párrafos señalando el impacto que en su momento supusieron mIRC y Napster, no podemos terminar sin recordar los dilemas éticos y legales que también los acompañaron. El uso extendido de la IA, y en especial de los modelos generativos de lenguaje, requiere de un especial cuidado en todo lo que atañe a la ética, privacidad y política de contenidos, así como al uso socioeducativo e investigativo que de ellas derive (Miao y Holmes, 2024). No es casual que la UNESCO, editora del trabajo anteriormente citado e incluso desde antes del boom de los LLM y, señalara el peligro que un mal uso de la IA podría ocasionar en el ámbito educativo:

> Ante la creciente omnipresencia de los sistemas automatizados que emplean IA y que prometen rutas ya diseñadas para la enseñanza, el aprendizaje o la evaluación, necesitamos un complemento humano y un contrapeso. Al utilizar estas técnicas, hay que tener claramente en cuenta sus limitaciones, así como los riesgos de reforzar las estructuras de poder existentes y los supuestos que tienden a marginar a quienes «realizan» el aprendizaje de forma diferente. (UNESCO, 2022, p. 67).

Sin embargo, el hecho de que el testigo quede en nuestras manos no significa que debamos renunciar a la asistencia que estos modelos, así como otras IA, nos ofrecen: generación de imágenes, audio, vídeo, etc. Independientemente de ellas, una cosa es evidente, la necesidad de supervisión humana es imprescindible. Es ciertamente válida aquí la metáfora del *copiloto*, plasmada por Microsoft, en la que nosotros, humanos, para poder seguir siéndolo, debemos tener siempre la última palabra.

Resumen

La idea de pertenecer a una misma generación supone vivir en el mismo tiempo, tener la misma experiencia histórica y sentirse conectados socialmente.

La Generación Z, Centennial o Nativos digitales son aquellos nacidos después de 1996 cuya característica fundamental común es la hiperconexión constante a la Red (Internet). Los/as estudiantes centennials son interactivos, autodidactas, *multitask*, creativos, impacientes, independientes, autosuficientes, buscan la inmediatez y la innovación. Comprenden y utilizan la tecnología incluso para estudiar y relacionarse.

El comportamiento natural de los «nativos digitales» presenta las siguientes características:

- Pluralidad: empiezan una cosa y acaban otra.
- Sentimiento de pertenencia al grupo: con marcada influencia de las redes sociales.
- Intereses predominantes: comercio, belleza y un mundo global.
- Información: se recibe sin límites.

Para este tipo de estudiantes los métodos de enseñanza tradicional no funcionan por lo que la propuesta pedagógica debe apoyarse en el uso de las nuevas tecnologías y en las metodologías de enseñanza innovadoras.

La importancia de desarrollar competencias digitales en el ámbito educativo implica la necesidad de integrar aspectos competenciales en la formación del profesorado y en el currículo escolar para preparar a los/as estudiantes para participar críticamente en la sociedad digital. Es fundamental ir más allá del simple manejo de tecnologías, comprendiendo su impacto social y promoviendo una educación para los medios. La transformación de la tecnología en pedagogía debe enfocarse en el dominio de habilidades técnicas, el metaconocimiento de entornos digitales y la comprensión de las conexiones entre sistemas y relaciones de poder.

La más reciente de las transformaciones tecnológicas a considerar es la implementación de la Inteligencia Artificial (IA).

Los orígenes del *Machine Learning* y el *Deep Learning* son claves para entender los actuales modelos de IA. El interés generalizado por los LLM y las aplicaciones prácticas de la IA en educación son fenómenos ciertamente recientes, pero de gran calado. La IA, especialmente los modelos generativos de lenguaje como ChatGPT, Copilot, Gemini y similares, están transformando la enseñanza y el aprendizaje al proporcionar herramientas que emulan –con aciertos y con errores– la interacción humana mediante el uso del lenguaje natural, tan presente en los contextos educativos.

Sin duda, la entrada de la tecnología en la educación, a través de las distintas inteligencias artificiales, invade la pedagogía con desafíos éticos y prácticos, como, por ejemplo, la autoría intelectual y el plagio.

Quizá debamos apostar por un enfoque equilibrado que combine la siempre necesaria supervisión humana con la potencia tecnológica para maximizar sus beneficios sin perder la esencia de lo que nos hace, precisamente, seres humanos.

Preguntas exploratorias y actividades

¿A qué retos se enfrentan los Centennial? ¿Cabe hablar de una generación post-virtual en un mundo completamente digitalizado?

Es difícil imaginar el futuro de la educación en cualquier escenario. De hecho, ese viene siendo uno de los grandes retos de la humanidad desde que nos preocupamos los unos por los otros. No hay que olvidar que los niños y las niñas que entran en la escuela hoy, saldrán de ella dentro de 15 años, lo que complica seriamente pensar en un plan perfecto para garantizarles una vida acorde al mercado dentro de ese período de tiempo. Parece que la escuela se mueve siempre en el pasado, porque cuando quiere darse cuenta, el presente que dibuja para su alumnado ya no sirve una vez que abandonan las aulas. Si ya de por sí es difícil, en una era de completa digitalización cuesta mucho más pensar en cómo hacer las cosas cuando no podemos ni imaginar la vida el próximo año o, viendo los increíbles avances de la IA, el próximo mes. ¿Hacia dónde va la educación cuando ya ni siquiera podemos hablar de transformación digital? Queda empezar a aferrarse a la idea de que el docente es un mediador de aprendizajes y un profesional encargado de seguir garantizando que los niños y las niñas de hoy sean los buenos y buenas ciudadanos/as del mañana.

Actividad 1.
Reflexión. A partir de la pregunta anterior, saca tus propias conclusiones reflexionando acerca de las posibilidades de que existan futuras generaciones en las que tenga que pensar la escuela de hoy en día. Realiza una propuesta de objetivos que deben empezar a cubrir los centros educativos para tener en cuenta al alumnado que va a salir formado dentro de 15 años.

¿Cómo pueden los sistemas educativos adaptarse de manera efectiva para abordar la competencia digital asegurando que los docentes y estudiantes estén preparados para participar críticamente en la sociedad digital actual?

Para abordar la competencia digital en los sistemas educativos es fundamental implementar políticas integrales que incluyan tanto la formación del profesorado en habilidades digitales como la integración de estos temas en todas las materias. La educación para los medios debe estar presente. Además de las propuestas que hacen los diferentes marcos vigentes es necesario integrar un enfoque interdisciplinario que permita a los estudiantes no solo adquirir habilidades técnicas, sino también comprender el impacto social, cultural y político de las tecnologías de la información y la comunicación a través de la alfabetización mediática.

Actividad 2.

Actividades de concienciación. Teniendo en cuenta que el profesorado de un centro educativo debe enseñar habilidades técnicas que impulsen la utilización de las nuevas tecnologías, pero además debe transmitirse buenos usos de las mismas, realiza una propuesta de actividades que contemplen la concienciación del buen uso de la tecnología en todas sus dimensiones: sociales, culturales, políticas, etc. y redacta actividades indicando la edad de los destinatarios, objetivos y contenidos.

¿Cómo se entrenan y funcionan los modelos de predicción de texto (LLM), como ChatGPT, Copilot, Gemini, Claude y similares? ¿Qué implicaciones educativas derivan?

Sin entrar en detalles, y más allá de las progresivas fases de entrenamiento a las que se ven sometidos (supervisado, no supervisado y por refuerzo, principalmente), así como en la ya casi superada limitación de la ventana contextual, el funcionamiento de los LLM responde a dos procesos: input-output. Aunque ya existen herramientas que los automatizan –los denominados agentes– el modelo de lenguaje requiere información por nuestra parte, nuestras peticiones, nuestras consultas, nuestros prompts (input). La IA entonces traduce nuestro lenguaje al suyo, al matemático, transformando palabras en tokens, una suerte de representaciones numéricas de palabras –o partes de palabras– que no solo posibilitan el procesamiento de conceptos complejos, sino que también establecen, como posteriormente veremos, las verdaderas limitaciones de comprensión contextual de estos modelos y, consecuentemente, la calidad del resultado. A modo de referencia, OpenAI nos indica que la equivalencia aproximada sería de 750 palabras –en inglés– por cada 1.000 tokens.

Tras esta conversión en tokens, el LLM se libera de la información que considera adicional, quedándose con la que, en función de los millones de clasificaciones que ha realizado durante el entrenamiento, cree que es esencial. De esta forma, artículos, preposiciones y demás elementos conectores desaparecen para quedarse, principalmente, con la raíz de sustantivos y verbos, ya transformados en tokens. De esta forma, reduciendo a la mínima expresión significativa el contenido de todo lo que ha clasificado durante su primera etapa de aprendizaje no supervisado (trillones de datos, en el caso de los modelos actuales más avanzados) consigue aumentar significativamente su capacidad de su entrenamiento.

Para que nos hagamos una idea de la capacidad de almacenamiento de estos modelos, imaginemos una persona que, a lo largo de su vida, se dedica únicamente a leer todo lo que pueda durante veinticuatro horas al día. Al final, habrá sido capaz de leer 8 billones de palabras, que no son pocas incluso asumiendo que están expresadas en escala corta (8.000.000.000). Sin embargo, si la comparamos con los modelos más avanzados que existen, como ChatGPT IV Turbo, observaremos que esta cantidad enrojece ante los más de 8 Trillones de palabras (8.000.000.000.000) de las que puede dar cuenta... en tan solo un mes de entrenamiento (Suleyman, 2024).

Teniendo esto en cuenta, cuando nosotros solicitamos una salida (output) a estos modelos, esta no puede llegar a nosotros fragmentada en tokens, sino que el LLM, para resultar ciertamente creíble como modelo conversacional, ha de reconstruir las frases siguiendo esas mismas reglas de lenguaje natural que usa el ser humano, pero sin llegar a ofrecer un producto idéntico.

De esta forma, estamos ante respuestas verdaderamente originales –si por original entendemos lo que no existió– pero no primigenias. De ahí que no sea estrictamente plagio a la antigua usanza, pues no hay copia, sino un plagio asistido, emulado, creativo, multidisciplinar, inesperado, asombroso, insólito, pero no tan inaudito como quizá aparenta. En definitiva, un fraude como quien pide a un familiar que le haga un trabajo para presentarlo como propio. Por estos motivos se ha llegado a decir que ChatGPT es el rey del pastiche, pareciendo por momentos tan estúpido como genial, siempre dependiente del valor que nosotros, a través de la supervisión de sus resultados, le otorguemos.

Ahora bien, al ser modelos de «caja negra», no sabemos –ni sus desarrolladores tampoco, al menos al detalle– cómo se llegan a obtener realmente los resultados que nos generan. El peligro de los sesgos y de la desinformación provocada por sus alucinaciones, está más que presente bajo este razonamiento. Sin embargo, no todo es tan aleatorio como puede parecer. Si no lo crees, haz el siguiente experimento: elige un LLM y pídele que te dé un número entre el 1 y el 100. Es bastante probable que el número que te proporcione sea el 42. ¿Por qué? ¡Pregúntaselo, quizá te lleves una sorpresa!

Actividad 3.
Debate. El grupo de clase se dividirá en dos subgrupos aleatorios que debatirán acerca de la necesidad de primarse la tecnología sobre la ética o lo contrario. Para ello será necesario que, previamente, se haya obtenido información suficiente acerca de implicaciones, legislación en diferentes países, nivel de desarrollo tecnológico en zonas diferentes, impacto que está teniendo el desarrollo tecnológico y el legislativo en el mundo.

Documentación adicional

- Ley Orgánica 3/2020, de 29 de diciembre, por la que se modifica la Ley Orgánica 2/2006, de 3 de mayo, de Educación (LOMLOE). BOE nº 340, de 30 de diciembre. BOE-A-2020-17264.
- Carabantes, David; González-Geraldo, José L.; Jover, Gonzalo. 2023. ChatGPT could be the reviewer of your next scientific paper. Evidence on the limits of AI-assisted academic reviews. *Profesional de la información,* v. 32, n.º 5, e320516. https://doi.org/10.3145/epi.2023.sep.16
- UNESCO. 2022. Reimaginar juntos nuestros futuros. Un nuevo contrato social para la educación. UNESCO.

Referencias bibliográficas

Buckingham, David. 2005. *Educación en medios.* Ediciones Paidós.

Erikson, Erik. H. 1956. *Identity, youth, and crisis.* W. W. Norton & Company.

Gutiérrez-Martín, Alfonso y Torrego-González, Alba. 2018. Educación mediática y su didáctica. Una propuesta para la formación del profesorado en TIC y medios. *Revista Interuniversitaria de Formación del Profesorado*, n.º 91: 15-27.

Leccardi, Carmen y Feixa, Carles. 2011. El concepto de generación en las teorías sobre la juventud. *Última década*. Vol.19, nº 34.

McCarthy, John; Minsky, Marvin L., Rochester, Nathaniel y Shannon, Claude E. (1955). *A proposal for the Darthmouth summer research project on artificial intelligence.* Disponible en: https://archive.computerhistory.org/resources/access/text/2023/06/102720392-05-01-acc.pdf

McDougall, Julian y Potter, John. 2019. Digital media learning in the third space *Media Practice and Education* n.º 20(1): 1-11.

Miao, Fengchun y Holmes, Wayne. 2024. *Guía para el uso de la IA generativa en educación e investigación.* UNESCO.

Moravec, Hans. 1990. *El hombre mecánico. El futuro de la robótica y la inteligencia human».* Salvat.

Romo, Elena y Iturbide, Claudia del R. 2020. Características de la generación centennial y su relación con el perfil del estudiante virtual. *International Journal of Information Systems and Software Engineering for Big Companies (IJISEBC)*. 7(2): 49-59.

Russell, Stuart J. y Norvig, Pete. 2004. *Inteligencia Artificial. Un enfoque moderno.* Pearson.

Sanvisens, Alexandre. 1984. *Cibernética de lo humano.* Oikos-Tau.

Suleyman, Mustafa. 2024. What is an AI Anyway? [TED Talk] Disponible en https://www.ted.com/talks/mustafa_suleyman_what_is_an_ai_anyway

The Center for Generational Kinetics: https://genhq.com/generational-birth-years/ (Visitado por última vez en abril de 2024).

Vaswani, Ashish; Shazeer, Noam; Parmar, Niki; Uszkoreit, Jakob; Jones, Llion; Gómez, Aidan N., y Kaiser, Lukasz. 2017. Attention is all you need. *Conference on Neural Information Processing Systems (NIPS)*. Long Beach, CA. USA.

Wilson, Carolyn. 2012. Alfabetización mediática e informacional: proyecciones didácticas. *Comunicar. Revista Científica de Comunicación y Educación*, n.º 39: 15-24.

BLOQUE III
FINES Y VALORES
DE LA EDUCACIÓN
EN EL MUNDO ACTUAL

Apología de la educación cívica: aprendizaje para una vida con los otros

Prado Martín-Ondarza, Marta Ambite y Juan Luis Fuentes

Y en verdad que podría tal vez decirme alguien: «¿No te avergüenzas, Sócrates, de haber observado una conducta tal, que ahora te pone en peligro de muerte?» A ese yo le replicaría con toda razón: «Estás en un error, amigo mío, si crees que un hombre que valga algo, por poco que sea, ha de pararse a considerar los riesgos de muerte, y no ha de considerar solamente, cuando obra, si lo que hace es justo o no lo es o si es propio de un hombre bueno o de un hombre malo» (Platón, *Apología* 26e-28c).

1. Introducción

A lo largo de la historia del ser humano encontramos personajes que, por motivos variados, permanecen aún en nuestra memoria. La elaboración de un listado cerrado sería una tarea siempre insuficiente y discutible, pero cuando nos referimos al ámbito educativo y, más específicamente, al de la educación cívica, parece ineludible considerar al griego Sócrates. Lo que sabemos de él, nos lo narra principalmente su discípulo Platón, siendo protagonista de varios de sus *Diálogos*, pero especialmente notable para el tema que nos ocupa es la *Apología* o *Defensa de Sócrates*, donde se narran los últimos momentos del filósofo y educador ante

Cómo citar: Martín-Ondarza, Prado *et al.* (2025). Apología de la educación cívica: aprendizaje para una vida con los otros. En David Luque Mengibar y Silvia Sánchez-Serrano (Eds.) *Teoría de la Educación* (pp. 237-261). Ediciones Complutense. https://dx.doi.org/10.5209/docm.002.10

el tribunal que le juzgaba. Los cargos eran variados y entre ellos estaba el que le acusaba de la corrupción de la juventud mediante la enseñanza de un método de reflexión dialógica que aspiraba a descubrir la propia ignorancia y los errores en la búsqueda del conocimiento como punto de partida para un aprendizaje sólido.

Ahora bien, una de las enseñanzas más destacables de Sócrates reside en su papel en la ciudad, en la Atenas del siglo v a. C., donde, a pesar de la distancia temporal que de ella nos separa, tuvieron lugar acontecimientos que hoy aún nos inspiran y nos permiten comprender con especial detalle el significado de la educación cívica y sus dimensiones fundamentales. En efecto, Sócrates conocía a la perfección el funcionamiento de la ciudad, sabía los detalles de las leyes que la regían y de las intrincadas instituciones que la gobernaban, así como los principios de justicia y virtud que las sustentaban. Además, participaba en ellas activamente de manera regular y, sin embargo –quizás aquí reside lo más significativo de su vida–, su actividad principal no residía en las organizaciones políticas, en los organismos o agrupaciones de ciudadanos, sino más bien en las conversaciones con los otros. De esta forma, su contribución a la ciudad no fue únicamente teórica –¡recordemos que fue ágrafo!–, sino eminentemente práctica. Por ello, podemos decir que Sócrates era indudablemente un hombre de acción.

No obstante, encontramos en su carácter otro rasgo no menos relevante y probablemente el que despierta en nosotros mayor asombro y admiración. Nos referimos a su disposición o compromiso con la ciudad, con lo público, lo común, lo de todos. Hasta tal punto amaba la ciudad que fue capaz de situarla por encima de sus propios intereses, ejerciendo su actividad docente gratuitamente, lo que le conminó a una fehaciente pobreza y le diferenció de los sofistas que cobraban grandes cantidades por sus enseñanzas y con quien maliciosamente le confundían. Pero cabe encontrar otro signo más sobresaliente en la figura de este filósofo. Sócrates no era ciego ante la injusticia, sino que su civismo encendía en su interior la llama del espíritu crítico. Y no fue otra cosa que esta visión crítica de la ciudad y de las prácticas cívicas injustas, lo que le convirtieron en una presencia incómoda, que le condenó irremediablemente por su rebeldía y su inflexibilidad a lo conveniente frente a lo bueno. Su, en ocasiones, hiriente ironía no le ayudó, sino que avivó la ira de sus verdugos. El propio mal que atenazaba a la ciudad percibió en los aires renovadores socráticos una amenaza para la corrupción particular y, por ello, detuvo con el veneno de la cicuta las posibilidades de desarrollo cívico.

Aun siendo consciente de que los argumentos planteados por sus acusadores no se correspondían con la verdad, aceptó su propio destino prescrito por la ley, pues de lo contrario, supondría poner en evidencia todo aquello que con sus palabras y actos había defendido en sus setenta años de vida. Para Sócrates, negar la ley era negarse a sí mismo, negar la justicia y los principios éticos que sostenían la ciudad. Por ello, entregó su vida bajo la absoluta convicción de que es más difícil escapar de la maldad que de la muerte.

Siguiendo la estela y estas tres dimensiones del carácter del educador griego, en este capítulo nos centramos en abordar algunas ideas clave en torno a esta cuestión, que abarcan los siguientes interrogantes: ¿a qué nos referimos cuando hablamos de educación cívica? ¿Cuáles son sus componentes fundamentales? ¿Qué papel desempeñan los conocimientos, los comportamientos y las disposiciones en el civismo? ¿Qué relaciones existen entre ellos? ¿A qué nos referimos cuando hablamos de competencia cívica en el contexto legislativo nacional e internacional contemporáneo? Y, por último, ¿qué prácticas podemos desarrollar en los centros escolares para el desarrollo de la educación cívica?

2. Una aproximación a la alfabetización cívica

Bajo la premisa de la conformación tridimensional de la educación cívica –alfabetización, habilidades y disposiciones cívicas–, comenzamos nuestro recorrido profundizando en la primera de ellas. No obstante, es esencial tener presente que la división en dimensiones es una herramienta teórica que simplifica y nos ayuda a su comprensión, pues estos tres componentes están interconectados, resultando inseparables en la práctica cívica, como analizaremos más adelante.

2.1. Conceptualización de amplio espectro: un viaje de lo concreto a lo abstracto

Una primera dimensión de la educación cívica es la alfabetización cívica, entendida como la provisión de conocimiento declarativo para capacitar y empoderar a la ciudadanía a participar en procesos democráticos de forma informada, efectiva y responsable. Se podría decir que esta dimensión ha sido tradicionalmente la más privilegiada en las instituciones educativas, siendo, muchas veces, equiparada a la educación cívica en su totalidad. Cuando hablamos de transmisión de conocimiento declarativo, nos referimos a un conocimiento propio de libro de texto, a datos, conceptos, principios, etc., que se pueden transmitir con el lenguaje o declarar –al contrario que conocimientos relacionados con habilidades como montar en bicicleta, o con actitudes como ser tolerante–.

Ahora bien ¿qué contenidos hay que enseñar para capacitar y empoderar a la ciudadanía de una nación democrática?

Algunos de los contenidos habitualmente asociados con esta tarea incluyen: funcionamiento del sistema y de las instituciones (órganos de gobierno, instituciones públicas, procesos electorales, legislativos, judiciales, sistemas económicos, etc.); derechos y responsabilidades (derechos humanos, papel del ciudadano o la ciudadana en la sociedad civil, formas de participación, obligaciones a cumplir, entre otras cuestiones); sucesos de actualidad política, económica y social, tanto de impacto local como nacional e internacional; y conceptos abstractos relacionados con valores democráticos (por ejemplo, equidad, libertad, Estado de derecho, sostenibilidad, solidaridad, igualdad, justicia, etc.).

La adquisición de todos estos conocimientos permitiría a los futuros ciudadanos y ciudadanas exigir un gobierno de calidad, a la altura de las posibilidades democráticas contemporáneas, proponer posibles abordajes a problemas políticos y sociales y demandar justicia, respeto y acceso igualitario a oportunidades de desarrollo (Nussbaum, 2009). Además, para alcanzar una comprensión sólida y profunda del ideal democrático, es necesario familiarizarse con sus fundamentos teóricos y filosóficos. Estas bases nos proporcionan puntos de referencia y convicciones que, a su vez, son esenciales para cultivar la capacidad de imaginar y considerar alternativas al mundo que se nos presenta. En este sentido, el conocimiento es la condición previa para comprender mejor la realidad, analizarla críticamente y movilizarse para el cambio (Levinson, 2012).

Cabe mencionar también contenidos más transversales, no tan comúnmente asociados con la educación cívica por pertenecer a otras disciplinas. Estos son los que nos permiten ver a los demás como seres con dignidad, una condición indispensable para la verdadera ciudadanía. Hablamos de una enseñanza para la comprensión no estereotipada de la cultura y la religión, de las diferencias y similitudes entre personas y naciones. Para toda persona, es esencial tomar conciencia de que estamos enraizados en contextos históricos y sociales que condicionan nuestra manera de vivir, pero no se debe limitar nuestro conocimiento a estas influencias, sin considerar otras referencias más allá de las tradiciones en las que nacemos y crecemos, y que apuntan a una condición humana compartida (Naval, 2006).

Especialmente entre grupos minoritarios, la creación de una autoimagen cívica y social que contemple el peso de la cultura de pertenencia, el poder y el capital es de vital importancia, «aunque en teoría todos seamos ciudadanos iguales, nuestras identidades –tanto étnicas como de género, sexuales o religio-sas– se entrecruzan con nuestra identidad cívica de maneras tan profundas que no se pueden desentrañar» (Levinson, 2012, 95). Evitar fomentar el diálogo so-bre patrones etnoraciales y socioeconómicos no va a cambiar la manera en que nuestro estudiantado existe en el mundo, ni les va a librar de situaciones condi-cionadas por ellos. En la escuela, desde el currículo, es necesario promover la reflexión sobre la existencia de sesgos culturales y políticos, por ejemplo, creer que la única forma de participación cívica es la vía política tradicional –a la que puede que nuestro alumnado de origen no español ni siquiera tenga acceso en un futuro– y dejar de lado otras como el activismo por redes sociales, manifes-taciones, participación en asociaciones cívicas, etc. Este proceso empoderará a estudiantes que provengan de minorías sociales y contribuirá a que aquellos y aquellas de procedencia mayoritaria sean conscientes de sus privilegios y de la diversidad de formas de existir en sociedad. De nuevo, una comprensión en profundidad de por qué el mundo en el que vivimos funciona como lo hace nos proveerá con un punto de partida para exigir una sociedad mejor.

2.2. En la piel del o la docente o cómo alfabetizar en el civismo

Tras analizar qué es y por qué es importante la alfabetización cívica, cabe preguntarse cómo enseñarla en el aula. Para empezar a responder a esta pre-gunta es pertinente apuntar la división del conocimiento declarativo en cono-cimiento *factual* y *conceptual*. Por un lado, los conocimientos factuales son los que involucran información literal y concreta como fechas, cifras, aconte-cimientos, nombres de autores, signos convencionales, etc., que se aprenden principalmente a través de la memorización y, si bien no son suficientes por sí mismos, su capacidad formativa no puede ser infravalorada, pues constituyen referencias para los mapas mentales que estructuran nuestro pensamiento. Por otro lado, los conocimientos conceptuales son más complejos pues incluyen teorías, principios generales, leyes, axiomas, etc., que deben ser entendidos en profundidad, implican capacidades de análisis, síntesis y juicio crítico, así como una relación con los conocimientos previos (Anderson y Krathwohl, 2001). El aprendizaje significativo requiere una instrucción que vaya más allá de la mera presentación de hechos, integrando estos con conceptos para una comprensión más profunda. Esta idea parece no acabar de reflejarse en las aulas, constitu-yéndose así en uno de los principales problemas sobre cómo se ha planteado la educación cívica, priorizando la transmisión de conocimientos y la retención de datos sobre otros enfoques (Anderson, 2023), generalmente vinculando esta decisión a la falta de formación de los educadores y las educadoras, a limitaciones temporales o al deseo de evitar temas controvertidos e ideológicamente polarizantes. Cabe mencionar, en un tono más positivo, que en el último Estudio Internacional sobre Educación Cívica y Ciudadana, los objetivos más importantes de la educación cívica, según lo señalado por centros de cada país, incluían «comprender los valores y actitudes clave», «comunicarse a través de la discusión y el debate», y «comprender la toma de decisiones y la participación activa» (Schulz *et al.,* 2023, p. 47), contenidos estrechamente relacionados con el conocimiento conceptual e incluso procedimental.

Como alternativa a la enseñanza de alfabetización cívica plenamente factual se propone el uso de las denominadas pedagogías auténticas que permitan un aprendizaje más profundo, basado en la deliberación, la colaboración e incluso en la práctica de comportamientos cívicos. A continuación, se enumeran algunas posibilidades alternativas a la transmisión de conocimiento factual, fruto de la recapitulación de la literatura actual al respecto:

– Instrucción basada en problemas, utilizando situaciones reales y casos concretos como punto inicial para el proceso de aprendizaje.
– Realización de simulaciones de procesos cívicos como las elecciones a la presidencia, la aprobación de una ley en el Congreso o un juicio en el tribunal superior.
– El uso de las redes sociales en el aula con el objetivo de analizar su contenido político, su uso por parte de los partidos de distinta ideología, así como su influencia en el pensamiento de la ciudadanía.
– Realización de investigaciones sobre la actualidad política y social, y su comparación con otros momentos históricos relevantes, identificando semejanzas y diferencias, así como estrategias empleadas para la resolución de los conflictos.
– Discusión y debates con preguntas abiertas sobre temas complejos y controvertidos, en los que todo el estudiantado pueda expresar sus argumentos y puntos de vista, bajo el límite del respeto al otro y a la dignidad del ser humano.
– Aprendizaje basado en juegos de mesa y *online* como los americanos *icivics.org* El juego constituye un ejercicio que ofrece similitudes con la vida cívica, en cuanto que se juega habitualmente con otros, con un objetivo común, bien sea en competición o en cooperación, y se siguen unas reglas acordadas por todos que deben respetarse. La plataforma *icivics.org* fue creada por la jueza Sandra Day O'Connor en 2009 con

el objetivo de acercar la democracia estadounidense a los niños y niñas a través de los videojuegos. El estudiantado puede simular actividades como asesorar al presidente o la presidenta, emprender acciones colectivas en una comunidad, o crear y ajustar el presupuesto nacional.

— Aprendizajes transversales mediante el currículo de otras asignaturas, por ejemplo, tratando textos sobre justicia en Lengua y Literatura o analizando estadísticas sobre temas sociales en Matemáticas.

— Estudiar la historia de vida de personas de especial relevancia en el ámbito cívico, tanto mundialmente conocidos como Martin Luther King Jr., o lo que es aún más recomendable, personas normales y corrientes que se asemejen a los y las estudiantes, con caracteres complejos y claroscuros en su trayectoria, que permitan transmitir la idea de que todo el mundo puede cambiar la realidad, y no solo las personas con características excepcionales o heroicas, sin perder de vista la acción colectiva que hay detrás del cambio social.

En definitiva, se ha demostrado que las personas informadas son mejores ciudadanos y ciudadanas, ya que «el conocimiento cívico se correlaciona clara y directamente con una mayor participación política, valores democráticos, actitudes políticas estables y autointerés ilustrado» (Levinson, 2012, p. 33). Al fin y al cabo, aunque el conocimiento no es por sí solo garantía de buen comportamiento cívico, la ignorancia aboca a una acción azarosa, falta de intencionalidad y sistematicidad, con escasas posibilidades de repercusión social, o bien, abandonada al devenir de las modas sociales y de la manipulación ideológica de quienes ostentan el poder.

3. La practicidad de la vida cívica: saber actuar en sociedad

Una segunda dimensión de la educación cívica está relacionada con el conocimiento procedimental, es decir, con el aprender cómo actuar en el entorno social (Anderson y Krathwohl, 2001). La capacidad para participar en procesos democráticos de forma informada, efectiva y responsable no se alcanza únicamente conociendo el sistema democrático, aunque este sea un prerrequisito de vital importancia. Es decir, las tres dimensiones están interrelacionadas y son inseparables en la práctica: para ser capaz de participar en la democracia es necesario comprender el sistema social y conocer las formas de participación posibles (alfabetización cívica), pero al mismo tiempo, poseer las destrezas (habilidades cívicas), así como la voluntad e inclinación necesaria (disposiciones cívicas) para hacer realidad esa participación que hace que el individuo tenga verdadera presencia en el espacio público. En este apartado nos centraremos en las habilidades necesarias para la acción cívica, que se pueden dividir en intelectuales, socioemocionales y participativas (Carretero *et al.,* 2016).

Las *habilidades cívicas intelectuales* están relacionadas con examinar y resumir datos y argumentos, así como evaluar su peso en la discusión, llegar a conclusiones coherentes y respaldar posturas sobre temas de relevancia pública. Aquí adquiere un papel muy relevante la capacidad de autocrítica y pensamiento crítico que Nussbaum (2009), entre otros, señala como clave para el desarrollo cívico de la ciudadanía. Esta capacidad resulta un indicador de indudable calidad democrática, pues en los regímenes dictatoriales de cualquier signo político las iniciativas adoctrinadoras proliferan y la posibilidad de cuestionar las visiones dominantes son suprimidas, siendo una práctica específicamente democrática la capacitación de los ciudadanos y la generación de espacios públicos para expresar los desacuerdos y actuar en consecuencia.

En concordancia con esta idea, tanto en las encuestas realizadas a los centros escolares como al profesorado en el ICCS 2022[5], se identificó la promoción del pensamiento crítico e independiente de los y las estudiantes como uno de los objetivos primordiales de la educación cívica y ciudadana (Schulz *et al.*, 2023). De manera específica, la capacidad de análisis crítico es fundamental en los contextos híbridos actuales, donde la propaganda ha adquirido una nueva dimensión en forma de estrategia digital-populista que presenta, a través de nuevos formatos y estímulos transmedia virales, respuestas simplistas a preguntas y problemas complejos, poniendo en cuestión la independencia y juicio autónomo, especialmente de las jóvenes generaciones y los grupos de edad con menor formación. Esto implica ejercitar y poner a prueba su razonamiento y sus ideas, así como imaginar posibilidades más allá de las propuestas gubernamentales, superando las fronteras culturales (Nussbaum, 2009).

El segundo tipo de habilidades posee una *dimensión socioemocional* e implica gestionar las relaciones interpersonales de manera exitosa y respetuosa. Esto abarca, por un lado, el desarrollo de la empatía, especialmente con quienes piensan de manera diferente y de gran dificultad en sociedades radicalizadas, donde el enconamiento de las distintas posturas impide percibir sosegadamente los matices y posiciones intermedias, reconocer el posible valor de los argumentos de quien se sitúa enfrente o identificar los propios errores. Por

---

[5]   https://www.iea.nl/sites/default/files/2023-11/ICCS2022-International-Report.pdf.

otro lado, también hace referencia a la capacidad para manejar positivamente la presión de grupo, que en contextos híbridos alcanza grandes magnitudes difícilmente imaginables en un contexto exclusivamente físico o presencial, y que provocan nuevos fenómenos como la denominada *cultura de la cancelación*. En tercer lugar, puede ubicarse aquí un grupo de capacidades que se vinculan con la solidaridad, la generosidad o la compasión (Cortina, 2022), y que van más allá de la empatía que permite reconocer las necesidades de las otras personas y conminan a actuar en su favor especialmente en situaciones de vulnerabilidad o necesidad.

El último tipo de habilidades definidas por Carretero *et al.* (2016) son las participativas, que permiten el trabajo junto con otros para influir en la vida pública y cívica. Estas se podrían dividir, a su vez, en *habilidades de comunicación*, como el uso de la retórica para hablar ante grupos más o menos numerosos, liderar movimientos o acciones de protesta en entornos físicos y virtuales, desarrollar diálogos o negociaciones intergrupales, etc.; *habilidades de organización*, que podrían referirse a la movilización de grupos, búsqueda de fuentes y estrategias de financiación (asociaciones, cooperativas, *microfunding*, etc.), o coordinar conversaciones y reuniones; y *toma de decisiones colectivas*, que requiere de integrar perspectivas, examinar opciones diferentes, etc.

No obstante, estas destrezas participativas están estrechamente relacionadas con las dos anteriores (Cortina, 2022). Más allá de referirnos a una ciudadanía participativa, debemos cuestionar la madurez de esta ciudadanía, lo cual inevitablemente afectará a su participación. Esto se refiere tanto a su capacidad crítica, especialmente en la era digital actual marcada por las *fake news* y la polarización política, como a sus habilidades socioemocionales y de relación con los demás.

Dado el carácter orgánico de la democracia, resulta imprevisible conocer las características y el funcionamiento de las sociedades futuras en las décadas venideras. Por ello, podemos decir que para desarrollar educativamente estas destrezas es vital aprender *en* democracia y no solo aprender *sobre* democracia, por lo que siguiendo a Levinson y Fay (2016), las escuelas deben ser instituciones *en* democracia y *para* la democracia. Es decir, la participación del alumnado en procesos de toma de decisiones, tanto a nivel de aula en asambleas, como de centro en el gobierno escolar, les dotará de los elementos de juicio, de las herramientas y de las experiencias que promoverán la adquisición de hábitos tanto para la vida de la escuela como para el mundo exterior. Además, les permite desarrollar su confianza en los procesos democráticos y participativos. El estudiantado también contribuye a su formación cívica a la hora de configurar distintos aspectos de la vida escolar, como la definición de las normas y la planificación de actividades escolares –posibilitando incluso iniciativas conjuntas con organizaciones externas–ayudándoles así a desarrollar un sentido de agencia y competencia para influir en sus comunidades. Asimismo, para fomentar una cultura democrática en la escuela es esencial abordar al menos tres áreas fundamentales. Además de la enseñanza y el aprendizaje y la gestión y la cultura escolar, es crucial incorporar proyectos de colaboración con la comunidad. (Schulz *et al.,* 2023).

El desarrollo de habilidades cívicas es una cuestión mucho menos controvertida que la educación en conocimientos o actitudes (Naval, 2006), debido al consenso generalizado sobre su relevancia, y su carácter más práctico, menos marcado por ideologías y decisiones normativas sobre el *por qué* y el *para qué* de la educación cívica. Sin embargo, una verdadera educación para el desarrollo de habilidades cívicas debe partir de una concepción del estudiantado como agentes de su proceso educativo, con voz y voto en las decisiones que se toman en los centros escolares, que posteriormente el ciudadano o la ciudadana podrá reproducir en su vida en sociedad. Esta mentalidad no siempre está presente o es efectiva en los centros educativos, pero se trata de una cuestión que debería llevarnos a reflexionar sobre cómo de eficaz puede ser una educación para la ciudadanía democrática en la que los educandos y las educandas no son parte activa del proceso democrático.

4. Disposición cívica: saber ser y estar con los demás

Establecido qué es y cómo podemos enseñar alfabetización y habilidades cívicas, se nos presenta la siguiente cuestión: personajes como Mussolini, Hitler o Stalin estaban completamente familiarizados con el sistema político de su tiempo, y contaban con múltiples herramientas personales para incidir en la sociedad, liderando a millones de personas sobre las que ejercían una gran influencia. Ahora bien, por razones obvias, nadie en su sano juicio les consideraría ciudadanos ejemplares, ni mucho menos si nos referimos a una ciudadanía propiamente democrática. Si solo ponemos el foco en el conocimiento declarativo o procedimental, por muy significativo y profundo que sea, estamos obviando una parte fundamental de la educación, en términos generales, y de la educación cívica, en particular. Al fin y al cabo, «la educación cívica no consiste en aprender a acceder al poder, sino también a utilizarlo de forma sabia y, sobre todo, justa» (Levinson, 2012, p. 97). Para ello la alfabetización y la educación en habilidades debe ir acompañada de una tercera dimensión: la enseñanza de la responsabilidad ética y moral, a la que también llamamos disposición cívica.

Según Naval (2006), la formación de ciudadanos y ciudadanas no es suficiente si no está acompañada de una formación de personas, argumentando que «si es educación tendrá que ser personal y, si es personal, no puede prescindir de los aspectos morales» (137). Así mismo, relegar la dimensión esencialmente moral, sustituyéndola por una educación meramente cívica supondría un peligro para la vida política, pues esta quedaría completamente desorientada y, sin el dique de contención de la ética, podría convertirse en una herramienta de dominación más que de promoción de la libertad, la equidad y el pleno desarrollo de la personalidad humana.

Para entender mejor de qué hablamos cuando nos referimos a las actitudes o disposiciones cívicas, veamos algunos ejemplos. Para Jamieson (2013), es importante que el estudiantado:

- Sea tolerante ante la ambigüedad, sobre todo a la hora de entablar un diálogo con personas que sostienen perspectivas y opiniones alejadas de las propias, aceptando que la realidad es intrínsecamente compleja.
- Se preocupe por los derechos y el bienestar no solo propios, lo que supondría un comportamiento eminentemente egoísta, sino también de los demás y especialmente de quienes se encuentran en situación de desventaja social.
- Confíe en su capacidad para marcar la diferencia, para intervenir en la sociedad y revertir injusticias o atender necesidades reales, es decir, que posea una esperanza o sentido cívico de autoeficacia como motivación imprescindible para la acción social, que le lleve a percibir que la causa merece realmente la pena y el esfuerzo.
- Esté dispuesto a entablar un diálogo sobre diferentes puntos de vista y comprender diversas posiciones a pesar del riesgo de crear duda sobre sus propias creencias en el encuentro.
- Por otro lado, se destaca la importancia de la ciudadanía como convicción, y de fomentar en cada individuo el deseo de fortalecer sus vínculos con el otro y de comprometerse con un proyecto de mejora común. Cortina (2022) expone que una educación democrática «debe proponerse formar personas con aspiración a la felicidad y educar ciudadanos dispuestos a cumplir y deliberar sobre los mínimos de la justicia» (17), y Anderson (2023) va más allá al sostener que una sociedad libre y abierta no podrá tener éxito en ausencia de un compromiso razonado

por parte de la ciudadanía hacia principios y valores fundamentalmente democráticos.

Llegados a este punto, se nos presenta un gran reto a los educadores y las educadoras: ¿cómo despertamos en nuestro estudiantado el deseo de ser ciudadanos democráticos?, ¿cómo fomentamos actitudes pro cívicas? y, más difícil todavía, ¿cómo nos aseguramos de que el desarrollo de estas disposiciones responda a un deseo de hacer lo correcto y no a razones ajenas como contentar a un compañero o compañera o que el o la docente les felicite delante de toda la clase?

Se podría argumentar que esta es la dimensión más compleja porque, aunque hayamos proporcionado al alumnado múltiples conocimientos que tomar como referencia y herramientas prácticas para movilizarse, nada nos asegura que su disposición, en caso siquiera de haberla, sea por las razones correctas.

Las instituciones educativas, diversas en sí mismas, ya son un ambiente que predispone la creación de actitudes cívicas en las personas que las habitan. Randall Curren (2023) argumentó cómo la coexistencia de personas de contextos diversos en un mismo espacio educativo puede llevar al desarrollo de *amistades cívicas*. Imaginemos que, en una clase de un colegio o instituto cualquiera, Javier, un chico español de clase media, entabla amistad con Alba, una compañera de etnia gitana. Javier y Alba aprenden que pueden confiar, querer y sentirse cómodos en la presencia de personas que pertenecen a grupos diferentes, alterando de esta forma su red de creencias. Dicho de otra manera, desarrollar verdaderas relaciones de amistades con personas de diferentes orígenes y características es susceptible de humanizar a otras que, de otra manera, podrían ser consideradas extrañas o incluso amenazantes a causa de las creencias sociales estereotipadas. Esta proyección de características positivas, cuando se reúnen una serie de condiciones de profundidad, de permanencia en el tiempo y de reconocimiento del otro, podría incluso extender actitudes de buena voluntad a toda la sociedad. Sin embargo, parece que precisamente las sociedades occidentales están restringiendo los espacios comunes y cada vez es menos frecuente compartir lugares de encuentro con personas que piensan diferente y poseen orígenes socioculturales distintos.

Por ello, los educadores y las educadoras tenemos la responsabilidad de reflexionar sobre el carácter transversal que normalmente se vincula a la educación en valores o actitudes. Aunque es interesante la idea de base de entender las disposiciones como un eje en torno al cual gravitan los contenidos y las elecciones metodológicas, impregnando la tarea educativa en su totalidad, y es coherente con el hecho de que el desarrollo de conocimientos declarativos y procedimentales conlleva un desarrollo actitudinal paralelo, también hay que señalar sus limitaciones. Algunas de estas incluyen la falta de estructura curricular y la dependencia frecuente de la voluntad del profesorado; la ausencia de una evaluación adecuada, lo que perpetúa su percepción como un tema secundario; la dificultad de lograr un desarrollo efectivo si se aborda únicamente desde la escuela sin la continuidad proporcionada por otros actores externos, como las familias o la comunidad; y el debate sobre los límites con el adoctrinamiento en caso de que, por ejemplo, se refleje exclusivamente una ideología en particular, en lugar de fomentar la diversidad de opiniones y creencias.

Existen, sin embargo, intervenciones educativas específicas basadas en el compromiso y la participación que buscan desarrollar las habilidades prácticas y las experiencias necesarias para participar en sociedad desde la acción y la reflexión, fomentando la creación de disposiciones cívicas. Quienes participan en ellas, así como quienes las facilitan, suelen celebrar las posibilidades de transformación que conllevan, tanto para los propios estudiantes –sentirse capaces de generar un impacto real y responsables de brindar ayuda a los demás– como para sus comunidades, además de ofrecer oportunidades de aplicar lo aprendido, dotando de sentido a lo estudiado. Un buen ejemplo de este tipo de intervención es el aprendizaje-servicio.

5. Competencia cívica y ciudadana: aproximación legislativa y curricular

Dentro del ámbito de la educación formal, la competencia cívica la hemos visto representada en las últimas décadas como la capacitación para la ciudadanía o la competencia ciudadana. Tradicionalmente y de manera general, han convivido dos modelos tradicionales de educación ciudadana y/o cívica: el de cultura política, enfocado en los conocimientos relativos a la democracia, su historia, sus elementos organizativos y aspectos legales; y el ético-filosófico, centrado en perspectivas filosóficas, morales, éticas, relacionadas todas ellas directamente con los valores. Ambos enfoques se han abordado principalmente desde perspectivas teóricas. Sin embargo, en las últimas décadas, ha ido abriéndose camino un tercer enfoque, el competencial. Este parte de la premisa de que el desarrollo integral de la persona es esencial para lograr una ciudadanía democrática responsable y crítica. Asimismo, centra el desarrollo de una competencia ciudadana que conecta el *saber* con el *actuar* y el *saber decidir responsablemente*, lo cual supone la integración de la adquisición de conocimientos, habilidades y valores, desde una perspectiva democrática. Ello debe contribuir a una capacitación ciudadana que genera la participación activa y responsable en todas las áreas de la vida social, política, económica y cultural. De acuerdo con Bolívar, esta se manifiesta y se afirma, fundamentalmente, en «conocimientos y comprensiones, valores y actitudes, habilidades y competencias, creatividad e implicación. Ser un ciudadano capaz de actuar no consiste en poseer dichos conocimientos o actitudes, sino tener las competencias para tomar las decisiones oportunas e implicarse en proyectos colectivos» (Bolívar, 2007, p. 98).

Centrándonos en este último enfoque competencial podemos preguntarnos ¿cuáles son sus principales factores y dimensiones desde una perspectiva relacionada con el ámbito curricular español?

5.1. Contextos para la adquisición y el desarrollo de la competencia cívica y ciudadana

La educación cívica o ciudadana es un proceso que entraña gran complejidad. Las escuelas o centros formativos son una gran oportunidad para su desarrollo, pues se constituyen en contextos comunes como proyectos colectivos sociales y políticos donde aprender y practicar la ciudadanía activa y democrática.

Cómo ya hemos dicho, esta competencia comprende una serie de elementos interrelacionados: conocimientos, habilidades y actitudes, con un tratamiento curricular (asignaturas, ámbitos o áreas de conocimiento, transversalidad), pero que han de ponerse también en práctica en otros contextos de educación no formal e informal. Esto hace de nuevo necesaria la conexión y cooperación entre escuela, familia y comunidad, pues el ejercicio activo de la ciudadanía se contextualiza a través de la participación en la toma de decisiones dentro del aula, del centro educativo o formativo, la vida social, actividades transversales y proyectos de aprendizaje que implican o relacionan escuela y comunidad.

Por tanto, es necesario señalar los contextos cívicos habitados por el estudiantado como ciudadanos y ciudadanas. Estos están conformados por espacios y tiempos donde se dan interacciones y relaciones y, por lo tanto, es donde se juega la educación cívica para la práctica de una ciudadanía activa. De acuerdo con el estudio realizado por Nelson y Kerr (2006), se reconocen, desde las políticas educativas de numerosos países, cuatro contextos esenciales para la educación cívica o ciudadana tanto dentro como fuera de los centros educativos.

**Figura 1. Contextos interrelacionados para la educación ciudadana
(Adaptado de Nelson y Kerr 2006).**

De esta manera, podemos establecer que la educación para el desarrollo de la competencia ciudadana precisa de la interacción de tres elementos fundamentales, en los que los y las estudiantes han de participar de manera activa:

1. *El currículo*: adquisición del conocimiento y la comprensión de conocimientos, habilidades y actitudes relevantes.
2. *Oportunidades y experiencias para la práctica de la ciudadanía en la cultura escolar*: participación activa en las estructuras democráticas de los centros educativos, aplicando los conocimientos, habilidades y actitudes que se van adquiriendo.
3. *Oportunidades y experiencias para la práctica de la ciudadanía en la comunidad de la que los y las estudiantes forman parte:* participación activa o voluntaria en el contexto comunitario (familiar, local, más global).

De manera similar, Shultz *et al.* (2023) considera el contexto como un ámbito esencial, estableciendo cuatro niveles contextuales: *la comunidad, la escuela y el aula, el hogar y el entorno de los compañeros y las compañeras, y el individuo.*

Estos enfoques consideran que el aprendizaje cívico del estudiantado se produce en las interacciones con múltiples comunidades cívicas, además del de la educación formal. Se asume que cada estudiante habita contextos que se superponen: la escuela y el hogar. Estos son parte constituyente de la comunidad local, estando esta a su vez integrada en contextos más amplios como el regional, nacional e internacional. Lo cual no puede obviarse en el proceso educativo.

5.2. Conocimientos, habilidades y actitudes en la competencia cívica y ciudadana

En cuanto a los *conocimientos, habilidades y actitudes* para la adquisición de la competencia ciudadana incluidos en el currículo de enseñanzas mínimas de las distintas etapas educativas obligatorias, en la actualidad, la Ley Orgánica 3/2020, de 29 de diciembre (LOMLOE), por la que se modifica la Ley Orgánica 2/2006, de 3 de mayo, de Educación toma como referencia las recomendaciones de la Unión Europea. Concretamente, se ha incluido la Competencia Ciudadana, a partir de una adaptación de lo establecido por el Consejo de la Unión Europea (2018). Esta interesa aquí de manera específica, pero es necesario no perder de vista que muchos elementos de las ocho competencias clave establecidas se solapan, entrelazan, y se apoyan. «Todas las competencias integran de una manera u otra capacidades como el pensamiento crítico, la resolución de problemas, el trabajo en equipo, las capacidades de comunicación y negociación, las capacidades analíticas, la creatividad y las capacidades interculturales» (Consejo de la Unión Europea 2018, 7).

El objeto de las competencias clave determinadas en el marco de la Unión Europea es establecer las bases para la construcción de unas sociedades equitativas regidas por principios democráticos. En ellas se aborda, entre otras cosas, el reto de fomentar un crecimiento integrador y sostenible, la cohesión social y el desarrollo de la cultura democrática. Obviamente, afrontar estos asuntos pasa por la concienciación y participación de una ciudadanía informada, crítica y activa, siendo fundamental la adquisición de la competencia ciudadana para el logro de estos objetivos.

El Consejo de la Unión Europea (2018) se refiere a

> la Competencia Ciudadana como la habilidad de actuar como ciudadanos responsables y participar plenamente en la vida social y cívica, basándose en la comprensión de los conceptos y las estructuras sociales, económicos, jurídicos y políticos, así como la sostenibilidad y los acontecimientos mundiales (10).

Por lo tanto, se instituye en una competencia fundamental, pues entronca directamente con el objetivo de las Recomendaciones de la Comisión Europea, y a lo que han de contribuir el resto de las competencias de manera interrelacionada.

Los *conocimientos, habilidades y actitudes* fundamentales que incorpora esta competencia, son los que podemos encontrar resumidos en la Tabla 1, los cuales podemos relacionar directamente con lo establecido en los apartados anteriores sobre la alfabetización, habilidades y disposición cívica.

Tabla 1. Conocimientos, habilidades y actitudes en la competencia ciudadana

CONOCIMIENTOS

- Conceptos y fenómenos básicos relativos al individuo, al grupo, a la organización del trabajo, la sociedad, la economía y la cultura
- Comprensión de los valores comunes europeos
- Conocimiento de los acontecimientos contemporáneos.
- Comprensión crítica de los acontecimientos más destacados de la historia nacional, europea y mundial.
- Conciencia de los objetivos, valores y políticas de los movimientos sociales y políticos, además de los sistemas sostenibles, (cambio demográfico y climático en el contexto global) y sus causas subyacentes.
- Conocimiento de la integración europea, así como la conciencia de la diversidad e identidades culturales europeas y mundiales.
- Comprender las dimensiones multicultural y socioeconómica de las sociedades europeas.
- Percibir cómo contribuye la identidad cultural nacional a la europea.

HABILIDADES

- Habilidad de interactuar eficazmente con otras personas en el interés común o público, incluido el desarrollo sostenible de la sociedad.
- Pensamiento crítico y resolución de problemas integrada.
- Capacidades para el desarrollo de argumentos y la participación constructiva en las actividades de la comunidad.
- Toma de decisiones a todos los niveles, del local y nacional al europeo e internacional.
- Posibilidad de acceder tanto a los medios de comunicación tradicionales como a los nuevos y entender sus funciones y papel en sociedades democráticas, tener una comprensión crítica de estos e interactuar con ellos.

ACTITUDES

- Actitud responsable y constructiva constituida a partir del respeto de los derechos humanos como base de la democracia.
- Participación constructiva con base en la disposición a participar en la toma de decisiones democrática a todos los niveles y en todas las actividades cívicas.
- Apoyo a la diversidad social y cultural, la igualdad de género y la cohesión social, estilos de vida sostenibles, fomento de la cultura de la paz y la no violencia.
- Interés por los acontecimientos socioeconómicos y políticos y las humanidades.
- Disposición a respetar la intimidad de los demás y a asumir responsabilidades por el medio ambiente.
- Interés por la comunicación intercultural para: suprimir los prejuicios, comprometerse cuando sea necesario, y garantizar la equidad y la justicia social.

Elaborado a partir de Consejo de la Unión Europea (2018, 10-11).

6. Prácticas pedagógicas que fomentan la educación cívica y ciudadana: Aprendizaje-Servicio y Casos Prácticos Normativos

Desde la innovación docente en el ámbito de la promoción de la educación cívica y ciudadana, se pueden destacar, entre otras, dos prácticas pedagógicas que la integran en sus fundamentos teórico-prácticos, presentándose especialmente eficaces. Nos referimos al Aprendizaje-Servicio (ApS) y Casos Prácticos Normativos (CPN).

6.1. Metodología del Aprendizaje-Servicio: una apuesta por el compromiso cívico mediante la acción

El ApS sobresale como un enfoque metodológico que contribuye significativamente al desarrollo de la competencia ética y cívica del estudiantado al integrarla en su perspectiva educativa, además del impacto positivo en diferentes áreas del desarrollo de los y las estudiantes. Su participación en proyectos de ApS les permite desarrollar una ciudadanía activa y democrática, comprometiéndose con la comunidad y asumiendo responsabilidades sociales. Este enfoque también promueve la comprensión de los problemas políticos y el desarrollo de habilidades sociales. Además, facilita una construcción de la identidad relacionada con la comunidad.

Esta metodología, arraigada en la colaboración comunitaria y el aprendizaje activo, ha ganado una amplia aceptación y definición desde su concepción en Estados Unidos en el siglo XX, extendiéndose notablemente en España durante las últimas dos décadas. Los fundamentos teóricos de este enfoque se atribuyen comúnmente a pensadores como Dewey, Boyer, Makarenko, Putnam y Aristóteles, quienes han propuesto como elementos fundamentales el aprendizaje a través de la práctica, la reflexión sobre la experiencia personal y el vínculo de centros educativos y comunidad (Redondo-Corcobado y Fuentes, 2020).

La definición de ApS propuesta por Tapia (2010) lo presenta como una actividad o programa de servicio solidario liderado por los y las estudiantes, diseñado para abordar de manera eficaz las demandas y necesidades de una comunidad, e integrado, de manera consciente, con los contenidos curriculares para optimizar los aprendizajes. Esta caracterización subraya la importancia de la participación activa del alumnado en las fases de identificación, diseño, implementación y evaluación de los proyectos de servicio solidario, lo que fomenta un aprendizaje significativo y una contribución genuina a la comunidad.

Se destacan así tres aspectos clave que distinguen y definen esta práctica (Tapia, 2010):

1. el protagonismo estudiantil en todas las etapas del proyecto;
2. el enfoque en actividades de servicio solidario dirigidas a abordar problemas comunitarios específicos; y
3. la vinculación deliberada de estas prácticas solidarias con los saberes básicos curriculares, donde el o la docente desempeña un papel fundamental en la planificación pedagógica.

En contraste con otras formas de acción comunitaria, como el voluntariado, el ApS se distingue por la calidad del servicio solidario que ofrece a la comunidad y por la integración profunda de los aprendizajes académicos formales con la actividad de servicio. Aquí radica su valor añadido: al combinar una alta calidad en la prestación del servicio con una integración efectiva de los contenidos curriculares, el ApS promueve tanto el desarrollo académico como la mejora de las condiciones sociales de la comunidad receptora.

El ApS, al involucrar a los y las estudiantes en proyectos de servicio solidario, no solo les brinda la oportunidad de aplicar los conocimientos adquiridos en el aula a situaciones reales, sino que también les permite desarrollar habilidades reflexivas sobre las causas que generan las dificultades sociales en continua vinculación con la intervención sobre el medio, así como un abanico importante de capacidades como el trabajo en equipo, la resolución de problemas, la empatía, entre otras muchas. Además, al trabajar en estrecha colaboración con la comunidad, los y las estudiantes pueden comprender mejor las necesidades y desafíos locales, lo que contribuye a su formación como ciudadanos y ciudadanas responsables y comprometidos.

La colaboración entre las instituciones educativas y la comunidad es fundamental para lograr una sociedad más equitativa, inclusiva y cohesionada. En este sentido, las propuestas de ApS emergen como una herramienta poderosa para promover la transformación social y la mejora del sistema educativo. Destaca especialmente su adecuación para fomentar la inclusión y la reducción de prejuicios, la igualdad de oportunidades, la educación ética y ciudadana, así como para facilitar la adquisición de competencias esenciales en un nivel elevado.

Por lo tanto, la educación cívica y ciudadana, que busca formar personas capaces de participar activamente en la sociedad y contribuir al bien común, encuentra en el ApS un aliado poderoso. Al promover la reflexión crítica sobre problemas sociales y la búsqueda de soluciones colectivas, fortalece el sentido de pertenencia y responsabilidad de los y las estudiantes hacia su comunidad, preparándolos para ser ciudadanas y ciudadanos comprometidas y conscientes de su papel en la construcción de un mundo más justo y solidario.

6.2. Metodología de Casos Prácticos Normativos: una reflexión ética contextualizada en la comunidad

La metodología de Casos Prácticos Normativos (CPN), desarrollada por Meira Levinson y colaboradores en el marco del proyecto *Justice in School* de la Universidad de Harvard, representa una valiosa herramienta pedagógica que trasciende la mera transmisión de conocimientos para adentrarse en la formación de ciudadanas y ciudadanos con principios éticos y comprometidos con su comunidad. Este enfoque innovador se erige como un puente entre la teoría y la práctica, ofreciendo al estudiantado la oportunidad de explorar dilemas éticos que pueden implicar aspectos normativos, a través de situaciones reales y contextualizadas.

Partiendo de la premisa de que los centros educativos son instituciones *en* democracia y *para* la democracia (Levinson y Fay, 2016), lo cual presenta un desafío constante y repleto de dilemas que no tienen respuestas fáciles ni evidentes, su finalidad es fomentar la deliberación ética, sabiduría práctica, justicia social y la participación activa en la sociedad desde el compromiso cívico. Así pues, los CPN constituyen relatos detallados que presentan situaciones dilemáticas que suelen surgir en la vida cotidiana de los centros educativos, así como en el ámbito social en general. Estos casos, desarrollados con rigurosidad académica, ofrecen a los y las estudiantes la oportunidad de sumergirse en escenarios complejos que plantean dilemas éticos, obligándolos a considerar diferentes perspectivas y a tomar decisiones informadas. Al abordar estos casos, el alumnado no solo adquiere conocimientos sobre las leyes, las normas y la moral, sino que también desarrolla habilidades para analizar, argumentar y tomar decisiones éticas en situaciones ambiguas y desafiantes.

Una de las principales fortalezas de esta metodología radica en su enfoque práctico y contextualizado, que permite al estudiantado relacionar conceptos abstractos con situaciones reales y concretas, superando así algunas de las dificultades y críticas realizadas a las propuestas de Lawrence Kohlberg, entre otras cosas, por su desconexión con la realidad de los participantes. Este vínculo de los y las estudiantes con la realidad cotidiana les brinda una comprensión más profunda de los temas tratados y les permite aplicar sus conocimientos en contextos prácticos. Además, al abordar estos casos, tienen la oportunidad de desarrollar habilidades de pensamiento crítico, como el análisis, la síntesis y la evaluación, así como habilidades de resolución de problemas y toma de decisiones éticas en situaciones difíciles y ambiguas.

Otro aspecto destacado de las prácticas con CPN es su capacidad para fomentar el diálogo y el debate entre estudiantes. A través de la discusión colaborativa de casos aprenden a escuchar y valorar las opiniones de los demás, así como a defender sus propias ideas de manera respetuosa y fundamentada. Este intercambio de ideas promueve la tolerancia, el respeto y la comprensión hacia diferentes puntos de vista y experiencias, fortaleciendo así la comunidad educativa y preparando al alumnado para participar activamente en la sociedad plural y diversa en la que viven. Para guiar el entrenamiento de estas conversaciones, Levison y Fay (2016) ofrecen un protocolo de preguntas que las guían, el cual también se puede encontrar en la web de *Justice in School*[6] o traducido al español en Martín-Ondarza *et al*. (2022), donde también se presenta una posible secuencia didáctica y recursos para implementar esta herramienta metodológica en la formación inicial del profesorado.

Concretamente, los CPN propuestos por Levinson y Fay (2016) proporcionan relatos detallados que sitúan los dilemas éticos en un contexto específico, presentando e incluyendo las voces de los o lasprotagonistas que deben enfrentarse a ellos. Algunos ejemplos de estos casos prácticos pueden estar relacionados con abordar una situación de discriminación de un docente en el lugar de trabajo por cuestiones de prejuicios étnico-raciales, religiosos o de género, así como las implicaciones legales y éticas de abordar esta injusticia. Al discutir este caso, los y las estudiantes pueden reflexionar sobre cuestiones como la igualdad de oportunidades, la diversidad en el lugar de trabajo y la responsabilidad de los empleadores en la promoción de un ambiente laboral inclusivo y respetuoso. Otros dos ejemplos pueden ser: tratar la situación dilemática de una maestra de educación primaria que debe decidir si un alumno con necesidades especiales de apoyo educativo debe promocionar o repetir el curso; o el dilema que enfrenta un profesor que debe determinar si sancionar a una estudiante de 4º curso de Educación Secundaria Obligatoria que ha

---

[6]   https://www.justiceinschools.org/.

infringido las normas del instituto, considerando las posibles repercusiones del castigo en el rendimiento académico de la adolescente.

Además, estos casos suelen ir acompañados de ensayos escritos por expertos o expertas de diversas disciplinas como filosofía, antropología o educación, que analizan y ofrecen perspectivas adicionales sobre la cuestión ética. Esta variedad de enfoques subraya la idea de que no siempre existe una única solución para un conflicto ético, aunque no todas las soluciones sean igualmente válidas, y la consideración de que diferentes puntos de vista pueden facilitar la adopción de decisiones más justas en cuanto a los cursos de acción a seguir. En última instancia, esta metodología promueve la colaboración y la reflexión conjunta como medios para abordar y prevenir la omisión o el descuido de este tipo de dilemas en los contextos educativos, contribuyendo así a la formación integral del estudiantado y a la construcción de una sociedad más justa y democrática.

En conclusión, destacamos la relevancia de los CPN en la promoción del aprendizaje cívico, pues estos ofrecen una plataforma efectiva para explorar una amplia gama de temas relacionados con la justicia social, la igualdad, los derechos humanos y la responsabilidad cívica. Al analizar los casos que reflejan dilemas y desafíos reales en la sociedad, el alumnado desarrolla una comprensión más profunda de su papel como ciudadanos y ciudadanas y de la importancia de participar activamente en la vida democrática de su comunidad.

Resumen

En este capítulo hemos abordado algunas de las ideas clave en torno al concepto de educación cívica. Sabemos que la provisión de conocimiento para capacitar y empoderar a los ciudadanos y las ciudadanas a participar activamente en procesos democráticos es multidimensional y debe realizarse en contacto con el contexto en el que se desarrolla el ejercicio de la ciudadanía.

La educación cívica se compone de tres dimensiones:

- La alfabetización cívica, vinculada al conocimiento declarativo –saber–, que incluiría conocimientos sobre el funcionamiento de las instituciones, las formas de participación o las bases éticas compartidas por una sociedad democrática.
- Las habilidades cívicas vinculadas al conocimiento procedimental –saber hacer–, que incluiría destrezas intelectuales, socioemocionales y de participación.

- Las disposiciones cívicas vinculadas con el conocimiento actitudinal –saber ser y estar con los demás–, que incluiría actitudes hacia principios cívicos como la diversidad, percepciones de problemas e instituciones cívicas, así como de la propia capacidad de actuar como ciudadana o ciudadano bajo valores democráticos.

Las tres dimensiones están interconectadas, resultando inseparables en la práctica cívica, lo que propicia la creación del concepto de competencia cívica o ciudadana, la cual se adquiere y desarrolla en diversos contextos interrelacionados que habita el estudiantado. Dicha competencia clave ha sido incorporada en la normativa educativa española, siguiendo las Recomendaciones del Consejo de la Unión Europea. Estas incluyen aspectos básicos a introducir en los currículos en relación con los conocimientos, habilidades y actitudes que conforman esta competencia y que, junto a todo lo expuesto en los apartados del capítulo, pueden ayudar a los y las docentes a desarrollar procesos de enseñanza y guiar el aprendizaje cívico de estudiantes en distintas etapas educativas. En este sentido, y para finalizar, se destacan dos metodologías que han resultado especialmente eficaces en la promoción de la educación cívica en centros educativos: el aprendizaje-servicio y los casos prácticos normativos.

Actividades

Actividad 1.–El juez estadounidense Learned Hand pronunció en 1944 (plena Segunda Guerra Mundial) un discurso titulado *El Espíritu de la Libertad*, del que se extrae el siguiente párrafo. ¿Estás de acuerdo con sus palabras? ¿Qué implicaciones tienen para la tarea educativa?

> A menudo me pregunto si no depositamos nuestras esperanzas demasiado en las constituciones, en las leyes y en los tribunales. Estas son esperanzas falsas, créanme, son esperanzas falsas. La libertad reside en el corazón de hombres y mujeres; cuando muere allí, ninguna constitución, ninguna ley, ningún tribunal puede hacer mucho para ayudarla (Hand, 1944, párr. 1, citado en Anderson, 2023)

Actividad 2.–Una película para pensar el civismo en nuestro tiempo.
Ejemplos como el de Sócrates, donde la tragedia y cierto heroísmo se entreveran, no son muy habituales, pero ilustran un grado extremo de compro-

miso cívico con un notable potencial para la reflexión pedagógica. En 1971, Roberto Rossellini llevó a la gran pantalla esta historia que guarda ciertos paralelismos con otra película más actual, protagonizada y dirigida por Clint Eastwood. Nos referimos a Gran Torino (2008), donde un viudo veterano de la guerra de Corea presencia con resignación las transformaciones sociales y multiculturales de su barrio que no encajan con su huraño carácter. Sin embargo, diversos acontecimientos producen un giro vital en su visión del mundo y sus relaciones con los otros. Proponemos como actividad el visionado de esta película, poniendo atención en la lectura de la trayectoria del protagonista y los factores que inciden en el desarrollo de un profundo compromiso de índole ética y cívica.

Documentación adicional

- Consejo de Europa. (2018). *Marco de referencia de competencias para la cultura democrática. Publicaciones del Consejo de Europa.* https://rm.coe.int/018422-esp-web/1680a969d1
- **Informes internacionales sobre educación cívica**
  - ICCS de la IEA (Asociación Internacional para la Evaluación del Rendimiento Educativo) https://www.iea.nl/sites/default/files/2023-11/ICCS2022-International-Report.pdf
  - CELS Inglaterra https://assets.publishing.service.gov.uk/media/5a7b6c07e5274a319e77f2fc/DFE-RR059.pdf
  - Civic assessment NAEP (EE.UU.) https://nces.ed.gov/nationsreportcard/civics/#:~:text=The%20National%20Assessment%20of%20Educational,4%2C%208%2C%20and%2012.
  - Eurydice del Consejo de Europa https://publications.europa.eu/resource/cellar/e0f2801c-184c-11e8-ac73-01aa75ed71a1.0008.01/DOC_1

Referencias bibliográficas

Anderson, Lorin W. 2023. Civic education, citizenship, and democracy. *Education Policy Analysis Archives,* n.º 31(103): 1-16.
Anderson, Lorin W. y Krathwohl, David R. 2001. *A taxonomy of learning, teaching, and assessing: A revision of Bloom's taxonomy.* Pearson.

Bolívar, Antonio. 2007. *Educación para la ciudadanía. Algo más que una asignatura.* Graó.

Carretero, Mario; Haste, Helen y Bermudez, Angela. 2015. Civic education. In L., Corno y E.M. Anderman (Eds.). *Handbook of educational psychology,* (pp. 309-322). Routledge.

Consejo de la Unión Europea. 2018. *Recomendación del Consejo de la Unión Europea de 22 de mayo de 2018 relativa a las competencias clave para el aprendizaje permanente.* Diario Oficial de la Unión Europea (2018/C 189/01)

Jamieson, Kathleen Hall. 2013. The challenges facing civic education in the 21st century. *Daedalus,* n.º 142(2): 65-83.

Levinson, Meira. 2012. *No citizen left behind.* Harvard University Press.

Levinson, Meira y Fay, Jacobs (Eds.). 2016. *Dilemmas of educational ethics: Cases and commentaries.* Harvard Education Press.

Martín-Ondarza, Prado; Redondo-Corcobado, Paloma y Fuentes, Juan L. 2022. Hacia una cultura de la conversación democrática: una experiencia innovadora en la formación inicial de educadores. En B. Sáenz Rico de Santiago, L. Rayón Rumayor, *Innovación y cambio en el aula desde la complejidad formativa,* (pp. 197-214). Editorial GRAÓ.

Naval, Concepción. 2006. Enfoques emergentes en la educación para la vida ciudadana en una sociedad democrática. En Concepción Naval y Montserrat Herrero (Eds.), *Educación y ciudadanía en una sociedad democrática,* (pp.137-153). Encuentro.

Nelson, Julie y Kerr, David. 2006. *Active citizenship in INCA countries· Definitions, policies, practices, and outcomes.* NFER/QCA.

Nussbaum, Martha Craven. 2009. Education for Profit, Education for Freedom. *Liberal Education,* n.º 95(3): 6-13.

Redondo-Corcobado, Paloma y Fuentes, Juan L. 2020. La investigación sobre el Aprendizaje-Servicio en la producción científica española: una revisión sistemática. *Revista Complutense de Educación,* n.º 31(1): 69-82. https://doi.org/10.5209/rced.61836

Schulz, Wolfram; Ainley, John; Fraillon, Julian; Losito, Bruno; Agrusti, Gabriella; Valeria, Damiani y Friedman, Tim. 2023. *Education for Citizenship in Times of Global Challenge. IEA* International Civic and Citizenship Education Study 2022 International Report.

Tapia, María N. 2010. Calidad académica y responsabilidad social: el Aprendizaje-Servicio como puente entre dos culturas universitarias. En M. Martínez (Ed.), *Aprendizaje-Servicio y responsabilidad social de las universidades,* (pp. 27-56). Octaedro.

El desafío de la educación moral: modelos, corrientes y aplicaciones en el aula

Paloma Redondo-Corcobado, Beatriz Gálvez Martín y Juan Luis Fuentes

1. Introducción

En el contexto actual, donde las sociedades enfrentan una crisis moral palpable, se torna imprescindible enfatizar la importancia de fortalecer la educación moral. Estamos ante una era de quiebre del uniformismo ético, un tiempo en el cual los códigos morales universales están siendo reemplazados por un mosaico de juicios y decisiones personales, y una sociedad en la que se observa una transición hacia valores más individualistas y hedonistas que priorizan respuestas a situaciones específicas sobre principios morales absolutos.

Un ejemplo de esto es el escándalo de Theranos. Elizabeth Holmes, su fundadora, implementó una tecnología que permitía realizar análisis médicos complejos con solo unas pocas gotas de sangre. No obstante, se evidenció que esto no era real y a pesar de ello, se decidió ocultar estas deficiencias, manipulando datos y engañando a la opinión pública, con el fin de proteger su imagen y maximizar sus ganancias, dejando de lado los principios éticos y la seguridad de los pacientes. Este caso evidencia cómo los valores individua-

Cómo citar: Redondo-Corcobado, Paloma *et al.* (2025). La educación moral. En David Luque Mengíbar y Silvia Sánchez-Serrano (Eds.) *Teoría de la Educación* (pp. 263-286). Ediciones Complutense. https://dx.doi.org/10.5209/docm.002.11

listas y hedonistas pueden permear incluso en industrias críticas, como la del sector sanitario, donde la toma de decisiones tiene implicaciones que afectan directa y significativamente a la vida de las personas.

Esta situación se vuelve aún más delicada alrededor del prolífico desarrollo de industrias modernas y tecnologías emergentes al que estamos asistiendo en la actualidad, como son la inteligencia artificial o la biotecnología. Estos nuevos escenarios plantean dilemas morales adicionales, los cuales requieren nuevos saberes por parte de diferentes áreas de conocimiento para su resolución. Por ello, es vital que, en el campo pedagógico, y más concretamente en la formación del profesorado, se dedique un espacio preferente al estudio y la reflexión para el desarrollo y la formación ético-moral. Así, en este contexto, se vuelve necesaria una educación moral que no se vea restringida a inculcar una serie de normas éticas, sino que persiga equipar al individuo para actuar de manera ética, racional, autónoma, consciente y libre, explorando el significado de cada posible elección moral.

Para abordar la educación moral desde los múltiples ángulos de su compleja composición, comenzamos este capítulo exponiendo brevemente su fundamentación teórica, utilizando un enfoque interdisciplinar que incorpora diferentes perspectivas de estudio desde los campos de la filosofía, la antropología, la psicología y la pedagogía. Seguidamente, examinamos las diferentes corrientes que conducen la educación moral en tiempos contemporáneos y los diversos modelos derivados de las mismas. Por último, presentamos distintas prácticas susceptibles de ser aplicadas en el contexto pedagógico para trabajar la educación moral.

2. Fundamentación teórica de la educación moral: un enfoque interdisciplinar y diverso

La fundamentación teórica de la educación moral no puede realizarse desde una única perspectiva, sino que nace de la confluencia de diversas disciplinas que abarcan la filosofía, la antropología, la psicología o la misma pedagogía, como conocimiento autónomo. Al mismo tiempo, como veremos a continuación, no puede decirse que exista un consenso sobre la propia concepción de la educación moral, ni sobre las estrategias más adecuadas para llevarla a la práctica, siendo estas dependientes de la teoría ética que tomemos como referencia. Si la propia educación ha sido definida como un concepto esencialmente controvertido, cuando esta se refiere de manera específica a cuestiones éticas relacionadas con la determinación del mejor modo de vida que merece la pena vivir, la complejidad es aún mayor.

En el plano filosófico, son numerosos los autores que se han planteado cuestiones de índole ética y no pocos los que han considerado de manera específica la mejor manera de alcanzar y promover una vida buena. Quizá Aristóteles sea uno de los primeros y más relevantes pensadores que se ocuparon de esta cuestión, por lo que nos ocuparemos de él y sus ideas más detenidamente en el siguiente apartado. Sin embargo, junto a él, dos de los autores que han sostenido concepciones diversas sobre la educación moral, y que han fundamentado prácticas educativas de distinta índole, son Emmanuel Kant y John Stuart Mill, representantes de dos de las principales líneas de pensamiento en ética: la deontología y el utilitarismo. El filósofo prusiano propone que la moralidad de las acciones depende fundamentalmente de si estas obedecen a un deber moral, que es determinado por una ley moral universal a la que se accede mediante la razón. En consecuencia, este enfoque enfatiza la enseñanza de principios universales de justicia y respeto, animando a las personas a actuar según un sentido racional del deber. Una aproximación diferente es la realizada por el británico Mill, quien argumenta que la moralidad de las acciones de los individuos se determina en función de su capacidad para promover la mayor felicidad para el mayor número de personas. En un contexto educativo, este enfoque se ha traducido en distintas acciones encaminadas a enseñar al estudiantado a considerar las consecuencias de sus acciones y a valorar el bienestar colectivo sobre intereses personales. Ambas perspectivas han sido cuestionadas por razones diversas que apuntan a su excesiva atención a una de las partes de la ecuación, a saber, los principios morales o sus consecuencias. Así, el primero ha sido criticado por simplificar o racionalizar en exceso el medio de acceso al conocimiento moral, que descuida otras fuentes como las emociones, o su pretensión de universalidad que ignora las diferencias culturales o sociales, como ocurrió en el modelo de Kohlberg al que nos referiremos con mayor detenimiento en el siguiente apartado. Por su parte, el segundo ha recibido críticas centradas en su potencial tendencia a la justificación de medios moralmente cuestionables, por su aspiración a un bien mayor para la mayoría, lo que puede derivar en aceptar estrategias de dudosa moralidad. Veamos un ejemplo, el hecho de que haya una gran mayoría de personas que se beneficien de un nuevo medicamento o tratamiento para una enfermedad, no justifica que estemos legitimados a experimentar con un grupo reducido de personas, exponiéndolas a un sufrimiento extremo, a secuelas en su salud de por vida o a un alto riesgo de morir.

Otra de las disciplinas que mayor atención ha prestado a la educación es la antropología, la cual, en sus distintas aproximaciones física, filosófica, cultural, social, etc., se ocupa de proporcionar una comprensión profunda de cómo es el ser humano en su contexto. Así, en buena medida, la antropología analiza la manera en que las diversas culturas conceptualizan y transmiten valores morales, a través de símbolos, ritos, costumbres, formas de organización social, instituciones, etc., destacando la necesidad de comprender las prácticas educativas dentro de contextos culturales específicos, que reflejan creencias culturales profundamente arraigadas y transmitidas de generación en generación.

En este sentido, se observa una dicotomía entre posiciones que discuten la fuente de la ética. Algunos autores apuntan que la moral se deriva de la naturaleza humana a través de un proceso de interpretación racional, que permite alcanzar un primer nivel que supondría una *moral de mínimos*, entendida como una expresión de las necesidades básicas de la naturaleza humana, que prescriben un conjunto de normas fundamentales de convivencia social, como el respeto a un conjunto de derechos fundamentales, la ilegitimidad del uso de la violencia gratuita y arbitraria, etc.; así como un segundo nivel de mayor exigencia o *moral de máximos*, que apunta a cotas más elevadas de perfeccionamiento ético vinculadas a determinadas formas de orientar la existencia. Este enfoque defiende que las acciones humanas deben ser juzgadas por su adecuación o inadecuación a la naturaleza humana, donde la razón juega un papel crucial al imponer el deber de actuar moralmente (Quintana, 1995). En este sentido, Barrio (1998) sitúa en el centro de la discusión la dignidad humana y entiende que las distintas culturas deben ser juzgadas por su capacidad para respetar y promover el cultivo de la humanidad o el desarrollo humano integral.

Desde una perspectiva distinta, otros autores defienden que las culturas se componen de sistemas de significados históricamente transmitidos y completamente vinculados a las circunstancias concretas espaciotemporales de cada grupo social, que las distinguen unas de las otras. Hasta tal punto es así, que no es posible hablar de cultura sino de culturas, donde las concepciones de *lo bueno* y *lo malo* varían enormemente, no pudiendo realizarse comparaciones entre sí debido a la inexistencia de un criterio común. Únicamente tendrán sentido los juicios de valor dentro de los marcos de cada cultura y conforme a sus propios criterios, de lo contrario, se corre el riesgo de malinterpretación. Por ello, la educación moral no será única ni común, sino dependiente de cada contexto cultural y social. Ello explicaría el hecho de que unas sociedades valoren más ciertos principios como el de autonomía e independencia, o los derechos individuales, mientras que en otras se prioricen las obligaciones comunitarias y el bienestar grupal. En este sentido, Durkheim (2002) identifica la moralidad con la capacidad de actuar en beneficio de intereses colectivos y enfatiza la importancia de la vinculación a grupos sociales como pilar de la moral. La educación moral, desde esta perspectiva, comienza por reconocer nuestro papel dentro de un grupo humano y nuestra integración en él, donde las interacciones con los otros constituyen la fuente más importante para adquirir las claves de interpretación de las normas y valores grupales. De esta manera, el concepto de educación se asemeja al de socialización o, en otras palabras, la educación tendrá el fin último de incorporar al individuo como parte de una comunidad, proporcionándole los elementos fundamentales que le constituyen como miembro de pleno derecho del grupo de referencia.

La discusión antropológica se centra, por tanto, en una cuestión de fondo que también observamos en el plano filosófico, pues si aceptamos que la naturaleza humana prescribe un determinado comportamiento moral, puesto que todos los seres humanos compartimos dicha naturaleza, también nos regiremos por los mismos principios éticos, que adquieren un carácter universal. No obstante, si por el contrario son las propias prácticas culturales específicas y particulares las que definen de manera distintiva los valores morales, mediante códigos propios indescifrables desde posiciones externas, dichos valores morales serán relativos y cambiantes. De nuevo, ambas posturas presentan puntos críticos y objeciones que son realizadas desde planteamientos antagónicos. Quizá la dificultad más importante que encuentran los partidarios de la primera posición es la que se refiere a la determinación de los medios para conocer la naturaleza humana y sus consecuentes derivaciones morales. Es decir, dentro de la diversidad inherente al ser humano, ¿cómo podemos conocer lo que es propio o común a todos los individuos, especialmente cuando hablamos de culturas muy alejadas temporal y/o geográficamente? Y más concretamente, ¿en el caso de que identifiquemos rasgos compartidos, más allá de las necesidades físicas básicas, ¿cómo se vinculan estos con formas concretas de existencia moralmente deseables? Con respecto a los defensores de la segunda postura, cabría preguntarse si dentro de la diversidad no es evidente una necesidad humana de afecto, de justicia, de autonomía o de autorrealización en individuos de todas las culturas, que se sitúa por encima de las necesidades de alimentación y subsistencia. O, en otro sentido, si la aceptación de valores relativos no nos obliga a prescindir de medidas de intervención externa, incluso cuando a nuestro juicio se comentan actos de crueldad, genocidios y otros atentados contra el ser humano. No son estas cuestiones ajenas al ámbito educativo, especialmente en un mundo globalizado y multicultural, donde los estados y, más concretamente, los sistemas educativos, los centros escolares y el profesorado concreto, se encuentran ante el reto ineludible de tomar decisiones sobre asuntos tan difíciles como cotidianos, como las cuestiones morales. Sirva de ejemplo el debate sobre si permitir determinadas expresiones religiosas en escuelas públicas como el pañuelo que cubre las cabezas de las adolescentes musulmanas u otros símbolos culturales, entendidos de distinta manera por individuos de diferentes culturas y, cuyas decisiones no aluden a meras medidas de orden u organización escolar, sino que se convierten en temas fundamentales para la convivencia y el respeto a la dignidad y la identidad humanas.

Tampoco la psicología se ha mantenido ajena a la discusión sobre la educación moral. Autores como Jean Piaget (1984) centraron su atención en el comportamiento moral infantil y su proceso de maduración a través de sucesivas etapas de crecimiento, empezando por una moralidad heterónoma, donde las reglas son vistas como inmutables y dictadas por autoridades externas, hasta llegar a una moralidad autónoma, donde se perciben como acuerdos susceptibles de ser modificados mediante la negociación. Sobre sus ideas se edificó el modelo de Lawrence Kohlberg (1981), al que prestamos especial atención más adelante y que es también heredero de Kant, en su afirmación de principios morales universales a los que el individuo accede mediante la maduración de la razón y el progreso hacia un estadio maduro fruto de un desarrollo evolutivo psicológico satisfactorio. En consecuencia, el catedrático de Harvard propuso que la educación moral debe promover el desarrollo progresivo de un estadio a otro, mediante discusiones de dilemas morales y la implementación de modelos de escuelas democráticas concebidas como comunidades justas, donde los principios de justicia gobiernen la vida escolar.

Junto a ello, cabe destacar que, a finales del siglo XX, la psicología experimentó un giro fundamental en sus fines como disciplina, y propuso centrar la atención no solo en los trastornos y las enfermedades de la mente, sino más bien en los medios que permiten al individuo alcanzar una vida satisfactoria y feliz. Surge así la denominada *psicología positiva* y su aportación a la educación moral, enfatizando el papel de un entorno educativo que no solo aborde los conflictos y dilemas morales, sino que también promueva activamente rasgos del carácter que conduzcan al individuo a un estado de bienestar emocional. Este enfoque sugiere que la educación moral debe incluir el desarrollo de habilidades emocionales y sociales que permitan al estudiantado aplicar sus principios morales de manera efectiva y empática en diversas situaciones sociales (Seligman *et al.* 2009).

De forma similar a otras disciplinas, aparece aquí de nuevo una disyuntiva entre lo universal y lo particular, lo abstracto y lo concreto, lo racional y lo emocional. Mientras Piaget y Kohlberg argumentan que el ser humano posee rasgos universales que le permiten acceder a una noción compartida del bien a través del desarrollo natural impulsado por la educación, algunos autores dentro de la psicología positiva cuestionan esta perspectiva objetivista, argumentando que la satisfacción y el bienestar son percepciones subjetivas del individuo, quien debe tener autonomía para establecer sus propios criterios de desarrollo, incluida su dimensión moral. Aunque las críticas a Kohlberg serán discutidas más adelante, también la psicología positiva enfrenta sus propios desafíos, especialmente al rechazar indicadores objetivos de crecimiento humano. Esto plantea problemas en el ámbito educativo, como la controversia sobre aceptar bajos estándares de desarrollo en individuos con alto potencial, especialmente en la juventud. También es discutible identificar el bienestar emocional con la plenitud humana, dado que conceptos como esfuerzo, perseverancia y superación de obstáculos, aunque no opuestos al bienestar, son esenciales en la vida humana y poseen un valor pedagógico significativo.

Aunque en los párrafos anteriores las referencias a la educación se encuentran permanentemente presentes desde distintas disciplinas auxiliares, cabe hacer mención también explícitamente a las grandes teorías de la educación moral contemporáneas. Estas son herederas de los autores citados, pero también de otros enfoques históricos específicamente pedagógicos que se han ocupado de la educación moral. Entre ellos, cabe destacar las aportaciones del alemán Johann Friedrich Herbart, quien consideraba que la educación moral e intelectual estaban irremediablemente ligadas y no podían enseñarse por separado. Según este planteamiento, llenar la mente de representaciones morales positivas fomenta un comportamiento ético de manera natural. Esto es, si un individuo se encuentra habitualmente expuesto a conceptos y ejemplos de buena moralidad, estas ideas se interiorizarán y guiarán sus acciones cotidianas hacia comportamientos moralmente buenos. Así pues, la educación moral, según Herbart, debe procurar una profunda comprensión de las normas morales y fortalecer activamente la voluntad de las personas para que actúen de acuerdo con estos principios éticos.

De forma similar, el pedagogo ilustrado Johann Heinrich Pestalozzi entendía que la educación no es una actividad unidimensional, sino que abarca lo que se conoce como la tríada que considera esencial combinar la instrucción académica con la formación emocional y la práctica ética. O lo que es lo mismo, aprender intelectualmente con la cabeza, haciendo partícipe a los afectos que nacen desde el corazón y actuando manualmente con el propio cuerpo y, particularmente, con las propias manos. De esta manera, para el educador suizo, era fundamental crear un ambiente educativo que no solo provea información, sino que también inspire y aporte seguridad y confianza al estudiantado, fomentando el amor y la solidaridad entre ellos.

3. Modelos y corrientes contemporáneas de la educación moral

Como acabamos de plantear, el desarrollo de la educación moral supone una gran complejidad, debido a las diversas y, en ocasiones, opuestas perspectivas que pueden encontrarse. Por un lado, hay modelos que defienden la enseñanza de valores absolutos y universales, mientras que otros promueven una visión de tipo relativista que rechaza el reconocimiento de principios comunes y, por lo tanto, susceptibles de ser enseñados a todos los individuos. Mientras que los primeros se fundamentan en la creencia de valores indiscutibles e inmodificables, los segundos adoptan una perspectiva más modesta que considera que no hay opciones de valor preferibles en sí mismas.

Una segunda disyuntiva está conformada por posiciones centradas en lo racional y lo cognitivo, en las que se defiende que es posible acceder al conocimiento de los valores mediante la razón y que, tras ello, tiene lugar una transferencia a otras dimensiones de la persona como su conducta moral o su aprecio de lo bueno. Frente a esto, se sitúan quienes reclaman que los sentimientos son indispensables para actuar de acuerdo con los principios morales, considerando que son las emociones las que impulsan la voluntad de adherirse a una determinada moralidad en la práctica. Según estos autores, los sentimientos morales actúan como un nexo entre el conocimiento de lo que es correcto y la acción efectiva al respecto. Sentimientos como la empatía, la culpa o la indignación ante la injusticia motivan al ser humano a actuar de acuerdo con principios morales. Por lo tanto, la educación moral debe considerar no solo los aspectos cognitivos sino también los afectivos (Berkowitz, 1995; Escámez, 2009).

Vamos, a continuación, a analizar algunos de los principales modelos y corrientes que han surgido en los últimos años y han influido en la manera en que se concibe, se enseña y se actúa en este ámbito en la actualidad.

3.1. El modelo racionalista de Kohlberg: el razonamiento moral a través de dilemas

Uno de los modelos que mayor trascendencia tuvo en el siglo xx, está inspirado por las ideas de Kant y Piaget, y encuentra en la figura de Kohlberg a su máximo representante. Este autor se propuso evaluar el desarrollo moral de la infancia y la adolescencia tomando como referencia el razonamiento o juicio moral de los individuos. Para ello, basó su teoría en dos ejes fundamentales. Por un lado, centró su atención en los dilemas morales en los que planteaba una situación donde entraban en conflicto dos valores y no había una solución evidente, sino que era necesario una deliberación sobre la opción éticamente correcta. Uno de los dilemas más conocidos y utilizados es el siguiente:

> Heny es un hombre cuya mujer sufre una grave enfermedad que solo puede ser curada por un nuevo medicamento. Este medicamento tiene un alto precio que supera ampliamente el coste de su producción, lo que imposibilita a Henry su adquisición. Tras buscar sin éxito distintas opciones de financiación, el hombre acude a la empresa farmacéutica y solicita una flexibilización en el pago, a lo que los responsables responden que ha llevado mucho tiempo de investigación y trabajo producir el medicamento y el precio no puede rebajarse. Ante ello, se plantean varias posibilidades sobre lo que moralmente debería hacer Henry para resolver este dilema en el que se contraponen varios valores como la vida de la mujer y el respeto al trabajo de los farmacéuticos y a la recompensa económica que merece su esfuerzo. Entre las opciones de resolución, se encuentran: dejar morir a la mujer al no poder acceder al medicamento, robar el medicamento y cumplir la pena de prisión correspondiente o robar el medicamento y no ir a prisión porque esa pena sería injusta para Henry.

Por otro lado, partiendo de la resolución de los dilemas, identificó tres niveles de desarrollo moral, subdivididos a su vez en dos etapas o estadios cada uno, por los cuales los individuos progresan en su desarrollo moral:

Nivel preconvencional: el comportamiento moral viene determinado por las consecuencias externas de las acciones.

- Estadio 1. Orientación al castigo y la obediencia: las acciones se consideran incorrectas si tienen como resultado un castigo.

- Estadio 2. Hedonismo instrumental y orientación al intercambio: las acciones se consideran correctas si satisfacen las necesidades del individuo o implican un intercambio justo.

Nivel convencional: el comportamiento moral se guía por las normas sociales y las expectativas de los demás.

- Estadio 3. Orientación hacia la aprobación social y las relaciones interpersonales: las acciones se consideran correctas si son aprobadas por los demás o favorecen el mantenimiento de buenas relaciones con los otros.
- Estadio 4. Orientación hacia el orden social y la ley: las acciones se consideran correctas si mantienen el orden social y cumplen con la ley y las normas establecidas por la autoridad.

Nivel postconvencional: el comportamiento moral se guía por principios éticos universales.

- Estadio 5. Orientación hacia el contrato social: las acciones se consideran correctas si respetan los derechos de los demás y promueven el bienestar social.
- Estadio 6. Orientación hacia los principios éticos universales: las acciones se consideran correctas si se adhieren a principios éticos universales, como la justicia, la igualdad y el respeto por la dignidad humana.

El modelo de Kohlberg presenta una evolución desde sus inicios, cuando se planteó como un sistema de evaluación del razonamiento moral, hasta ser considerado como una práctica de educación moral basada en la estimulación del pensamiento moral, a través de los dilemas morales, que ponían a prueba los conocimientos y principios éticos de los individuos. Sin embargo, a pesar de su gran alcance y aceptación en el ámbito educativo entre los años 60 y 80 del siglo xx, ha recibido numerosas críticas que abarcan varios ámbitos. Una de las más relevantes es si el razonamiento moral conduce efectivamente a la acción moral, es decir, si el conocimiento de los principios morales situados en los niveles más altos del desarrollo moral, según Kohlberg, implica que los individuos actúen de acuerdo con esos principios. O, en otras palabras, si conocer el bien supone necesariamente llevarlo a la práctica, lo que la experiencia no parece haber demostrado. Por ello, no se puede identificar plenamente, como parecía indicar Kohlberg, razonamiento moral con desarrollo moral. Si bien el primero es una parte necesaria del segundo, no es por sí mismo suficiente porque deja fuera el comportamiento moral y la voluntad o los afectos que llevan a la valoración de lo bueno.

Junto a ello, otra de las críticas recibidas consiste en que los dilemas utilizados presentan habitualmente situaciones extremas muy alejadas de la vida cotidiana del estudiantado que, en raras ocasiones, tendrán que enfrentarse a tomar una decisión de tanta trascendencia. Por ello, es discutible que pueda realizarse una transferencia entre dos escenarios tan distantes, la situación hipotética y la experiencia diaria de la infancia y la adolescencia.

Por último, se ha criticado que el modelo de Kohlberg posee un escaso enfoque multicultural y que los parámetros que establecía para juzgar el progreso moral no eran necesariamente compartidos por individuos de distintas culturas, motivo por el cual no alcanzaba a ser considerado una propuesta válida fuera de los contextos de referencia. Se ha observado que el progreso no siempre es lineal y que no todos los individuos avanzan de la misma manera a través del itinerario fijado, por lo que se hace necesario otro esquema que permita considerar distintas formas de desarrollo moral.

3.2. Ética del cuidado: la atención a las necesidades particulares del otro

Uno de los cuestionamientos más destacados a los planteamientos kohlbergianos es el realizado por Carol Gilligan y Nel Noddings, quienes argumentan que su enfoque deja de lado aspectos cruciales de la moralidad, especialmente en lo que respecta a las relaciones interpersonales y a la dimensión emocional. Además, señalaron que los estudios de Kohlberg se centran predominantemente en varones, introduciendo un sesgo de género que no representa adecuadamente el razonamiento moral de las mujeres. Según ellas, las mujeres tienden a priorizar tradicionalmente lo que se ha denominado una ética del cuidado, un aspecto poco explorado en la teoría de Kohlberg.

De esta forma, la ética del cuidado surge en el contexto de las críticas feministas a las teorías tradicionales de la moralidad (Gilligan, 1993), que enfatizaban el valor de la justicia, la autonomía individual, la imparcialidad y principios universales sobre las necesidades particulares y los contextos específicos de las personas. En consecuencia, la ética del cuidado propuso una ética situada y del cuidado que toda persona demanda, que rechaza la noción de que las normas éticas abstractas son suficientes para guiar la conducta moral. En cambio, argumenta que es la experiencia directa de contacto con el otro y la reciprocidad en las relaciones de cuidado lo que enseña y motiva a las personas a actuar moralmente. Así, la educación moral coherente con este modelo se centra en la promoción de relaciones interpersonales de cuidado y de las conexiones que se establecen a raíz de ellas.

La justicia, aunque esencial, no es suficiente para abordar todos los aspectos de la vida humana. Las teorías de la justicia tradicionales a menudo abstraen al individuo de sus relaciones más cercanas, tratando de aplicar principios universales sin tener en cuenta las particularidades de cada situación. En contraste, la ética del cuidado pone en primer plano la importancia de atender y mantener relaciones personales, entendiendo que estas son fundamentales para la constitución del yo y la sociedad. Se centra en el contexto específico y las relaciones que implican a las personas afectadas por decisiones morales. En lugar de ver a los individuos como agentes aislados, este modelo considera que las personas están interconectadas a través de una red de relaciones que son fundamentales para entender y atender adecuadamente sus diversas necesidades y responsabilidades. Por ejemplo, un maestro que no entiende las circunstancias particulares del estudiante que hace trampas en un examen y aplica una regla abstracta y general sobre este hecho, olvida de esta forma las circunstancias específicas que llevan al alumno a desarrollar tal comportamiento y, por lo tanto, podríamos decir que no está respondiendo adecuadamente a la situación.

Un aspecto crucial de incorporar la ética del cuidado en la educación moral es el papel esencial de las emociones, las cuales son centrales en la vida moral por ser el núcleo del deseo natural de cuidar y ser cuidados. Las emociones son fundamentales para interpretar y responder a diversas situaciones de la vida, nos afectan a nivel personal y son impulsores principales de acciones éticas y del fortalecimiento de relaciones interpersonales. Según la ética del cuidado, las personas actúan más por necesidades concretas en contextos específicos que por razonamientos abstractos sobre justicia o responsabilidad. Los sentimientos son, así, claves en nuestra comprensión y práctica de lo justo y correcto en la interacción diaria, sin desestimar totalmente la racionalidad, pero otorgándole un papel secundario. La ética del cuidado promueve desarrollar tanto el razonamiento sobre las necesidades ajenas y las consecuencias de nuestras acciones, como la capacidad emocional para identificar el sufrimiento ajeno y actuar moralmente (Noddings, 2010). Una educación moral alineada con esta ética motiva al estudiantado a comprometerse con el cuidado de otros, basándose en cuatro componentes clave:

1. El modelaje, donde los adultos actúan como modelos de comportamiento cuidadoso. Esto resulta un aspecto central en cuanto que para aprender a cuidar es un factor determinante haber sido cuidado.

2. El diálogo genuino, que fomenta la escucha y la contribución mutua. La conversación se sitúa de esta manera en el centro de la ética, abarcando diversos niveles de formalidad que incluyen desde el diálogo propiamente filosófico, hasta las conversaciones sobre aspectos éticos relevantes y los espacios de diálogo ordinario, que surgen espontáneamente y permiten una mayor intimidad, confianza y conexión interpersonal.

3. La práctica del cuidado, que ofrece oportunidades para desarrollar la empatía y la simpatía.

4. La confirmación, que busca promover motivos y comportamientos morales superiores en lugar de inducir culpa por acciones dañinas, fortaleciendo así las relaciones de cuidado y confianza entre educadores y educandos.

No obstante, el énfasis de la ética del cuidado sobre las respuestas emocionales y las relaciones interpersonales ha sido criticado por su parcialidad o subjetivismo, lo que los críticos asocian con una falta de aplicabilidad universal en los diferentes contextos sociales de manera justa, como el contexto político, que requiere de teorías éticas basadas en principios universales, o aquel relacionado con las cuestiones de género, en el que algunas voces críticas señalan la potencialidad de la teoría ética del cuidado para relegar el papel femenino al rol tradicional de cuidadora e intensificar así las desigualdades entre hombres y mujeres.

3.3. Ética de la virtud: la formación del carácter para alcanzar la felicidad

La ética de la virtud ha tenido un recorrido ascendente y paralelo a los dos modelos anteriores desde mediados del siglo XX hasta la actualidad, alcanzando un lugar preponderante en las teorías sobre la educación moral. Una de las razones de este crecimiento se debe al interés renovado que ha experimentado el pensamiento de Aristóteles, especialmente en lo referente a su ética basada en la virtud y en su atención a las emociones (Kristjánsson, 2015). Para el filósofo griego, la vida buena moralmente se alcanza desarrollando virtudes, que son disposiciones del carácter fundamentadas en la naturaleza humana, que nos permiten actuar de manera apropiada en diversas situaciones. Por ejemplo, la condición social de los individuos por la que necesitamos a los otros no solo para sobrevivir, sino también para vivir bien, implica que la amistad sea considerada como uno de los bienes más preciados a los que puede aspirar el ser humano. Según este autor, la virtud se cultiva mediante la práctica repetida de acciones virtuosas, un proceso de habituación que demanda tanto guía como un esfuerzo constante y que definen el carácter de las personas. Es por ello, que la ética aristotélica se define como una ética de carácter práctico, en cuanto que para este autor la persona buena no es quien conoce el bien, quien sabe describirlo con detalle o razona moralmente, sino quien lo practica de manera habitual (Aristóteles, 2010). En este sentido, el carácter se entiende como un conjunto de cualidades morales y éticas que se adquieren y desarrollan a lo largo de la vida a través de experiencias, educación y práctica consciente y se diferencia del temperamento, que se refiere a las disposiciones y reacciones emocionales innatas de una persona, las cuales son en gran medida producto de la biología y se manifiestan desde las primeras etapas de la vida. Mientras que el temperamento puede proporcionar ciertas predisposiciones, el carácter se construye mediante el aprendizaje y la reflexión sobre experiencias, la adopción de valores y la toma de decisiones conscientes sobre cómo actuar (Ibáñez-Martín, 2023).

De esta forma, la excelencia se sitúa entre dos extremos denominados vicios, que deben ser evitados de la misma manera que se persigue el punto medio virtuoso. No obstante, su determinación no es sencilla y está sometida en cierta medida a las circunstancias particulares que deben ser evaluadas mediante una *metavirtud* denominada *phrónesis*, sabiduría práctica o prudencia. En este sentido, el comportamiento virtuoso puede variar de una persona a otra, según las circunstancias particulares en las que se encuentre. Además, en no pocos casos dos virtudes pueden entrar en conflicto y es necesario una reflexión detenida de la situación particular para determinar la mejor actuación en términos éticos. Por ejemplo, el grado virtuoso de generosidad de una persona que está a cargo de su familia puede ser distinto del de quien no posee las mismas responsabilidades. Aquí observamos que cabe exigir un comportamiento más generoso a quien está en posición de actuar así, que para el que la generosidad puede ser un obstáculo en el ejercicio de la responsabilidad. No parece razonable aceptar una acción generosa como virtuosa cuando priva a otras personas en situación de vulnerabilidad de ciertos bienes imprescindibles.

Surge aquí una pertinente cuestión relativa al lugar que ocupa la educación del carácter aristotélica en una de las disyuntivas que describimos en el apartado anterior, más concretamente, en la referida a la universalidad o relatividad de los valores morales. Si bien la necesidad de la prudencia y la variabilidad de la virtud parecería indicar que se trata de un enfoque relativista, la vinculación con la naturaleza humana que prescribe determinados comportamientos morales sitúa más bien a esta teoría en un plano universalista.

Similarmente a la ética del cuidado, la ética de la virtud reconoce el lugar de los sentimientos y emociones en la vida moral. Estas son consideradas como moralmente instructivas: no solo nos impulsan a actuar, sino que también nos informan sobre nuestros valores, nuestras relaciones con otros, y sobre la manera en que deberíamos vivir. Las emociones, por tanto, no son meras reacciones pasajeras, sino componentes esenciales del razonamiento moral que nos ayudan a interpretar y evaluar nuestro entorno y nuestras interacciones. Aún así, la razón sigue siendo el núcleo que estructura y guía la conducta virtuosa, y tiene un papel crucial en la toma de decisiones morales, siendo fundamental para identificar y reflexionar sobre los fines apropiados de la vida humana y para evaluar y justificar moralmente las emociones y las intuiciones que nos motivan a actuar, evidenciando una interacción dinámica entre razón y emoción.

De esta forma, las propuestas de educación del carácter contemporáneas fundamentadas en la concepción aristotélica entienden que las virtudes poseen distintos niveles de desarrollo que abarcan el cognitivo, el conductual y el afectivo, que recuerdan a la citada tríada de Pestalozzi. El primero nos ayuda a conocer el bien, a saber, por ejemplo, qué significa la justicia o qué define a una persona justa o injusta. El segundo implica llevar a la práctica la propia virtud, incorporarla a nuestro repertorio habitual de acción. Siguiendo el ejemplo anterior, ello supondría actuar frecuentemente de acuerdo con la justicia. Y, en tercer lugar, la virtud requiere reconocer el valor de lo bueno, apreciarlo, desearlo para uno mismo y para los demás. Estos tres elementos son interdependientes y, para poder afirmar que la persona posee verdaderamente un carácter moral, son necesarios los tres (Bernal y Naval, 2023). Si alguno falla, el carácter será inestable o carecerá de la plenitud a la que aspira, mientras que, si se dan conjuntamente y de manera armoniosa, la persona se encontrará en el camino de una vida plena y floreciente, término que en la filosofía griega se conoce como *eudaimonia*, un estado de ser que refleja la verdadera felicidad y bienestar humano. Por ello, resulta crucial que la educación del carácter no se limite a una serie de lecciones aisladas, sino que se integre de manera proactiva en todos los aspectos de la vida escolar y familiar. Esto incluye la estructura curricular, las políticas disciplinarias, las interacciones diarias en el aula y en la escuela, la colaboración con las familias y con otros agentes sociales, etc. La implementación de estos valores debe ser evidente en el comportamiento diario y en las políticas de la institución educativa para garantizar una experiencia coherente y vivencial para el estudiantado.

Como ocurre en las otras teorías de la educación moral, la educación del carácter no está exenta de críticas de distinto tipo que se dirigen fundamentalmente a cuestionar la excesiva responsabilidad que se deposita en el individuo frente al contexto en su desarrollo moral. En un sentido contrario, hay autores que, como el propio Kohlberg, cuestionan la determinación externa de una serie de virtudes que son asignadas al individuo sin su participación autónoma, como una especie de bolsa de herramientas que la persona tiene que aplicar y repetir acríticamente, con una escasa reflexión intelectual. Algunos planteamientos recientes discuten la misma idea de carácter o su permanencia en el individuo como algo estable y advierten de que no es posible identificar rasgos invariables, lo que definimos como virtudes, sino que las personas se muestran de una manera u otra dependiendo de la situación. Por último, se cuestiona la dificultad de evaluar las virtudes por su carácter multidimensional y la complejidad para llevarlo a la práctica.

4. La educación moral puesta en práctica

A continuación, vamos a exponer algunos desarrollos prácticos de la educación moral en espacios educativos, explorando la manera en que los conceptos abordados en los modelos anteriores se materializan en acciones concretas.

4.1. Análisis de dilemas y desarrollo de conversaciones morales en el aula

Los dilemas morales se utilizan en el aula con el fin de enfrentar al alumno a una situación hipotética o real que resulta significativa desde un punto de vista ético, que le interpela y le requiere una toma de decisiones informada tras un proceso deliberativo individual o grupal. Al enfrentarse a problemas que implican conflictos de valores o disonancia moral y cognitiva, el estudiantado se ve obligado a ponderar distintas opciones y sus posibles consecuencias, facilitando así la formación de una conciencia moral más elaborada y reflexiva.

El uso de esta técnica puede ayudar al estudiantado a entender mejor las implicaciones de sus decisiones y también los prepara para manejar dilemas reales en sus vidas cotidianas, especialmente cuando las situaciones analizadas abordan temas familiares, a los que pueden llegar a enfrentarse en sus contextos cercanos. Para ello, el educador debe generar espacios para el debate sobre cuestiones morales, donde todas las personas tengan libertad para dialogar y plantear argumentos lógicos dentro de un ambiente de respeto mutuo y de colaboración en la tarea conjunta de descubrir la solución más justa.

Las discusiones pueden aparecer de manera espontánea en el aula y es preferible que el estudiantado posea libertad en la discusión. Sin embargo, el educador debe preparar el terreno para que la conversación se desarrolle de una manera positiva y generadora de aprendizajes. Es decir, se trata de posibilitar un contexto receptivo para el debate sobre cuestiones éticas relevantes, donde todo el alumnado se sienta cómodo para intervenir y participar de la discusión. De esta manera, se ponen en juego capacidades intelectuales, vinculados al análisis y formulación de argumentos, la identificación de falacias y errores en la argumentación, la reflexión y juicio crítico sobre las ideas de los otros y/o la investigación previa sobre un tema para la preparación del debate, entre otras cuestiones. Junto a ello, intervienen también otros elementos de tipo comunicativo y emocional, como el respeto a los compañeros y a los turnos de palabra, la necesaria escucha de los puntos de vista ajenos a los propios, la evitación de argumentos *ad hominem*, la utilización de términos y un tono de voz adecuado, etc.

Los dilemas y discusiones morales se utilizan en distintas etapas educativas, si bien en edades más tempranas es necesario adaptar los conceptos más abstractos y las situaciones morales complejas. No obstante, son numerosas las experiencias desarrolladas desde la Educación Infantil, donde los niños comienzan a familiarizarse con conceptos eminentemente éticos que les afectan en su vida cotidiana, desde la escuela hasta el hogar. La justicia, la amistad, la generosidad, la sinceridad o la responsabilidad son solo algunos ejemplos de temas que pueden suscitar conversaciones morales en el aula. En este sentido, la incorporación de elementos visuales o narrativos, cuentos, películas, títeres, juegos de roles, etc., pueden contribuir a que los conceptos abstractos resulten más concretos y comprensibles para los infantes.

4.2. Las narrativas como fuente de aprendizajes morales

Las narrativas, en sus distintos formatos literarios o cinematográficos, ejercen un poderoso impacto en la formación moral y en la comprensión del carácter humano al servir como reflejo de nuestras propias vidas y nuestras decisiones morales. Estas formas de expresión ofrecen un contexto enriquecedor para la educación moral, al generar en estudiantes oportunidades para reflexionar sobre cómo actuarían en circunstancias similares a las de los personajes que en ellas aparecen, lo que constituye un proceso fundamental para desarrollar su imaginación moral. Este ejercicio de ensayo cognitivo permite al estudiantado practicar posibles respuestas ante las dificultades o la buena fortuna observadas en las vidas de los personajes, que son percibidas como propias.

La narrativa proporciona así un espacio imaginario, pero posible y seguro, para examinar teóricamente las consecuencias de diferentes cursos de acción, lo que puede entrenar la habilidad del lector para tomar decisiones éticas en la vida real. Por ejemplo, al leer sobre un personaje que lucha con decisiones difíciles y ve cómo estas decisiones afectan su vida y la de los demás, el individuo puede empezar a evaluar sus propias respuestas a situaciones similares. Así, el uso de historias constituye una herramienta poderosa, ya que no solo incitan a pensar y hablar sobre la vida moral, sino también mostrarla y visualizarla en escenarios posibles, ya sean reales o imaginarios, donde los espectadores son invitados a observar y evaluar la acción moral de los distintos personajes. De esta forma, la interacción con las narrativas supone un diálogo entre el lector o espectador y el texto o imagen, que reta a pensar críticamente y a despertar sentimientos morales sobre temas relevantes y experiencias fundamentales para los seres humanos como la bondad, la maldad y sus diversas formas de expresión, el amor, el desamor, la amistad, la traición, el perdón, la crueldad, la muerte, la esperanza, las desigualdades sociales, etc. (Carr, 2014).

Cada tipología ofrece características distintas que pueden complementarse para trabajar objetivos distintos desde diferentes ámbitos o contenidos del currículum escolar. La poesía es capaz de atraer la atención y ayudar a percibir y observar imágenes de la realidad que la mayoría de las personas tienden a pasar por alto debido a la inmersión en la rutina y las preocupaciones diarias (Hansen, 2023). Más concretamente, el cine, con respecto a otras formas de narrativa, ha tomado un papel relevante en la transmisión de narrativas culturales, posiblemente superando incluso a la literatura en algunos aspectos de accesibilidad y alcance. Al combinar elementos visuales, sonoros y narrativos, crea un medio único que permite una inmersión profunda en complejas cuestiones éticas y morales, permitiendo imaginar y transmitir narrativas clásicas de manera que resuenen en las audiencias contemporáneas. Esto es particularmente valioso en narraciones audiovisuales que tratan temas complejos donde aparecen personajes con dilemas morales profundos. Las películas a menudo presentan personajes que enfrentan desafíos morales, toman decisiones difíciles, yerran y crecen o cambian a través de sus experiencias. Al confrontarse con estos ejemplos, los espectadores son invitados a reflexionar sobre sus propios valores y decisiones vitales. Por ello, el cine no solo sirve para entretener, sino que también actúa como una herramienta educativa que puede fomentar la reflexión moral, favoreciendo la empatía y el autoexamen.

No obstante, y a pesar de que las narraciones ofrecen numerosos ejemplos de comportamientos y decisiones morales a través de sus personajes y sus historias, trabajar la educación moral a través de las narrativas implica más que la simple lectura de obras literarias. Junto a ello, requiere un proceso guiado por el educador donde se identifiquen las virtudes, valores y se dialogue de manera profunda sobre estos aspectos. Entre las técnicas dialógicas que se pueden usar se encuentran las discusiones en clase, ensayos individuales, o trabajos en grupo donde todas las personas pueden expresar sus opiniones y escuchar las de otras.

4.3. Carácter moral adquirido a través del entorno y de la figura del educador

Suele decirse que las cuestiones morales no se enseñan directamente, sino que se viven, se captan casi inconscientemente de elementos a menudo imperceptibles, pero de gran calado moral. Por ello, es crucial que los educadores se esfuercen por crear ambientes donde los infantes se habitúen a actuar como personas moralmente responsables. Esto implica un compromiso con la práctica diaria de los valores morales, proporcionando al estudiantado oportunidades reales para actuar éticamente en situaciones cotidianas (Berkowitz, 1995). De esta forma, la educación moral no ha de limitarse a una enseñanza directa o tratamiento explícito de contenidos morales, sino que permea la escuela integrándose de manera transversal en todos los aspectos del currículo escolar y la vida estudiantil.

En este sentido, uno de los aspectos más importantes y a la vez más complejos y controvertidos, es la reflexión sobre el ejemplo moral del educador, que ejerce inevitablemente una influencia implícita sobre su alumnado al despertar en ellos distintas emociones como la admiración o el rechazo, que puede suscitar deseos de emulación. En efecto, la imitación de modelos no es solo una estrategia de aprendizajes de distinto tipo, sino que constituye una faceta esencial en el desarrollo de la personalidad moral. Observar y emular comportamientos, especialmente de figuras de autoridad como los educadores, tanto en la familia como en la escuela, forma la base sobre la cual las personas, particularmente en la infancia y juventud, desarrollan buena parte sus hábitos y adquieren sus propias normas y comportamientos morales. Esto exige al educador un compromiso que va más allá de la promoción de la conversación moral, para vivir de manera activa los principios éticos, de tal forma que evidencie una coherencia entre sus palabras y sus acciones.

Resumen

La educación moral supone uno de los elementos fundamentales y más complejos de la teoría de la educación. Para abordar dicha complejidad, es necesario estudiar este aspecto desde una perspectiva teórica interdisciplinar. Desde el ámbito filosófico, existen diferentes enfoques éticos que fundamentan la educación moral y que influyen directamente en cómo se conceptualizan y enseñan los principios morales, desde el deber universal kantiano hasta la maximización de la felicidad colectiva de Mill. Antropológicamente, es importante resaltar la importancia de entender la moralidad dentro de contextos culturales específicos, reconociendo que los valores morales son profundamente culturales y transmitidos a través de prácticas y símbolos locales; este enfoque enfatiza la necesidad de un modelo educativo respetuoso y consciente de la diversidad cultural. En términos psicológicos, son relevantes las teorías de Piaget y Kohlberg en torno al desarrollo del juicio moral mediante la superación de etapas, así como la integración de la psicología positiva para fomentar el bienestar emocional y el desarrollo de virtudes en la educación moral. Desde la perspectiva pedagógica, resulta esencial la inclusión de la enseñanza de valores morales en el currículo escolar para el desarrollo de hábitos morales, la implementación práctica de principios éticos en la vida diaria y el enfoque educativo holístico y vivencial que combine instrucción académica con formación emocional y ética, como el propuesto por Herbart y Pestalozzi.

Debido a las divergentes perspectivas existentes, nacen diversos modelos y corrientes contemporáneas de la educación moral, en los que predominan dos grandes enfoques: uno que defiende la enseñanza de valores universales y otro que promueve una visión relativista rechazando principios morales comunes. Además, se discute la dicotomía entre un enfoque cognitivo, el cual sostiene que el conocimiento moral se alcanza mediante la razón, y aquel que enfatiza la importancia de las emociones como motivadoras esenciales de la conducta moral.

Destaca, por un lado, el modelo racionalista de Kohlberg, que utiliza dilemas morales para evaluar el desarrollo moral. Este autor identifica tres niveles de desarrollo moral: preconvencional, convencional y posconvencional, con sus respectivas etapas. Este modelo ha recibido críticas por cuestionar si el razonamiento moral conduce necesariamente a la acción moral, su aplicabilidad limitada a situaciones de la vida cotidiana y su falta de enfoque multicultural.

Por otro lado, la ética del cuidado propuesta por Gilligan y Noddings surge como respuesta a los enfoques predominantes centrados en la justicia y los principios universales. Este enfoque enfatiza la atención a las necesidades particulares en contextos específicos y la importancia de las relaciones interpersonales y emociones en la educación moral. La ética del cuidado propone que las respuestas emocionales y la atención a las relaciones personales son fundamentales para la moralidad, aunque ha sido criticada por su posible parcialidad y subjetivismo.

Por último, la ética de la virtud, revitalizada por el renovado interés en la filosofía aristotélica, se centra en la formación del carácter y el desarrollo de virtudes como disposiciones de comportamiento apropiado. Este enfoque considera las virtudes como esenciales para alcanzar el bienestar humano y sugiere que la educación del carácter debe integrarse en todos los aspectos de la vida escolar. No obstante, la educación del carácter también enfrenta críticas relacionadas con la responsabilidad individual en el desarrollo moral y la dificultad de aplicar y evaluar las virtudes de manera práctica.

Por su parte, la práctica de la educación moral cuenta con diversas técnicas y metodologías para fomentar valores y desarrollar el razonamiento ético entre estudiantes. El uso de dilemas morales resalta por su capacidad de presentar situaciones complejas que requieren decisiones éticas, estimulando la reflexión crítica y el debate en el aula. Esta estrategia no solo fomenta la comprensión moral del estudiantado, sino que también los prepara para enfrentar dilemas reales, permitiéndoles explorar las posibles consecuencias de sus potenciales decisiones. Además, la narrativa en el cine o la literatura pueden resultar recursos muy poderosos para ilustrar situaciones éticamente complejas y sus posibles soluciones, ofreciendo la oportunidad de experimentar vicariamente las consecuencias de diversas acciones y decisiones éticas. Por último, el modelaje a través del entorno educativo es esencial: los educadores y el ambiente escolar deben demostrar de manera consistente los valores enseñados, actuando como modelos a seguir y encarnando la moralidad en sus prácticas diarias, de una manera que muestre explícitamente cómo los principios éticos se reflejan en acciones cotidianas.

Actividades

Actividad 1

Instrucciones:

1. Lee el dilema presentado y reflexiona sobre cómo reaccionaría un individuo ante esta situación en función de los diferentes niveles y estadios presentados por Kohlberg.
2. A continuación, lee las respuestas sugeridas para este dilema en cada una de las seis etapas del desarrollo moral según Kohlberg.
3. Reflexiona sobre cómo cambian las perspectivas éticas y morales a medida que las personas avanzan a través de las etapas del desarrollo moral.

Dilema moral: Si tu mejor amigo copia en un examen importante ¿deberías informar de ello al profesor?

Respuestas sugeridas:

1. Estadio 1. «Si informo que mi amigo ha copiado, podrían castigarme a mí también por no haberlo dicho antes. Mejor no digo nada para evitar problemas».
2. Estadio 2. «Si le digo al profesor que mi amigo copió, quizás el profesor me tenga en mejor consideración o me recompense. Pero también podría perder la amistad de mi amigo. Si informo a mi amigo, podría perder su amistad. Pero si no lo hago, podría ser injusto para los demás. Tal vez podría hablar con él primero y pedirle que deje de hacer trampa».
3. Estadio 3. «Informar sobre mi amigo podría dañar nuestra relación, pero también podría hacerme ver como una persona honesta y confiable ante los ojos del profesor los profesores. Es importante ser visto como alguien que valora la honestidad».
4. Estadio 4. «Las reglas son claras, no se debe copiar en los exámenes, por lo que debo informar del incidente, incluso si eso perjudica la relación con mi amigo».
5. Estadio 5. «Aunque es mi amigo, informar sobre la trampa es necesario para mantener la equidad y el respeto por las reglas que todos hemos acordado seguir, así que debo informar sobre ello».

6. Estadio 6. «Aunque informar sobre el comportamiento de mi amigo podría perjudicar nuestra relación, creo en el principio ético universal de la justicia. Copiar es injusto para los demás alumnos, por lo tanto, debo informar».

Actividad 2

Instrucciones: Lee cada uno de estos titulares periodísticos, vinculados con cuestiones relacionadas con la educación moral, y responde a las preguntas de reflexión que se plantean a continuación.

a) ¿Es realmente posible o deseable mantener una completa neutralidad al enseñar valores? ¿Es posible una educación completamente neutral?

b) ¿Cuáles podrían ser las consecuencias a largo plazo de reducir la educación moral en los sistemas educativos?

EDUCACIÓN EN VALORES VIÑETA

E *Educación cívica y pensamiento crítico: cómo educar en valores sin adoctrinar al alumnado*

Ante el riesgo de instrumentación política, algunos países europeos han optado por reducir esta formación crucial al mínimo

Estudiantes en una escuela de Eichenau, al sur de Alemania.
CHRISTOF STACHE (AFP)

a) ¿Cuáles son algunos de los dilemas morales más significativos asociados con el uso de la inteligencia artificial en la sociedad? ¿Cómo puede la educación moral ayudar a los estudiantes a navegar estos dilemas?

b) Explora cómo la tecnología y las redes sociales están redefiniendo los métodos y contenidos de la educación moral.

EDUCACIÓN

La educación moral es el principal arma ante el abuso de la IA, según el educador Toni García

Durante una visita a Perú, en un congreso de educadores, el ganador del 'Global Teacher Award 2021' habló sobre los aspectos positivos y los peligros que implica la inteligencia artificial.

a) ¿Qué otras instituciones o entidades, aparte de los centros educativos, deberían encargarse de impartir la educación moral esencial para la vida en sociedad, como las familias, comunidades u organizaciones extracurriculares?

b) Si la educación ética se omite en las escuelas, ¿cómo se manifestarían los valores y prioridades de la sociedad y qué impacto tendría esto en la percepción de la importancia de la ética en la vida diaria y la ciudadanía activa?

Referencias bibliográficas

Aristóteles. 2010. *Ética a Nicómaco* (Trad. J. Pallí Bonet). Gredos.

Barrio, José María. 1998. Elementos de antropología pedagógica. RIALP.

Berkowitz, Marvin W. 1995. Educar la persona moral en su totalidad. *Revista Iberoamericana de Educación,* n.º 8: 73-101. https://doi.org/10.35362/rie801188

Bernal, Aurora y Naval, Concepción. 2023. El florecimiento como fin de la educación del carácter. *Revista Española de Pedagogía,* n.º 81(284): 17-32. https://doi.org/10.22550/REP81-1-2023-01

Carr, David. 2014. Four Perspectives on the Value of Literature for Moral and Character Education. *The Journal of Aesthetic Education,* n.º 48(4): 1-16. https://doi.org/10.5406/jaesteduc.48.4.0001

Durkheim, Émile. 2002. *La educación moral.* Morata.

Escámez, Juan. 2009. Pensar y hacer hoy educación moral. *Teoría De La Educación. Revista Interuniversitaria,* n.º 15: 21-31. https://doi.org/10.14201/3019

Gilligan, Carol. 1993. *In a Different Voice: Psychological Theory and Women's Development.* Harvard University Press.

Ibáñez-Martín, José Antonio. 2023. El plural concepto del buen carácter. *Revista Española de Pedagogía,* n.º 81(284): 107-122.

Kohlberg, Lawrence. 1981. *The philosophy of moral development.* Harper & Row.

Kristjánsson, Kristján. 2015. *Aristotelian Character Education.* Routledge.

Noddings, Nel (2010). Moral education and caring. *Theory and Research in Education,* n.º 8(2): 145-151. https://doi.org/10.1177/1477878510368617

Piaget, Jean (1984). El criterio moral en el niño. Martínez Roca.

Quintana, José María. 1995. *Pedagogía moral. El desarrollo moral integral.* Dykinson.

Seligman, Martin E. P., Ernst, Randal M., Gillham, Jane, Reivich, Karen y Linkins, Mark. 2009. Positive education: Positive psychology and classroom interventions. *Oxford Review of Education,* n.º 35(3): 293-311. https://doi.org/10.1080/03054980902934563

Análisis histórico y sistemático de los principales modelos de educación religiosa

David Luque

1. Introducción

Hace tiempo leí una hipótesis sobre los orígenes de las concepciones teórica y práctica de la educación con la que me gustaría comenzar este capítulo. Se decía allí que la interpretación práctica de la educación nació cuando el ser humano logró cultivar plantas y ayudarse de animales que le suministraban el sustento, y, para transmitir el uso de las técnicas que había adquirido, enseñaba en el mismo lugar en que cultivaba y cuidaba a sus animales haciéndolo. Por su parte, la comprensión teórica de la educación nació a partir de la necesidad religiosa del ser humano y su concreción en textos sagrados, cuya transmisión se debía producir en un contexto de diálogo y con los textos delante, lo que originó una concepción teórica. Ignoro cuánto hay de verdad en estos orígenes, pero me gusta uno de los trasfondos sobre los que se apoya. Que los orígenes más remotos de la educación poseen una raíz religiosa.

Desde luego, la situación actual de la educación religiosa está muy lejos de representar una cuestión asumida sin problemas y sin controversias, al menos en el contexto de los países occidentales (que es donde centraremos nuestros análisis). Antes bien, se presenta como una cuestión situada siempre en un cruce de opiniones donde se enfrentan posicionamientos políticos,

Cómo citar: Luque, David (2025). Análisis histórico y sistemático de los principales modelos de educación religiosa. En David Luque Mengibar y Silvia Sánchez-Serrano (Eds.) *Teoría de la Educación* (pp. 287-305). Ediciones Complutense. https://dx.doi.org/10.5209/docm.002.12

culturales y sociales que lastran sobremanera la interpretación que podemos hacer una experiencia humana con implicaciones pedagógicas que se ha dado y se sigue dando en los seres humanos. Pero si tuviéramos que señalar los aspectos de ese cruce que hace difícil el planteamiento de la educación religiosa en el espacio público nuestros días, ¿cuáles serían?

Comenzaríamos con la posición de las religiones en las sociedades del siglo XXI, pues el lugar que ocupan en el imaginario colectivo condiciona la situación de la educación religiosa en el imaginario pedagógico. Esa posición se puede articular a través de los conceptos de «secularismo» y «laicidad» (Taylor, 2015). El secularismo quiere significar aquello que tiene que ver con lo secular, con lo que es propio del siglo, y da a entender que el sentido de la realidad no se encontraría en lo trascendente, sino en lo exclusivamente mundano: en la vida cotidiana de las personas y en un humanismo exclusivo que da respuesta a las grandes preguntas del ser humano apelando solo a la ciencia y la tecnología. La laicidad alude al lugar que ocupa lo religioso en el espacio público, como esas cuestiones controvertidas de la presencia del crucifijo o las biblias en los actos políticos o las aulas, o el velo con que se cubren algunas niñas musulmanas que asisten a las escuelas, y puede oscilar entre posiciones inclusivas o posiciones beligerantes. A la luz de estas ideas, los expertos en las teorías de la secularización parecen coincidir en señalar que vivimos en sociedades «post-seculares», es decir, en comunidades donde hay una presencia plural e intensa de las religiones en el espacio público, que desempeñan un papel importante en la configuración de la identidad de las personas, quienes acuden a ellas como una opción entre muchas otras con el fin de encontrar respuestas que las permitan moverse en el entramado de la realidad.

Además, hay que señalar que esta presencia intensa y plural de lo religioso en lo público no tiene por qué corresponderse con las tradiciones históricas y culturales de cada país o con las corrientes ideológicas o los movimientos políticos que ostentan el poder en un momento determinado. Debido a esto, y como los países son soberanos a la hora de promover políticas que refuercen o atenúen el elemento religioso en el espacio público, el lugar y la presencia de la educación religiosa en cada país depende de las decisiones políticas que mantengan estos grupos de poder. Por ejemplo, Francia es un país orgullosamente laico que apoya económicamente las escuelas confesionales. Inglaterra es un país que tiene al anglicanismo como religión oficial y que reconoce legislativamente la necesidad de una educación del espíritu para toda la ciudadanía. Y España posee una profunda tradición católica que permea el paisaje de sus pueblos y sus tradiciones a la vez que convive con una disputa política que oscila entre un laicismo excluyente y una actitud inclusiva.

La argumentación anterior arroja el siguiente resultado pedagógico: sería un error pensar que la educación religiosa puede estudiarse como una realidad monolítica que tiene una presencia incuestionable en las aulas o que puede ser rechazada frontalmente sin que ello repercuta en la maduración integral humana. Antes bien, hay una enorme pluralidad a la hora de comprender la educación religiosa, tanto si se analiza su evolución desde una perspectiva histórica como desde una perspectiva sistemática. Eso es lo que haremos aquí: estudiar las diferentes perspectivas que existen a la hora de pensar la educación religiosa en las aulas tanto en su evolución a partir de los grandes acontecimientos que han vivido los países occidentales (porque es donde ha existido un debate más vivo) como de los elementos internos que nos permiten comprender los distintos modelos que existen de educación religiosa. En su mayoría, hemos considerado que la aportación más decisiva a estos estudios se encuentra en el profesor Flavio Pajer y este capítulo es deudor de sus análisis.

Comencemos.

2. Aproximación histórica al desarrollo de los principales modelos de educación religiosa

Comenzaremos nuestro texto con una aproximación a la manera en que los modelos se sucedieron históricamente a partir de 1950, por cuanto entendemos que es ahí donde se configuran los sistemas de educación en la fisonomía básica que hemos heredado actualmente. Los presupuestos de este análisis pretenden ubicar la educación religiosa como el fruto de la evolución de Europa y de sus diversas circunstancias políticas, sociales y culturales debido a que la misma educación religiosa no deja de ser la traducción curricular de la posición que la religión ocupa en esas mismas sociedades.

2.1. De una interpretación catequética a una interpretación fenomenológica. De 1950 a 1970

Los años que van de 1950 a 1970 son convulsos tanto política y social como pedagógicamente. Que se aprobara la Declaración Universal de los Derechos Humanos no hacía olvidar el hecho de que millones de judíos habían sido exterminados sistemáticamente durante la Segunda Guerra Mundial y que habían sido lanzadas bombas atómicas que mandaban el mensaje al mundo de que tantos millones o más podían ser eliminados en un instante. Y, a pesar de lo reciente que estaban estos conflictos bélicos, el mundo seguía dividido en bloques enfrentados entre liberalismo y comunismo que se mantenían amenazantes el uno frente al otro. En estos años es posible discernir dos modelos de educación religiosa como significando la apertura, también, de un mundo antiguo a un mundo más incierto.

La interpretación catequética de la educación religiosa en la escuela

El modelo heredado de los años precedentes entendía que la educación religiosa debía ser una prolongación de las catequesis que se ofrecían en los recintos religiosos de las confesiones, es decir, como una catequesis que se desarrollaba en el contexto de una escuela pública (Pajer, 2017). Esto implicaba que la enseñanza religiosa era considerada obligatoria para todos los estudiantes, con el fin de que entendieran los principales argumentos de las religiones oficiales o mayoritarias de los países en que vivían, así como la moral derivada de ellos que les proporcionaba el código de conducta que se esperaba después en sus vidas, con independencia de su fe particular. De hecho, los docentes que se dedicaban a la educación religiosa eran en su mayoría ministros ordenados de la religión que enseñaban, aunque también se encontraban laicos que contaban con estudios teológicos. Como cabe esperar, los libros de texto explicitaban los contenidos catequéticos propios de cada religión. Hay que notar que la sociedad en su conjunto asumía la religión como un elemento natural en sus vidas ordinarias, y, por extensión, se entendía que la educación religiosa formaba parte de la educación integral de los seres humanos desde un punto de vista intelectual y moral.

A pesar de lo dicho, cada país articulaba la educación religiosa de manera diferente. Por ejemplo, España e Italia la consideraban como el elemento nuclear de su interpretación pedagógica del fenómeno educativo. Alemania entendía que servía para anunciar el evangelio y contribuir así a la conformación de una vida cristiana. Inglaterra aprobó en 1944 la *Education Act.*, y, con ella, promovía que cualquier institución educativa que recibiera fondos públicos se comprometiera a iniciar el día con una oración religiosa no confesional, cláusula que se modificó en la *Education Reform Act.* de 1988, donde se matizó que el contenido de ese rezo poseería un carácter «*broadly Christian*», excepto en el caso de que tal mensaje se considerara inapropiado para un grupo de alumnos o una escuela concreta. Bélgica alcanzó un pacto en 1959 a través del cual adquiría el compromiso de apoyar escuelas de iniciativa privada que enseñaran una religión concreta, y se consideraba la idea de apoyar también escuelas públicas laicas que también transmitieran una. A pesar del proceso de secularización temprano que vivieron los países escandinavos, sus escuelas enseñaban los principios del luteranismo o un conocimiento objetivo del cristianismo.

La apertura a los estudios sobre el desarrollo y la interpretación hermenéutico-fenomenológica de la educación religiosa

Dentro del ámbito pedagógico, la evolución epistemológica que describimos en el primer capítulo de este manual alcanzó también al modo de comprender la educación religiosa. La escuela ya no se veía como un espacio donde únicamente se producía una transmisión de contenidos exclusivamente teóricos, sino que la influencia de la educación activa permitía que se viera el aula y los instrumentos educativos como lugares que permitían la experiencia de la que podían nacer diversos aprendizajes, y, casi como una consecuencia inesperada, la propia educación religiosa tampoco podía seguir comprendiéndose como una mera formación catequética. En este desarrollo también influyó el hecho de que ni siquiera las mismas religiones se entendían de igual manera. Por ejemplo, la Iglesia Católica experimentó la celebración del Concilio Vaticano II como una apertura de la institución al mundo a través de un diálogo con sus preocupaciones. Con todo, las ideas que provocaron realmente un desarrollo a la hora de entender la educación religiosa se podrían concretar en dos (Pajer, 2017)

Los estudios de Jean Piaget, sus colaboradores y los neopiagetianos que todavía continúan profundizando en sus argumentos fundamentales han resultado fundamentales. A pesar de que lo veremos más adelante, hay que señalar que los esquemas del desarrollo cognitivo y moral a través de estadios de desarrollo ayudaron a pensar la formación de la identidad religiosa como una profundización en etapas sucesivas que correlacionaban con el mismo desarrollo cognitivo y psicomotriz a la vez que tenían también estadios propios. Ejemplo de ello son las contribuciones de Ronald Goldman (2018) y su *Readiness for Religion. A basis for developmental religious education.*

También se produjeron contribuciones importantes en el ámbito de la fenomenología que nace con Edmund Husserl y se sigue en la teología y la filosofía religiosa de Max Scheler, Martin Buber, Emmanuel Levinas, Gabriel Marcel o Hans-Georg Gadamer. A grandes rasgos, estos autores entendían los principios morales que se pueden deducir de los esquemas religiosos no podían seguir siendo esquemas normativos estáticos que se deducirían de unas escrituras sagradas que se interpretaban de manera unívoca, sino que esas mismas interpretaciones podían variar, y, además, eran recibidas por las personas que terminaban encarnándolas en dinámicas personales que se expresaban en el encuentro con los otros. De esta manera, la educación religiosa comenzó a centrarse en las relaciones personales que los seres humanos establecen entre sí como un espacio de condensación religiosa, en los diálogos liberadores que emprenden y en las opciones fundamentales que toman para orientar su conducta.

En definitiva, se observa que la educación religiosa evolucionó de una interpretación catequética centrada en la transmisión de contenidos, hacia interpretaciones donde intentaba proporcionar un sentido a los problemas concretos que atraviesan los jóvenes en su desarrollo.

2.2. La escolarización de masas y su influencia en los modelos de educación religiosa. Entre 1970 y 1980

Como es sabido, las directrices emanadas de los organismos supranacionales no tienen un carácter prescriptivo para los países y sus diversos sistemas educativos. Redactan informes con el fin de proporcionar un sentido y una dirección a los esfuerzos económicos de las distintas naciones, proporcionan estrategias que sugieren como estructuras los diversos sistemas educativos, y tantas otras cosas. Pero, aunque la suscripción de esos documentos conllevaría un supuesto compromiso en su realización, la realidad es que no se piden cuentas sobre su cumplimiento. Basta mirar todos los puntos de la Declaración Universal de los Derechos Humanos y el grado de cumplimiento en cada país que los ha suscrito.

Con todo, la UNESCO publicó un informe en 1972 donde se encontraban varias recomendaciones en materia de educación religiosa que ayudarían a comprender los cambios producidos durante la década de 1970 y 1980. Se sugería ahí que se pensara la escuela de manera renovada, y, en consecuencia, también la educación religiosa. Para ello, sostenía que era necesario buscar el desarrollo íntegro de los estudiantes, a través de una serie de etapas educativas, contando con una responsabilidad compartida entre los distintos agentes de la educación, con el fin de velar por el derecho a la educación de todas las personas en todas las naciones (Pajer, 2017). A pesar de lo ambiguo de estas sugerencias, contribuyeron a modificar el modo de comprender la educación religiosa que se impartía en las escuelas.

La necesidad de actualizar los contenidos de la educación

A medida que la Unión Europea fue haciéndose una realidad más tangible y los diversos estados miembros tendían a compartir muchos de los elementos de sus sociedades, los contenidos que se transmitían en la escuela, a través de los planes de estudio que configuraban sus sistemas educativos, también tendieron a asemejarse en alguna medida. Por ejemplo, se extendió la necesidad del estudio del inglés como la lengua básica de intercambio cultural y económico, o se propagó la necesidad de proporcionar a los estudiantes conocimientos en las nuevas tecnologías que se estaban instalando en las dinámicas de los mundos económicos y empresariales. En este nuevo cambio de cultura, la educación religiosa volvió a quedarse en una posición delicada. En una parte mínima, porque quedaban remanentes de ese método más intelectualista con que comenzamos el análisis de esta parte del capítulo, pero, sobre todo, porque se había asumido ese modelo hasta tal punto que no se había producido una reflexión estrictamente pedagógica sobre las nuevas posibilidades de la educación religiosa para el mundo contemporáneo. Desde un punto de vista estrictamente curricular, se discernió que la educación religiosa proporcionaba enseñanzas relevantes para el desarrollo moral de todos los estudiantes y no solo de aquellos que profesaban una determinada confesión religiosa, y, en consecuencia, se estableció un nuevo diálogo entre religión y escuela (Pajer, 2017).

Pero este nuevo desplazamiento en el modo de comprender la educación religiosa provocó un efecto contrapuesto que nacía de la propia evolución de la Unión Europea que estaba comprendiéndose de nuevo a sí misma. Porque los países aspiraban a afirmar la separación entre los estados y las religiones, lo que se tradujo en el rechazo de lo que consideraban una formación adoctrinante (son los años de las investigaciones sobre la neutralidad docente y el adoctrinamiento). Con todo, lo verdaderamente importante para la educación religiosa es que esta apareció completamente alejada de los nuevos problemas que experimentaban los jóvenes que poblaban las instituciones de los sistemas educativos, y, por tanto, los legisladores dejaron de verla como un recurso ético que daba respuesta a los estudiantes y la desplazaron, una vez más, a su dimensión cultural-artística como si lo único que tuviera que ofrecer fueran clave para comprender el pasado histórico y cultural.

Otras maneras de comprender la educación religiosa

Los diversos estados se vieron en la necesidad de encontrar un nuevo acomodo a la educación religiosa dentro de sus sistemas educativos porque, a la vez que temían su proximidad con actitudes adoctrinantes, reconocían que era necesaria para asegurar el desarrollo integral de los ciudadanos a que se comprometían la mayoría de sus cartas magnas.

Algunos países de larga tradición católica alcanzaron nuevos acuerdos con las iglesias, en virtud de los cuales se comprometían a mantener una oferta de educación religiosa en los contextos de educación pública para cuando hubiera estudiantes suficientes que pidieran una educación de este tipo. España es un caso paradigmático a este respecto. En Italia y en Malta se reconocieron los valores culturales de la religión católica y sus aportaciones al desarrollo humano. En los países de confesión reformada, la identidad de la confesión terminó siendo supeditada a la ética civil (Pajer, 2017; Barnes, 2024).

Pero el caso más interesante puede encontrarse en Inglaterra, donde el anglicanismo es la religión oficial del estado. En sus propuestas se comenzó a realizar una distinción entre «*Learning From Religions*», lo que sería un tipo de educación religiosa orientada al discernimiento de lo moral que nacía *de* las religiones, y «*Learning About Religions*», un estudio objetivo del fenómeno religioso que enseñaba *sobre* las religiones. Para la enseñanza del primer modelo se adoptaría lo que se conoció como «*Religious Instruction*», una enseñanza confesional que aspiraba a transmitir una fe, en una historia particular, mientras que para el segundo modelo se adoptó una «*Religious Education*», que terminó concretándose en un estudio del fenómeno religioso y sus manifestaciones en la experiencia humana.

La confección del currículum y la justificación de las asignaturas que forman parte de él. El caso de la educación religiosa

A la luz de los estudios de Pajer, se pueden discernir una serie de criterios para justificar la educación religiosa como una asignatura más en el contexto de una educación pública, es decir, con un estatuto epistemológico propio que permite comprender la necesidad de su inclusión dentro de los planes de estudio y que origina distintos modelos que se pueden adoptar en función de las decisiones de cada nación en particular.

Los principales argumentos epistemológicos que justificarían la educación religiosa como una asignatura más que contribuye al desarrollo de las personas serían:

1. Posee aquellos requisitos que hacen que una asignatura escolar sea posible de enseñar en las instituciones educativas.
2. Posee un objeto de estudio propio que es importante culturalmente.
3. Existen diversos modelos de enseñanza, tanto propios como pertenecientes a otras disciplinas que pueden ser adaptados a la transmisión de lo religioso.
4. Hay un desarrollo en las interpretaciones didácticas de la asignatura, que cuenta con una discusión académica que permite deducir una evolución.
5. Se constata que existe un lenguaje pedagógico que es propio de la educación religiosa y compartido con otras tradiciones pedagógicas.

En lo que tiene que ver con los distintos modelos a los que puede dar lugar las diversas interpretaciones epistemológicas de la educación religiosa:

1. Instrucción religiosa de base teológica: enseñanza propia de una religión concreta que proporciona una comprensión teológica de la fe específica.
2. Instrucción religiosa con una base compartida entre la teología y las ciencias de la religión: a partir de los presupuestos de una fenomenología de la religión es posible estudiar los elementos teológicos y la experiencia religiosa de una fe particular.
3. Instrucción religiosa con base en las ciencias de las religiones: un acercamiento al fenómeno religioso a partir de una historia de las religiones comparada, una antropología de las religiones, etcétera, a partir del cual se puede formar una conciencia crítica respecto a la presencia de las religiones en el mundo.

2.3. Las nuevas configuraciones religiosas de las sociedades modernas y su incidencia en los sistemas educativos. De 1980 hasta hoy

Hay dos elementos que ayudan a entender la evolución que ha experimentado la educación religiosa desde 1980 hasta nuestros días. El primero sería el propio desarrollo de ese conjunto novedoso de conocimientos que los estados vieron necesarios para afrontar los retos que la rápida evolución de las sociedades les estaba planteando, en donde emergieron de repente los flujos migratorios que cambiaron la fisonomía de la ciudadanía. El segundo elemento sería que, correlativamente, la política educativa europea tuvo que hacer frente a la diversidad religiosa que comenzaba a convivir en las mismas aulas como reflejo de la nueva composición de la ciudadanía. Porque los jóvenes que procedían de otros países no solo traían consigo los desafíos de tener que ser escolarizados sin conocer el idioma o la cultura receptora, sino que también traían las religiones de sus generaciones anteriores que conservaban y en las que querían seguir formándose en sus culturas receptoras.

Estas modificaciones llevaron a articular una nueva respuesta que intentó encontrar un primer acomodo en la pedagogía multicultural. Es decir, en una interpretación pedagógica que pretendía articular cultural, institucional y curricularmente ese encuentro entre diferentes culturas. Esto originó dos consecuencias. Que las pedagogías con claras raíces nacionales tuvieron que replantearse porque no podían proporcionar una respuesta a la riqueza que tenían las aulas. Y, correlativamente, que la educación religiosa tampoco parecía que pudiera mantenerse mucho tiempo vinculada a una única tradición religiosa. Así que se comenzó a plantear una educación multireligiosa.

Transcurrido un tiempo se han observado también los límites del enfoque multicultural en religión y se ha comenzado a adoptar postulados que responden a lo intercultural. La consecuencia ha sido una pluralidad de interpretaciones de la enseñanza de lo religioso que varían de país a país. En países de una sola confesión cuyo estudio era más o menos obligatorio, se integraron unidades didácticas suplementarias que atendían a otra confesión religiosa, o se proporcionó la posibilidad de estudiar otras religiones diversas de la mayoritaria en el estado. En otros países se optó por una historia de las religiones comparada o se acentúo la aproximación fenomenológica a las religiones. En países de confesión múltiple se experimentó con la separación de los alumnos de distintas confesiones religiosas, o se proponía la enseñanza de las religiones a través de contenidos transversales con especial atención a la religión más arraigada en la tradición del país o, en fin, métodos cooperativos. En algunos países aconfesionales se propuso el estudio obligatorio de una asignatura de enseñanza multiconfesional de las religiones. Cabe mencionar que en los países del este poscomunista, una vez se retoman las relaciones entre las diversas confesiones cristianas y el estado tras la caída del muro de Berlín, se comienza a introducir paulatinamente la enseñanza de la religión en la escuela desde perspectivas confesionales.

3. Aproximación sistemática de los principales modelos de educación religiosa

Más allá de la configuración de un relato histórico sobre la evolución de los distintos modelos de educación religiosa a la luz de los principales acontecimientos del mundo occidental en el siglo XX y XXI, existe la posibilidad de aproximarse a esos mismos modelos desde una perspectiva sistemática. Es decir, atendiendo a los elementos internos de una forma más analítica y detallada.

A tales efectos, es necesario precisar que existen distintos criterios para clasificar los modelos existentes toda vez que se descarta seguir el criterio propio de la educación comparada para establecer semejanzas y diferencias en función del país. Así las cosas, Willaime sugirió que los modelos prevalentes en Europa se podían clasificar en instrucción no religiosa en las escuelas, una instrucción religiosa y confesional, y una educación religiosa no confesional (Willaime, 2007). Ferrari comprendió que existían diferentes modelos en función de si prestaba atención al rechazo de la enseñanza religiosa en el currículum propio de las escuelas públicas, la enseñanza sobre las religiones desde una perspectiva no confesional y la enseñanza de una religión concreta que es mayoritaria dentro de las religiones del estado (Ferrari, 2012). A pesar de la riqueza de sus contribuciones, consideramos que Pajer proporciona modelos de análisis minuciosos que contribuyen a una comprensión más profunda. Atendiendo a sus criterios, estableceremos tres modelos en función de las decisiones emanadas por los distintos estados a la hora de plantear una educación religiosa (Pajer, 2015, 2017).

Además de esta clasificación, hemos decidido proporcionar también una más que atendiera a los modelos que se han desarrollado en la conversación académica propia de la teoría de la educación de naturaleza religiosa. La decisión ha sido tomada pensando más en la formación del estudiantado, para que sea capaz de adquirir autonomía intelectual cuando, terminadas ya las clases, continúen formándose a través de la lectura de la literatura científica sobre el tema.

3.1. Los distintos modelos de educación religiosa

Como acabamos de decir, la clasificación que ofrecemos en este apartado nace de la manera en que los diferentes países europeos han decidido gestionar lo religioso (Pajer, 2015). Con esta perspectiva en mente es posible discernir tres modelos básicos.

El modelo político de acuerdos entre estados e iglesias

El modelo de acuerdos entre iglesias y estados entiende que cada iglesia puede establecer los contenidos curriculares y los requisitos formativos exigibles a los profesores que impartirán sus asignaturas, aunque los estados se reservan el derecho de poder intervenir en la fijación de algunos de esos aspectos. Es lógico entender que este modelo ha sido propio de aquellos países donde ha habido una prevalencia histórica de una confesión determinada en la configuración de su misma identidad nacional, lo que no significa que cada vez se amplíen más estos acuerdos a otras confesiones religiosas minoritarias. En consecuencia, las relaciones con el Estado se terminan fijando en esos acuerdos bilaterales de colaboración, que suelen tener legitimidad constitucional y están sujetos a la jurisprudencia nacional en caso de conflicto (Pajer, 2015).

La base epistemológica de la educación religiosa que sustenta este modelo es claramente dependiente de la confesión religiosa con que se suscribe el acuerdo. A pesar de que puede existir una cierta diferenciación con los contenidos catequéticos que se dan en la misma institución religiosa, los elementos básicos serían: una comprensión particular de Dios y la relación que establece con la humanidad, la antropología religiosa que cabe deducir, los procesos compositivos y los contenidos de los considerados como textos sagrados, la opción moral fundamental y las implicaciones sociales. Es decir, los aspectos teológicos de la religión a la que los estudiantes prestan su asentimiento y a partir de los cuales desarrollan su identidad religiosa.

Desde un punto de vista estrictamente didáctico, cabría hablar de enseñanza «*into religions*» (dentro de las religiones) o «*into faith*» (dentro de la fe), que, en una apertura a las otras culturas, también se comprende como «*about other religions*» (sobre otras religiones). En cualquier caso, las tres modalidades se desarrollan desde perspectivas intraconfesionales de las que no cabe deducir que estemos hablando de formación catequética. Su finalidad es facilitar a los estudiantes un estudio de los elementos propios de cada religión, pero, también de sus implicaciones históricas (porque han configurado la historia de ese mismo país) y culturales (porque sus producciones se reflejan en el patrimonio artístico y en las realizaciones culturales que constituyen los objetos de transmisión de la educación). Por este motivo, los docentes asumen la responsabilidad de proporcionar una síntesis entre la fe transmitida y su desarrollo cultural a partir de la formación teológica y pedagógica recibida. En definitiva, la formación de la identidad religiosa en su cruce con la identidad cívica (Pajer, 2015).

El modelo académico-curricular

Para entender el modelo académico curricular es necesario partir de la premisa de que la finalidad propia de la escuela es la transmisión de contenidos y la adquisición de competencias que permiten el desarrollo de una ciudadanía globalizada cuyo elemento de progreso estriba en el conocimiento. Más aún, es propio de sociedades postseculares: no se comprometen con ninguna a la vez que reconocen la presencia de lo religioso en el espacio público como opciones plurales que pueden formar la identidad de las personas. En este sentido, los estados ejercen una función de selección de los contenidos que es necesario transmitir, y, entre esos contenidos, se encuentra también lo religioso, que se entiende en función de la amplitud de conocimiento que puede proporcionar. Por todos estos motivos, se desvincula de una confesión particular y aspira a proporcionar un conocimiento los más amplio posible de las religiones (Pajer, 2015).

En este modelo de educación religiosa, el fundamento epistemológico cuenta con dos posibles interpretaciones. Una sería un estudio del fenómeno religioso que se ubicaría en la fenomenología de las religiones, en la antropología cultural o social, y la historia comparada de las religiones. Dicho de otra manera, ámbitos de estudio cuya finalidad es lo religioso visto desde fuera de cualquier confesión. Otra interpretación se encontraría en la propia pedagogía en tanto seleccionan aquellos conocimientos que pueden ser útiles para proporcionar conocimientos sobre el hecho religioso. Desde una perspectiva didáctica que guarda relación con lo que estudiamos previamente, sería la enseñanza «*about religions*» que, en ocasiones, aparece con bajo una enseñanza de religiones específicas, pero solo para hacerlas comprensibles y sin llegar a pronunciarse por ninguna.

La finalidad de este modelo es originar una identidad abierta al intercambio con todas las religiones, sensible a los diferentes fenómenos religiosos, tolerantes y sensibles a las aportaciones que contribuyen a crear sociedades más acogedoras. Una enseñanza así es impartida por profesores expertos en ciencias de las religiones y/o con una formación en didáctica interreligiosa que han sido formados en instituciones públicas del Estado (Pajer, 2015).

El modelo ético-valorativo

El modelo ético-valorativo sitúa lo moral en el centro de la educación religiosa para relacionarlo con los principios éticos que han aparecido en los grandes documentos de acuerdo supranacionales, como la Declaración Universal de los Derechos Humanos o la Carta de Derechos Humanos de la Unión Europea. Por una parte, porque entiende que hay que derechos que atañen a la identidad religiosa de las personas que son salvaguardadas en esos documentos y permiten hablar de una educación religiosa en los distintos países sin que ello signifique que las personas sean ridiculizadas o perseguidas. Por otra parte, porque entiende que la propia educación religiosa acoge y profundiza elementos de esos documentos porque nacen en el seno de las propias religiones y porque su análisis en ese contexto de interpretación profundiza en los elementos propios de las sociedades democráticas de nuestro tiempo.

El fundamento epistemológico de este modelo reposa sobre dos elementos. Los *teo-derechos*, a saber, aquel cuerpo de derechos que protege la identidad religiosa de las personas en los espacios públicos de cualquier sociedad. Los principios éticos compartidos con otras religiones y con los documentos supranacionales que permiten hablar de una ética que favorece el encuentro entre las personas de las sociedades de nuestro tiempo. La consecuencia didáctica sería lo que hemos denominado ya como una educación desde o a través de las religiones o las creencias, con la idea de que la educación religiosa debería ser enseñada desde fuera de cada confesión particular. Es decir, que se plantearía un tipo de educación religiosa que tomara como elemento central la dimensión ética de las religiones y presentaría todas aquellas que poseen elementos morales compartidos. Los docentes habrían sido educados por los estados en instituciones públicas de educación superior, en el conocimiento de un número amplio de confesiones y convicciones multiculturales. Su misión es proporcionar a los estudiantes una formación moral que nazca de las religiones estudiadas y que irrigue su propia conciencia, con valores como el diálogo o acuerdos de convivencia democrática.

3.2. Modelos de educación religiosa en la discusión filosófico-educativa internacional. La escritura bíblica, la fenomenología, la psicología experimental, la teoría educativa, lo sociocultural y lo histórico-político

Hasta este punto, nuestros análisis han consistido en el estudio de los modelos de educación religiosa que nacían de las circunstancias históricas y las decisiones políticas que tomaban los distintos países occidentales a la luz de su tradición histórica, de los cambios culturales y sociales y las orientaciones emanadas por los diferentes organismos supranacionales. Sin embargo, paralelamente se desarrollaron discusiones académicas, propias del ámbito de la teoría de la educación, que aspiraban tanto a comprender críticamente los modelos anteriores como a sugerir nuevos modelos que podían responder mejor a la experiencia de lo religioso en el ser humano (Gearon, 2014).

La primera aproximación sería el conocido modelo de la escritura-teológica, que partiría del presupuesto de que las diversas aproximaciones de la educación religiosa tienen como elemento común y fundamental el estudio los textos que se consideran sagrados en cada confesión. Desde un punto de vista histórico, se podría decir que fue el modelo más extendido antes del crecimiento del paradigma hermenéutico, y podrían articularse dos aproximaciones distintas. Una aproximación coherente con las confesiones del cristianismo reformado y religiones abrahámicas donde el texto sagrado es central en la experiencia religiosa, que otorgan una importancia fundamental a la relación directa entre el creyente y el propio texto sagrado, y que no esté mediada por ninguna interpretación oficial a fin de que lo divino pueda hablar directamente al corazón de la persona. La otra aproximación sería propia de la religión católica y otras religiones abrahámicas donde el texto sagrado ocupa un lugar menos preminente, donde el contacto con los textos está mediado por ciencias y pronunciamientos interpretativos oficiales que permiten comprender la revelación en toda su profundidad científica, así que los procesos de formación son acompañados procesos de formación iniciática.

El paradigma fenomenológico aparece excelentemente representado por Ninian Smart y su libro *The Religious Education Experience of Mankind*, publicado en 1969. La aspiración de esta aproximación es proporcionar una comprensión de los fenómenos compartidos más importantes en la experiencia religiosa del ser humano. Las deducciones que se podrían realizar sobre este modelo se podrían condensar atendiendo a seis criterios, esto es, al aspecto doctrinal, a la dimensión mitológica o narrativa, a la dimensión ética, a lo ritual, lo experiencial, lo social y, en algunas ocasiones, se añade también lo estético. El punto de discusión sobre este modelo se encontraría en la pretensión de verdad que tiene cada una de las religiones (Gearon, 2014), pues si todas ellas se comprenden como depositarias de una revelación divina, que se desarrolla en una teología concreta, a la sazón, es necesario justificar que este modelo no incurre en un cierto relativismo religioso. Por el contrario, su gran aportación consiste en subrayar el hecho de que todos los seres humanos son capaces de Dios, y, más todavía, que necesitan el cultivo de lo religioso para alcanzar la madurez que aspira a proporcionar todo acto pedagógico.

El texto más sobresaliente de la aproximación psicológicoexperimental a la educación religiosa se encontraría en James Fowler, *Faith Development and Pastoral Care* (1988). Lo que hace Fowler ahí es intentar comprender los esquemas del desarrollo que se desarrollaron en Piaget en el contexto del desarrollo de la fe y se alcanza a comprender cosas como la manera en que los niños comienzan a comprender los textos, lo que es importante a la vista del estudio de los textos sagrados, y la manera en que su espíritu se va desarrollando, lo que ha sido determinante a la hora de poder articular estudios sobre la educación del espíritu.

El modelo filosófico-educativo entiende que la teología necesita de una formación filosófica, pues la razón juega un papel fundamental en el desarrollo de la fe por cuanto prepara para la comprensión de las verdades reveladas y permite una conversación académica con el mundo, a pesar de que las consecuencias de la Ilustración hagan pensar todavía que fe y razón son entidades contrapuestas. Sea como fuere, este modelo ha defendido lo que se conoce como «*critical religious education*» (Gearon, 2014), donde lo que se busca es formar una comprensión de la religión que madura a medida que se adquiere una comprensión filosófica y un entendimiento teológico del fenómeno religioso en el ser humano. Podríamos decir que la expresión natural de este modelo han sido las artes liberales.

Roussonianamente, el modelo sociocultural que Jackson presenta en *Religious Education Dialogue or Conflict* (2014) busca dar a los estudiantes una amplia educación religiosa que proporcione un análisis lo más amplio posible en cuanto a número de religiones se refiere, con el fin de que, a través del estudio de las implicaciones antropológicas y las manifestaciones culturales y sociales, los estudiantes puedan ubicar mejor su propia confesión o elegir aquella de todas las estudiadas que mejor se adapte a sus necesidades. En todo caso, les proporciona herramientas para comprender a quienes sí profesan esa fe y para entender y dialogar sobre el lugar que ocupan las religiones en las sociedades (Gearon, 2014).

El modelo histórico-político situaría el estudio de las religiones en su relación con las fuerzas políticas actuales y las democracias modernas. La tesis que sostiene este modelo es que la comprensión de las religiones en las sociedades actuales contribuye a la cohesión social de los distintos ciudadanos, con independencia de la fe que se profese o no se profese. Dicho de otra manera, se entiende que la religión es un factor de paz y prosperidad más de que de violencia o conflictos. El inconveniente de este posicionamiento pedagógico que han defendido numerosos organismos supranacionales es que considera la religión más como un instrumento con el que defender determinada fisonomía de las sociedades que como un atributo de la identidad humana.

Resumen

Europa posee una historia que se remonta a los orígenes mismos de la humanidad, tal y como la conocemos: las tradiciones intelectuales que ha desarrollado, los modelos de sociedad que ha acogido en sus naciones y las religiones que ha visto nacer y morir en su seno condicionan de manera incuestionable cualquier discurso sobre la educación religiosa en el mundo occidental que se pueda mantener actualmente.

Debido a esto, es necesario comprender la manera en que la misma evolución de Europa en los años recientes ha dado lugar a un desarrollo correlativo de los modelos de entender la educación religiosa hasta hoy. Eso significa que es preciso analizar cómo la educación religiosa ha evolucionado de una comprensión estrictamente catequética (que se daba vinculada a confesiones particulares en el contexto de la educación pública) a una interpretación donde ya no parece posible entender la experiencia religiosa sin un diálogo con las otras religiones presentes en nuestras sociedades. Eso es lo que estudiamos al analizar la perspectiva histórica. La perspectiva sistemática nos ofrecía esos modelos desde perspectivas internas de análisis. Para ello, se articuló un primer acercamiento cuya perspectiva era el estudio de los elementos principales de esos modelos que habían nacido de la correlación entre las confesiones y las decisiones de los distintos estados, a la luz de la evolución de sus sociedades. El segundo acercamiento consideraba las discusiones propias de la teoría educativa y discernía diferentes modelos que contribuían a comprender mejor los rasgos de todo lo visto anteriormente.

Teoría de la Educación

Preguntas sobre el tema

*Actividad 1.–*Imagina que impartes docencia en una institución educativa de titularidad pública en el nivel de primaria, y que eres el responsable de un curso donde la composición de los estudiantes en función de sus orígenes culturales representa fidedignamente la multiculturalidad de las sociedades en que vivimos. Hay estudiantes con una tradición familiar de profesión de la fe católica, y, en un número menor, familias que no profesan ninguna religión, y, en un número todavía menor, estudiantes que practican la religión musulmana y otros que hacen lo propio con la religión oriental. Es época navideña y ya estás pensando en realizar un acto de celebración para despedir el primer trimestre. ¿Dinos cómo pensarías una posible fiesta de celebración, en un grupo con una composición así?

*Actividad 2.–*Cuando finalizas tu clase de filosofía para un curso de primero de bachillerato, uno de los estudiantes se hace el tímido antes de salir de clase y espera pacientemente hasta que los demás se hayan ido para aproximarse a tu mesa. Tú, que habías hablado de la búsqueda del sentido en clase, te encuentras con que uno de tus estudiantes te pregunta si puede comentar contigo un asunto personal. Respondes afirmativamente y el chico en cuestión te comenta que está barajando la posibilidad de convertirse a una religión, pero le asusta dar el paso y comentárselo a su familia porque ellos no creen en nada. ¿Qué consejos le darías desde tu perspectiva de docente y teniendo en cuenta todo lo estudiado hasta ahora así como otro tipo de información que puede aparecer en otro capítulo?

*Actividad 3.–*Desarrolla en tus propias palabras cómo el periodo de las grandes escolarizaciones en Europa modifica la manera en que se había comprendido la educación religiosa hasta entonces.

*Actividad 4.–*Describa cuáles son los procesos y la manera en que se comprende la educación religiosa a partir de la globalización propia de la época actual.

Lecturas sugeridas

- Rousseau, Jean-Jacques. 2021. Emilio o De la educación. Alianza editorial. Original de 1762.
- Newman, John Henry. 2011. Discursos sobre el fin y la naturaleza de la educación universitaria. EUNSA. Original de 1852.

- Dewey, John. 2005. Una fe común. Losada. Original de 1934.
- Freire, Paulo. 2017. Pedagogía del oprimido. Siglo xxi. Original de 1968.
- Conroy, James. 2015.Does religious education work? A multi-dimensional investigation. Bloomsbury.

Referencias bibliográficas

Barnes, L. Philip. 2024. The travail of multi-faith religious education in Britain. *Revista Internacional de Teoría e Investigación Educativa*, n.º 2, e88921. https://doi.org/10.5209/ritie.88921

Ferrari, Silvio. 2012. Religious Education in Italy. En D. H. Davis & E. Miroshnikova (Eds.). *The Routledge International Handbook of Religious Education* (pp. 100-103). Routledge.

Fowler, S. James. 1988. *Faith Development and Pastoral Care*. Routledge.

Gearon, Liam. 2014. The Paradigms of Contemporary Religious Education. *Journal for the Study of Religions*, n.º 27 (1): 52-81.

Goldman, Ronald. 2018. *Readiness for Religion. A basis for developmental religious education.* Routledge.

Jackson, Robert. 2014. *Religious Education. Dialogue or Conflict.* Routledge.

Pajer, Flavio. 2013. *Escuela y religión en Europa. La relación entre la enseñanza de la religión y la escuela en Europa en los últimos 50 años.* PPC.

Pajer, Flavio.2015. Cómo y por qué Europa enseña las religiones en la escuela: los tres paradigmas. *Revista Electrónica de Educación Religiosa*, n.º 5(1): 1-24. Ver: http://www.reer.cl/index.php/reer/article/view/40/40 [Consultado por última vez el 11/05/2024].

Pajer, Flavio. 2017. *Dio un programa. Scuola e religioni nell'Europa unita (1957-2017).* La Scuola.

Pajer, Flavio. 2018. Currículo de Religión. ¿Qué aprenden hoy los millones de alumnos europeos en los cursos de Religión? Analogías y diferencias entre los currículos de cinco áreas lingüísticas. *Religión y Escuela: revista del profesorado de religión*, n.º 320:12-13.

Smart, Ninian. 1969, *The Religious Education Experience of Mankind.* Suny Press.

Taylor, Charles (2015). Encanto y desencantamiento. Secularidad y laicidad en occidente. Sal Terrae.

Willaime, Jean-Paul. 2007. Different models of religions and education in Europe. En R.S. Jackson, S., Miedema, W, Weisse & J-P. Willaime (eds.). *Religions and Education in Europe: developments, contexts and debates* (pp. 57-66). Waxmann.

La educación del intelecto desde la configuración del pensamiento teórico sobre la educación

David Luque y Paloma Castillo

1. Introducción

No hay educación donde no hay formación del intelecto. Esta afirmación puede sonar categórica en un mundo donde la educación del pensamiento crítico ha caído en una amnesia planificada, como decía George Steiner, en un desprecio deliberado por aquellos contenidos que otrora configuraron la esencia de cualquier planteamiento educativo, como la memoria que da forma al espíritu, la retórica que permite organizar bellos y persuasivos discursos, o la dialéctica que proporciona los recursos para entablar una conversación amistosa y crítica. Sin embargo, la realidad es que la educación existe porque consideramos que podemos transmitir a otras personas un conocimiento que pueden comprender y que la humanidad ha atesorado a lo largo de los siglos porque lo consideraba como lo más valioso que ha sido dicho, escrito o pensado.

Tanto es así que las otras dimensiones antropológicas que aparecen en este mismo manual son educables en la medida en que la razón participa de ellas. Por ejemplo, cuando, a la hora de hablar de una educación emocional, nos referimos a la capacidad de ponerle un nombre a la manera en que las perso-

Cómo citar: Luque, David y Castillo, Paloma (2025). La educación del intelecto desde la configuración del pensamientoteórico sobre la educación. En David Luque Mengibar y Silvia Sánchez-Serrano (Eds.) *Teoría de la Educación* (pp. 307-322). Ediciones Complutense. https://dx.doi.org/10.5209/docm.002.13

nas identifican sus dinámicas e identificarlas cuando se desencadenan en su propia experiencia. Pensemos en la educación moral, es decir, en la capacidad que tenemos para discernir el bien del mal y obrar a favor de lo primero: la razón participa de lo moral porque el mismo conocimiento de lo que es bueno ya nos proporciona un criterio de acción o porque podemos comprender la situación que atraviesan otras personas y mostrar actitudes compasivas con ellas. Aunque nos conmueva, no podemos disfrutar del arte que no comprendemos. ¿Y acaso es posible llegar a acuerdos políticos? Donde no hay ciudadanos capaces de dialogar razonada, horizontal y libremente sobre asuntos públicos que atañen a nuestra convivencia en común, no parece posible que se puedan tejer las relaciones interpersonales que contribuyen al sostenimiento de las sociedades. Sobre la religión, Chesterton llegó a escribir que aquello que más le enorgullecía de la confesión religiosa a la que se había convertido era que podía comprenderla y reconocer su misterio.

De manera que podemos concluir que donde no hay razón, no hay educación tal y como la conocemos. Hay otras cosas. Porque puede darse una relación pedagógica allí donde alguien acude a un profesional para encontrar la motivación que le falta y que le haga creer en sus capacidades, pero no es educación *sensu stricto*: es *coaching*, es terapia. Pero no es educación. Y, a la vez, allí donde sólo hay una transmisión de contenidos que no promueve el pensamiento de los estudiantes o que les proporciona datos falaces para conseguir de ellos una interpretación ideologizada de la realidad, hay adoctrinamiento o hay manipulación. Pero no hay educación.

Así las cosas, ¿cómo vamos a afrontar el estudio de la educación del intelecto? Por razones de orden epistemológico, hemos desechado afrontar una perspectiva psicológica, aunque no podemos dejar de recomendar los estudios al respecto de Jean Piaget, Lev Vygotsky y Lawrence Kohlberg. También hemos descartado usar los postulados de la neurociencia, tan en boga actualmente, porque los análisis que se centran en el estudio de las dinámicas cerebrales para realizar deducciones sobre el fenómeno educativo, aunque aportan interesantes datos sobre las horas de estudio y los descansos o los papeles de la química, no terminan de proporcionar una reflexión sobre la educación del intelecto. Dicho de otro modo, la perspectiva que articularemos partirá de la teoría de la educación, Más concretamente, del análisis de aquellas aportaciones que consideramos que han configurado la manera en que se piensa hoy la educación del intelecto. De una parte, desde la perspectiva de la educación liberal, y, más específicamente, de la influencia que ejerció John Henry Newman en la reflexión educativa europea. De otra parte, atenderemos a la manera en que el pragmatismo pedagógico de John Dewey contribuyó a desarrollar las perspectivas de Israel Scheffler y Harvey Siegel.

2. John Henry Newman y la influencia de su teoría del conocimiento en la filosofía de la educación británica

John Henry Newman (1801-1890) es una de las figuras más importantes de la teología del siglo XIX. Sus aportaciones a la doctrina de la conciencia moral, a la eclesiología y al diálogo ecuménico en íntima relación con el testimonio de su propia vida, han contribuido a dar forma a muchos de los argumentos que asumimos hoy. Así también, su teoría educativa en torno a la formación universitaria desarrolló los postulados básicos de la educación liberal y los dispuso de tal manera que afrontaban las problemáticas que nacían en su tiempo y que constituyen, todavía hoy, las inquietudes básicas del humanismo. Debido a esta influencia, parece imposible tratar el tema que nos ocupa sin dedicar un análisis a sus argumentos y a la influencia que ejercieron posteriormente en el origen de la reflexión educativa como disciplina con sentido en sí misma.

2.1. Una teoría del conocimiento bajo la forma de una teoría de la educación

La razón había sido un tema que había preocupado a Newman desde sus primeras aportaciones intelectuales, y, desde luego, en la única obra que escribió sin verse urgido por presiones externas. En *La fe y la razón. Sermones universitarios* (Newman, 2017) se preocupaba de demostrar que una dimensión no sólo no excluía a la otra, sino que la misma fe es racional, pero de un modo lógico, como una apertura a una realidad más amplia que la que proporciona cualquier deducción formal. En el *Ensayo sobre la Gramática del Asentimiento* (Newman, 2010) trataba de demostrar que el acto por el cual asentimos a los contenidos de la fe implica la razón de la persona tanto en aquellos que han podido estudiar como en las personas sencillas, para lo que establecía dos tipos de conocimiento: uno nocional en el que nos movemos cuando conocemos el mundo desde la teoría (como estudiamos geografía y señalamos los países en un mapa), uno real que nos proporciona la experiencia de la realidad (como aquellas personas que conocen los países porque han estado en ellos físicamente), y un sentido ilativo que nos permite movernos entre ambos y relacionar los datos que proceden de un tipo de conocimiento u otro. Pero en la obra que nosotros vamos a estudiar aquí, los argumentos eran distintos.

Newman escribió *The Idea of a University Defined and Illustred* en 1852 con motivo de la creación de una universidad católica en Irlanda, debido a que los estudiantes católicos que acudían a Oxford o a Cambridge eran obligados a estudiar contra su fe al tener que jurar los 39 Artículos del credo anglicano, y sólo tenían como alternativa una educación profesional en la propuesta de los denominados *Queen's Colleges* o salir de su país a otras universidades que no sólo no eran mejores, sino que, además, sus familias no podían permitirse económicamente. Con motivo de la creación de esa universidad católica en Dublín, Newman pronunció una serie de discursos para dar a conocer las ideas que estaba intentando llevar a cabo y esos textos constituyen uno de los libros fundamentales de teoría del conocimiento vista desde la perspectiva de la teoría de la educación.

Contra la idea de que la educación debía serle útil a los estudiantes para cualquiera de sus necesidades más allá de las meramente intelectuales, como encontrar un trabajo, viajar, él defendió lo siguiente: que la educación es un fin en sí mismo. «El saber es capaz de ser su propio fin», escribe Newman, que continúa: «La mente humana está hecha de tal modo que cualquier clase de saber, si es auténtico, constituye su propio premio» (Newman, 2011, p. 126). Es decir, Newman pensaba que los estudiantes aprendían con el único objetivo de aprender por aprender, sin esperar ningún tipo de beneficio ulterior más allá del mismo conocimiento. Contra la idea de que la especialización de los estudiantes en áreas de conocimiento cada vez más estrechas suponía una educación, se vio en la necesidad de argumentar que la educación debía transmitir todas las disciplinas de conocimiento que han compuesto el contenido clásico por una comunidad de profesores sabios que interpreta adecuadamente para él los contenidos que hereda (Newman, 2011). Porque él compartía esa idea del conjunto de las ciencias como un círculo de conocimiento con porciones donde cada una ocupaba un segmento, tenía un objeto de estudio definido y una metodología propia, y, cuando se eliminaba cualquiera de ellas, las otras se desplazaban para usurpar su lugar, así, emitir conclusiones que no les eran propias. Como ese círculo de conocimiento era el contenido que se trasponía al currículum, y como el currículum es el contenido que da forma a la mente de los estudiantes, entonces, un círculo de conocimiento defectuoso educaba una mente defectuosa. Pero si la educación es un fin en sí mismo que proporciona una interpretación amplia de la realidad, entonces, ¿cómo ha de formarse la mente?

Ante la dificultad que Newman experimentaba a la hora de referirse al acto en virtud del cual conocemos (parece ser que «intelecto» no le parecía bien, «conocimiento» tampoco, «razón» no le terminaba de convencer), se refería a conocer y a los procesos implicados como «Filosofía» o «hábito filosófico de la mente» (Newman, 2011, 81). En las propias palabras del autor: «el intelecto hace filosofía, pues entiendo que ciencia y filosofía, en su idea nuclear, no son otra cosa que este hábito de observar, por así decirlo, los objetos que los sentidos presentan a la mente, organizarlos en un sistema, y unirlos y sellarlos con una forma» (Newman, 2011, p. 102). Con él se refieren a lo siguiente: el ser humano no puede evitar conocer, experimenta el impulso de hacerlo continuamente cuando, en su relación con la realidad, esta deja como huellas impresas en él e intenta asociarlas de cualquier modo (Newman, 2011). Por ese movimiento y las asociaciones consecuentes no son Filosofía. Para que esta se dé se necesita una educación que pueda generar un tipo de hábito.

De esta manera, la educación de un hábito filosófico de la mente consistiría en dos procesos. Uno sería la distinción de las partes constitutivas. Cuando recibimos la impresión de algo procederíamos a dividirlo en partes que nos permiten un análisis detenido. Si queremos conocer una mesa, vemos que es una superficie plana y tiene apoyos suficientes como para mantenerse horizontal, centímetros por encima del suelo. Cuando este análisis se ha llevado a cabo, la mente comienza a generar estructuras que le permiten ubicar todo lo que recibe de manera formal o no formal. No es lo mismo una mesa que un discurso de Cicerón. Una vez ha generado esas estructuras, más tarde, a medida que analiza nuevas impresiones, incorpora los nuevos contenidos y establece relaciones tanto entre los viejos elementos entre sí como entre estos y los nuevos. Por ello, puede decirse que se ensancha la mente.

Con todo, Newman no redujo toda su teoría a la razón. Aunque fue lo que más analizó, advirtió que una educación que estuviera basada sólo en ella podría incurrir en lo que denominó una religión de la razón. Un tipo de persona que podría justificar cualquier cosa sin considerar sus implicaciones morales o emocionales, así que equilibró la importancia que había adquirido su interpretación del conocimiento en la formación universitaria con la inclusión de una dimensión moral que sucedería en los *colleges* (una institución donde los estudiantes residen, conviven y reciben una formación paralela durante sus años de estudio). En unos artículos, aclaró:

La universidad encarna el principio del progreso y el college, el de estabilidad; uno es la vela, el otro es el lastre; ninguno de ellos se basta por sí mismo en la búsqueda, difusión e inculcación del conocimiento; los dos son útiles el uno para el otro. Una universidad es el escenario del entusiasmo, del esfuerzo gratificante, de la exposición brillante, de la irresistible influencia, de la afinidad poderosa y difusiva; y un college es el escenario del orden, de la obediencia, de la diligencia modesta y perseverante, del concienzudo cumplimiento del deber, de los favores mutuos y las amistades profundas y verdaderas. La universidad es para el mundo y el college es para la nación. La universidad es para el profesor y el college, para el tutor; la universidad es para el discurso filosófico, el sermón elocuente o las discrepancias bien refutadas; y el college es para la lección catequética. La universidad es para la teología, el derecho y la medicina, para la historia natural, para la física y para las ciencias en general, y su promulgación; el college es para la formación del carácter, intelectual y moral, para el cultivo del espíritu, para la mejora del individuo, para el estudio de la literatura, para los clásicos y para esas ciencias rudimentarias que fortalecen y agudizan el intelecto (Newman, 2024, p. 271)

En suma, los argumentos de Newman fueron tan novedosos y continúan estando hoy tan vigentes, que, cuando se comenzó a desarrollar la reflexión de carácter teórico sólo basado en el fenómeno educativo, se le miró a él a la hora de pensar la educación del intelecto.

2.2. Richard S. Peters y Paul Hirst. La educación del intelecto como una iniciación transformadora y significativa

Peters y Hirst procedían del mundo de la psicología y la matemática, respectivamente, y llegaron a la reflexión educativa por azares del destino. Ya en ella, se puede decir que fueron unos de los primeros pensadores que se dedicaron a estudiar el fenómeno educativo desde la filosofía analítica (un movimiento filosófico cuyo método consistía en analizar la etimología de las palabras vinculadas al mundo de la educación con el fin de discernir sus implicaciones pedagógicas). En este contexto, ¿cómo pensaron ellos la educación de la razón?

Peters entendía que la educación intelectual consistiría en la transmisión de aquella que verdaderamente merece la pena. Pero no una transmisión que pueda reducirse a una cuestión netamente cognitiva, sino con la finalidad de que los estudiantes la hagan propia, la encarnen en sí mismos como una manera de vivir. Es decir, no se trataría de transmitirle poesía con la pretensión de que memoricen versos sin más, sino para que se conmuevan ante lo bello y lo sublime y que los versos memorizados los transformen desde dentro. No es cuestión de realizar algoritmos intrincados sin más, sino de comprender el lenguaje escrito en el mundo para moverse en él. Para que una educación así fuera posible se necesitaría considerar lo siguiente. Que el desarrollo del intelecto no depende exclusivamente del contenido, porque hay procesos secuenciales que se dan con independencia de este. Eso significa que la educación del intelecto guarda relación con las experiencias en las que se es iniciado y con la asimilación de ejemplos paradigmáticos en esquemas que se han ido desarrollando progresivamente. Es decir, que el desarrollo intelectual se produciría a través de áreas que serían significativas en sí mismas, y no necesariamente útiles, y, de entre ellas, se seleccionarían aquellas obras que encarnaran de un modo excelente esas áreas. La última consideración es que la finalidad es ser transformada por aquello que se asimila. En sus propias palabras:

> tener una mente desarrollada implica básicamente llegar a tener una experiencia que se expresa en varios esquemas conceptuales. Sólo porque el hombre, a lo largo de milenios, ha objetivizado y desarrollado progresivamente estos esquemas, ha logrado alcanzar las formas del conocimiento humano, y por ello hoy se nos ofrece la posibilidad de desarrollar la mente, según la conocemos (Peters, 2004, p. 182).

El pensamiento de Hirst es más complejo. Hirst entendió que el conocimiento que se transmite en las diversas sociedades y que termina formando las mentes de las personas (en la relación directa entre forma de conocimiento y forma de la mente) está mediado simbólicamente. Es decir, que los conocimientos con los que los seres humanos entienden el mundo están condensados en símbolos que se aceptan públicamente y que se concretan en elementos que nosotros conocemos como ciencias (las diversas formas de conocer, la metodología empleada para ello, las premisas compartidas). Debido a esto, educar era para Hirst desarrollar el espíritu, entendido este como una forma de experimentar la realidad a través de esas mediaciones simbólicas que proporcionan no sólo una lectura del mundo externo, sino también del mundo interior de cada persona. Y, para que esto fuera posible, proporciona las formas de interacción propias entre las personas y esas diversas formas de conocimiento. Como Peters, ello se realizaría a través de ejemplos paradigmáticos que se seleccionarían en virtud de que proporcionen al estudiante la oportunidad de una inmersión profunda en la experiencia, y, después, se pudiera generalizar. Entre otras cosas, Hirst proponía seleccionar aquellas realizaciones de cada área de conocimiento para que los estudiantes las comprendieran como inmersos en el universo epistemológico de cada área. Así, el espíritu como la principal dimensión propiamente humana, se ensanchaba en aquello que cada sociedad consideraba más valioso. En las palabras de Hirst, una educación

> abordada en términos de las disciplinas se hallará integrada al menos por el estudio de ejemplos modélicos de todas las diferentes formas de conocimiento. Este estudio tendrá que ser suficientemente detallado y fundamentado para proporcionar una percepción genuina de forma tal que los alumnos lleguen a pensar en estos términos, utilizando los conceptos, la lógica y los criterios en los diferentes terrenos (Hirst, 1982, p. 380).

Así que, en suma, parece que se puede constatar una cierta influencia en Peters y Hirst de los argumentos newmanianos de que el conocimiento era un fin en sí mismo y que la educación consistía en la adquisición de una visión amplia del mundo, y llevaron esas intuiciones a la idea de que eso se debía hacer a través de los ejemplos más paradigmáticos de cada área y en el contexto epistemológico que le era propio, con el fin de iniciar a la persona en un mundo que se le daba en heredad. Aunque el derrotero americano tuvo un contacto y un intercambio frecuente con el desarrollo de estas ideas, siguió derroteros distintos porque sus argumentos nacían más del pragmatismo de John Dewey y se condensaron en un movimiento específico.

3. Del pragmatismo al *Critical Thinking Movement*. John Dewey, Israel Scheffler y Harvey Siegel

Una vez considerados los argumentos que se desarrollaron en el contexto de una comprensión de la educación liberal a propósito de la educación del intelecto, a continuación, se articulará el pensamiento de tres autores fundamentales que, paralelamente, desarrollaron su postura a partir del pragmatismo de John Dewey: la propia noción de pensamiento reflexivo del autor, Israel Scheffler y su idea de la racionalidad, y Harvey Siegel y sus aportaciones al estudio del pensamiento crítico.

3.1. John Dewey y el proceso de pensar reflexivamente

Cualquier aproximación teórica al fenómeno educativo de la educación del intelecto requeriría de una parada en el pensamiento de John Dewey. La relevancia del legado que nos ha dejado este autor y su vigencia actual hacen que sea un referente imprescindible en cualquier conversación de índole pedagógica. Dewey es uno de los iniciadores de la filosofía pragmatista y, más todavía, de sus implicaciones educativas. El período más relevante de su actividad se dio a partir de 1894, tras incorporarse a *University of Chicago*. Allí fundó el *Laboratory School*, que funcionó de 1896 a 1903 para la experimentación de sus prácticas pedagógicas. También fue profesor de *Columbia University* desde 1905 hasta 1929, cuando escribió una de sus obras más influyentes, *Cómo pensamos*, publicada por primera vez en 1910 y, más tarde, revisada por el autor.

En efecto, *Cómo pensamos* es la obra donde Dewey intenta condensar las implicaciones de su filosofía educativa pragmatista en el ámbito de la educación de la razón. El pragmatismo era una filosofía que se basaba en la continuidad entre la persona y el entorno que la rodeaba, de manera que se producía una interacción entre ambos que permitía la resolución de problemas, y, con ellos, el progreso de las sociedades en todas sus dimensiones. En palabras del propio Dewey: «la relación de medios-consecuencia es el corazón de todo significado» (2007, p. 213). Tanto es así que, prácticamente, no hay propósito deweyniano que no nazca de este supuesto: la superación de los problemas prácticos de la vida democrática, el cambio social, el progreso, la innovación, el método científico… y, en todos ellos, la educación como un elemento central. En ella, el papel del maestro es educar y moldear la actitud y el hábito científico o reflexivo, que constituye uno de los fines de la educación en su pensamiento.

¿Qué es el pensamiento reflexivo en John Dewey? Es «el examen activo, persistente y cuidadoso de toda creencia o supuesta forma de conocimiento a la luz de los fundamentos que la sostienen y las conclusiones a las que tiende» (Dewey, 2007, p. 24). Esto justifica por qué el autor lo equipara con el espíritu científico, y, en este sentido, emerge como lo propiamente educativo. En *Democracia y educación*, escribe:

La conclusión pedagógica que se desprende es la de que *todo* pensar es original en una proyección de consideraciones que no han sido previamente captadas. El niño de tres años que descubre lo que puede hacerse con bloques o el de seis que averigua lo que puede hacerse reuniendo cinco centavos, son realmente descubridores, aunque todo el mundo lo sepa ya. Hay aquí un aumento auténtico de experiencia […]. El goce que los niños mismos experimentan es el goce de la construcción intelectual, de la creatividad, si podemos emplear esta palabra sin malas interpretaciones (Dewey, 2004, p. 140).

¿Pero cuáles son los pasos del pensamiento reflexivo que experimentan los niños a la hora de enfrentarse a problemas para los que no cuentan con una solución previa? Veámoslos con un ejemplo inspirado en el propio autor, en el que un niño intentaría cruzar un río que está representado con una cuerda en el suelo. Los pasos del pensamiento reflexivo y los supuestos razonamientos del niño quedarían como siguen:

a) «sugerencias»; tiene que haber un estado de duda o de dificultad en la que el niño comienza a imaginar soluciones y, así, se origina el pensamiento, fruto de la observación de que hay un río representado con una cuerda en el suelo;

b) «intelectualización»: la sugerencia necesita de algo que permita que los pensamientos se encadenen en alternativas de solución práctica que se puedan intelectualizar para llevarla a la práctica y para experimentarla, esto es, para que se convierta en un auténtico problema más allá del fastidio de no poder cruzar;

c) «hipótesis»; aunque la ocurrencia de saltar el río viene o no viene, sin recurrir a lo intelectual, podemos controlarla y escoger la mejor solución en base a hechos y datos sobre el terreno, el río, nuestra condición física…;

d) «razonamiento»; es el acto de búsqueda mediante la unión de los eslabones del razonamiento para encontrar lo que esclarezca la duda, por lo que depende de lo que conocemos aunque, también, amplía el conocimiento (por ejemplo, las orillas del río son pronunciadas y resbaladizas al ser de arenisca, por lo que no es conveniente tomar carrerilla para saltarlo; en su lugar, podríamos introducir en el río un tronco seco que aguante nuestro peso para poder cruzarlo despacio);

e) «comprobación de hipótesis por la acción»; mediante la acción real o imaginada habrá que comprobar que «los resultados experimentales coinciden con los teóricos o racionalmente deducidos» (Dewey, 2007, p. 123) para corroborar o negar las consecuencias en base a los hechos –por ejemplo, experimentamos el razonamiento de cruzar con el tronco, pudiendo resolver el problema o fracasando en el intento y teniendo que buscar otra solución–. Esta situación en particular hace referencia a la función del «análisis». Sin embargo, Dewey diría que falta la «síntesis», que es lo que perfecciona el «análisis» (Dewey, 2007, p. 8).

Cuando estos pasos del pensamiento reflexivo que hemos visto en el ejemplo de la experiencia de cruzar un río representado por una cuerda se completaran con todos los elementos involucrados en el ejemplo, entonces, podríamos decir que la persona ha aprendido a pensar reflexivamente.

En lo que se refiere a la enseñanza del pensamiento reflexivo, Dewey destaca su carácter instructivo: «la persona que realmente piensa, aprende casi tanto de los fracasos como de los éxitos» (Dewey, 2007, p. 124). Además, según el autor, educar es moldear las actitudes reflexivas, pero no implantarlas, ya que sus raíces se encuentran en sí en la evolución de la actividad infantil. En esto, el rol del profesorado es el del artista, inspirando la armonía recíproca entre el fin y los medios, entre lo nuevo y lo viejo, entre lo próximo y la imaginación; todo ello de cara a buscar el equilibrio entre el proceso de jugar y el producto del trabajo. La mera arbitrariedad, fantasía y ligereza sería tan perjudiciales para Dewey como las secuencias de ideas y conclusiones que son fruto de la rutina, de las creencias, de los prejuicios e incluso de la casualidad. Frente a lo anterior, se ha justificado por qué la relación medio-consecuencia deweyniana posibilita ampliar la comprensión y la apreciación de los significados, lo cual justifica una pieza central del laberinto educativo, aunque no la única.

3.2. De Israel Scheffler a Harvey Siegel. Sus principales ideas sobre la educación del intelecto en aras de la racionalidad y del pensamiento crítico

Otra parada indispensable en la educación del intelecto se encontraría en Israel Scheffler, y, en concreto, en las nociones de racionalidad y pensamiento crítico que desarrollan, en alguna medida, los planteamientos pragmatistas del pensamiento reflexivo deweyniano.

Su propósito vital fue «hacer lo más generalizada posible la búsqueda libre y crítica de razones en todos los ámbitos de estudio» (Scheffler, 2014, p. 62). Para ello, hizo pivotar sus argumentos sobre dos aspectos: una racionalidad para fundamentar las condiciones de conocimiento necesarias para la búsqueda de la verdad, y la justificación de que su concepción de la racionalidad debía erigirse como el ideal de todo fenómeno educativo. Así, el pensamiento scheffleriano iluminó elementos pedagógicos como los siguientes: a) la justificación de aquellas razones que son mejores para buscar la verdad; b) el hecho de que la educación necesita justificarse racionalmente, lo que implica un compromiso moral con la verdad y con los otros; c) el hecho de que necesitamos más teoría para iluminar la práctica de la educación; d) lo que aprendemos y cómo nos sentimos están unidos y, en eso, la racionalidad es clave porque une ambas dimensiones; e) la articulación de una visión racional de la enseñanza donde se considere la importancia de tratar al otro como un fin y no como un medio, lo que significa apreciar sus puntos de vista para someterlos a escrutinio, entre otras cosas.

Una vez consideradas las ideas fundamentales de Israel Scheffler, se puede dar respuesta a algunas cuestiones sobre el intelectual a quien más influyó, su discípulo, Harvey Siegel, profesor emérito de la *Miami University*, cuya trayectoria se ha centrado en el estudio de la filosofía de la ciencia, de la epistemología y de la filosofía de la educación (Siegel, 2008). Siegel se adentró en el pensamiento de Scheffler hasta el punto de que él mismo reconoce: «mi concepción sobre la filosofía de la educación es esencialmente suya» (2003, p. 6). Además de esta influencia reconocida de su maestro, el pensamiento de Siegel se constituyó a partir de la psicología cognitiva de Piaget y Kohlberg, de los estudios que se han desarrollado en lógica y filosofía de la ciencia, y del movimiento pedagógico norteamericano conocido como *Critical Thinking Movement* (Siegel, 1988, 2008). A la vista de tales precedentes, parece necesario preguntarse por cuáles son los ejes sobre los que pivota su pensamiento. A priori, se puede afirmar lo siguiente: que sus planteamientos apuntan a establecer el pensamiento crítico como ideal educativo (Siegel, 2013).

Que el pensamiento crítico se constituya como un ideal educativo se puede deducir de su interpretación de lo que es «pensamiento crítico», que estaría compuesto por dos componentes: el de la evaluación de la razón, que comprende las habilidades y las capacidades necesarias para razonar bien (por ejemplo, la pertinencia, la claridad, la profundidad o la equidad, entre otras); y el del espíritu crítico, que se refiere a las disposiciones de pensamiento, los hábitos mentales, las actitudes y los rasgos del carácter necesarios para pensar críticamente (como la perseverancia, la autonomía, la imparcialidad, la apertura mental o la humildad intelectual, por nombrar algunos). Siegel entiende que se trata de dos componentes que se nutren mutuamente, pues, solo con las habilidades y capacidades de pensamiento, nos convertiríamos en expertos en el arte de convencer, persuadir y criticar por criticar, es decir, algo que es contrario a ser pensadores críticos (Siegel, 1988, 2013). De aquí se puede concluir que el pensamiento crítico no podría entenderse como pensamiento reflexivo, pensamiento de orden superior, pensamiento creativo o virtudes intelectuales. Antes bien, debería entenderse como la encarnación de la racionalidad.

La búsqueda de razones constituye el punto que separó a Siegel de otros autores que también estudiaban el pensamiento crítico (Difabio de Anglat, 2005). Siegel no detalló ningún listado de aquellas habilidades y disposiciones de pensamiento necesarias para pensar críticamente, como tampoco se centró en cómo enseñarlas en función de algún tipo de método educativo en particular. Lo que el autor ofreció es un tipo de justificación necesaria para que el pensamiento y la manera de enseñar sean críticos. Se trataba de una justificación que tenía que ser generalizable e independiente a cualquier materia académica. Solo así el pensamiento crítico podría ser un ideal filosófico. Esto no iría en contra de las diferencias culturales entre las personas o de su autonomía, entre otras, sino lo contrario: se requeriría para que el pensamiento crítico fuera un deber de la educación (Siegel, 1988, 2013, 2023).

Entonces, ¿por qué el pensamiento de Harvey Siegel es fundamental para comprender la importancia de la educación de la razón? La respuesta a esta pregunta es clara: porque todo parece apuntar aquí. El pensamiento de Siegel parte del supuesto de que el pensamiento crítico como encarnación de la racionalidad es el propósito fundamental hacia el que la educación debe dirigirse. Por consiguiente, todos sus planteamientos giran en torno a la educación de la razón: en lo que se refiere a la búsqueda de la verdad, considerando el falibilismo epistemológico, es decir, la probabilidad hacia la verdad en lugar de la certeza; en lo que concierne al pensamiento crítico, considerando la conjunción entre habilidades/capacidades de pensamiento y las disposiciones y actitudes de ser crítico; en lo que respecta al derecho intelectual de convertirnos en pensadores críticos, considerando la relevancia de la ética, la epistemología y la educación. Para ello, lo que se requiere no es otra cosa que un tipo particular de justificación que se mueva por los máximos de la deseabilidad de los aspectos previos y que sea relativa en lugar de operativa. De aquí que la educación de la razón sea tan importante como ambivalente.

Resumen

En este capítulo se han estudiado varios desarrollos de la educación intelectual, que se forman en la línea de cruce entre el planteamiento de una teoría del conocimiento y una teoría de la educación. En base a esta idea, hemos analizado dos tendencias que nacen de dos teorías educativas fundamentales para comprender nuestro discurso pedagógico: la educación liberal y el pragmatismo.

Primero, se han examinado los argumentos básicos que nacieron con la nueva formulación que Newman hizo de la educación liberal. Lo que él defendía era la manera en que la educación puede generar un tipo de hábito filosófico de la mente proporcionando una visión amplia de la realidad que se encuadrara en una concepción de la educación como un fin en sí mismo. Peters y Hirst parecieron asumir estas ideas y las condujeron a los discursos y las metodologías del tiempo en que ellos escribían. De esta manera, ambos entendieron la educación como una iniciación en el estudio de una tradición heredada con realizaciones culturales, si bien el primero incidió en que la experiencia de conocer transforma a la persona, mientras que el segundo comprendió que las formas de conocimiento mediaban simbólicamente la realidad externa e interna y eso hacía que la persona comprendiera el mundo.

Segundo, estudiamos la manera de comprender la educación del intelecto a partir del pragmatismo de John Dewey, y, en concreto, de su noción de pensamiento reflexivo. Se trataba de una noción inherente tanto al espíritu del científico que investiga como a la actividad infantil en la que se centra la educación, pues ambas tienen atributos compartidos como sugerencia, intelectualización, hipótesis, razonamiento y comprobación de hipótesis por la acción. En definitiva, el pensamiento reflexivo deweyniano se caracteriza por un examen activo y persistente sobre los fundamentos que sostienen las creencias o formas de conocimiento, algo que también postularon Scheffler y Siegel en sus concepciones de la racionalidad y del pensamiento crítico, respectivamente. Scheffler entendía la racionalidad como vía gnoseológica y como propósito educativo fundamental frente a los posibles usos de la razón instrumental. A partir de aquí, la concepción del pensamiento crítico de Siegel se basaba en dos componentes dependientes entre sí, las habilidades/capacidades y el espíritu crítico.

Documentación adicional

- Derrick, Christopher (2011). *Huid del escepticismo*. Encuentro. (Original de 1977).
- Gilson, Etienne (2015). *El amor a la sabiduría*. Rialp. (Original de 1974).
- Guitton, Jean (1981). *El trabajo intelectual*. Rialp. (Original de 1951).
- Sertillanges, Daniel (2003). *La vida intelectual*. Encuentro. (Original de 1920).

Actividades

Explica con tus propias palabras lo que significa y las implicaciones que tiene para hoy afirmar que la educación es un fin en sí mismo.

¿Cuáles son los elementos en común que comparten las argumentaciones de Newman, Peters y Hirst?

Revisa los elementos básicos de los argumentos de John Dewey y trata de imaginar situaciones de aprendizaje para el siguiente caso: ¿cómo enseñarías a un niño que la Tierra no es plana?

¿Qué razones darías para defender el pensamiento crítico como ideal educativo, a la luz de Israel Scheffler?

Describe los componentes necesarios para el pensamiento crítico, según Harvey Siegel: qué son, en qué consisten, qué ejemplos pondrías para cada uno de ellos.

Referencias bibliográficas

Newman, John Henry. 2011. *Discursos sobre el fin y la naturaleza de la educación universitaria*. EUNSA. (Original de 1852)

Newman, John Henry. 2024. *Auge y progreso de las universidades*. Encuentro. (Original de 1887)

Newman, John Henry. 2017. *La fe y la razón. Quince sermones predicados ante la Universidad de Oxford (1826-1843)*. Encuentro. (Original de 1843; 1871)

Newman, John Henry. 2010. *Ensayo para contribuir a una Gramática del Asentimiento*. Encuentro. (Original de 1870)

Hirst, Paul H. 1982. La educación liberal y la naturaleza del conocimiento. En R. F.

Dearden, P. H. Hirst & R. S. Peters (Coords.), *Educación y desarrollo de la razón. Formación del sentido crítico* (pp. 363-384). Narcea. (Original de 1972)

Peters, Richard S. 2004. Filosofía de la educación. Fondo de Cultura Española. (Original de 1973)

Dewey, John. 2007. *Cómo pensamos: la relación entre pensamiento reflexivo y proceso educativo* (Trad. M. A. Galmarini). Paidós. (Original de 1933).

Dewey, John (2004). *Democracia y educación.* Editorial Morata. (Original de 1916)

Difabio de Anglat, Hilda (2005). El 'critical thinking movement' y la educación intelectual. *Estudios sobre Educación*, n.º 9: 167-187. https://doi.org/10.15581/004.9.25577

Siegel, Harvey. 1988. *Educating Reason: Rationality, Critical Thinking, and Education.* Routledge.

Siegel, Harvey. 2008. In Search of Reason. En L. J. Waks (Ed.), *Leaders in Philosophy of Education: Intellectual Self Portraits* (pp. 219-228). Sense Publishers.

Siegel, Harvey. 2013. El pensamiento crítico como un ideal educacional. *Logos: Revista de Lingüística, Filosofía y Literatura*, 23(2): 272-292. http://revistas.userena.cl/index.php/logos/article/view/368

Siegel, Harvey. 2023. La filosofía de la educación y la tiranía de la práctica. *Revista Internacional de Teoría e Investigación Educativa*, 1: 1-9. https://doi.org/10.5209/ritie.88542

Scheffler, Israel. 2014. *Reason and Teaching. Routledge Revivals.* (Original de 1973).

Sensibilizar la educación: una aproximación teórica y práctica a la educación estética

Silvia Martínez Cano, Laura Camas Garrido y Vannesa Hortal de Lucas

1. Sobre la belleza y la experiencia estética

La belleza es siempre un misterio para el ser humano. Es un misterio porque deseamos que esté presente en nuestra vida, pero a menudo nos faltan palabras para definir exactamente qué es. La belleza es una experiencia que se nos muestra más allá de nosotros mismos, frecuentemente en momentos fugaces e inadvertidos. Para poder captar esa belleza, es necesaria una predisposición a abrir nuestros sentidos a la realidad y, con ello, llegar a intuir lo que este mundo hermoso nos ofrece en cada instante. La educación de los sentidos y el desarrollo de la sensibilidad estética son, por ello, preocupaciones propias de la teoría y práctica educativas.

La belleza se puede percibir a través de la contemplación de un objeto, intentando que sea abierta, libre, sin ningún tipo de prejuicios previos que predispongan a una observación intencionada. Para Rudolf Arnheim (2007), esta observación está íntimamente relacionada con la percepción. El filósofo

Cómo citar: Martínez Cano, Silvia *et al.* (2025). Sensibilizar la educación: una aproximación teórica y práctica a la educación estética. En David Luque Mengibar y Silvia Sánchez-Serrano (Eds.) *Teoría de la Educación* (pp. 313-345). Ediciones Complutense. https://dx.doi.org/10.5209/docm.002.14

alemán afirma que la percepción es un hecho cognitivo que colabora en el desarrollo de procesos como: discriminación, análisis, argumentación y pensamiento crítico. La recepción de lo percibido –ya sea por cualquiera de los sentidos: oído, vista, tacto, gusto u olfato– produce una conmoción en nuestro interior que se manifiesta en emociones, sentimientos o pensamientos, y genera una ruptura con el momento presente que nos permite saborear esa belleza comunicada. Incluso a veces, como describía Friedrich Schiller en su obra *Cartas sobre la educación estética del hombre* (1794), parece que perdemos la noción del tiempo o que nos distanciamos del espacio que nos circunda. Se está produciendo en el mismo instante, una situación de percepción (acción involuntaria de los sentidos) y observación (acción voluntaria de la persona) de la realidad. A este tipo de experiencias se les llama experiencias estéticas.

Toda experiencia estética, más allá de una vivencia en el exterior, es un viaje hacia el interior que va desde las sensaciones a los pensamientos; y viceversa, de los pensamientos las sensaciones. La interacción entre lo recibido y lo interno puede provocar un movimiento hacia el exterior manifestándose como emoción, pensamiento o acción creativa (a la que llamamos arte en general). Cuando se desarrollan las capacidades contemplativas y creadora a través de la educación estética, la persona crece de forma más equilibrada e integrada y enriquece a la cultura en la que vive.

Por eso, es preciso preguntarnos: ¿de qué manera influye lo estético en la actividad de los docentes?, ¿cómo influye en el aprendizaje del alumnado?, ¿de qué manera la estética podría generar una teoría y práctica sólida y valiosa como para continuar reimaginando la educación? y ¿en qué medida la educación estética debe estar presente en el currículo educativo, no solo como una asignatura del área de las artes (plásticas, música o teatro), sino como un contenido transversal que favorece el desarrollo integral de la persona?

2. Una acompañante en el camino. Breve recorrido por la historia de la estética

El interés por estudiar y definir la belleza y las experiencias que nos produce ha estado presente a lo largo de toda la historia de la humanidad, pues forma parte constitutiva de la condición humana. La tradición greco-helenística señalaba que en la contemplación de la belleza hay una búsqueda de lo divino, expresado a través de la perfección: unidad, número, igualdad, proporción y orden (Tatarkiewicz, 1989, pp. 51-63). Una de las primeras obras antecedentes de la disciplina es El Banquete de Platón, donde plantea las posibles relaciones entre el amor y la belleza. En la tradición latina, sin embargo, lo bello se entiende como lo amable, lo elegante. Marco Vitrubio (siglo I a.C.) afirmaba que obtendremos la belleza cuando su aspecto sea agradable y esmerado, y esto es posible cuando una adecuada proporción de sus partes se plasma en la armonía de la simetría. La tradición escolástica de la Edad Media hablaba de la belleza como la puerta que nos conduce a la bondad y a la verdad de la realidad. La estética moderna, a partir de Kant, valoró lo bello como un ideal, algo sublime al que nos abrimos. En ese sentido, deseamos lo sublime porque nos produce gozo y nos permite aportar esperanza a las situaciones complejas de la vida. John Keats y Friedrich Schiller (siglo XVIII) incidieron en la necesaria relación entre la belleza y la justicia, porque ambas estaban sostenidas por una verdad mayor.

La estética como disciplina surge en el siglo XVIII cuando es definida como «ciencia del conocimiento sensitivo» por el alemán Alexander Gottlieb Baumgarten en su obra *Estética* (1750). El filósofo utilizó esta palabra porque deriva etimológicamente de la palabra griega αἰσθητική (*aisthetikê*) «sensación, percepción». Con ello señalaba que la estética está íntimamente relacionada con los sentidos, y por eso usamos con frecuencia metáforas relacionadas con la mirada («me gusta tu estética») o con el gusto («aquello es de mal gusto»). La estética es un fenómeno que se relaciona con las cosas cotidianas y con las experiencias personales y sociales; y nos activa, esto es, nos hace sentir, pensar y actuar (Bozal 1996). Hablar de estética, en definitiva, es algo esencialmente humano.

A partir del siglo XIX, la estética se entiende como una disciplina que pone atención en el estudio de la percepción humana de la belleza, el gusto, las emociones y los objetos estéticos, tanto naturales como fabricados. Los estudios filosóficos sobre estética –en un sentido amplio– orientaron sus esfuerzos hacia el ejercicio de clarificar los límites y las extensiones entre lo sensible, el arte y lo bello. Lo estético se abordó considerando tres acepciones distintas: 1) estética como teoría de la percepción sensible o de los sentidos, 2) estética como teoría de lo bello y, por último, 3) estética como teoría de las bellas artes.

La primera acepción se centra en lo que se considera como la teoría de lo sensible o la experiencia sensible de los seres humanos. Esta definición hunde sus raíces en la etimología de la palabra *estética*, en griego αισθητικός, *aisthetikós* que significa «susceptible a ser percibido por los sentidos» y que a su vez hace referencia a la acción de «percibir» (*aisthánesthai*). La segunda tiene que ver con la teoría de valores que tradicionalmente se han considerado desinteresados, como lo bello y lo sublime. Se sitúan aquí los estudios vinculados a los juicios estéticos sobre la naturaleza del siglo XVIII que asocian la belleza y lo sublime relacionado con la elevación, la grandeza, la naturaleza o la infinitud. La última acepción se vincula con la estética entendida como teoría de las bellas artes. A menudo, es referido como filosofía del arte y su propósito se encuentra en examinar una teoría filosófica sobre distintas expresiones artísticas.

La relación entre la educación y la estética ha sido tratada por grandes pedagogos y maestros a lo largo de la historia de la pedagogía. Por ejemplo, Pestalozzi incorporó la perspectiva de Schiller, de Rousseau y de Kant a la pedagogía al afirmar que desarrollar la dimensión estética o el «buen gusto» en los estudiantes favorece la educación moral, y el desarrollo de habilidades cognitivas, emocionales y sociales. Fröbel, alumno de Schiller, creía que el arte y la expresión creativa de ideas y sentimientos eran esenciales para el desarrollo del pensamiento abstracto y simbólico infantil. Esta expresión se daba a través de la práctica del dibujo, la pintura y la representación de formas de vida y belleza mediante la manipulación de los «dones» (materiales infantiles creados por el autor) que, a través de ellos, los niños podían explorar sus ideas y sentimientos de manera no verbal.

Algunas de las corrientes de la Escuela Nueva fueron sensibles a la presencia de la experiencia estética en la educación e integraron la experiencia estética entre sus principios pedagógicos. Por ejemplo, Francisco Giner de los Ríos, sostenía en su obra *Cómo empezamos a filosofar* (1887), que el pensamiento no se opone a la vida, sino que el paisaje educaba antes que las ideas, ya que conecta a la persona con una determinada sensibilidad de ese lugar. El pedagogo explicaba que la relación con el paisaje resulta esencial en la educación para el «esparcimiento» de su imaginación, estimulando así la creatividad y la fantasía del niño o la niña.

María Montessori señalaba como uno de los principios fundamentales del aprendizaje el desarrollo de la sensibilidad. La pedagoga incidía en dos aspectos: el orden vinculado al espacio y la observación con la concentración. En la medida en que un ambiente escolar posee una armonía estética y esto repercute en el espacio educativo, se desarrolla un ambiente propicio para el aprendizaje. También en la pedagogía Waldorf se establece como uno de los principales principios la dimensión estética. Rudolf Steiner, entendía el arte como una expresión de lo espiritual, y defendía que la educación estética incluía una conexión profunda con la naturaleza y una valoración de la belleza y del orden inherentes. Otras experiencias pedagógicas, como la de Reggio Emilia (a partir de 1940), se centraron en conjugar experiencia estética y proceso creador a través de los talleres de arte. La propuesta de Loris Malaguzzi describe estos talleres como espacios socioeducativos, narrativos y biográficos para la infancia. En ellos, y a partir de la observación y la creación, los niños y niñas construyen su propia historia y se reconocen en la historia de su propia comunidad.

Tras la Segunda Guerra Mundial, el cambio cultural fue tan intenso que afectó profundamente a los modos de vida, comprensión y expresión de la realidad. La estética queda interpelada por lo que llamamos el *giro lingüístico* y el *giro visual* que se produce en los años 60 y 70 y que da paso al paradigma de la *cultura visual*. El *giro lingüístico* es una expresión acuñada por Gustav Bergman en 1964 y popularizada por Richard Rorty en una colección de ensayos editados en 1968. El giro lingüístico señala que la actividad comunicativa forma parte de la vida y por las palabras y sus significados no están totalmente sometidos a unas verdades metafísicas (fijas y universales), sino que ellas mismas interpretan y construyen la realidad. Esto permite una gran posibilidad de formas de vida y comunicación que se muestran en la diversidad cultural y de propuestas de sentido existencial, como dice el filósofo Hans-Georg Gadamer en su obra *Estética y hermenéutica* (2006).

Por otro lado, el *giro visual* es un concepto que muestra la emancipación de las artes de la filosofía y la religión –esto se produce a partir del Romanticismo y culmina en los años 60 del siglo XX–, y su capacidad no solo creadora/expresiva sino comunicativa. El arte es capaz de crear conocimiento a través de su propio lenguaje, esto es, el compuesto por *imágenes* (Arnheim 2007[1986]; Eisner 1994). Aquí nos referimos a la noción de imagen que tiene que ver con la compenetración entre la representación con uno o varios significados. La imagen no es solo algo visual –una representación bidimensional–, sino que puede tener múltiples formas, por ejemplo una narración, un símbolo, una acción o una obra de arte (esta lo hará hoy bajo múltiples formas, desde las clásicas de la pintura, escultura, etc., hasta nuevas formas de intervención del espacio y el tiempo como secuenciales, digitales o performáticas). Juntas, la imagen y la palabra (oral y escrita) «construyen mundos» (Rodríguez de la Flor de Adanez 2019, 63) en cuanto que construyen un régimen de visualización que permite conocer la realidad y por ello se necesitan una a la otra. Su consecuencia es la emergencia de la *cultura visual* que da protagonismo a la comunicación, producción y reproducción de imágenes, y su reciclaje, intervención y manipulación, así como su distribución y divulgación a través de las redes de comunicación o las culturales. Con ello se establece un mestizaje de las estéticas, sostenidas por los entramados visuales y multimedia que se comunican entre sí, se injertan unos en otros y configuran nuevos universos de lenguajes culturales y artísticos. Estos movimientos rompen los «territorios» académicos o elitistas de la estética y del arte, y dan lugar a espacios abiertos donde la belleza se explica en relación a la capacidad de hacer participar a la persona de la experiencia estética.

Ante esta situación, los estudiosos de la estética y del arte tuvieron que reformular los presupuestos de la modernidad sobre la estética. Por ejemplo, el pedagogo Elliot Wayne Eisner recuperó la idea de que nuestra construcción de la realidad se basa en la disponibilidad de una vasta colección de concepciones mentales o formas simbólicas, que ordena distintas formas de conocer. Con ello, Eisner adelantaba lo que iba a suceder a finales del siglo XX, con la globalización de la imagen y la reproductividad y diversidad de las artes.

Otro teórico, Herbert Read, dedicó gran parte de sus investigaciones a fomentar una enseñanza que no solo se centrara en habilidades técnicas, sino que también promoviera la experimentación, la libertad creativa y la expresión individual. El filósofo en su obra *Imagen e idea* (1955) se centró en investigar conceptos como percepción, sensibilidad o experiencia estética y cómo estos contribuyen al aprendizaje. A partir de esta línea investigativa otros autores, como Arthur Efland, Kerry Freedman y Patricia Stuhr, en su obra *La educación en el arte posmoderno* (2003), comenzaron a hablar del papel de las artes y la estética como lenguaje instrumental en la educación, es decir, como forma de cognición propia de este tiempo. Asimismo, los estudios sobre la mente de los noventa, como la *Teoría de las inteligencias múltiples* de Howard Gardner (1987), aportaron cierta claridad en cómo el cerebro se articula a través de imágenes mentales que ponen en relación conceptos abstractos e impresiones sensoriales.

Pese a la importancia que algunas corrientes pedagógicas y autores le han dado a la dimensión estética, su presencia no se ha materializado verdaderamente en las políticas educativas y la cultura plural del siglo XXI. Es insuficiente su presencia en los centros escolares y en los intereses pedagógicos de un siglo que se comunica a través de expresiones artísticas democratizadas a través de las redes digitales.

3. La experiencia estética, una ventana al mundo

Si pretendemos darle su lugar a la dimensión estética dentro del currículo, necesitamos saber dónde se fragua esa educación. Por eso, debemos dedicar un espacio a la experiencia estética y a la educación que se deriva de incorporar la experiencia estética en la escuela. Nos preguntaremos entonces cómo intuimos que estamos viviendo una experiencia estética y cómo eso se manifiesta en la persona. Además, señalaremos algunas capacidades que se despliegan cuando crece nuestra sensibilidad estética. Con estas intuiciones y capacidades, podremos definir, al fin, qué es la experiencia estética y cómo se relaciona con el aprendizaje y la enseñanza.

3.1. El asombro y la creatividad: dos intuiciones estéticas

La sensibilidad estética en las pedagogías nos lleva a plantear dos intuiciones que, creemos, deben estar presentes en el acto educativo. Por un lado, el asombro como puerta a la experiencia estética y, por otro, la creación como forma de expresión y comunicación social.

El asombro

Una de las intuiciones estéticas que desde aquí se proponen es el asombro. Su significado se ha relacionado con el descubrimiento, la curiosidad o la sorpresa. Recientes investigaciones pedagógicas vienen postulando las posibilidades educativas del asombro como una puerta del aprendizaje, en la medida en la cual proporciona una forma de relacionarse con el conocimiento, con el otro u otra, y con lo otro (Fuentes, 2021). El asombro se vincula con la sensación de grandiosidad al poner atención consciente desde nuestro interior hacia el otro o lo otro. Por eso, puede ser definido como una impresión que combina sensaciones fronterizas como el miedo, la sorpresa, el vértigo y el placer. La descripción de las experiencias de asombro se puede además interpretar de forma positiva o negativa, en el sentido de que la persona se sitúa en un territorio fronterizo, entre lo que conoce y lo que no conoce. Y por eso mismo, las sensaciones pueden ser a la vez convergentes y contradictorias. Es, entonces, una realidad intangible que la ciencia no puede identificar o medir, pero sí intuir, porque atraviesa todo nuestro cuerpo y provoca elaboraciones internas a la vez que responde al estímulo exterior a través de las emociones o del proceso creador.

Por último, el asombro se puede entender como la fuente del propio conocimiento, por lo que estaría fuertemente vinculado a la educación. Por ejemplo, para Platón, el asombro antecede el deseo de conocimiento y lo posibilita en el camino del descubrimiento de la verdad en el suprasensible (Ugalde Quintana, 2017). Es decir, hemos de enfatizar la capacidad de asombrarse ante el mundo en vista a alcanzar tanto el conocimiento como la verdad.

La creatividad

Una vez descrito el asombro, pasamos ahora a nuestra segunda intuición: el concepto de creatividad. La psicología y la psiquiatría de mitad de siglo xx fueron las primeras en definir esta noción como capacidad humana. Tómese como ejemplo las obras de Joy Paul Guilford (*Creativity*, 1950) o Sigmund Freud (*The Relation of the Poet to Day-dreaming. On Creativity and the Unconscious*, 1958). Para Guilford, la creatividad es una función cognitiva de la inteligencia que se manifiesta en los procesos de resolución de problemas o situaciones en diversos ámbitos de la vida. Está vinculada a la función adaptativa del ser humano y se rige por tres dimensiones: la fluidez, la flexibilidad y la originalidad. En la educación, el concepto de creatividad ha sido teorizado por distintos expertos como Gardner, Daniel Goleman o Ken Robinson. En su libro *Out of our Mind* (2021), Robinson sostiene que lo bello trasciende las nociones meramente estéticas porque está estrechamente relacionado con la expresión y el diálogo sobre la experiencia *humana*. El teórico señala que las piezas artísticas o musicales, las obras literarias o urbanísticas, los teoremas matemáticos, o cualquier otra manifestación de la creatividad representan actos inherentemente *humanos* que nacen de la necesidad de expresar una serie de pensamientos, emociones y experiencias. Esta necesidad nos conduce a crear cosas o soluciones innovadoras, es decir nos dirige a la creatividad.

Todo acto de expresión nace de la necesidad de transmitir la propia subjetividad entre el yo, el otro u otra y lo otro. Esto implica que existe un deseo de comunicar una interpretación de la realidad. Al sumergirnos en el acto de expresión conectamos con nuestro entorno, nuestra interioridad y vulnerabilidad; sin embargo, lejos de ser un proceso individual, en ese mismo acto establecemos conexiones con la otredad. Todo ello abre un acto comunicativo, ya sea con un lenguaje sistemático, esquemático o mixto, acerca de las distintas maneras de percibir y habitar el mundo. Se trata de un diálogo en el cual cada individuo aporta su propia interpretación basada en su contexto, su bagaje cultural, su mundo emocional y sus circunstancias vitales. A partir de esta conversación surge una invitación a admirar lo bello más allá de lo superficial, a indagar acerca de las capas ocultas de las realidades, a empatizar con las experiencias y perspectivas del otro, a plantearse preguntas y a buscar respuestas (Robinson, 2021).

La filósofa de la educación, Maxine Greene, parte de la noción de que el arte aproxima al ser humano a las incógnitas de su propia existencia. De hecho, sitúa la chispa del proceso creativo en la búsqueda de grandes preguntas que perturban la existencia y la necesidad de encontrar posibles respuestas a través de múltiples perspectivas humanas (Greene, 2005). En esta búsqueda, la curiosidad humana incita a plantearse preguntas que orientan la investigación, la experimentación y la asunción de riesgos vitales; lo que cultiva nuestra capacidad de prestar atención y nos distancia de posturas apáticas o abstractas hacia el mundo que nos rodea. Así, para Greene, la curiosidad desencadena todo el proceso creativo, induce a pensar acerca de las posibilidades del mundo e invita a imaginar mundos hipotéticos distintos de los presentes.

3.2. El juego y la imaginación: dos capacidades estéticas

La importancia de las dos intuiciones estéticas previamente señaladas, el asombro y la creatividad, nos señala la necesidad de preguntarnos acerca de qué capacidades podrían posibilitar la experiencia estética en la infancia y la adolescencia.

La imaginación

La imaginación representa la facultad humana para crear imágenes, tanto tangibles como abstractas. John Dewey (1934) comprende la imaginación como la habilidad de mirar las cosas viejas o familiares como si pudieran ser de otra manera más fresca. Lo imaginativo para Dewey –que era distinto de lo imaginario– tenía que ver con la experiencia de «aventurarse» a lo desconocido, a unir lo nuevo con lo viejo. Es, por tanto, una reconstrucción del pasado en diálogo con el presente. A ello se suma la comprensión de Greene, quien entiende la imaginación como la capacidad de romper con lo convencional y lo rutinario para explorar los límites de la posibilidad.

Desde esta perspectiva, la imaginación como experiencia lúdica permite explorar mundos alternativos y cuestionar la realidad establecida. Es un espacio donde la imaginación puede florecer, creando y recreando imágenes que revelen lo extraordinario de lo ordinario y lo ordinario de lo extraordinario, que encarnen las percepciones y sentimientos, y que aporten nuevos, frescos e inspiradores significados a la realidad.

Si esa capacidad de imaginar es cultivada y permanece en nosotros, entonces se abre a otros lenguajes y formas de pensar y de crear. Cuando admiramos el *Guernica*, por ejemplo, nos encontramos ante un producto de elevado valor estético, fruto de la imaginación del artista Pablo Picasso. Esta obra es el resultado de la confluencia de la inspiración y la habilidad del artista para dar forma material a los pensamientos y sentimientos derivados de la devastadora experiencia de la guerra. El horror y el dolor desprendidos de la obra evocan ausencias y liberan mensajes que conducen a tomar conciencia de esta problemática social. En este escenario, mediante la imaginación, se inventan o reinventan símbolos como la Piedad con su hijo en brazos, la paloma, la rosa o el caballo; símbolos tangibles que sugieren ideas intangibles o que invitan a reflexionar sobre mundos alternativos.

El juego

El asombro está presente en el juego, la actividad humana más representativa de la infancia. Tal y como señalaba el sociólogo George Herbert Mead, el juego es el primer lenguaje del ser humano que nos permite interactuar y aprender con y del mundo. Mead sostenía que los «gestos» eran esas interacciones lúdicas que marcaban el inicio de las interacciones sociales; por tanto, aprender y jugar son dos acciones inseparables. El juego permite la exploración en libertad del mundo y favorece la curiosidad y la experimentación. Con el juego, el niño o la niña no solo se asombra de aquello que *es* capaz de percibir, sino que se embarca en el viaje de indagar en aquello que *podría ser*, en otras palabras, que se sitúa en el acto y la capacidad de *imaginar* más allá de lo que percibe.

Los estrechos vínculos entre el juego, la imaginación y la cultura han sido subrayados por Martha Nussbaum, quien sostiene su vital importancia en la democracia. El juego, como el arte, permite concebir a los seres humanos como entidades amplias y profundas, estableciéndose como un elemento esencial en el mantenimiento y la sostenibilidad de la cultura democrática a través de los contextos educativos. La propuesta de Nussbaum (2010) ha llevado en la actualidad a plantear la noción de *democratia ludens*: la democracia que se juega. En el juego se encuentran los intereses, deseos y necesidades individuales con los colectivos; se reflexiona y cuestiona sobre el fluido entre las relaciones entre las realidades interna y externa; y se expresan, perciben e interpretan pensamientos, acciones y emociones. A través del ensayo, la observación, la imaginación y la experimentación propia del escenario lúdico, el juego ofrece a los niños y niñas el espacio idílico para la re-creación, el debate y la reflexión, la deliberación, la transformación y la acción y, en consecuencia, el aprendizaje y la renovación de las normas y valores de la cultura democrática.

Así, lejos de una noción del juego como una metodología educativa, una herramienta de aprendizaje que proporciona el desarrollo de habilidades o incluso un material potencialmente educativo (Camas 2024), de lo que se habla es de considerar el juego como una forma de asociación humana basada en el deseo de *mostrarse*, *asombrarse* y *recrearse* ante y junto con el mundo. En la *democratia ludens* el juego infantil es una experiencia entre la ética y la estética que permite la re-creación y el cultivo de la democracia. Como en el arte, en el juego, niños y niñas deciden desde su propia voluntad, su compromiso y su libertad, suponiendo así una particular forma de cultivo de la personalidad y de la cultura democrática.

En conclusión, juego e imaginación son bases sólidas sobre las cuales construir una sociedad donde la belleza no sea solo un resultado, sino un punto de encuentro y partida social que nos permita construir el presente con vistas al futuro. La acción educativa creadora nos permite pensar en el futuro e imaginarlo mejor, al mismo tiempo que desarrollamos actitudes y estrategias que ponen en marcha su creación.

3.3. La experiencia estética

Dewey teorizó acerca del significado de la cualidad estética de la experiencia. Dentro de la acepción de la teoría sensible, su obra *Art as Experience* (1934) trata de mostrar que lo estético no es ajeno a la experiencia humana, o dicho de otra manera, que la experiencia tiene una importante dimensión estética no siempre percibida ni considerada en educación. El autor distingue entre la cualidad experimental inherente al ser humano –es decir, cualquier interacción no necesariamente significativa con el medio– y el tener *una* experiencia. Resulta crucial que los docentes lleguen a considerar esta diferenciación, pues la educación no debe parecerse a una sucesión de interacciones no significativas con el medio, sino que debe parecerse más a *una* experiencia. Ahora bien, ¿qué es *una* experiencia y qué condiciones la diferencian de la experiencia ordinaria?

Para Dewey, *una* experiencia es definida como una vivencia única con rasgos diferenciadores de la experiencia común: «aquellas situaciones y episodios que espontáneamente llamamos 'experiencias reales'; cosas de las que decimos al recordarlas esa *fue* una experiencia… y se conserva como un recuerdo perdurable» (2008[1934], 42). Para el autor, lo que la convierte en *una* experiencia, tiene que ver con la cualidad estética de la misma. Incluso si estamos ante *una* experiencia intelectual –tal y como hoy muchos defienden que es lo educativo–, Dewey sostiene que estas disponen de una cualidad estética y emocional propia. Ahora bien, ¿qué rasgos singularizan la cualidad estética de la experiencia?

El estado inicial de «*una* experiencia» es la impulsión –o movimiento hacia afuera– ante la presentación de una situación en la que las personas percibimos tensión o resistencia, que produce emoción y despierta curiosidad hasta la búsqueda de un final satisfactorio. Así, los docentes deberían presentar situaciones que expresen una buena dosis de tensión, emoción y movimiento hacia la búsqueda de algo todavía por conocer. La tensión es fundamental, pues facilita la unión entre pensamiento y acción contenidos en experiencias nuevas y pasadas que son revividas y reencarnadas ante una nueva situación. Esa mezcla de tensión, de emoción e impulsión, genera unas formas de ser y estar en las que las personas nos involucramos en nuestra totalidad, ya que ponemos «en juego todo el yo» (2008[1934], 65).

Cada experiencia tiene sus propias cualidades irrepetibles y su ritmo propio. Para Dewey, la emoción aporta unidad a una experiencia y la previene de ser algo mecánico, automático o aislado: es la «fuerza móvil y cimentadora» (2008[1934], 49). Así, las partes de la experiencia están ligadas por la emoción en un todo que le da su nombre: «*esa* comida, *esa* tempestad, *esa* ruptura» (2008[1934], 43).

La sugerencia de Dewey para la educación no es otra que la idea de que *una* experiencia ha de estar articulada y armonizada en una serie de partes ligadas por la emoción. Los docentes, por muy experimentados que sean, deberían cuidar la ligadura emocional entre las partes y el todo de aquello que quieran enseñar, evitando que el aprendizaje se convierta en un proceso automático, sistemático, predecible y esperable. Se trata de un proceso vivo en el que lo planificado y lo espontáneo de cada clase dialogan. La experiencia estética, por tanto, se encuentra a medio paso entre la planificación anticipada en base a la reflexión de lo acontecido y la improvisación de lo que inevitablemente ocurre en el presente de los escenarios educativos. Para poder elaborar ese argumento cohesionado, *una* experiencia puede tener momentos tanto de sufrimiento o frustración –por ejemplo, al realizar grandes esfuerzos y no obtener resultados distintos a los acontecidos– como de placer y gozo para los aprendices –por ejemplo, la satisfacción de dominar una habilidad–. En otras palabras, la emoción necesaria en la experiencia incluye un espectro emocional más amplio.

A partir de la propuesta de Dewey otros autores dedicados a la educación han reelaborado la comprensión de cómo se realiza el aprendizaje y el papel de la experiencia estética en él. Por ejemplo, Eisner coincide con Arnheim (2007[1986]) en que la percepción es en sí misma un hecho cognitivo y que la experiencia estética acoge las cualidades del sonido, tacto y gusto, y requiere atención, selección, comparación y juicio. A través de la actividad de nuestro sistema sensorial, según Eisner (1994), aprendemos a leer las cualidades del entorno. Así, entiende que la experiencia estética se mueve desde tres claves: percibir, expresar y crear. Es decir, la posibilidad del ser humano de apreciar, conmoverse, reaccionar, reflexionar y crear.

Algunos pedagogos actuales proponen que la experiencia estética es un trayecto siempre inacabado entre lo desconocido y la proyección del ser hacia un horizonte de llegada. Jorge Larrosa señala, asumiendo la hermenéutica de Gadamer ya nombrada, que la experiencia estética se «vive», pues atraviesa el cuerpo –a través de los sentidos–, y además, busca «ser comprendida» –nombrada y expresada– para abrirse a nuevas experiencias. Con ello se abre la posibilidad de abrirse de nuevo a la interpretación, a la incertidumbre y a la convivencia actualizada con el otro. Vivencia y comprensión no son, por tanto, situaciones contradictorias, sino aquella sinergia que actúa en la vida de la persona, que la conmueve, que la cambia, y le permite reestructurar su horizonte de sentido en el diálogo con la realidad, ya sea la naturaleza, la cotidianidad o las expresiones artísticas.

4. La educación estética en la escuela, armonizar la observación con la creación

La aproximación a la educación estética es un ejercicio complejo debido a la diversidad de expresiones y representaciones que incluye. A rasgos generales, la educación estética es el proceso educativo que pretende que las personas desarrollen la capacidad de percibir, apreciar y crear belleza a través de múltiples formas de vida –artísticas o no–. La educación estética trata de ayudar a las personas a dar sentido a su identidad en el mundo a partir de las experiencias estéticas que vive y desea comprender y expresar, y anima al alumnado a dejarse afectar en su subjetividad y a desarrollar una actitud ante la vida desde la cual interprete y transforme la realidad. El docente que desee desarrollar la sensibilidad estética en los estudiantes deberá favorecer la emergencia de algunos aprendizajes que articulen lo dicho, entre ellos: aprender a observar, desarrollar la sensibilidad o dejarse interpelar y aprender a crear.

4.1. Aprender a observar

La capacidad de aprender a observar tiene que ver con aprender a percibir y con la capacidad ya mencionada de asombrarse. Popularmente, solemos pensar en los procesos de observación y creación de la realidad como diferentes. Sin embargo, los autores mencionados en el apartado anterior nos invitan a tener una visión más conciliadora del proceso de percibir y crear. A menudo utilizamos el adjetivo «artístico» para referirnos a aquello que es producido y «estético» a aquello que es percibido, consumido o gozado. No obstante, vemos a lo largo del texto que es probable que no exista una separación tan clara entre ambos conceptos. Aquí vamos a separar estos aprendizajes con la intención de definirlos, pero con la conciencia de que cuando se produce una observación se activan otros fenómenos en el interior de la persona que desembocan en acciones diversas vinculadas a la investigación, a la expresión, a la síntesis y a la creación.

La observación responde a un deseo de conocer y está vinculada a varios fenómenos internos: la percepción, el asombro, la curiosidad, la atención y la paciencia. Para desarrollar la observación, necesitamos crear ambientes escolares en los que haya tiempo suficiente para garantizar una exploración reposada y serena, a la vez que se favorezca un entorno sin interferencias o ruidos, que facilite un silencio reflexivo mientras dura la observación personal. La observación se moverá entonces entre la exploración sensorial del objeto o fenómeno, la identificación de las cualidades o elementos que lo componen y las relaciones que se derivan de su presencia en el entorno.

Cuando educamos estéticamente en los primeros años de la infancia, podemos intervenir en el desarrollo de la capacidad de observación de los escolares para que vivan experiencias estéticas que toquen y transformen su interior. Estas experiencias se pueden pensar y diseñar a partir de procesos sensoriales y cognitivos que ya existen en las aulas. Lo más sencillo siempre es la observación directa de la cotidianeidad externa, por ejemplo, la observación de la lluvia, los animales, el sol, la hierba, las flores, la tierra, la nieve y otros materiales naturales que poseen texturas, volúmenes, olores y sonidos diferentes. Bloquear algún sentido, por ejemplo la vista, puede intensificar la experiencia, que se puede acompañar de una verbalización de la misma, como descripciones, poesías o relatos. Este ejercicio se puede desarrollar también en la observación directa interna (miedo, alegría, sorpresa, etc.) lo que puede ampliar las formas de introspección y de expresión de la vida personal, así como aumentar la familiaridad con respuestas diversas y sorprendentes sobre lo que sucede en/entre nosotros.

Otro ejemplo podría ser el juego con la percepción espacial a partir de la alteración del espacio: las dimensiones de la realidad externa e interna del aula, la representación bidimensional a partir de juegos ópticos, mediciones, distancias que se puedan fotografiar, representar o describir con palabras o con imágenes. De igual manera, la percepción del tiempo y del cambio (relacionada con la propia existencia, la narración cinematográfica, el teatro, la performance) está vinculada con muchos contenidos del currículum escolar de distintas áreas (Ciencias Naturales, Sociales, Física, etc.) y su observación se puede vincular a experiencias internas de cambio y comprensión de uno mismo que lleven a cuestionar aspectos de la vida personal. El uso de mediaciones técnicas (proyectores, cámaras fotográficas, dispositivos móviles, fotocopias, luz negra, etc.) puede incorporar formas diversas de observación y permite acostumbrarse a reinterpretar las lecturas o juicios primeros que abren la observación a un abanico mayor de interpretaciones de las cualidades de un fenómeno, un objeto o un concepto abstracto.

Sucede frecuentemente que el niño o la niña necesita comunicar sus observaciones, bien sea oralmente, por escrito, a través de alguna forma artística o cinestésica, para tomar conciencia de lo observado. Por eso, es importante que, en el proceso de observación, se establezcan diálogos y discusiones y que estos se orienten hacia el «dejarse interpelar» por lo vivido.

4.2. Desarrollar la sensibilidad o dejarse interpelar

El arte, según Greene, es un elemento clave para desarrollar la sensibilidad. Lo bello tiene el poder de romper con la apatía y abrir puertas a la experiencia, proporcionando momentos de experimentación en libertad encarnada

(Greene, 2005). La sensibilidad no puede inculcarse directamente por medio de un método prescrito en un aula; más bien, se desarrolla progresivamente a través de la provocación. La interacción con objetos provocadores introduce nuevas perspectivas, diálogos y posibilidades, contribuyendo así al desarrollo de la imaginación y la sensibilidad (Greene, 2005). Además, la mera exposición a obras de arte no es suficiente aliciente para desarrollar plenamente la sensibilidad, hay que generar una participación consciente. Esta participación se debe a cuatro elementos clave del proceso educativo: la atención consciente, la autoconciencia, la conversación y la contextualización.

En primer lugar, es necesario cultivar la curiosidad y la observación, prestando una atención consciente y reflexiva sobre lo bello en el mundo. Gracias a una mirada educada que se pose en aquello que despierta sentimientos y preguntas significativas, así como que genere apertura hacia la búsqueda de la esencia de los significados percibidos. En segundo lugar, a partir de lo percibido por medio de la atención despertamos nuestra autoconciencia; es decir, iniciamos una reflexión sobre la experiencia que estamos encarnando, las emociones que se liberan y las perspectivas desde las que desciframos el mundo. Imagina un paseo donde el educador invita a sus educandos a posar la atención en las flores: en su olor, en su color, en su forma, en los significados inspirados y en los parecidos que se sugieren. Así, no solo se despierta la atención consciente hacia lo bello en el mundo, sino que se cultiva la capacidad de observación, la apertura hacia la exploración de significados más profundos y la reflexión sobre las experiencias individuales que despiertan la autoconciencia.

Este diálogo interior, en tercer lugar, se engrandece con el intercambio de interpretaciones y puntos de vista que ofrece la conversación con el objeto, el otro diferente a ti y contigo mismo. Si estas experiencias gestadas a partir de la observación de las flores las compartimos de una manera creativa: dialogando, diseñando un *collage* colectivo, componiendo poemas inspirados en las sensaciones que nos provocan, representando escenas que capturen la esencia de la experiencia estética, etcétera; establecemos un intercambio enriquecedor donde distintas interpretaciones y puntos de vista coinciden y amplían la propia concepción del mundo, del otro y del yo.

En cuarto y último lugar, el análisis de los contextos históricos-socioculturales nos permite comprender los significados que la obra expresa desde su marco, gestando una conversación entre la experiencia representada y la vivida por el sujeto que se encuentra atendiendo a lo bello (Greene 2005). Así, el docente puede invitar a sus educandos a preguntarse acerca de cómo se representan las flores y la experiencia estética en torno a ellas en las diferentes tradiciones y periodos: qué emociones expresa van Gogh en *Naturaleza muerta con girasole*s o qué sentido tiene el Ikebana para la cultura japonesa, qué significan las composiciones que los niños y niñas puedan realizar para la realidad actual, etcétera.

En resumen, educar la sensibilidad implica aprender a percibir esos espacios que se encuentran a la espera de una conversación que extienda su significado. Este proceso no solo enriquece la experiencia individual, sino que también suscita la preocupación por una sociedad más empática, reflexiva y comprometida con la transformación.

4.3. La creación

Por último, las capacidad es de observar, de indagar y de dejarse interpelar pueden desembocar en procesos de creación. Crear, a menudo, es como jugar. Tiene un valor intrínseco, tiene unas reglas propias, a menudo distintas de aquellas que son habituales en el mundo real. Pero, sobre todo, crear es semejante a jugar porque lo importante es el proceso, el trayecto. Disfrutar del proceso es la primera sensación positiva del creador, que disfruta imaginando, indagando u observando. El acto de crear debería entenderse en la educación no como un fin, sino como un proceso que está en la base de la educación misma.

Desde el punto de vista de la experiencia, se pueden describir distintas fases del proceso creador: 1) se articulan y distinguen los espacios de lo dado, posible e imposible, 2) se desorganizan las ideas o formas constituidas y se reorganizan de nuevo con otros sentidos y formas de comprensión, 3) se convocan a elementos diferentes, y se juega con sus oposiciones, convergencias y divergencias generando nuevas redes de sentido, 4) se vinculan algunos elementos para una misma idea o forma, y 5) esta nueva idea o forma comienza a coexistir con otras en la misma temporalidad. Lo que conecta estas fases es la diversión. Aunque esta tenga a veces mala reputación en las escuelas porque se señala como indicador de distracción o pérdida de tiempo, es la fuente principal de los desplazamientos del conocimiento en el aprendizaje. Las «viejas» ideas repentinamente se demuestran ineficaces, superadas, y quedan todas disueltas para dejar espacio a otras nuevas, diferentes, que darán como resultado un artefacto final (artístico o no).

El proceso creador no está representado solo por la posibilidad de establecer asociaciones entre percepciones, sino de generar relaciones inéditas con la realidad. A menudo, estas relaciones son inesperadas, a veces contradictorias o misteriosas en un primer momento. En este sentido, el acto creador lleva a la toma de decisiones necesariamente, y de las cuales derivarán, según Read (1985), otras acciones consecuentes. Por tanto, la acción de crear resulta la base misma de la vida activa (mental y material) y no su consecuencia, y debe estar presente en la actividad educativa.

La presencia del proceso creador en la escuela facilita el desarrollo de la colaboración, la empatía, la curiosidad y la inclusión en la diversidad, a través del placer del juego y la experiencia de la diversión. Por eso, es necesario aprovechar recursos (espaciales, temporales, materiales y personales), generar oportunidades en el desarrollo del currículo, ocupar espacios colonizados por muchas acciones didácticas reproductoras y exentas de creatividad, resistir a las imposiciones de las propias programaciones, y ofrecer espacios compartidos de intercambio de ideas e imaginarios, donde la creación permee lo pedagógico y aproxime el pensamiento divergente a los aprendizajes (Greene, 2005).

5. Algunos aportes novedosos de la estética y el arte a la educación

El aprendizaje de lo estético posee la capacidad de orientar los procesos, de deconstruir los conocimientos y de invitar a la construcción de otros nuevos a través del asombro, la contemplación, la imaginación y la creatividad. La educación, por tanto, debería girar en torno al aprendizaje de la indagación y la creación para desarrollar la sensibilidad estética de cada niño o niña.

En la actualidad, encontramos un gran abanico de posibilidades de desarrollar la sensibilidad estética en los entornos educativos. También la investigación goza de buena salud, traspasando las fronteras de las disciplinas y trazando alianzas colaborativas entre la Teoría de la Educación y la Educación Artística. Por una parte, esta alianza profundiza en la instancia epistemológica-metodológica, abordando una nueva forma de investigación centrada en los procesos y el diálogo con la realidad; y por otra, avanza en la investigación a partir de procedimientos artísticos (literarios, visuales, performativos, musicales, etc.) para dar cuenta de los fenómenos y experiencias a las que se dirige el estudio en cuestión.

Del primer grupo encontramos algunas de las investigaciones que consideran la dimensión estética de objetos y situaciones, así como el uso del propio cuerpo para percibir sensaciones. En este sentido, señalamos dos propuestas sugerentes: la somaestética –o la consideración del cuerpo en la experiencia estética– y la estética cotidiana –que considera la experiencia ordinaria de las personas.

Por un lado, la somaestética es una subdisciplina de la estética fundada por el pragmatista norteamericano Richard Shusterman que contempla el estudio de la experiencia del uso consciente del cuerpo mediante la interpretación sensorial, la estética del mundo y cómo esta nos lleva a interactuar con el mismo de forma más ética y justa evitando perpetuar discriminaciones. ¿Qué podría aportar la somaestética a la educación? Sin duda la posibilidad de incorporar el cuerpo y su percepción en el aprendizaje para el cultivo de relaciones compasivas y solidarias con los otros y con el medio, algo tan deseable en el contexto de aislamiento social, neoliberalismo e interculturalidad.

Por otro lado, la estética cotidiana se trata de una subdisciplina de la estética que señala la vida cotidiana de las personas como el lugar adecuado para la investigación humana. A partir de la teoría de la percepción sensible y la obra de Dewey, otros autores como Joseph Kupfer o Yuriko Saito señalan que la estética cotidiana se preocupa por las sensaciones que generan los objetos, las acciones o las personas cotidianas que no necesariamente tienen la pretensión de ser bellos o artísticos. Se entiende lo estéticamente cotidiano como todo aquello que nos puede llegar a generar sensaciones y ello incluye desde el diseño de un objeto, personas o el mundo en un sentido amplio (Saito 2020). Desde esta corriente, las personas no viven esas sensaciones y reacciones como si fueran espectadores de su propia vida, de una manera pasiva, desinteresada o expectante, sino que lo hacen desde la conciencia de sus posibilidades de acción como agente, es decir, se involucran en primera persona.

Desde la óptica de la estética cotidiana, el análisis de lo escolar podría considerar la conceptualización y la distribución de los tiempos y espacios educativos, las impresiones cotidianas de niños y niñas sobre el espacio de su propia escuela, la sensación que aporta el uso de ciertos materiales escolares, los olores escolares asociados a esos materiales –como el olor a goma, libro nuevo, plastilina, etc.–, la elección de la ropa, el impacto de las huelgas de profesores o incluso las dinámicas e interacciones entre los miembros de la comunidad educativa.

En el ámbito de la consideración de los procedimientos artísticos, existen propuestas que provienen del arte y que colaboran íntimamente con otras disciplinas en forma de metodologías como la Investigación Basada en las Artes (IBA) y de herramientas para la investigación y para la educación. Entre ellas, podemos destacar perspectivas que tratan el arte como metodología, las que se valen de él para la investigación y el aprendizaje, o lo desarrollan en forma de herramienta de construcción del conocimiento, como la Mediación artística en educación o el Artivismo, entre otras.

En esta tendencia encontramos el Arte como metodología o Art Thinking, que surge a razón de las propuestas pedagógicas del Museo de Arte Moderno de Nueva York y del Project Zero de la Universidad de Harvard y en España respaldado por María Acaso y Clara Mejías con su obra *Art Thinking. Cómo el arte puede transformar la educación* (2017). Su objetivo se sitúa en la transformación de la educación y las artes por medio de la creatividad y el pensamiento artístico. Esta propuesta busca eliminar las barreras entre disciplinas, utilizando el arte como metodología vertebradora para generar y abordar cualquier tipo de conocimiento.

La Investigación Basada en las Artes o IBA tiene sus raíces en las perspectivas de Eisner (1998), quien argumenta que la investigación científica representa solamente una de las múltiples formas de investigación disponibles, y en la noción de Dewey de que el conocimiento surge de la experiencia. Al indagar acerca de fenómenos vinculados con el comportamiento humano, las relaciones sociales o las representaciones simbólicas, la incorporación de procesos artísticos permite mirar y construir la realidad desde otros modelos o puntos de vista. De hecho, en el proyecto de investigación *Soledades habitadas,* del grupo Bakarzain, se utiliza la técnica foto-voz para que los participantes, a partir de fotografías tomadas en su entorno cercano, articulen y compartan sus narrativas de vida sobre la soledad. En este sentido, la IBA no busca alcanzar la certeza, sino promover la emergencia de diversas perspectivas, señalar matices individuales y visibilizar lugares aún por explorar.

La Mediación artística en educación constituye un enfoque educativo y terapéutico que emplea el arte como una herramienta que va más allá de la mera creación, ofreciendo estrategias de empoderamiento y el desarrollo personal a los participantes (Martínez, 2022). En esta óptica, el foco no recae en el producto final, sino en el proceso creativo, el cual promociona el desarrollo integral, propicia las elaboraciones simbólicas y promueve la toma de conciencia sobre el estado de la realidad con el fin de potenciar su transformación.

El artivismo hunde sus orígenes en los movimientos contraculturales y activistas de los años sesenta y setenta del siglo xx. Este enfoque describe la fusión del arte con el activismo social. Dentro del ámbito educativo, el activismo representa una oportunidad para que los participantes se sensibilicen socialmente en problemáticas colectivas, descubran la oportunidad de expresar y procesar sus experiencias políticas de vida, y se motiven a construir activamente otros mundos posibles a través de la participación.

En resumen, como hemos podido abordar en este último apartado, en el ámbito de la educación estética encontramos caminos novedosos y por explorar. La experiencia estética, lo cotidiano y el proceso de aprendizaje, se encuentran estrechamente entrelazados. Además, la educación en las artes y la cultura puede enriquecer la comprensión humana del otro y de las propias vivencias. La estética representa una forma de relacionarse con el entorno, con el resto y con uno mismo, está presente en el día a día, por medio de objetos o situaciones que en ocasiones pasan desapercibidas, por ello la educación de la estética tiene ese papel fundamental en la formación íntegra de la criatura viva.

Resumen

La educación estética es imprescindible si pretendemos desarrollar en la persona una sensibilidad hacia la vida, que se concreta en la capacidad de hacer procesos internos y profundos de búsqueda de sentido, la capacidad de dejarse interpelar por el entorno, la de encontrarse con la alteridad valorando su singularidad y la capacidad de sostener la vida, a través de la imaginación y la creatividad. La escuela es uno de los lugares privilegiados que puede nutrir este desarrollo humano.

Cuando hablamos de educación estética, nos referimos al proceso de enseñanza-aprendizaje que persigue desarrollar la capacidad de percibir, apreciar y crear belleza a través de las distintas formas de expresión humana. Este proceso exige el cultivo del asombro hacia lo bello, el impulso a la interpretación de significados, la apertura hacia otros mundos posibles y el deseo de participar en la transformación de la realidad mediante una mirada y atención estética plenas.

A lo largo de la historia, pedagogos como Pestalozzi, Froebel, Steiner, Cossío o Dewey han teorizado acerca de la importancia y el significado de la educación estética, pero la presencia de esta disciplina en los contextos educativos continúa siendo insuficiente, teniendo en cuenta que la imagen y el lenguaje simbólico son los principales códigos de comunicación en este siglo. De este modo, en este capítulo hemos ahondado en los antecedentes del concepto de belleza, la teoría estética y la educación estética, al mismo tiempo que hemos desgranado los aspectos fundamentales implicados en estos procesos: el asombro, la creatividad, la experiencia estética, el juego y la imaginación.

También hemos dejado abiertas líneas de indagación hacia nuevas reconceptualizaciones de las experiencias desde la somaestética y la estética de lo cotidiano, y hacia nuevas epistemologías que repiensan la investigación a partir de la experiencia y el Arte, como la Investigación Basada en las Artes o el *Art Thinking*. Este nuevo imaginario de la experiencia estética como forma de conocimiento nos permite desarrollar metodologías y herramientas estéticas y artísticas, como la Mediación artística para el aprendizaje en contextos educativos. Con ello, esperamos que los docentes que nos leen se sumen a estas conversaciones acerca de sí mismos, los otros y lo otro; y que comprendan el valor de la educación estética para la formación de personas plenas y capaces de deconstruir automatismos, de ampliar su registro sensorial, de cultivar la atención hacia ideas, sonidos e imágenes asombrosas; de jugar desde la imaginación, de adoptar posturas críticas y decisiones relevantes, y de aplicar su propio juicio estético.

En definitiva, la educación estética, mediante el fomento de la observación, la participación, la empatía, la compasión y la sensibilidad, crea un espacio especialmente propicio para vivir una hermosa experiencia de aprendizaje, donde se relacionan, armonizan e integran el desarrollo intelectual y la elaboración de sentimientos. Es decir, un espacio donde se genera conocimiento a partir de intercambios entre lo educativo, lo estético y lo ético.

Preguntas sobre el tema

1. ¿Cuáles son los cuatro elementos clave del proceso educativo para cultivar la sensibilidad?
2. ¿Cómo se hace presente la capacidad estética en el aprendizaje de los niños y niñas?
3. ¿Qué posibles implicaciones pedagógicas existen en la noción de experiencia estética de Dewey?
4. ¿Cuál es la relación entre imaginación, indagación y creación?
5. ¿Por qué la curiosidad y la búsqueda de respuestas son fundamentales para la creatividad?
6. ¿Por qué la experiencia estética consciente es necesariamente imaginativa?

Sugerencias de lectura

- Abad, Javier; Ángeles Ruiz de Velasco Gálvez. 2019. *El lugar del símbolo: el imaginario infantil en las instalaciones de juego*. Graó.
- Acaso, María; Megías, Clara. 2017. *Art Thinking. Cómo el arte puede transformar la educación*. Paidós.
- Marini, Guillermo. 2021. An Introduction to Everyday Aesthetics in Education. *Studies in Philosophy and Education*, n.º 40(1):39-50.
- Vela Vico, Priscilla; Mercedes González Herrán. 2019. *Piezas sueltas: El juego infinito de crear*. LiTera.

Referencias bibliográficas

Arnheim, Rudolf. 2007/1986. *El pensamiento visual*. Paidós.

Bozal Fernández, Valeriano. 1996. *Historia de las ideas estéticas y de las teorías artísticas contemporáneas*. Visor.

Camas Garrido, Laura. 2024. Cultivando la democracia a través del juego infantil: una aproximación desde el pragmatismo norteamericano de Addams, Dewey y Mead. *Revista Española de Pedagogía*, n.º 288: 61-72.

Dewey, John. 2008/1934. *El arte como experiencia*. Paidós.

Eisner, Elliot Wayne. 1994. *Cognición y Currículum. Una visión nueva. Amorrortu.*

Fuentes, Juan Luis. 2021. El asombro: una emoción para el acceso a la sabiduría. *Revista Española de Pedagogía*, n.º 79. 278: 77-93.

Greene, Maxine. 2005. *Liberar la imaginación: ensayos sobre educación, arte y cambio social*. Graó.

Martínez Cano, Silvia. 2022. La mediación artística en entornos universitarios: lo corporal, lo emocional y lo performático, en *Arteterapia. Papeles de arteterapia y educación para inclusión social* n.º 17: 37-48.

Nussbaum, Martha. 2010. *Sin fines de lucro. Por qué la democracia necesita de las humanidades*. Katz.

Robinson, Ken. 2021. *Out of Our Minds: The Power of Being Creative*. Capstone.

Rodríguez de la Flor Adanez, Fernando (2019). *Giro visual: Primacía de la imagen y declive de la lecto-escritura en la cultura posmoderna*. Delirio.

Read, Herbert. 1985. *Educación por el arte*. Paidos Ibérica.

Tatarkiewicz, Wladyslaw. 1989. *Historia de la estética I. La estética antigua*. Akal.

Saito, Yuriko. 2020. *Everyday Aesthetics*. Oxford University Press.

Ugalde Quintana, Jeaannet. 2017. El asombro, la afección originaria de la filosofía. *Areté. Revista de Filosofía,* n.º 29(11): 167-181.

Hacia una teoría de la educación para el bienestar

Lydia Serrano Gregorio y
María del Rosario González Martín

1. Introducción

Como se ha visto en capítulos anteriores, el concepto de educación, abordado desde la Teoría de la Educación, es un término controvertido, multidimensional y complejo de tratar. En este sentido, y para lo que nos ocupa en este capítulo, el concepto de bienestar no resulta indiferente en su sofisticación. Es por ello que, a lo largo de los siguientes apartados, trataremos de dar luz a la doble complejidad de la educación para el bienestar. De este modo, el capítulo se organiza en tres grandes temáticas. Una primera dedicada a plantear qué entendemos por bienestar y en qué espacios e implicaciones tiene como fin educativo. Posteriormente, se profundizará en los valores educativos que influyen en el bienestar de las personas. Por último, se presentarán los aspectos más relevantes para el abordaje del bienestar en las diferentes etapas educativas.

2. El bienestar como fin: un concepto inherente a la educación

Son diversos los fines propuestos de la educación. Encontramos, entre otros contemplados en este manual, los fines morales, como la justicia o el desarrollo humano; los fines cívicos, como la convivencia y el desarrollo de los derechos humanos o los fines dedicados al saber y al cultivo crítico de la razón, como el ejercicio de la práctica deliberativa o la educación científico-técnica (Jover *et al.,* 2017). No obstante, estos fines no tendrían sentido si al ser humano le produjeran malestar. Sin un mínimo bienestar la educación se ve dificultada, al igual que sin educación no se promueve el bienestar. Es

Cómo citar: Serrano Gregorio, Lydia *et al.* (2025). Hacia una teoría de la educación para el bienestar. En David Luque Mengibar y Silvia Sánchez-Serrano (Eds.) *Teoría de la Educación* (pp. 347-371). Ediciones Complutense. https://dx.doi.org/10.5209/docm.002.15

por ello que consideramos el bienestar como uno de los fines inherentes a la educación. Como ocurre en otros aspectos educativos, estos fines se ven mediados o influidos por diferentes valores que guían la práctica educativa. Sin embargo, antes de abordar estos valores, es necesario conceptualizar y aclarar qué entendemos por bienestar. Como ocurre en muchas ocasiones, cuando abordamos un concepto, nos damos cuenta de que su sentido es polisémico. Esto también ocurre cuando nos enfrentamos al concepto de *bienestar*.

A) La complejidad del concepto de bienestar

Cuando hablamos de *bienestar* podemos estar haciendo referencia a diferentes sentidos que presenta el concepto. Podemos hablar del *Estado de bienestar*, en el sentido político, cuando se entiende que el estado es responsable de garantizar los medios para poder vivir bien (welfare) o del *bienestar como estado,* asociado al autocuidado, el mantenimiento proactivo de la salud, haciendo referencia a situaciones concretas que impactan en el individuo (wellness). Sin embargo, en este capítulo y en el contexto educativo, hablaremos del *bienestar* como un concepto complejo, multidimensional y fundamental en los fines de la educación, dada su aportación en la educación del *ser* (wellbeing).

En la Tabla 1 se definen los tres tipos de concepciones de bienestar que pueden generar confusión en su abordaje. Tanto el *estado de bienestar* como el *bien-estar* son nociones influyentes en la educación, pues ambas facilitan la acción educativa. Sin embargo, en esta ocasión nos centraremos en considerar el bienestar entendido como un proceso de búsqueda de integralidad y equilibrio entre las diferentes dimensiones humanas. En concreto, se consideran la dimensión emocional, corporal, intelectual, social y espiritual.

Tabla 1. Cuadro de conceptos relacionados con las diferentes nociones de «bienestar»

Sentidos del concepto de *bienestar*		
Estado de bienestar (social)	Bien-estar (individual)	Bienestar/ser (educativo)
Seguridad y protección Riqueza Tranquilidad (social) Abundancia Desarrollo Proyección en un entorno	Asistencial Salud física Tranquilidad (personal) Higiene	Equilibrio - emocional - corporal - intelectual - social - espiritual

Fuente: Elaboración popia.

B) Implicaciones educativas en el abordaje del bienestar integral

Son diversos los motivos por los que afrontar el bienestar resulta irrenunciable en el ámbito educativo. Principalmente, la educación es llamada en cualquier situación en la que exista una relacionalidad, pues orienta el sentido y las partes de esas relaciones. El concepto de bienestar del que hablamos aquí incluye un equilibrio en las interrelaciones emocionales, corporales, intelectuales, sociales y espirituales, como ya se ha comentado. En los apartados que siguen, desarrollaremos una educación para el bienestar abordando estas relaciones, con el fin último de buscar la felicidad (figura 1).

1. Implicaciones de la educación emocional en el bienestar

Una educación para el bienestar requiere afrontar los retos que presentan las relaciones materiales e interpersonales. La educación de los aspectos emocionales ayuda a medir no solo lo material o corporal, sino también los sentimientos que provocan ciertos razonamientos, las interacciones sociales y los contrastes con la propia espiritualidad. En este sentido, la educación emocional se fundamenta en la orientación para la búsqueda de la felicidad y del denominado éxito relacional, sentimental, profesional y vital. Con todo ello, el proceso de educación para el bienestar promueve actitudes fundamentales para el desarrollo humano, donde motivaciones y emociones son protagonistas, como la creatividad, la confianza, el servicio a los demás, la actuación y la sociabilidad (Boniwell, 2014). Se podría resumir que la educación para el bienestar contiene elementos que promueven el desarrollo de *hábitos* que trascienden una *funcionalidad* en busca del denominado *florecimiento* de la persona. Esta funcionalidad pasa por identificar, valorar y orientar las emociones para interpretar y responder a las circunstancias externas e internas alcanzando un bienestar emocional. Por ejemplo, la no superación de las dificultades materiales e interpersonales pueden ser causa de situaciones de depresión o ansiedad. En este sentido, es fundamental en primer lugar identificar las emociones que desencadenan dichas situaciones, valorar qué sentido y funciones tiene esa reacción emocional y, a través de la dimensión social, corporal, intelectual o espiritual orientar esa emoción hasta que tenga un significado y sentido constructivo que nos ayude a seguir adelante de una manera nueva, a pesar de aquello que no podemos cambiar o a lo que hay que resistir. Por tanto, no hay educación para el bienestar sin una cierta educación emocional orientada a una comprensión de la propia vida y su sentido, es decir, una educación emocional integrada en la educación ética/animada.

2. Implicaciones de la educación de la sociabilidad en el bienestar

El bienestar también tiene una dimensión social fundamental, relacionada con la socialización y el ser amado, valorado e incluido no solo dónde ha nacido, sino también con quien convive (UNICEF, 2007). Es fundamental no sólo la pertenencia satisfactoria a una comunidad de referencia sino la capacidad positiva de interrelacionarse con comunidades abiertas diferentes, como se entiende, por ejemplo, que son los fines de la Educación Social. Las dificultades de relación interpersonal, las inseguridades, la preocupación por la cobertura de bienes materiales básicos y los problemas de socialización, reconocimiento e inclusión se convierten en objeto de la educación para el bienestar. Es importante, llegado a este punto, diferenciar la educación para el bienestar de la autoayuda. En el primer caso existe validación científica mientras que, en el segundo caso, se tratan de actividades que no se han demostrado de manera empírica bajo un método concreto y que, aunque puedan ser posibilitadoras de cambio, pueden también conllevar una exigencia individual y una falta de responsabilidad hacia el contexto. En consecuencia, lo que nos dice la evidencia, rozando el sentido común, es la existencia de tres niveles a tener en cuenta, de manera directa o indirecta, en el desarrollo del bienestar social (White, 2014). En primer lugar, encontramos prerrequisitos materiales propios para la supervivencia de las sociedades humanas: comida y bebida, refugio, abrigo, ingresos, posibilidades de desarrollar actividad física y un nivel mínimo de salud. En segundo lugar, es importante tener la posibilidad de practicar la inteligencia y el buen juicio participando en la sociedad. Esto nos lleva al tercer aspecto: la necesidad de vivir en una sociedad pacífica, respetuosa y que colabora en el bien común como bien indisoluble de la libertad propia. Estos tres niveles son imprescindibles para poder desarrollar una sociabilidad que lleve a un bienestar social. Sin estos prerrequisitos, no son posibles las tareas colaborativas, identificadas como aquellas que más merecen la pena.

Aquello que merece la pena, puede relacionarse con aquello que nos lleva a alcanzar éxitos. Sin embargo, un éxito no es éxito si no se comparte y tiene sentido más allá del propio interés. El trabajo es un ejemplo de oportunidad de educación para el bienestar social en el que podemos valorar los éxitos. El trabajo tiene implicaciones en el bienestar y la educación tiene implicaciones en el trabajo. Desde este punto de vista es importante diferenciar entre el trabajo autónomo (el que eliges) y el trabajo heterónomo (el que te mandan), al igual que el tiempo dedicado al trabajo. El bienestar social en el trabajo pasa por aprender a que un trabajo heterónomo si te fascina se convierta en autónomo. En esta línea, el proceso educativo debe identificar las necesidades básicas a las que atiende el trabajo para buscarle un sentido propio y, a partir de sus posibilidades de participación social, colaborar en la construcción social con su labor. White (2014) también atiende al factor cultural en la escuela, como espacio de trabajo, frente a un espacio de aprendizaje. No todo aprendizaje requiere de trabajo. También se aprende conversando, leyendo, viendo películas, observando o jugando. Con ello queremos decir que existen diferentes posibilidades para transformar el trabajo en aprendizaje.

3. Implicaciones de la educación intelectual en el bienestar

Como hemos comentado, la educación no siempre garantiza de manera directa estas cuestiones básicas. Sin embargo, puede contribuir a flexibilizar los significados y los fines, ayudando a encontrar las vías de progreso propias de los temas sociales. Por ejemplo, es necesario el abrigo, pero ¿qué tipo de abrigo? Ayudar a formular preguntas útiles que permitan mantener un equilibrio entre bienestar emocional, social, intelectual, corporal y espiritual resulta fundamental. Por otro lado, la educación intelectual también ayuda a generar matices en la toma de decisiones conflictivas en los asuntos en los que intervienen diferentes valores. Igualmente, la educación orienta hacia los hábitos más saludables y equilibrados, ayudando en la propia regulación emocional y de los deseos y en las relaciones sociales. No hay educación en el bienestar sin una educación adecuada en los hábitos y por lo tanto en las virtudes. Por último, no se debe menospreciar la capacidad de desarrollo de agentes de cambio social para la defensa, promoción y protección de los prerrequisitos básicos para la vida expuestos. La educación intelectual ayuda a adentrarse en temas polémicos en educación como el de los diferentes modelos y valores vitales analizando sus pros y contras, especialmente recogiendo los argumentos clásicos y presentando alternativos, vocacionales, etc. En resumen, el bienestar intelectual se nutre de la capacidad de argumentar las bases de las elecciones para aumentar opciones y decidir con sabiduría y prudencia, al complementar el razonamiento ampliado, y no meramente lógico, con las demás dimensiones del bienestar.

4. Implicaciones de la educación corporal en el bienestar

Las situaciones de malestar, comunes en la investigación en educación, irrumpen en la salud corporal, por ejemplo, al aumentar las probabilidades de consumo de drogas, alcohol o tabaco o de adentrarse en patologías que conllevan la no aceptación, ni adecuada percepción de la propia corporalidad.

El malestar dificulta el mantenimiento de un estilo de vida saludable y activo. Además, este malestar si no se aborda puede promover situaciones de diferentes tipos de violencias, hacia uno mismo y hacia los demás y, en definitiva, reducir la calidad de vida de las personas. La educación corporal requiere de atención a las dimensiones emocionales, sociales, intelectuales y espirituales para poder mejorar su comprensión y su ejercitación. Cada vez vamos adentrándonos más en la integralidad de la educación y la repercusión de las otras dimensiones en la dimensión corporal y viceversa. El cuerpo es llamada y respuesta emocional a través de la expresión corporal. También social, pues el cuerpo es el medio de interacción social y la autoimagen y su proyección repercuten en nuestra sociabilidad. Igualmente, la condición corporal influye en el bienestar intelectual y espiritual. Aprender a regular la atención y el protagonismo que se le da al cuerpo como un elemento más del bienestar ayuda a mejorar el propio bienestar corporal de manera específica a la vez que la adecuada relación con los demás.

5. *Implicaciones de la educación ética y espiritual en el bienestar*

Como apuntábamos en el apartado primero de esta enumeración en lo que se refiere a la educación emocional, no es posible una educación para el bienestar y una educación emocional sin una adecuada educación ética. Esta educación ética comprende, en el sentido del bienestar, también, la felicidad.

> La felicidad es causa de alegría y gozo; poder perderla o experimentar la imposibilidad de conseguirla provoca miedo y angustia. Buscamos la felicidad incluso por procedimientos irracionales, como la superstición o el recurso a los amuletos. Experimentamos como una amenaza cualquier situación que nos impida alcanzarla, e intuimos que la libertad es condición de posibilidad para conseguirla… Relatos de todas las culturas y todos los tiempos hablan de ella, y sigue siendo un misterio: podemos resolver algunos problemas que nos impidan alcanzarla, pero incluso teniendo problemas podemos ser felices, y teniendo todo resueltos no encontrar la felicidad. (Amilburu *et al.* 2018, p. 144).

Desde la filosofía antigua como Aristóteles o Epicuro, se entiende que existe una relación entre virtud, felicidad y amistad. En la *Ética a Nicómaco* podríamos encontrar afirmaciones como que el bien es el fin de todas las acciones del ser humano e incluso, más adelante, como el fin supremo del ser humano es la felicidad. En el caso de Epicuro, éste establece una conexión entre virtud y felicidad a través de lo que podemos considerar la idea de *placer prudente.* Expresa lo siguiente: «No es posible vivir placenteramente sin vivir sensata honesta y justamente; Ni vivir sensata, honesta y justamente, sin vivir placenteramente. Quien no consigue tales presupuestos, no puede vivir con placer» continúa diciendo «El justo es el más imperturbable, y el injusto está repleto de la mayor perturbación».

Lo que queda claro en estas afirmaciones de filósofos tan clásicos, con sus distintas perspectivas, es que felicidad, también con lo que conlleva de bienestar, reclaman la atención a la virtud, la amistad y el sentido de la vida. No es posible, por tanto, pensar en un bienestar personal, comunitario y social sin plantearnos a fondo su relación con la vida buena y, consecuentemente, con la ética y con la felicidad. Ciertamente es así como observamos la importancia que tiene el cultivo de una cierta trascendencia vital y de aquellos relatos en los que se nos ofrece la comprensión de cómo se entiende la vida, se alcanza la paz y la felicidad. Si esos relatos se ajustan a la realidad de lo que es el ser humano, de lo que es una comunidad que procura el bien y que busca la paz y la alegría en profundidad, esos relatos se ajustarán también a un cierto bienestar. Como apuntábamos al principio del capítulo no podemos concebir el bienestar sin un *bienser*. No podemos concebir el equilibrio corporal, emocional, la sabiduría y las buenas relaciones sociales sin una búsqueda de un sentido trascendente que ahonde en una comprensión del mundo y de la humanidad, que incluya el bienestar de todos y el disfrute de la propia felicidad.

Otro de los puntos a considerar en esta visión del bienestar que ofrecemos en su sentido trascendente es la idea que nos aporta nuestro filósofo Ortega y Gasset. La vida no es una mera acumulación de hechos positivos, de experiencias, de combinaciones físicas y químicas. Es un vivir libre, espiritualmente libre, porque la vida es libertad: libertad dentro de la fatalidad de estar en un mundo donde no hemos podido estar, pero una vez que estamos en él, somos libres de decidir nuestro destino. Uno de los puntos claves en los que ahonda Ortega y Gasset es lo que denomina vocación. Para Ortega el deseo más profundo del ser humano es alcanzar su plena realización, y su vocación original y novedosa. Para Ortega, la coincidencia de la vocación con el propio ser es la felicidad. Por tanto, no hay cultivo del bienestar sin el cultivo de la búsqueda del propio sentido y de la propia vocación en una conexión profunda con el bien común.

Por tanto, nos adherimos a la siguiente definición de educación que completa otras expuestas en este manual y colabora a una comprensión más profunda de nuestra propia tarea:

La educación así entendida es un arte que busca alentar la originalidad de la persona, respetando los ritmos personales en la interioridad y en su exterioridad. La educación encuentra en el modo único de manifestarse cada persona algo sagrado, original, y suscita en el educando una atención a sí mismo, al otro y al mundo, que despierta la conciencia de la posición original que uno ocupa y de aquello específico que puede aportar. Y, finalmente, convoca al compromiso de uno mismo con esa aportación original, o ideal personal, que se vive como descanso y felicidad. Este es el sentido vital. En este modo de comprender la educación, la virtud no es sino la vivencia y actuación concreta de esa atención y ese compromiso. La educación de la virtud no es, por tanto, solamente la forja de un carácter, sino la ordenación del ser y el actuar en una historia con sentido que, como dice Ortega, conduce a la felicidad: la coincidencia de nuestra vocación con nuestro ser es la felicidad (Amilburu *et al.,* 2018, p. 146)

En resumen, no es posible entender el bienestar sin una reflexión profunda en el *bienser* y, con él, en la perspectiva ética y trascendente de la vida.

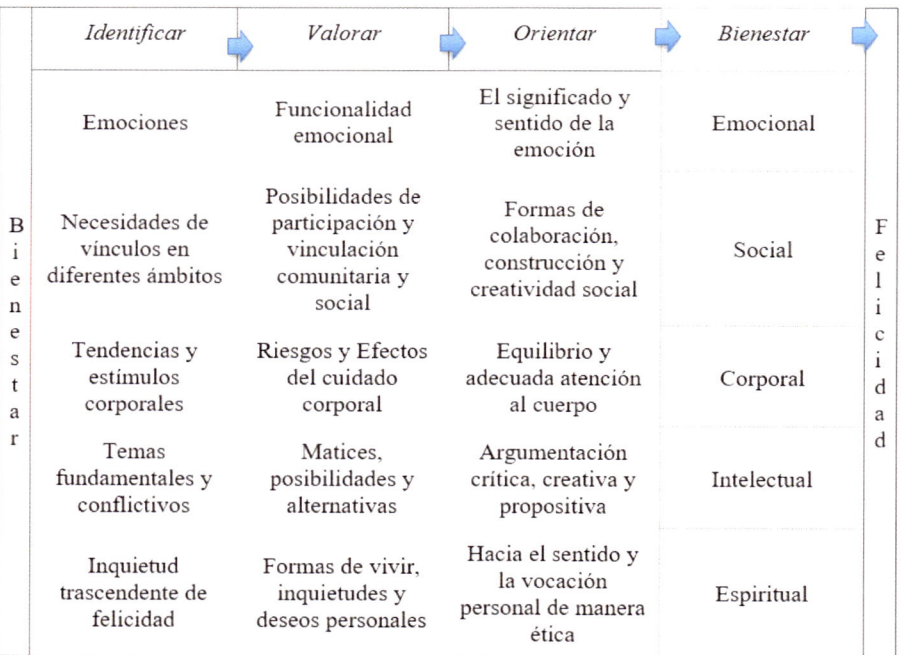

Fuente: Elaboración propia

Figura 1. Interrelación de los aspectos educativos que intervienen en las diferentes dimensiones del bienestar integral.

Una vez vistas las implicaciones educativas, resulta relevante determinar la relación entre ellas. Así, encontramos cuatro formas de interrelación de estas dimensiones educativas a través de enfoques convenientes para la promoción del bienestar (White, 2014 y Haybron, 2014):

1. *Enfoque hedonista*, de búsqueda del placer y evasión del dolor, se basa en las teorías de Epicuro que pueden resumirse en esta frase: «Cuando decimos que el placer es el bien supremo de la vida, no entendemos los placeres de los disolutos y los placeres sensuales, como creen algunos que desconocen o no aceptan o interpretan mal nuestra doctrina, sino el no tener dolor en el cuerpo ni turbación en el alma.» (*Carta a Meneceo*). Según la teoría de Jeremy Bentham, esta teoría es complementada por John Stuart Mill al añadir que el florecimiento necesita de los placeres físicos como degustar una comida deliciosa, recibir un masaje, tomar una ducha caliente, bañarse en el mar, sentir frescor en un día de calor, sentir el sol en un día frío, mantener relaciones íntimas. Sin embargo, también manifiesta que, para la realización personal, es necesario un desarrollo de los placeres de la mente, es decir, los intelectuales y los artísticos como admirar una obra de arte, escuchar música, admirar un paisaje, leer un libro, escuchar un poema, escribir, resolver un problema, aprender un idioma, participar en un debate, etc. Estos deberían ser los retos reales de la escuela, no el conocimiento porque sí. En este enfoque resulta relevante la satisfacción vital, entendida como estado cognitivo, con componentes afectivos y un juicio individual sobre cómo te va la vida, qué prioridades tenemos y en qué punto estamos de conseguirlas, qué aspectos de nuestra vida queremos cuidar, qué actitud tenemos frente a las metas no conseguidas, tolerancia a la frustración, qué es suficiente y cómo de demandante eres. Este enfoque aborda el bienestar emocional, social, corporal e individual, quedando ausente de un sentido espiritual que trascienda del bienestar a la felicidad.

2. *Enfoque de las preferencias individuales.* Defiende que la última autoridad para el bienestar es uno mismo. Es la propia persona, en su nivel individual, el que decide qué cosas merecen la pena y cuales suponen una pérdida del tiempo. El tema es el bienestar, no la libertad. El bienestar tiene un componente cultural. Los educadores no son guardianes, pero sí tienen que orientar hacia qué cosas merecen o no merecen la pena. En este enfoque el sentido social del bienestar queda relegado a un segundo plano.

3. *Enfoque comunitario*. Considera el sentimiento de pertenencia, de conexión social y de satisfacción con la vida. También incluye en esta comprensión del bienestar comunitario la espiritualidad y ética. Las actividades significativas son aquellas que encajan con las motivaciones intrínsecas, desafiantes a los propios retos y relevantes en el entorno.

4. *Enfoque de la satisfacción autónoma del deseo.* Defiende que no se puede separar el bienestar personal de la autonomía. Si queremos florecer tenemos que hacernos responsables de nuestras propias vidas, tomar nuestras propias decisiones laborales, relacionales, etc. Pero para elegir hay que saber las alternativas, no se trata de hacer lo que quieres, si no de hacer elecciones informadas y reflexionando las consecuencias que tienen para los otros. Los educadores introducen la comprensión de las experiencias, no en todas o en decisiones importantes, pero sí en la salud, la alimentación o el ejercicio, las cuestiones morales, siempre desde la prevención de la coacción. La plenitud implica una vida comprometida que incluye una combinación de interés, concentración y disfrute en la que el tiempo pasa rápido al estar inmerso en una actividad. Esto se da en educación cuando el reto y el nivel de habilidad están en equilibrio. Si el reto es alto para el nivel de habilidad se traduce en frustración y ansiedad; y viceversa resulta en aburrimiento y desinterés. Equilibrar habilidad y desafío es tarea del educador e imprescindible para el bienestar pleno en el espacio educativo. Igualmente, cuando el educando se percibe en control, activo y competente aumenta el compromiso y disfrute.

A continuación, se desarrollan los diferentes espacios educativos atendiendo a algunas teorías frecuentes cuando se habla de educación y bienestar, los riesgos de una educación para el bienestar y las condiciones para que este pueda promoverse de manera efectiva.

C) *El bienestar en el espacio educativo: de la teoría a la práctica*

Como ya se ha visto a lo largo de este manual, el espacio educativo es diverso y variado. Un aula escolar, la familia, un espacio al aire libre pueden suponer espacios donde tiene cabida la acción educativa. No obstante, todos esos espacios pueden suponer lugares en los que aprender supone un reto cuyo logro puede suponer satisfacción y placer o, por el contrario, sufrimiento y frustración. Es por ello por lo que los profesionales de la educación tienen la responsabilidad de orientar aquellos factores del espacio educativo de manera equilibrada hacia el bienestar de los educandos.

Analizar los programas de promoción del bienestar en el espacio educativo resulta una tarea realmente delicada. En ello intervienen, entre otros, factores como la calidad del profesorado, la eficacia de las deliberaciones de los participantes, la atmósfera del entorno, los tiempos dedicados, la experiencia y sensibilidad previa o las políticas que regulan los propios programas. Esto quiere decir que, cuando se evalúa la promoción del bienestar en un espacio educativo, realmente es difícil determinar a cuál de estos factores se debe su éxito (Mc Inerney, 2014). Del mismo modo, resulta complejo llevarlos a cabo, pues no todos estos factores se encuentran bajo el control del promotor del programa. Sin embargo, podemos atender a ciertas cuestiones para valorar este bienestar en los espacios educativos.

1) Posibilidades educativas para promover el bienestar

Existen multitud de posibilidades educativas que promueven el bienestar. Mc Inerney (2014) propone cuatro teorías:

- *Teoría de las emociones positivas.* Defiende que una persona es feliz cuando presenta una condición emocional positiva (Haybron, 2014). Sentirse preparado para exponerse a nuevas situaciones y sentir la posibilidad de poder equivocarse es un requisito fundamental para el aprendizaje. Estas emociones estimulan la creatividad, promueven la formulación de preguntas, las ganas de compartir opiniones y de debatir con otros acerca de las respuestas. La manipulación emocional requiere de cuidado a la hora de considerar cuál es la mejor atmósfera en el espacio educativo, pues no todas las tareas educativas requieren de estas emociones. Por ejemplo, para proponer debates o plantear preguntas abiertas o actividades creativas sí que conviene promover emociones positivas. Sin embargo, para resolver problemas que requieren concentración es mejor estimular un ambiente emocionalmente neutro y relajado. En este sentido, el espacio educativo requiere de flexibilidad emocional, tanto por parte del educador como del educando.
- *Teoría de la inteligencia emocional*: Ya en 1998 Goleman afirmó que el uso de las emociones de manera inteligente era más relevante que las habilidades cognitivas en sí mismas. Los aspectos sociales y emo-

cionales del aprendizaje se han visto centrados en el aumento de la autoestima, más que en mejorar las habilidades de autorregulación emocional adaptando las emociones a las diferentes situaciones. En la acción educativa podemos encontrar momentos adecuados tanto para el disgusto como para el interés o la relajación. El proceso de enseñanza-aprendizaje requiere de una transformación de emociones. Por ejemplo, una actividad puede suponer curiosidad, seguida de disgusto en su presentación. Es importante tener en cuenta que en este momento el disgusto puede ser adecuado, ya que se trata de un momento en el cual no se requiere pensamiento creativo. Posteriormente, según van conociendo la actividad, el sentimiento de seguridad aumenta, permitiendo el comienzo de la tarea y la introducción al pensamiento creativo.

- *Teorías sobre el humor.* El humor es un tipo específico de emoción positiva. En este sentido, el estado positivo inducido por el humor anima a aprender de manera más rápida y efectiva. Además, promueve la participación del educando suponiendo una oportunidad de tener éxito aprendiendo. Es importante tener en cuenta que el humor es una cuestión personal y que puede tener un uso perverso y oscuro si se usa como sarcasmo o forma de *bullying*. Es por ello por lo que aprender a tener humor y sus límites es otro objetivo necesario en la educación del bienestar.

- *Teorías sobre el juego en la motivación del estudiantado.* Es frecuente el uso de sanciones o recompensas en educación para motivar al estudiantado en ciertas situaciones. Sin embargo, se ha visto que la clave para la motivación en muchas ocasiones depende no tanto de la consecuencia de realizar una actividad específica, sino de la introducción a dicha actividad. Así, encontramos que las actividades pueden proponerse como un trabajo o como un reto. El dinamismo de las actividades interconectadas, pero de diferente dificultad, hace que el reto progrese, fluya, circule generando un sentido de integración de los aprendizajes que provoque la actividad. Además, permite al educador dar un feedback en cada etapa de esa corriente de actividades.

Las estrategias para favorecer el bienestar en el aula no dejan de ser un tema que genera escepticismo y preocupación entre algunos educadores, en ocasiones debido a la falta de recursos y de tiempo, y en otras ocasiones debido a cuestiones personales respecto a la manera de concebir la educación. No obstante, para superar estos obstáculos, consideramos importante tener en cuenta los riesgos que puede suponer un desequilibrio entre el bienestar de educadores y educandos.

2) Posibles riesgos a tener en cuenta en la promoción del bienestar en el espacio educativo

Entre los riesgos de la promoción del bienestar en el espacio educativo tenemos que tener en cuenta:

- *La posible sobrecarga de profesionales de la educación.* El nivel de estrés de los educadores tiene un impacto importante en el educando. Responsabilizar al educador del estado emocional del educando es un hecho más que puede aumentar este estrés, especialmente si se controla. Los educadores reciben de buena gana nuevas ideas que puedan ayudarles en su labor, sin embargo, estas ideas no son igual de bienvenidas dependiendo del espacio desde el que se generan. Mc Inerney (2014) propone que las ideas embebidas en un enfoque educativo integral, generadas en una red de contactos que discuten maneras de apoyarse entre iguales o en comunidades de aprendizaje pueden, no solo mejorar la docencia, sino también generar un sentimiento de pertenencia y comprensión en el espacio educativo. Éstos son indicadores de bienestar perfectamente aplicables por los educadores.
- *Traspasar la ligera frontera entre las emociones positivas y las emociones propositivas.* Es fácil confundir el estado de felicidad con el de productividad. El objetivo no es que los educadores o educandos se encuentren en un estado permanente de sentimientos placenteros o positivos, sino que sientan que lo que hacen para aprender, merece la pena. Construir en el espacio educativo bienestar implica no evitar o suprimir las emociones negativas, sino saber orientarlas, redirigirlas hacia aspectos positivos, desde su propia identificación y comprensión.
- *El desequilibrio de la autoestima por exceso.* Educar la autoestima es una cuestión compleja. Entendemos por autoestima las creencias que se tienen en torno a uno mismo. Se han visto programas de promoción de la autoestima en los que estas creencias sobre uno mismo se encontraban desajustadas respecto a la competencia del educando. Es decir, el educando se cree mejor de lo que es en algunas habilidades. Este hecho no contribuye al bienestar, pues a la larga no favorece superar y

desarrollar esas habilidades por sentir que ya están dominadas o sentir una frustración excesiva y una desconfianza.

Además de contemplar algunas de las posibilidades y riesgos que puede tener la promoción del bienestar en educación, es necesario que se den ciertas condiciones en el espacio educativo para poder llevar a cabo programas efectivos.

3) Condiciones para la efectividad de los programas de educación para el bienestar

Para que la promoción del bienestar pueda ser efectiva, requiere de ocho componentes que interactúan entre sí y que necesitan ser evaluados en su conjunto para poder mejorar la atención al bienestar en los espacios educativos. En primer lugar, hablamos de la *integralidad del espacio*, es decir, que todos los departamentos y áreas sean sensibles a esta promoción del bienestar. En segundo lugar, *coordinación académica.* Es una cuestión delicada, pues propone a los diferentes ámbitos académicos abordar el bienestar en una línea coherente, complementaria y transversal a los contenidos impartidos en el espacio educativo. Este hecho supone evitar contradicciones y establecer diálogos entre las diferentes nociones de bienestar que puedan ser controvertidas. En tercer lugar, es necesario que esta atención al bienestar tenga un *reconocimiento por todos los agentes educativos*. Resulta imprescindible el desarrollo del bienestar en los diferentes niveles del espacio educativo. Desde la propia investigación y diseño del programa educativo, su dirección e impartición hasta la propia participación del educando. Este aspecto implica el bienestar para todos los agentes educativos, ya que no resulta lógico educar desde el malestar de cualquiera de los agentes, ya sean docentes, directores educativos o educandos. También resulta conveniente en cuarto, quinto y sexto lugar, el abordaje del programa de manera *universal, multitemporal y multiestratégica*. Este afrontamiento del bienestar implica identificar los mínimos para valorar el programa en todos los niveles de manera igual, en diferentes momentos y con diversas estrategias para abarcar el mayor número de situaciones posibles, a pesar de su diversidad. Entre otras recomendaciones, también se encuentra el beneficio de realizar una *introducción temprana* de los aspectos que promueven el bienestar, en séptimo lugar y que estos estén fundados en *evidencia científica y argumentación teórica,* en octavo y último lugar.

Además de condiciones propias del espacio educativo, es necesario establecer algunas de las condiciones de los agentes educativos para poder determinar el nivel de bienestar. En este sentido, aunque es muy importante considerar las condiciones del educador, nos centraremos en qué es el bienestar del educando, objeto de la educación.

A lo largo de la historia se ha pasado del *student welfare* (asistencia y apoyo al estudiante) al *student well-being*, con énfasis en la prevención universal y el desarrollo de comportamientos positivos derivados de los movimientos de la psicología positiva y que han definido la «educación positiva», en inglés, *positive education* (Seligman, 2009). Así, los niveles de bienestar se pueden medir por el grado en que un educando demuestra efectividad intelectual, social y emocional comportándose adecuadamente en el espacio educativo. Una conclusión clara es que el bienestar influye en el compromiso educativo. Es claro que el bienestar es un asunto de la educación (Noble y Mc Grath, 2014) . Las características del bienestar educativo son: afectividad positiva, resiliencia y adaptabilidad, satisfacción con las relaciones del espacio educativo, funcionalidad efectiva y maximización del potencial personal y la satisfacción con las dimensiones de su vida. Así, el bienestar óptimo del estudiante implica:
- – Estado de ánimo sostenible predominantemente positivo.
- – Relaciones positivas en el espacio educativo que generan satisfacción y apoyo social.
- – Resiliencia o capacidad de recuperarse después de enfrentar situaciones de adversidad.
- – Voluntad por sacar lo mejor de sí en base a sus juicios realistas de sus habilidades, fortalezas, comportamientos y capacidades de aprendizaje.
- – Satisfacción con las experiencias del aprendizaje de acuerdo con la naturaleza, calidad y relevancia del espacio educativo.

Estos elementos tienen que comprenderse en el sentido de la Figura 1 y siempre teniendo en cuenta que ayuden a orientar este bienestar en su aplicación al mundo actual. En el siguiente apartado se pondrán de manifiesto algunos aspectos influyentes en el bienestar, para los que es conveniente una revisión reflexiva desde la educación.

3. Los valores en el mundo actual que influyen en el bienestar

La percepción del bienestar en primer lugar, y de la felicidad en última instancia, dependen en gran medida del alineamiento de los valores individuales con el estado vital. Sin embargo, para medir la felicidad no basta con preguntar la mera autopercepción de la misma. La investigación de la felicidad requiere decidir qué estados se evalúan y aplicar la mejor medida posible de esos estados (Tiberius, 2014). Juzgar nuestra propia felicidad implica evaluar el proceso a través del cual se alcanza esa felicidad. Las cosas que nos hacen felices determinan quiénes somos. El bienestar no es lo único importante en la vida, es importante considerar la virtud y la vida buena y deseable como previamente hemos expuesto. Virtud y bienestar son distintos y en ocasiones conflictivos. Sin embargo, la virtud no choca nunca con la felicidad. De esta forma, la felicidad trasciende el bienestar.

La felicidad muchas veces tiene que ver con los valores que atribuimos a las experiencias que vivimos. A continuación, se presentan algunos de los valores más estudiados que repercuten en nuestro bienestar.

A) *Valores de la sociedad de consumo*

En parte, la economía y sus valores son moderados por los consumidores. En este sentido, la educación tiene un gran poder, desde ofrecer y enseñar a interpretar la información sobre lo que se consume y su utilidad. No todo lo que se consume, a la larga produce bienestar (Ahuvia y Izberk Bilgin, 2014). La pregunta es ¿cómo le va a la gente después de haber tomado una decisión de consumo? Tomar decisiones acordes a las preferencias a largo plazo, evita adicciones de consumo. La denominada sociedad de consumo, consecuencia de la revolución industrial, afecta a la cantidad de compras, uso y disponibilidad de productos en nuestra vida diaria, así como al tiempo que le dedicamos a ganar y gastar dinero. Tampoco hay relaciones personales en este tipo de consumo masivo, lo que aparentemente, no contribuye a nuestro bienestar.

Hoy en día podemos consumir prácticamente lo que queramos. La *Cultura de consumo,* estudiada desde la sociología, antropología e historia, se relaciona con el bienestar a través de las profesiones que la moderan, las relaciones personales, adicciones, sobreconsumo, relación con el medio ambiente, ideologías mercantiles, des/empoderamiento del consumidor, métodos de pago y rituales de consumo. El consumo se debate entre la libertad y la coerción a consumir. El contraste entre vidas opulentas y de pobreza son objeto de la educación, quizás no de manera directa, pero si requiere de cierta reflexión educativa. Igualmente, requiere repensar desde la educación la tendencia a acomodar todo, desde la salud, la educación, la información, el entretenimiento, los espacios públicos y la cultura como medios de consumo. Los anuncios crean falsas necesidades y ansiedades al problematizar aspectos totalmente naturales de la vida humana y ofreciendo productos como soluciones a esos problemas «inventados». Se elige por lo que se oferta, a precio barato dada su producción masiva, y no por los argumentos que sostienen el consumo.

El consumo influye en los aspectos objetivos del bienestar hoy en día como el acceso educativo, la longevidad o las posibilidades de transporte, de expresión artística, de entretenimiento y de confort físico. Es decir, lo que consumimos puede promover ciertos tipos de educación, por ejemplo, educación digital según el tipo de consumo de contenido digital que elijamos o influir en nuestra longevidad, según el tipo de alimentos u ocio que decidamos tener, ya que ambos factores tienen posibilidades de consumo más o menos arriesgadas para la vida. Estos aspectos deben ser abordados por la educación atendiendo a las posibles desigualdades, dificultad de sostenibilidad y evitando los estilos de vida materialistas y consumistas. Una forma de evaluar estos últimos es analizando en el discurso social qué peso tiene en nuestra vida diaria el comprar, ganar dinero o tener, así como los estímulos diarios a los que nos exponemos a través de la publicidad.

Entendiendo esto, mayores niveles de materialismo se asocian a menores niveles de bienestar subjetivo. En *qué* se gasta el dinero influye en el bienestar a largo plazo. Gastar dinero en acciones caritativas, nutrir relaciones sociales y experiencias frente a adquirir objetos físicos se ha visto que produce mayor bienestar. En definitiva, invertir en relaciones intrínsecas como tener relaciones sociales cercanas, mejorarse a uno mismo como persona o hacer contribuciones a la comunidad y mantenerse mentalmente saludable mejoran el bienestar. Por el contrario, dedicar el salario a necesidades extrínsecas como acumular bienes, fama o apariencia resulta problemático (Ahuvia y Izberk Bilgin, 2014). Ganar dinero porque se piensa que este da la felicidad se asocia con un bienestar subjetivo menor.

B) Valores públicos

Qué es un bien y un mal público, son valores que también repercuten en el bienestar. Estos valores pueden medirse a través de la satisfacción vital, la utilidad de los bienes públicos, las preferencias de la ciudadanía, etc. Cada vez son más los estudios que tratan de conocer el impacto de los bienes públicos en la felicidad de la ciudadanía. Es el caso de la Encuesta Europea Social

(European Social Survey, 2015), que compara aspectos del bienestar individual, más allá de cuestiones materiales como la influencia de las relaciones sociales, la autonomía o la autodeterminación. Estos datos complementan el discurso político de los indicadores tradicionales.

C) Valores ecológicos

La sostenibilidad, el cuidado del medio ambiente y de la vida en nuestro planeta es objeto educativo, dada la trascendencia de las acciones humanas en el entorno en el que habitan. A pesar de que no somos los dueños del mundo, tenemos capacidad como para destruirlo, pero también para cuidarlo y preservarlo en la mejor versión de la humanidad. Esta versión reclama dignidad, felicidad y progreso material y espiritual coimplicados con todos los vivientes (Quintanilla y Andrade, 2023). La vida es en sí misma una cualidad del planeta antes de cualquier individuo o especie que lo habite. Existen tres niveles de debate ecológico: nivel técnico o de argumentación instrumental, nivel de justicia o equidad medioambiental, nivel de creación y revisión conceptual. La educación se ve implicada en todos estos niveles para la mejora del bienestar general no solo de la especie humana, sino también del resto de especies y en la conciencia sobre ello.

D) Valores en salud

Educación y salud son conceptos necesariamente complementarios, pues no tiene sentido educar sin promover situaciones saludables, ni promover la salud sin educación. Salud y bienestar se relacionan en la clásica definición de salud de la OMS desde 1946: «La salud es un estado de completo bienestar físico, mental y social y no solo la ausencia de enfermedad». En este sentido, desde la educación podemos ampliar este concepto de salud en el sentido en el que llevamos abordando el bienestar en este trabajo: no solo como «estar bien» sino como «ser bien» como hemos adelantado. Es decir, pensar en la educación de la salud para el bienestar implica pensar más allá del estado, es decir, en el proceso por el cual se es saludable, frente al estar saludable. Entendemos el estado de salud como un estado concreto biológico determinado como «normal», ausente de parámetros concretos que indiquen enfermedad o «alteración de salud». Igualmente, identificamos desarrollo de salud cuando hablamos de desarrollo médico. Esta concepción de la salud fundada en «estados» es propia del modelo clínico o biomédico del bienestar.

Cuando hablamos de la salud como proceso, hacemos referencia a algo más complejo que al hacer referencia al estado. En este sentido, se incluyen conceptos de carácter más social y cultural como la capacidad de encajar la diversidad, desarrollar relaciones saludables, tener una proyección vital saludable (tener deseos saludables y perseguirlos con calidad de vida a través de un estilo de vida y una manera de vivir saludable).

La educación de la salud se da en diferentes espacios, a través de la educación del ocio, del consumo o de los hábitos laborales. En general la educación de la salud debe lograr encajar aspectos propios de la naturaleza humana como la vulnerabilidad o la impotencia, pero también como el estímulo y la honestidad.

4. La educación del bienestar en las diferentes etapas educativas

La educación del bienestar ha de responder a lo que podríamos denominar una educación integral y equilibrada. Esta educación la podemos ordenar en cinco grandes fases de la vida: comienzo de la vida y primera infancia, segunda infancia, tercera infancia, preadolescencia y adolescencia, juventud y madurez.

En lo que se refiere al comienzo de la vida lo más fundamental para la salud y el bienestar es que se dé adecuadamente la acogida, el sostenimiento y la promoción. En este aspecto será decisivo el tipo de vínculo de confianza y seguridad que se establezca con los progenitores o con aquellas personas que se encargan del cuidado del bebé. En los primeros momentos de la vida de un ser humano lo fundamental es que sea acogido en la cuna de la humanidad que es la familia. Requiere establecer lo que se ha llamado apego seguro y sano. En este aspecto será importantísima la disponibilidad, afectiva y efectiva, de las personas que le cuidan, el vínculo de seguridad y la apertura confiada al mundo y a los otros.

La segunda infancia es el momento más crucial en lo que se refiere al abrirse a los demás y al mundo, junto con la integración de una adecuada percepción de uno mismo, en lo que se refiere a lo corporal, lo afectivo y lo motivacional. Vivir la vida confiadamente, cultivar las emociones ajustadas a la realidad y orientar aquellas emociones o percepciones desproporcionadas o desajustadas, hacia una vivencia adecuada de las mismas serán parte de las adquisiciones fundamentales. Todo ello junto un especial hincapié en la generación de los hábitos más saludables. En definitiva, todo aquello que tiene que ver con la expresión emocional, el movimiento, el ejercicio, la alimentación equilibrada, anclada en la propia cultura y en los vínculos, y una imagen positiva de sí mismo, de la propia corporalidad e interioridad, serán elementos que ayudarán a una educación adecuada en el bienestar y fundamentales en esta etapa de la vida.

En lo que se refiere a la tercera infancia se mantiene la importancia de los hábitos, la educación emocional, el ejercicio y alimentación saludable. Sin embargo, lo más característico será la apertura a las preguntas, la curiosidad y un acercamiento más intelectual al mundo. Será importantísimo que el infante encuentre alguien que responda sus preguntas no de una manera cerrada, sino abierta a nuevas preguntas y a una comprensión más compleja y profunda del mundo. Esta etapa es fundamental para que el niño, la niña, sepa elegir sus propias preguntas y pueda comenzar a elaborar sus propias respuestas. Estas respuestas, guiadas por los adultos, serán fundamentales para que encuentren un adecuado cauce a su curiosidad y permanezca esta búsqueda del conocimiento, encauzada por la racionalidad, pero sin perder la viveza, la frescura y la amplitud de la pregunta. Una comprensión cerrada y reducida del mundo no puede ser nunca una visión del mundo qué favorezca el bienestar. Puede ser, en todo caso, una defensa frente a los miedos, pero nunca una solución real frente a ellos.

Si la tercera infancia está centrada en la pregunta sobre el mundo, la curiosidad y la comprensión del mismo, la preadolescencia y la adolescencia se centran, sin embargo, en las preguntas sobre uno mismo. «Estoy inquieto, sé que está en mis manos por lo menos una buena parte de lo que vaya a hacer de mí» García Baró, 2015, p. 13).

> Uno de los deseos más intensos del ser humano es el deseo de autodefinición, identificación, aceptación y construcción de la propia identidad... Preguntarse por la propia identidad y por la manera de desplegarla es una cuestión profundamente humana que planteamos a la historia, a la biología, a la cosmología, a la antropología, a nuestros padres, a nuestros maestros y amigos... Y nunca está del todo resuelta. (Amilburu et al., 2018, p. 137).

Este es el momento en el que el adolescente se da cuenta que la vida consiste en un caminar más allá, que la vida no termina en lo ya dado o en lo ya recorrido, o incluso en lo que otros le proponen, sino que tiene que responderse, labrarse, forjarse, cada uno su propio camino. Es fundamental en este momento entender que el ser humano, de alguna manera, camina entre la duda y la certeza y que es, a través de las historias, dónde encuentra el modo de proyectarse, de buscar el gozo y la alegría personal y de afrontar los propios miedos y las propias angustias. Los mitos y los relatos nos ayudan a construir la propia identidad tanto en el plano personal como en el familiar, el comunitario, el social o el político. Será fundamental trabajar el cultivo de la interioridad y la pregunta sobre la aportación personal al mundo que se le abre al adolescente. Conocer los relatos configuradores de la identidad de las personas y sus comunidades es tarea de los educadores para acompañarlas en este momento de la vida. No todos los relatos tienen la misma carga explicativa, la misma capacidad de ayudar al ser humano a comprenderse mejor y a vivir y actuar adecuadamente en la comunidad y en la sociedad y orientarse a un bien más profundo y personal, comunitario social o político. Ayudar a reflexionar sobre ellos es decisivo en un mundo donde las propuestas nos llegan al teléfono móvil en cualquier momento.

En definitiva, lo propio de la adolescencia es enfrentarse a la elección de la propia identidad venciendo el miedo y la angustia de adentrarse en la propia vida sin el cobijo de los padres. Filósofos como Kierkegaard comprenden a fondo el sentido de la desesperación y nos animan a asumirla libremente. Es imposible vivir dedicados a enmascarar la angustia o a eludirla, por el contrario, lo fundamental es, desde una reflexión sobre el sentido, afrontar la necesidad de elegirse a uno mismo y construir la propia personalidad a través de la acción. Por tanto, hay cierta angustia de la elección de la propia vida que es ineludible para afrontar el bienser y el bienestar. Muchas de las adicciones de nuestro tiempo, tanto a sustancias, juego o redes sociales, tienen que ver con formas de eludir o enmascarar la propia angustia. Es preciso encontrar una forma educativa de afrontar estos temas y no eludirlos. Por tanto, la educación tiene que ser capaz de acompañar al educando en la orientación y la elección de su propia vida sin someterla ni, de alguna manera, programarla, sino respetando verdaderamente la libertad del educando, ayudándole para que afronte la cuestión de un modo sano, equilibrado e integral.

Esta etapa guiará al adolescente hacia la juventud, donde tendrá que concretar su forma de vida. La educación no termina en esta fase, aunque ciertamente a partir de este momento tendrá más fuerza la autoeducación que la heteroeducación. Es decir, lo ideal es haber podido acompañar hasta la juventud al educando y haberle ofrecido, a la juventud, durante el desarrollo de su vida, aquellas claves educativas y actitudes que ayuden verdaderamente a cultivar una adecuada autoeducación abierta a aprender siempre, a escuchar y crecer.

Finalmente, la educación tiene muchas otras formas de acompañar a lo largo de la vida. La Formación Permanente o Continua no sólo se puede referir a la mejora de las competencias profesionales sino a la constatación de que conviene al ser humano cultivar la inquietud y el conocimiento que favorecen un estar siempre en crecimiento en todos los aspectos de lo que hemos denominado el Bienestar Integral. Por tanto, esta educación entendemos que facilitará:

- una madurez abierta a la experiencia, al conocimiento y la sabiduría,
- que cultiva equilibradamente la comprensión del significado y el sentido de la propia vida,
- desde el reconocimiento de la propia interioridad y desde una apertura a la trascendencia, que, a su vez,
- atiende a las formas de colaboración con otros de un modo constructivo y creativo,
- que mantiene una adecuada escucha al cuerpo
- y, todo ello, desde una reflexión, dialógica, crítica, creativa y propositiva.

Esta forma de crecimiento personal, no cabe duda que facilita una madurez equilibrada que promoverá un envejecimiento activo y pleno capaz de afrontar los límites y abierto a las posibilidades que la vida le va ofreciendo.

Resumen

Afrontar el bienestar desde la educación es una cuestión necesaria dado el sentido complementario de ambos conceptos, es decir, el bienestar es un fin de la educación en sí misma. En este capítulo, se aborda el bienestar desde su noción de *bienser*, frente a otras referidas como *estado de bienestar* o *bien-estar* como estado principalmente físico. En este sentido, se propone el desarrollo de un bienestar íntegral que contemple la dimensión emocional, social, intelectual, corporal y espiritual del *ser* humano. Nuestra propuesta entiende que la educación que alinea todas estas dimensiones, en su conjunto e íntegramente, es lo que lleva a la plenitud y a la felicidad, trascendiendo una visión reducida del bienestar. Para ello, se proponen diferentes espacios y posibilidades educativas y se constatan los riesgos y condiciones que deben tenerse en cuenta en la construcción de una teoría de la educación para el bienestar.

Por otra parte, se entiende que alcanzar el bienestar requiere de la orientación en ciertos valores, propios de cada tiempo y lugar. En este sentido, la educación en valores destacados en las sociedades occidentales actuales como los valores que afrontan lo económico, ecológico, los aspectos referidos al consumo o de los bienes públicos y de salud, resultan fundamentales para alcanzar un bienestar hoy en día.

Por último, no debemos olvidar la necesidad de adaptar la educación para el bienestar a las diferentes etapas de la vida, pues en cada una de ellas las inquietudes, preocupaciones y satisfacciones evolucionan. Comprender el dinamismo de las necesidades para el bienestar resulta imprescindible en el acompañamiento propio de la acción educativa

Actividades

Actividad 1.–En grupos, elegid una situación en diferentes espacios (formales-grupo 1, no formales-grupo 2 e informales-grupo 3). Reflexiona acerca de las dificultades y posibilidades de integración de las diferentes dimensiones del bienestar. Puedes orientarte respondiendo a las siguientes preguntas propuestas:

Actividad 2.–¿Qué papel tiene la educación digital en el desarrollo del bienestar? ¿Cómo se relacionan las diferentes dimensiones del bienestar presentadas en este capítulo con la educación digital?

Actividad 3.–Ordena y justifica la relevancia educativa de los valores presentados en el apartado 3. ¿Se te ocurre algún ámbito de valores fundamental para el bienestar que no se haya abordado en el capítulo?

Recomendación de lecturas

- Red Internacional de Educación Emocional y Bienestar. (2024, mayo). *Revista de la Red Internacional de Educación Emocional y Bienestar*. https://rieeb.ibero.mx/index.php/rieeb
- Bisquerra, Rafael, y López-Cassá, Elia. (2020). *Educación emocional: 50 preguntas y respuestas*. El Ateneo.
- Rubio, Violeta y González-Martín, Rosario, (2020) Pensamiento crítico digital, la necesaria referencia a la creatividad y la emoción. En

González-Martín, Igelmo y Jover (Eds.), *Condiciones del pensamiento crítico en el contexto educativo del siglo XXI.* FarenHouse.
• Amilburu, María, Bernal, Aurora, González-Martín, Rosario, (2018) Antropología de la educación. La especie educable. Síntesis.

Referencias bibliográficas

Ahuvia, Aaron, y Izberk-Bilgin, Elif. 2013. Well-being in consumer societies. En David, Susan, Boniwell, Ilona, y Ayers, Amanda. (Eds.), *The Oxford handbook of happiness*, (pp. 482-497). Oxford University Press.

Amilburu, María, Bernal, Aurora, González-Martín, María del Rosario. 2018. *Antropología de la educación. La especie educable.* Editorial Síntesis.

Epicuro. (2001). «Sobre el placer y la felicidad». Círculo de Lectores.

European Social Survey. 2015. *Measuring and Reporting on Europeans' Wellbeing: Findings from the European Social Survey.* ESS ERIC.

Haybron, Daniel. 2013. The nature and significance of happiness. En David, Susan, Boniwell, Ilona, y Ayers, Amanda (Eds.), The Oxford handbook of happiness, (pp. 303-314). Oxford University Press.

García-Baró, Miguel. 2015. *Husserl y Gadamer, fenomenología y hermenéutica.* Ibérica.

Jover, Gonzalo, Gozálvez, Vicent y Prieto, Miriam. 2017. *Una filosofía de la educación del siglo XXI.* Síntesis.

Mc Inerney, Laura. 2013. Applying happiness and well-being research to the teaching and learning process. En David, Susan, Boniwell, Ilona, y Ayers, Amanda (Eds.), *The Oxford handbook of happiness* (pp. 593-609). Oxford University Press.

Noble, Tony y McGrath, Helen. 2014. Wellbeing and resilience in young people and the role of positive relationships. En Levitt, Julie Meraze (Ed.) *Positive relationships: Evidence based practice across the world*, (pp-17-33): Dordrecht: Springer Netherlands.

Ortega y Gasset, José. 1977. *Ideas y creencias.* Revista de Occidente.

Pawelski, James (2013). Happiness and its opposites. En David, Susan, Boniwell, Ilona, y Ayers, Amanda (Eds.), *The Oxford handbook of happiness,* 326-336. Oxford University Press.

Quintanilla, Ignacio y Andrade Boué, Pilar. 2023. *Los cien ecologismos: una introducción al pensamiento del medioambiente.* Ediciones Encuentro.

Siegel Harry. 2023. «La filosofía de la educación y la tiranía de la práctica». *Revista Internacional de Teoría e Investigación Educativa, 1*, e88542. https://doi.org/10.5209/ritie.88542

Tiberius, Valerie. 2013. Philosophical methods in happiness research. En David, Susan, Boniwell, Ilona, y Ayers, Amanda (Eds.). *The Oxford handbook of happiness*, (pp. 315-325). Oxford University Press.

Unicef. 2007. *Estado mundial de la infancia. Resumen Ejecutivo: Supervivencia Infantil*. Unicef.

White, Jon. 2013. Education and Well-being. En David, Susan, Boniwell, Ilona, y Ayers, Amanda (Eds.). *The Oxford handbook of happiness*, (pp. 540-551). Oxford University Press.